U0083160

# 中國學術思想 研究輯刊

## 十六編

林 慶 彰 主編

## 第8冊

### 董仲舒《春秋繁露》氣論思想研究

蕭 又 寧 著

花木蘭文化出版社

國家圖書館出版品預行編目資料

董仲舒《春秋繁露》氣論思想研究／蕭又寧 著 — 初版 — 新
北市：花木蘭文化出版社，2013〔民102〕
目 6+278 面；19×26 公分
（中國學術思想研究輯刊 十六編；第 8 冊）
ISBN：978-986-322-133-3（精裝）
1.（漢）董仲舒 2.春秋繁露 3.研究考訂
030.8 102002263

ISBN-978-986-322-133-3

9 789863 221333

中國學術思想研究輯刊

十六編 第八冊 ISBN：978-986-322-133-3

## 董仲舒《春秋繁露》氣論思想研究

| | | |
|---|---|---|
| 作　者 | 蕭又寧 | |
| 主　編 | 林慶彰 | |
| 總 編 輯 | 杜潔祥 | |
| 出　版 | 花木蘭文化出版社 | |
| 發 行 所 | 花木蘭文化出版社 | |
| 發 行 人 | 高小娟 | |
| 聯絡地址 | 235 新北市中和區中安街七二號十三樓 | |
| | 電話：02-2923-1455／傳真：02-2923-1452 | |
| 網　址 | http://www.huamulan.tw 信箱 sut81518@gmail.com | |
| 印　刷 | 普羅文化出版廣告事業 | |
| 封面設計 | 劉開工作室 | |
| 初　版 | 2013 年 3 月 | |
| 定　價 | 十六編 25 冊（精裝）新台幣 42,000 元 | |

版權所有・請勿翻印

# 董仲舒《春秋繁露》氣論思想研究

蕭又寧　著

## 作者簡介

蕭又寧，台北人，一九八二年出生。2001 年 6 月畢業於中國文化大學中國文學系學士班，之後於 2005 年 9 月考取中國文化大學中國文學系碩士班。在師長與家人的支持下，順利於 2009 年 1 月完成學位論文「董仲舒《春秋繁露》氣論思想研究」，並以此取得碩士班畢業。爾後在師長與家人的鼓勵下，又於 2010 年 9 月考取中國文化大學中國文學系博士班。目前為台北海洋技術學院通識中心兼任講師。

## 提　　要

　　《漢書·卷二十七上·五行志》曾云：「董仲舒治《公羊春秋》，始推陰陽，為儒者宗。」（（漢）班固：《漢書》（臺北：藝文印書館影印清乾隆武英殿刊本，1996 年 8 月），頁 600。），而《春秋繁露》乃取繁多潤澤之義，故董仲舒雖以儒學為思想中心，卻也兼容並蓄各家說法，其中又以陰陽五行之說為要。董仲舒利用了陰陽與五行的概念，架構起複雜的宇宙觀，進而凸顯出「氣論」形上、形下是一，氣化整體的觀念。然為了能對董仲舒氣論有更深入的瞭解，故在此以「氣論」為主軸，分為八個章節加以討論之。

　　第一章「緒論」。除了對研究動機、目的、方法有所解說外，更對前人研究董仲舒「氣論」的結果有所闡述，藉此說明以「氣論」重新詮釋董仲舒的思想意涵之可能。

　　第二章「董仲舒的生平與著作」。因史書上對董仲舒生平、著作的介紹甚少，又《春秋繁露》一書仍有真偽的問題，故在此章中筆者以介紹各家學者的看法，並以己見加以判斷之。

　　第三章「時代背景與思想構成」。筆者先就其所處的大環境加以說明，並在學術的特色上，說明當時除陰陽五行盛行外，儒家經典也受到重視。至於思想構成上，筆者以為董仲舒除了受到儒學的影響外，對墨家、法家、黃老道家之說也皆有吸收，而在氣化宇宙論的架構上更受到《呂氏春秋》、《淮南鴻烈》二書的影響，並融和各家之長對既有的《春秋公羊傳》有不同的詮釋方法。

　　第四章「氣化宇宙論的架構」。在此章中，筆者先對董仲舒「元」的概念加以闡述，再藉由陰陽二氣的循環與五行相生相勝，建構起筆者所以為董仲舒是近似圓柱體的螺旋式氣化流行，並以近似圓柱體的樣態來解釋氣化流行是立體的、是不斷循環前進，是一整體的。

　　第五章「氣論視野下的天人感應」。在討論董仲舒思想時，天人感應一直是討論的重點，筆者對此則是先對「天」的概念有所釐清，並討論董仲舒「人格天」的部份，此後以「氣貫通天人」為基礎，說明人除了在「副類」、「副數」上與天相合外，更因氣流行於天人之間，而使天與人能夠相感相應。而當天人感應成立後，無論是在官制上、改正朔、天君民的關係上，人皆必須處處效法天而行。

　　第六章「氣論視野下的人性論」。筆者以說明董仲舒與孟、荀之間的關係為先，並藉由「氣論」的概念，重新詮釋董仲舒的人性論。並以為董仲舒的心是柝眾惡於內、必仁且智之心，更是必須養氣以養心的；而其性除了與善惡、性情有關外，董仲舒更將性分為聖人、中民、斗筲之性，而對後世「性三品」之說有很大的影響。

　　第七章「對後世的影響」。在此章中，筆者除了欲藉由說明董仲舒對漢代氣論發展的影響性，凸顯出董仲舒在漢代氣論中具有承先啟後的地位外，也說明董仲舒氣論對後世各家學者的影響。

　　第八章「結論」。筆者以歷來學者對董仲舒的評價來確立其歷史地位，並再次強調其思想特色，以凸顯其「氣論」觀。

　　筆者以為，透過上述八個部份的討論，不僅對董仲舒的學說有不同的認識，也提供了不同以往的詮釋方向。

# 目

# 次

# 第一章　緒　論

## 第一節　研究動機與目的

　　董仲舒爲西漢儒學大家，是不可否認的事實，但也因其學說中雜有陰陽五行的觀念，而使得傳統儒學在發展上有所轉變，故在思想上的評價不一。在《漢書》中班固稱其爲「爲儒者宗」〔註1〕，但勞思光卻批評董仲舒爲「漢儒昧於心靈之自覺義，只在一粗陋宇宙論架構中，處理哲學問題；故心性論問題在漢儒手中遂裂爲兩問題，而各有一極爲可笑之處理。心性論所涉及之價值問題，在漢儒學說中，化爲『天人相應』之問題。持此之說者，固以董仲舒爲主要代表。」〔註2〕，認爲董仲舒是在粗糙的宇宙論下，討論心性上的問題，是極爲可笑的處理方式。此外方東美也曾云：「董仲舒這個俗儒，無法回答許多問題，只知迎合御旨，把先秦留下的許多顯學，以政治力量的壓迫，使之定於一尊。由此可知董仲舒爲儒家之罪人。」〔註3〕，皆是對董仲舒有著嚴厲的批評。

　　筆者以爲在龐大的漢代思想中，董仲舒可說是西漢思想中指標性的人物。他的哲學，以傳統儒家爲基石，吸收了黃老道家、墨家、法家各家之精華，並結合當時流行的陰陽五行觀念，將《呂氏春秋》、《淮南鴻烈》〔註4〕的

〔註1〕　（漢）班固：《漢書・卷二十七上・五行志》（臺北：藝文印書館影印清乾隆武英殿刊本，1996 年 8 月），頁 600。
〔註2〕　勞思光：《新編中國哲學史》（臺北：三民書局，1990 年 9 月出版），頁 10。
〔註3〕　方東美：《原始儒家道家哲學》（臺北：黎明文化事業有限公司，1987 年 11 月第 3 版），頁 53。
〔註4〕　于大成認爲由《西京雜記・卷三》中云：「淮南王安著鴻烈二十一篇，號爲淮南子，一曰劉安子。」以及高誘敍也云其書「號曰鴻烈。光祿大夫劉向校定

宇宙觀以及《春秋公羊傳》中經權、仁義等觀念融於自身的思想中，進而架構起以氣爲主並融合各家之說的思想體系。而董仲舒著名的思想概念裡，無論是在「陰陽五行所架構起的宇宙觀」或是「影響深遠的天人感應之說」，甚至在「仁貪二性的人性論」上，都可利用「氣」的概念來加以重新詮釋或是對於矛盾之處有新的見解，這也說明了以「氣」討論董仲舒的學說是可行的。

而「氣論」是什麼呢？就臺灣地區而言，早在三十年前徐哲萍就發表了一篇名爲〈氣〉的單篇論文，其中就認爲氣是「超越心物而又包含心物，超越精神物質二者但又包含精神物質二者，超越本體和現象但又包含本體與現象。」〔註5〕，也就是說「氣」是包含了形上層面也包含了形下層面，形上、形下是一，進而表現出一整體的概念，而這也就是所謂的「氣化整體觀」。而在大陸地區，周桂鈿更約在二十年前就在《董學探微》一書詳細的介紹了董仲舒的氣論，至於專論「氣論」者則在 1990 年時李存山就撰有《中國氣論探源與發微》一書。由此可知「氣論」這個概念早就是學者注意的發展範疇之一。

其實「氣」這個概念由來已久，早在甲骨文中氣作爲「三」、、東周金文則作「三」，至許愼《說文解字》時則云：「气，雲气也，象形。」〔註6〕。氣字產生後，便在人類的實踐和認識過程中逐步擴展其涵義，大致又可分爲：一、引申表示絪縕聚散、形成萬物之氣。在這種火燒成煙，煙升天爲雨，雨水養育萬物的循環變化中，人認識到氣是構成萬物的共同的本始物質，並進一步抽象出精氣、元氣、陰氣、陽氣等標誌。二、引申表示人的噓吸氣息。三、引申表示人的血氣，認爲人體內流通循環的血氣也是氣。四、引申表示人的道德精神，如和氣、勇氣、志氣、骨氣等，以及表示日月星辰、天地山川等自然現象。透過這四種衍化，氣逐漸上升成爲普遍的概念，發展成爲哲學範疇。〔註7〕

---

撰具，名之淮南。」可知鴻烈二十一篇，即《漢志》之內篇，與中篇之稱鴻寶，當皆爲劉安原名。今人稱「淮南子」者，是從劉向所定名之。」今據所云，將此書稱爲「淮南鴻烈」。參見于大成：《淮南鴻烈論文集》（臺北：里仁書局，2005 年 12 月初版），頁 71～72。

〔註 5〕 徐哲萍：〈氣〉，收入中華學術院編：《中華學術與現代文化叢書─哲學論集》（臺北：華岡出版社有限公司，1976 年），頁 550。

〔註 6〕 （漢）許愼：《說文解字·卷一上·氣》（臺北：臺灣商務印書館《四部叢刊》影上海商務印書館縮印日本岩崎氏藏宋刊本，1975 年臺 3 版），頁 6。

〔註 7〕 參見張立文：《中國哲學範疇精粹叢書──氣》（臺北：漢興書局有限公司，1994 年 5 月），頁 21～23。

　　如在《左傳》的氣，指的是天地自然所具有的某種細微物質，並提出了
「天生六氣」的概念，其云：

> 六氣曰陰、陽、風、雨、晦、明也。分爲四時，序爲五節。過則爲
> 災，陰淫寒疾，陽淫熱疾，風淫末疾，雨淫腹疾，晦淫惑疾，明淫
> 心疾。〔註8〕

透過這六氣的變化，產生了金木水火土五行，與此相應的則有五味、五聲、
五色等等，並且也認爲人的好惡喜怒哀樂也皆來自於這六氣，故在《左傳》
中以試圖從自然之氣的運動變化，尋求人體各種疾病、思想情感、社會原則，
表對「氣」有更深的認識。而在《國語》更深入指出，氣是天地陰陽之氣，
其陰陽之氣是有一定的方位與次序，其運動變化是有一定的規律的，如有顚
倒混亂，必有異象產生，如《國語‧周語上》就曾云：

> 夫天地之氣，不失其序；若過其序，民之亂也。陽伏而不能出，陰
> 迫而不能烝，於是有地震。今三川實震，是陽失其所而鎮陰也。陽
> 失而在陰，川源必塞。〔註9〕

認爲順應陰陽之氣的規律施行政治，便可以做到政通人和。經過《左傳》、《國
語》的發展，氣已經是一個涵蓋自然、社會和人的意識的普遍概念，並開始
上升成爲哲學範疇。〔註10〕

　　雖春秋戰國時期，百家爭鳴，各家紛紛提出自己的學說，然而仍可從各
學說中找尋到「氣論」的影子。如孔子有「氣爲血氣」的觀念，認爲所謂的
「血氣」即是人的機體生理功能，其云：

> 孔子曰：「君子有三戒：少之時，血氣未定，戒之在色；及其壯也，
> 血氣方剛，戒之在鬭；及在老也，血氣既衰，戒之在得。」〔註11〕

---

〔註8〕　（唐）孔穎達：《春秋左傳正義‧卷四十一‧昭公元年》（臺北：藝文印書館
　　　　《十三經注疏》印嘉慶二十年江西南昌府學開雕本，1989年），頁709。

〔註9〕　（三國）韋昭注：《國語‧卷一》（臺北：臺灣商務印書館《四部叢刊》影上
　　　　海商務印書館縮印杭州葉氏藏明金李校刊本，1975年臺3版），頁8。對於此
　　　　段引文，李存山認爲自然界屬「天」，社會界屬「人」，用「氣」來解釋天、
　　　　人和天人關係，這是氣論哲學的本質所在，氣論哲學即發軔於此。參見李存
　　　　山：《中國氣論探源與發微》（中國社會科學出版社，1990年12月第1刷），
　　　　頁35。

〔註10〕　參見張立文：《中國哲學範疇精粹叢書——氣》，頁28。

〔註11〕　（宋）邢昺：《論語正義‧卷十六‧季氏》，（臺北：藝文印書館《十三經注疏》
　　　　印嘉慶二十年江西南昌府學開雕本，1989年），頁149。

雖孔子所說的「氣」未作爲哲學範疇來使用，但其「血氣」的觀念包含了氣與心性相互聯繫的思想，對後世有深遠的影響。至孟子時，發揮了孔子血氣的觀念而提出了「我善養吾浩然之氣」〔註12〕，其云：

> 難言也。其爲氣也，至大至剛，以直養而無害，則塞於天地之間。
> 其爲氣也，配義與道；無是，餒也。是集義所生者，非義襲而取之也。

認爲「浩然之氣」與義、道相配，藏於體內，若正確的培養，其浩然之氣就能充塞於整個天地間。

相對於儒家而言，道家「氣」的概念更加明顯，如《莊子·卷七下·知北游》就直言：

> 人之生，氣之聚也：聚則爲生，散則爲死。……故萬物一也，是其所美者爲神奇，其所惡者爲臭腐；臭腐復化爲神奇，神奇復化爲臭腐。故曰：「通天下一氣耳。」〔註13〕

氣是構成天地萬物以及人類共同的本始物質，人物的生死毀滅，都是由氣的聚散而來。此外，「陰陽者，氣之大者也。」〔註14〕，說明了氣是具有陰陽屬性，就是因爲陰陽二氣的交感變化，而造成萬物有所不同。除了《莊子》外，《管子》中的氣論概念就明確的把氣定位在「精氣」，認爲「精也者，氣之精者也」〔註15〕精就是氣，精就是精微而能運動變化的氣。氣之所以會變動，乃因陰陽二氣的存在，在《管子》中陰陽之氣不僅在具體事物成形之前存在，作爲事物的本原，也成爲事物變化和生命的原因與條理，故將陰陽二氣與四時作配當，其云：

> 春者，陽氣始上，故萬物生。夏者，陽氣畢上，故萬物長。秋者，陰氣始下，故萬物收。冬者，陰氣畢下，故萬物藏。故春夏生長，秋收冬藏，四時之節也。〔註16〕

---

〔註12〕 以下兩段引文皆出於〈公孫丑上〉。見（宋）孫奭：《孟子正義·卷三上·公孫丑上》（臺北：藝文印書館《十三經注疏》印嘉慶二十年江西南昌府學開雕本，1989 年），頁 54～55。

〔註13〕 （清）郭慶藩：《莊子集釋》（北京：中華書局出版，2004 年 1 月北京第 2版），頁 733。

〔註14〕 （清）郭慶藩：《莊子集釋·卷八下·則陽》，頁 913。

〔註15〕 （春秋）管仲：《管子·卷十六·內業》（臺北：臺灣商務印書館《四部叢刊》影上海商務印書館縮印常熟瞿氏藏宋本，1975 年臺 3 版），頁 95。

〔註16〕 （春秋）管仲：《管子·卷二十·形勢解》，頁 113。

由四時的變化，體現出了陰陽之氣升降盛衰的運動變化。

　　透過先秦各家對氣論進行了不同程度的發展，使得氣從早期的雲煙之氣的基本涵義，逐漸變爲是將氣放於天地人系統中進行整體思維，探索自然、社會和人生的運動變化規律，而爲氣論奠定下基礎後〔註17〕，至秦漢之際則開始把氣論加以擴大，而成爲影響後世深遠的氣化宇宙論。如在《呂氏春秋》中將陰陽二氣與十二紀作結合，並以五行爲輔助，創造出一套有系統的氣論，其云：

> 太一出兩儀，兩儀出陰陽。陰陽變化，一上一下，合而成章。渾渾沌沌，離則復合，合則復離，是謂天常。天地車輪，終則復始，極則復反，莫不咸當。日月星辰，或疾或徐；日月不同，以盡其行。四時代興，或寒或暑，或短或長，或柔或剛，造於太一，化於陰陽。萌芽始震，凝寒以形。〔註18〕

認爲萬事萬物都是由陰陽而來，其離合都是天之常道的表現。除《呂氏春秋》外，漢代的《淮南鴻烈》也有明顯的「宇宙生氣」的概念，認爲氣是構成世界萬物的精微原始物質，而氣之所以能化生萬物，是因爲氣內部含有對立且統一的陰陽兩氣，故云：

> 天地之襲精爲陰陽，陰陽之專精爲四時，四時之散精爲萬物，積陽之熱氣生火，火氣之精者爲日；積陰之寒氣爲水，水氣之精者爲月。日月之淫爲精者爲星辰。天受日月星辰，地受水潦塵埃。〔註19〕

所謂「精」乃指精氣，也就是陰陽二氣，透過陰陽二氣而生成天地、萬物、日月、星辰。並因萬物都由陰陽二氣而來，故萬物能「皆象其氣，皆應其類」

---

〔註17〕張立文曾對先秦的「氣」做個歸納，認爲此時期的「氣」已由抽象走向具體，初步構成了氣的結構系統，而這是由：一、自然現象無限多樣性的統一到人體無限多樣性的統一，再到社會現象無限多樣性統一，不斷擴展自己的內容，這便是「通」；二、是從有形到無形，從可見、可感的天地之氣，到精緻的精氣，再到沒有形體的氣，故「氣」是非有形非無形，非有非無，即有即無的；三、「氣」是口能呼吸，手能搏得的氣體，如《管子‧心術下》：「氣者，身之充也。」，而孟子的「浩然之氣」則又是一種仁義道德之氣，故「氣」既有物質性又具有精神性，是物質與精神的混沌或統一。詳見張立文：《中國哲學範疇發展史（天道篇）》（臺北：五南圖書出版有限公司，1996年7月初版），頁150。

〔註18〕（戰國）呂不韋：《呂氏春秋‧卷五‧大樂》（臺北：臺灣商務印書館《四部叢刊》影上海商務印書館縮印明刊本，1975年臺3版），頁30。

〔註19〕（漢）劉安：《淮南子‧卷三‧天文》（臺北：臺灣商務印書館《四部叢刊》影上海商務印書館縮印影鈔北宋本，1975年臺3版），頁17。

〔註 20〕。而本論文所討論的董仲舒氣論，就站在前人對氣論的發展成果上，將氣論與儒家思想作緊密的結合，試圖以氣論重新詮釋董仲舒的思想。

近年來，以氣論的角度來重新討論中國思想史的學者愈來愈多，無論是先秦各家、兩漢思想或是宋明氣學都受到熱烈的討論，然而現今雖未能言氣論發展到非常成熟，但就如楊儒賓所云：「氣──身體可能可以視為一種新的典範，從這種典範出發反省中國思想，可能可以看出以『心學』或『理學』為典範者所看不到的面目。」〔註 21〕，氣論卻提供了一套不同於傳統思想的思維模式。故筆者希望透過氣論的立場重新詮釋董仲舒，能夠重新透顯出董仲舒在學術思想上的地位以及欲表達的氣論整體觀，並提供其他研究者不同的思考方向。

# 第二節　研究方法與範圍

## 一、研究範圍

因本論文題目訂為「董仲舒《春秋繁露》氣論之研究」，故除了在基本的原典引用外，是以董仲舒的氣論為討論的主軸，大量參考前人在氣學上的研究成果，並將氣學的特色與董仲舒的學說相結合，進而架構出董仲舒的氣論。為方便說明，筆者將其研究的範圍分為以下幾類，並加以說明之。

### （一）原典部份

筆者以《春秋繁露》為研究董仲舒學說的主要文獻，並以其他作品如：〈雨雹對〉、〈天人三策〉等加強《春秋繁露》未說明之處。在《春秋繁露》一書的引用上，筆者以臺灣商務印書館《四部叢刊》影上海商務印書館縮印武英殿聚珍本為主，北京中華書局出版的清蘇輿《春秋繁露義證》〔註 22〕為輔，並參考今人鍾肇鵬《春秋繁露校釋》〔註 23〕加以對照校勘。而在譯本上，則是以賴炎元《春秋繁露今註今譯》〔註 24〕以及朱永嘉、王知常注譯的《新

---

〔註 20〕　（漢）劉安：《淮南子·卷四·地形》，頁 27。
〔註 21〕　楊儒賓：《儒學的氣論與工夫論·導論》（臺北：國立臺灣大學出版中心，2005年 9 月初版），頁 3。
〔註 22〕　（清）蘇輿：《春秋繁露義證》（北京：中華書局出版，2002 年 8 月北京第 3刷）
〔註 23〕　鍾肇鵬：《春秋繁露校釋》（河北：河北人民出版社，2005 年 5 月第 1 刷）
〔註 24〕　賴炎元：《春秋繁露今註今譯》（臺北：臺灣商務印書館，2003 年 6 月初版 5刷）

譯春秋繁露》〔註25〕為參考本。

## （二）前人的研究成果

專論董仲舒或是《春秋繁露》的著作、單篇論文、學位論文甚多，在著作方面有賴慶鴻《董仲舒政治思想之研究》〔註26〕、林麗雪《中國歷代思想家——董仲舒》〔註27〕、王孺松《董仲舒天道觀》〔註28〕、韋政通《董仲舒》〔註29〕、蔡廷吉《春秋繁露研究》〔註30〕。大陸學者著作則有周桂鈿《董學探微》〔註31〕、曾振宇、范學輝《天人衡中——春秋繁露與中國文化》〔註32〕、馬勇《曠世大儒—董仲舒》〔註33〕、余治平《唯天為大——建基於信念本體的董仲舒哲學研究》〔註34〕、王永祥《董仲舒評傳》〔註35〕、鄧紅《董仲舒思想研究》〔註36〕等。雖皆未有明言氣論者，但實際上在大陸學者的著作中已有氣論的概念存在，不過值得注意的是，大陸學者多將氣論與唯物論相結合，以唯物論的立場來詮釋氣論，故在引用時必須多加注意。

在單篇論文方面，則有施之勉〈董子年表訂誤〉〔註37〕、賴炎元〈董仲舒學術思想淵源〉〔註38〕、戴君仁〈漢武帝抑黜百家非發自董仲舒考〉〔註39〕、賀凌虛〈董仲舒論政〉〔註40〕、蕭義玲〈「獨尊儒術，罷黜百家」與漢武帝之

---

〔註25〕 朱永嘉、王知常：《新譯春秋繁露》（臺北：三民書局，2007 年 2 月初版 1 刷）

〔註26〕 賴慶鴻：《董仲舒政治思想之研究》（臺北：文史哲出版社，1971 年 4 月初版）

〔註27〕 林麗雪：《中國歷代思想家——董仲舒》（臺北：臺灣商務印書館，1983 年 5 月 3 版）

〔註28〕 王孺松：《董仲舒天道觀》（臺北：教育文物出版社，1985 年 4 月初版）

〔註29〕 韋政通：《董仲舒》（臺北：東大圖書，1986 年 7 月初版）

〔註30〕 蔡廷吉：《春秋繁露研究》（臺北：文史哲出版社出版，1991 年 4 月初版）

〔註31〕 周桂鈿：《董學探微》（北京：北京師範大學出版社出版，1989 年 1 月初版）

〔註32〕 曾振宇、范學輝：《天人衡中——春秋繁露與中國文化》（河南：河南大學出版社，1998 年 8 月第 1 刷）

〔註33〕 馬勇：《曠世大儒—董仲舒》（河北：河北人民出版社，2000 年 7 月第 1 刷）

〔註34〕 余治平：《唯天為大——建基於信念本體的董仲舒哲學研究》（北京：商務印書館出版，2003 年 12 月北京第 1 刷）

〔註35〕 王永祥：《董仲舒評傳》（南京：南京大學出版社出版，2004 年 4 月第 2 刷）

〔註36〕 鄧紅：《董仲舒思想研究》（臺北：文津出版設有限公司，2008 年 6 月 1 刷）

〔註37〕 施之勉：〈董子年表訂誤〉，《東方雜誌》第 24 期第 41 卷，（1945 年 12 月）

〔註38〕 賴炎元：〈董仲舒學術思想淵源〉，《南洋大學學報》第 2 期，（1968 年）

〔註39〕 戴君仁：〈漢武帝抑黜百家非發自董仲舒考〉，《孔孟學報》第 16 期，（1968 年 9 月）

〔註40〕 賀凌虛：〈董仲舒論政〉，《政治學報》第 2 期，（1973 年 9 月）

文化政策（下）〕〔註41〕、張德文〈董仲舒的「天人關係」模式及其思維方式〉
〔註42〕、李增〈董仲舒天人合一思想之「天」概念分析〉〔註43〕、周雅清〈董
仲舒對陰陽概念的運用〉〔註44〕、張靜環〈「隨名入理」說董仲舒的人性論〉
〔註45〕、杜保瑞〈董仲舒政治學與宇宙論進路的儒學建構〉〔註46〕等等。在
內容上早期的單篇論文多以討論董仲舒政治、學術淵源、生平為主，至近代
單篇論文則以討論其思想內容、體系架構居多，但直言董仲舒氣論者僅有孫
長祥的〈董仲舒的氣化圖式論〉〔註47〕，認為可將董仲舒的宇宙觀與氣化圖
式論，大致分為察身以知天、天元、氣概念的說明、利用陰陽五行與養氣說
明董仲舒對太極、中和、二至、二分等概念。

　　而在學位論文上，研究者以經學的角度來加以研究，如有李妍承《董仲
舒春秋學之研究》〔註48〕、廖培璋《董仲舒春秋學研究》〔註49〕等；以災異
讖緯為研究者有黃啓書《董仲舒春秋學中的災異理論》〔註50〕、黃國禎《論
董仲舒〈春秋繁露〉與緯書〈春秋緯〉之關係》〔註51〕；以董仲舒部份學說
為研究者則有任金子《董仲舒的陰陽思想研究》〔註52〕、陳禮彰《董仲舒天

〔註41〕蕭義玲：〈「獨尊儒術，罷黜百家」與漢武帝之文化政策（下）〉，《孔孟月刊》
　　　　第3期，（1998年11月）
〔註42〕張德文：〈董仲舒的「天人關係」模式及其思維方式〉，《中國文化月刊》第
　　　　239期，（2000年2月）
〔註43〕李增：〈董仲舒天人合一思想之「天」概念分析〉，收入國立政治大學中國文
　　　　學系編：《第三屆漢代文學與思想學術研討論文》（臺北：國立政治大學中國
　　　　文學系，2000年12月初版）
〔註44〕周雅清：〈董仲舒對陰陽概念的運用〉，《孔孟學報》第80期，（2002年9月）
〔註45〕張靜環：〈「隨名入理」說董仲舒的人性論〉，《嘉南學報》第28期，（2002
　　　　年11月）
〔註46〕杜保瑞：〈董仲舒政治學與宇宙論進路的儒學建構〉，《哲學與文化》第30卷
　　　　第9期，（2003年9月）
〔註47〕孫長祥：〈董仲舒的氣化圖式論〉，《哲學與文化》第33卷第8期，（2006年
　　　　8月）
〔註48〕李妍承：《董仲舒春秋學之研究》（臺北：國立臺灣大學哲學研究所博士論文，
　　　　1999年）
〔註49〕廖培璋：《董仲舒春秋學研究》（臺北：中國文化大學中國文學研究所碩士論
　　　　文，2001年）
〔註50〕黃啓書：《董仲舒春秋學中的災異理論》（臺北：國立臺灣大學中國文學研究
　　　　所碩士論文，1995年）
〔註51〕黃國禎：《論董仲舒〈春秋繁露〉與緯書〈春秋緯〉之關係》（臺中：私立東
　　　　海大學中文研究所碩士論文，2000年）
〔註52〕任金子：《董仲舒的陰陽思想研究》（臺北：私立輔仁大學哲學研究所碩士論

人思想研究》〔註53〕、梁惠卿《董仲舒陰陽哲學研究》〔註54〕、李健良《董仲舒天人哲學之研究》〔註55〕、莊肇基《董仲舒「人副天數」思想之研究》〔註56〕等。然而並沒有專論董仲舒氣論的學位論文，僅有陳德興《兩漢氣化宇宙論之研究》〔註57〕、段宜廷《荀子、董仲舒、戴震氣論研究》〔註58〕中有對董仲舒氣論有所討論。

因專論董仲舒氣論者甚少，故除了各研究方向要有所留意外，對於氣論提出概論之作品皆有輔助作用。在概論性的專書著作上，有李存山《中國氣論探源與發微》〔註59〕、張立文《中國哲學範疇精粹叢書——氣》〔註60〕、楊儒賓與祝平次編的《儒學的氣論與工夫論》〔註61〕、楊儒賓主編的《中國古代思想中的氣論及身體觀》〔註62〕、小野澤精一編的《氣的思想》〔註63〕等；在單篇論文上則有王曉波〈氣與古代自然哲學〉〔註64〕、陳福濱主編的《哲學與文化》第 352 期——兩漢哲學專題、陳福濱主編的《哲學與文化》

文，1982 年）
〔註53〕陳禮彰：《董仲舒天人思想研究》（臺北：國立師範大學國文研究所碩士論文，1992 年）
〔註54〕梁惠卿：《董仲舒陰陽哲學研究》（臺北：私立輔仁大學哲學研究所碩士論文，1993 年）
〔註55〕李健良：《董仲舒天人哲學之研究》（嘉義：南華大學哲學研究所碩士論文，2002 年）
〔註56〕莊肇基：《董仲舒「人副天數」思想之研究》（臺北：私立玄奘人文社會學院宗教研究所碩士論文，2004 年）
〔註57〕陳德興：《兩漢氣化宇宙論之研究》（臺北：天主教輔仁大學哲學系博士論文，2005 年）
〔註58〕段宜廷：《荀子、董仲舒、戴震氣論研究》（臺北：國立政治大學中國文學研究所碩士論文，2006 年）
〔註59〕李存山：《中國氣論探源與發微》（中國社會科學出版社，1990 年 12 月第 1 刷）
〔註60〕張立文：《中國哲學範疇精粹叢書——氣》（臺北：漢興書局有限公司，1994 年 5 月）
〔註61〕楊儒賓、祝平次：《中國古代思想中的氣論及身體觀》（臺北：巨流圖書，1997 年 2 月出版）
〔註62〕楊儒賓：《儒學的氣論與工夫論》（臺北：國立臺灣大學出版中心，2005 年 9 月初版）
〔註63〕小野澤精一：《氣的思想》（上海：上海人民出版社　2007 年 3 月第 1 刷）
〔註64〕王曉波：〈氣與古代自然哲學〉，收入國立臺灣大學哲學系編：《國立臺灣大學創校四十周年國際中國哲學研討會論文集》（臺北：國立臺灣大學哲學系，1985 年），頁 557～571。

第 387 期—中國哲學氣論專題等。

## 二、研究方法

### （一）對於原典的摘錄與歸納

筆者以《春秋繁露》一書爲主，進行字句的輯錄，其中又以「元」、「氣」、「天」、「陰陽」、「五行」、「心」、「性」等字詞爲主。並對輯錄出的原文加以分析，進而找出「元」、「氣」、「天」等字句間彼此的關係，以此關係架構起螺旋式前進的氣化觀、以氣爲貫通的天人感應以及人有仁、貪二性的人性論。雖其研究框架仍以傳統董仲舒學說爲主，但以氣論爲主軸，重新解釋董仲舒的基本學說。

### （二）透過圖表重新歸納與分析

關於陰陽與五行的配當，前人學者多有討論。然筆者以爲陰陽與五行是架構起董仲舒氣論的基礎，故據原典重新整理歸納出陰陽與五行在各層面的配當，並根據研究進程藉此架構起類似圓柱體的概念來解說董仲舒氣論的螺旋式前進。此外，也透過圖表所歸納出的結果，加以分析驗證，將董仲舒氣論中矛盾之處，或是可重新說明之處標舉出來，以求得其特殊性。

### （三）以時代思潮爲旁證

每一位思想家在架構自己的學術理論時，除了受到當時大環境的影響外，其學術也必有一定的來源與對後世的影響，具有承先啓後地位的董仲舒，當然也不例外。故筆者以歷史縱向的發展，來說明董仲舒氣論思想的淵源以及對後世氣論思想的開展，進而凸顯出董仲舒在氣學發展上的重要性；以橫向的發展，來說明董仲舒所處的時代背景，藉由對時代背景的瞭解以及與同時代氣學家之思想相互參照，而對董仲舒思想中爲人詬病之處，有所諒解並加以包容。

# 第二章　董仲舒的生平與著作

　　雖說董仲舒為一代大儒，但其生卒年在《史記》、《漢書》中均無詳細的記載，且各家的說法有所不同，而歷代以來，諸多學者對於《春秋繁露》一書也皆持不同的看法。故以下筆者將就董仲舒生平及《春秋繁露》一書來加以討論。

## 第一節　董仲舒的生平

### 一、生平紀要

　　董仲舒，號桂巖子，西漢廣川人（今河北省冀縣東南）。其生卒年在《史記》、《漢書》中均無詳細記載，且歷來各家說法皆有所不同，今多以清代蘇輿《春秋繁露義證·董子年表》〔註1〕，所認為董仲舒約生於文帝元年乙丑（B.C.179），卒於約武帝太初元年（B.C.104），年約七十餘歲為主。〔註2〕

　　董仲舒為人方正耿直，治學勤奮，當代學人無不師尊之。其勤勉的一生，大致可分為三個階段，一、治經講學；二、出仕易王、膠西王之國相；三、家居著述。〔註3〕在第一階段中，就如《漢書·卷五十六·董仲舒傳》所云：

〔註1〕　（清）蘇輿：《春秋繁露義證》（北京：中華書局出版，2002年8月第3刷），頁475～490。
〔註2〕　因董仲舒生卒年以及重要事件多有所爭議，故此處筆者僅以（清）蘇輿〈董子年表〉為主軸來談論董仲舒的生平。而生卒年詳細問題則將在下一點「重要事件討論」中再加以討論。
〔註3〕　筆者參考王永祥：《董仲舒評傳》（南京：南京大學出版社出版，2002年4月第2次印刷），頁69～84，並取之大意而加以重新分類。

> 董仲舒，廣川人也。少治《春秋》，孝景時爲博士。下帷講誦，弟子
> 傳以久次相授業，或莫見其面。蓋三年不窺園，其精如此。進退容
> 止，非禮不行，學士皆師尊之。〔註4〕

仲舒講學，主要以教授儒家經典，尤以《公羊春秋》爲主。董仲舒讀經專精，
且身體力行，亦如劉歆所言：「仲舒遭漢承秦滅學之後，《六經》離析，下帷
發憤，潛心大業，令後學者有所統壹，爲羣儒首。」〔註5〕，故到景帝時與胡
毋生同爲博士官，卻因景帝不任儒，竇太后又偏愛黃老之術，故未能有所作
爲。

　　第二階段則是武帝時下令舉孝廉、詔賢良、行對策，而董仲舒著名的〈天
人三策〉就此誕生。〔註6〕在對策之後，武帝委董仲舒爲江都易王之相，爲江
都易王所重，江都郡因而大治，後卻因言《春秋》災異，而被廢爲中大夫。《漢
書・卷五十六・董仲舒傳》云：

> 天子以仲舒爲江都相，事易王。易王，帝兄，素驕，好勇。仲舒以
> 禮義匡正，王敬重焉。……仲舒治國，以《春秋》災異之變，推陰
> 陽所以錯行。故求雨，閉諸陽，縱諸陰，其止雨反是，行之一國，
> 未嘗不得所欲。中廢爲中大夫。〔註7〕

由此可看出董仲舒在此時期的思想上，從尊崇儒家經典轉而融合當時陰陽五
行之說。武帝元朔五年（B.C.124）到元狩元年（B.C.122）間，公孫弘爲相，
曾薦舉董仲舒爲膠西王之相。膠西王劉端，生性殘暴，故公孫弘推舉之意，
是欲害董仲舒，未料膠西王知其賢名，加以善待。然而董仲舒感膠西王生性
驕縱，恐日後獲罪，便稱病退職。〔註8〕

　　第三階段則屬家居著述。當董仲舒回到自己的故居後，就致力於修學著
書，其作品則有〈郊祀對〉、〈士不遇賦〉等，雖說董氏辭官，但「仲舒在家，

---

〔註4〕（漢）班固：《漢書》（臺北：藝文印書館影印清乾隆武英殿刊本，1996 年 8
　　　　月），頁 1163。

〔註5〕（漢）班固：《漢書・卷五十六・董仲舒傳》，頁 1184。

〔註6〕對於〈天人三策〉的確切時間，各家學者對此也有所異議，故此僅以大時間
　　　　而言，並將於「重要事件討論」一段中加以討論。

〔註7〕（漢）班固：《漢書》，頁 1172。

〔註8〕參見《漢書・卷五十六・董仲舒傳》：「仲舒爲人廉直。是時外攘四夷，公孫
　　　　弘治《春秋》不如仲舒，而弘希世用事，位至公卿。仲舒以弘爲從諛，弘嫉
　　　　之。膠西王亦上兄也，尤縱恣，數害吏二千石。弘迺言於上曰：『獨董仲舒可
　　　　使相膠西王。』膠西王聞仲舒大儒，善待之，仲舒恐久獲罪，病免。……乃
　　　　去位歸居，終不問家產業，以修學著書爲事。」同註7，頁 1172。

朝廷如有大議，使使者及廷尉張湯就其家而問之，其對皆有明法。」〔註9〕，
可見董仲舒在朝廷中仍有一定的地位。如在元狩三年（B.C.120）上書〈益種
宿表〉、元狩三年或四年（B.C.120、119），有限民名田、鹽鐵皆歸於民、去奴
婢等事應對上書、元封四年（B.C.107）也對匈奴和親事有所應對。〔註10〕不
過董仲舒對當時政治上並無起重大作用，與他在學術上崇高的地位相去甚
遠，故在〈士不遇賦〉中云：

> 嗚呼嗟乎，遐哉貌矣。時來曷遲，去之速矣。屈意從人，非吾徒矣。
> 正身俟時，將就木矣。悠悠偕時，豈能覺矣。心之憂歟，不期祿矣。
> 皇皇匪寧，祇增辱矣。努力觸藩，徒摧角矣。不出戶庭，庶無過矣。
> 〔註11〕

來抒發自己的不得志。董仲舒雖在政途上未如己願，但在學術上卻是佔有一
席之地的，如《漢書·卷五十六·董仲舒傳》所云：

> 家徙茂陵，子及孫皆以學至大官。仲舒所著，皆明經術之意，及上
> 述條教，凡百二十三篇。而說《春秋》事得失，〈聞舉〉、〈玉杯〉……
> 十餘萬言，皆傳於後世。掇其切當世施朝廷者著于篇。〔註12〕

可見董仲舒在學術上對漢代的影響之大，非其他儒者可比。

## 二、重要事件的論述

　　從上述的述說後，可大略的勾勒出董仲舒一生的輪廓，但因對其生平
的資料不足且各家說法不一，故以下將就生卒年、對策之年以及與「罷黜
百家，獨尊儒術」的關係加以陳述，進而對董仲舒的生平有更進一步的釐
清。

---

〔註9〕　同註7，頁1172。

〔註10〕　王永祥：《董仲舒評傳》，頁81。

〔註11〕　（宋）章樵注：《古文苑·卷三·士不遇賦》（臺北：鼎文書局出版，1973
　　　　　年1月初版），頁60。

〔註12〕　（漢）班固：《漢書》，頁1173。關於董仲舒後學的發展，在《史記·卷一百
　　　　　二十一·儒林傳》中有更詳細的說明，其云：「仲舒弟子遂者：蘭陵褚大、
　　　　　廣川殷忠、溫呂步舒，褚大至梁相、步舒至長史，持節使決淮南獄。於諸侯
　　　　　擅專斷，不報，以《春秋》之義正之，天子皆以為是。弟子通者，至於命大
　　　　　夫；為郎、謁者、掌故者以百數。而董仲舒子及孫皆以學至大官。」（漢）司
　　　　　馬遷：《史記》（臺北：藝文印書館影印清乾隆武英殿刊本，2005年2月初版
　　　　　4刷），頁1278。

### （一）生卒年

關於董仲舒的生卒年在筆者的歸納之下，大抵可分爲生於文帝元年，卒於武帝太初元年（B.C.179～B.C.104）；生於高后元年，卒於元鼎元、二年（B.C.187～B.C.116/115）；生於呂后五、六年，卒於元鼎二年之前（B.C.183/184～B.C.115）；生於高祖七、十一年，卒於元封四年以後太初元年之前（B.C.200/B.C.196～B.C.107/B.C.104）這四種，以下將就這四種說法分別說明之。

### 1. 文帝元年到武帝太初元年（B.C.179～B.C.104）

在蘇輿〈董子年表〉中云：「董子生卒年月無可考。要生於景帝前，至武帝朝，以老壽終，無疑。」〔註13〕，蘇輿的推斷是因爲在桓譚《新論》云：「董仲舒專精於述古，年至六十餘，不窺園中菜」〔註14〕，故推董仲舒的年過六十。又據司馬遷生於景帝後元年，而司馬遷尊董仲舒爲「董生」，推之其年輩遠在司馬遷之前，而《春秋繁露・止雨篇》中有二十一年之文，故可知元狩四年（B.C.119）董仲舒尚存，另外在〈董子年表〉中蘇輿也云：「仲書著書，皆未改正朔以前事，則其卒於太初前可知。故斷自是年止。」〔註15〕，故將卒年斷爲武帝太初元年（B.C.104）。雖說蘇輿將其生卒年推斷在文帝元年到武帝太初元年之間，然在推論的過程蘇輿也沒有十足的把握，故後世學者便以〈董子年表〉的生卒年爲基準，紛紛提出自己的看法。

### 2. 高后元年到元鼎元年——二年（B.C.187～B.C.116/115）

提出此看法者爲施之勉的〈董子年表訂誤〉〔註16〕，施之勉是先將董仲舒的卒年斷爲元鼎元年到二年（B.C.116～B.C.115）。認爲在《漢書・卷二十四上・食貨志》中云：

> 董仲舒說上曰：「《春秋》它穀不書，至於麥禾不成則書之，以此見聖人於五穀最重麥與禾也。……薄賦歛，省繇役，以寬民力，然後可善治也。」仲舒死後，功費愈甚，天下虛耗，人復相食。〔註17〕

---

〔註13〕（清）蘇輿：《春秋繁露義證》，頁491。

〔註14〕（宋）李昉：《太平御覽・卷九百七十六・菜茹部一》（臺北：大化書局，1977年5月初版），頁4326。

〔註15〕同註13，頁486。

〔註16〕施之勉：〈董子年表訂誤〉，《東方雜誌》第24期（1945年12月）第41卷，頁50。

〔註17〕（漢）班固：《漢書》，頁518～519。

而在《漢書‧卷二十七中之下‧五行志》中也云：「元鼎三年，三月水冰，四月雨雪，關東十餘郡人相食。」〔註18〕、《漢書‧卷六‧武帝紀》也云：「三月，大雨雪。夏，大水，關東餓死者以千數。」〔註19〕，由上述史料，可推知「人復相食」是在武帝元鼎三年（B.C.114），故董子卒年定早於元鼎三年，而在元狩五年（B.C.118）時，董仲舒都還有對朝廷有所諫言，故施之勉推其卒年應在兩者之間，而取元鼎元年到二年之間。

當董仲舒的卒年推斷出來後，施之勉就以《漢書‧卷九十四下‧匈奴傳贊》

> 仲舒親見四世之事，猶復欲守舊文，頗增其約。……察仲舒之論，
>
> 考諸行事，迺知其未合於當時，而有闕於後世也。〔註20〕

為根據，往上推四世〔註21〕到孝惠高后時。故施之勉的董仲舒生卒年為生於孝惠高后時，卒於武帝元鼎中，年七十餘歲。除了施之勉以外，還有《中國歷代思想家》〔註22〕一書也採此說法。

### 3. 呂后五、六年到元鼎二年之前（B.C.183/184～B.C.115）

賴炎元在〈董仲舒生平考略〉中對董仲舒的生卒年，是採取呂后五、六年（B.C.183/184）到元鼎二年之前（B.C.115）的說法。對於生年，賴炎元則認為如先假設董仲舒約卒於武帝元狩、元鼎年間，那麼董仲舒應生於呂后之時。因在桓譚《新論》中曾云：「董仲舒專精於述古，年至六十餘，不窺園中菜。」〔註23〕，從呂后八年至元鼎元年，共為六十五年，而《漢書‧卷九十四下‧匈奴傳贊》又云：「仲舒親見四世之事。」〔註24〕，既然董仲舒親見四世之事，那麼當呂后卒時董仲舒至少已有三、四歲，故推董仲舒約生於呂后五、六年間（B.C.183/184），便可符合於桓譚之說。〔註25〕

---

〔註18〕（漢）班固：《漢書》，頁 632。

〔註19〕同註 18，頁 92。

〔註20〕同註 18，頁 1623。

〔註21〕施之勉的四世，乃指高后、文帝、景帝、武帝也。

〔註22〕王更生：《中國歷代思想家》（臺北：臺灣商務印書館股份有限公司，1999 年 2 月更新版），頁 45～46。

〔註23〕（宋）李昉：《太平御覽‧卷九百七十六‧菜茹部一》，頁 4326。

〔註24〕同註 18，頁 1623。

〔註25〕賴炎元：〈董仲舒生平考略〉，《南洋大學學報》第八及第九期（1974/1975 年），頁 23。

　　對於卒年的推斷，賴炎元是採用楊樹達《漢書窺管》〔註26〕的說法。認爲據《漢書・卷七十五・夏侯始昌傳》中云：「自董仲舒、韓嬰死後，武帝得始昌，甚重之。始昌明於陰陽，先言柏梁臺災日，至期日果災。」〔註27〕、《漢書・卷六・武帝紀》中云：「太初元年，十一月乙酉，柏梁臺災。」〔註28〕以及《漢書・卷二十七上・五行志》：「太初元年十一月乙酉，未央宮柏梁臺災。先是，大風發其屋，夏侯始昌先言其災日。」〔註29〕所言，可知柏梁臺災發生在武帝太初元年（B.C.104），故董仲舒定不卒於太初元年。此外，施之勉更利用「關東人相食」的史料推測董仲舒卒於元鼎二年（B.C.115）之前，故綜合兩者的說法後，可推董仲舒卒於元鼎二年之前，此說法也在韋政通的《董仲舒》〔註30〕中得到認同。

### 4. 高祖七年至十一年到元封四年以後至太初元年之前
### （B.C.200/B.C.196～B.C.107/B.C.104）

　　提出此說發者爲周桂鈿，他是根據（1）董仲舒親見四世的記載，推斷他生於 B.C.204 年至 B.C.192 年。（2）桓譚所說董仲舒「年至六十餘，不窺園中菜」推斷董仲舒生於 B.C.200 年至 B.C.196 年。（3）「致仕懸車」在元狩元、二年之間，推斷他生於 B.C.200 年至 B.C.191 年。而將其綜合起來，推測董仲舒生於 B.C.198 年，也就是高祖九年。〔註31〕

　　而卒年則是根據（1）《漢書・卷六・武帝紀》：「元封四年秋，以匈奴弱，可遂臣服，迺遣使說之。單于使來，死京師。」〔註32〕、《漢書・卷九十四下・匈奴傳》：「仲舒以爲『義動君子，利動貪人，如匈奴者，非可以仁義說也，獨可說以厚利，結之於天耳。……與盟於天以堅其約，質其愛子以累其

---

〔註26〕楊樹達云：「平江蘇厚庵先生著〈董子年表〉，繫董生卒於太初元年。今考〈食貨志〉上云：『仲舒死後，功費愈甚，天下虛耗，人復相食。』據〈武帝紀〉，關東郡國飢，人相食，事在元鼎三年。……築柏梁臺關東水災，據〈紀〉皆在元鼎二年。則董生之卒，當在元鼎二年之前，不及至元封太初時矣。……」。見楊樹達：《漢書窺管》（臺北：世界書局，1974 年 10 月 3 版），卷 26，頁 342～343。

〔註27〕（漢）班固：《漢書》，頁 1395。

〔註28〕同註27，頁 99。

〔註29〕同註27，頁 605～606。

〔註30〕韋政通：《董仲舒》（臺北：東大圖書股份有限公司，1986 年 7 月初版），頁 1。

〔註31〕詳見周桂鈿：《董學探微》（北京：北京師範大學出版社出版，1989 年 1 月），頁 1～5。

〔註32〕同註27，頁 97。

心，⋯⋯不亦便於天下呼！』⋯⋯」〔註33〕，推董仲舒提出此言，乃是元封四年「匈奴不肯以太子為質」之事，故推董仲舒可能活到元封四年（B.C.107）以後。（2）《漢書・卷五十六・董仲舒傳》：「年老，以壽終於家。家徙茂陵，子及孫皆以學至大官。」〔註34〕、《漢書・卷六・武帝紀》：「太始元年，徙郡國吏民豪傑于茂陵、雲陵。」〔註35〕，推董仲舒的子孫也許是在此次徙居茂陵的，可見董仲舒死於太始元年之前。（3）據《漢書・食貨志》所云「關東人相食」之事，推董仲舒必死於元鼎三年之前。（4）據《春秋繁露・・卷十六・循天之道》：「高臺多陽，廣室多陰，遠天地之和也，故人勿為，適之而已矣。」〔註36〕，而《論衡・卷十六・亂龍》：「仲舒覽見深鴻，立事不妄。」〔註37〕，可見董仲舒每說一事都有現實的針對性，或許所謂的高臺，就是指「甘泉通天臺」也就是所謂的「柏梁臺」，據史料記載「柏梁臺」毀於太初元年，故推董仲舒卒於太初元年之前。周桂鈿進而推出董仲舒應卒於元封四年（B.C.107）之後，太初元年（B.C.104）之前。〔註38〕

　　除上述四點外，姜亮夫《歷代人物年里碑傳綜表》〔註39〕認為是生於文帝四年（B.C.176），卒於武帝太初元年（B.C.104）、夏傳才《兩漢經學史》〔註40〕認為是生於高祖初年，卒於武帝元狩之末或元鼎之初。筆者以為由各家說法中可發現皆因史料能提供的資料過少，大家也只能就現有的資料以及自己的想法加以推論，綜合各家說法推斷，故如以大範圍而言，董仲舒應是

---

〔註33〕　（漢）班固：《漢書》，頁1623。

〔註34〕　同註33，頁1173。

〔註35〕　同註33，頁101。

〔註36〕　（漢）董仲舒：《春秋繁露》（臺北：臺灣商務印書館《四部叢刊》影上海商務印書館縮印武英殿聚珍本，1975年臺3版），頁88。據鍾肇鵬所校，此處作「故人勿為」，然宋本、明鈔本等均作「弗為」，惟殿本「弗」作「勿」，而舊脫「聖」字，《太平御覽》一七四引《繁露》此文作「故聖人弗為」。而「適之而已矣」，盧校：「『中』舊本作『之』，誤。」盧本改作「中」，凌本、譚本、蘇本均從之。詳見鍾肇鵬：《春秋繁露校釋》（河北：河北人民出版社，2005年5月第1刷），頁1043。故此處疑作「故聖人弗為，適中而已矣」。

〔註37〕　（漢）王充：《論衡》（臺北：臺灣商務印書館《四部叢刊》影上海商務印書館縮印明通津草堂刊本，1975年臺3版），頁158。

〔註38〕　詳見周桂鈿：《董學探微》，頁5～9。

〔註39〕　姜亮夫：《歷代人物年里碑傳綜表》（臺北：華世出版社出版，1976年12月臺1版），頁7。

〔註40〕　夏傳才：《兩漢經學史》（臺北：萬卷樓圖書有限公司出版，1995年5月初版），頁114～118。

生於文帝之前，卒於武帝末。

## （二）對策之年

關於董仲舒對策之年，大抵可分為武帝建元元年、元光元年、元光二至四年之間以及元朔五年這四種說法。提出這五種說法的學者分別有：建元元年的《資治通鑑》、沈欽韓、蘇輿以及孫長祥〈董仲舒思想評述〉；元光元年的《漢書・武帝紀》、王先謙、洪邁、周桂鈿、施之勉、賴炎元、王永祥；元光二至四年之間的戴君仁；元朔五年的王葆玹。以下將列舉各家說法中較為重要的學者之論述。

### 1. 建元元年（B.C.140）

《資治通鑑》將〈對策〉載於建元元年，而清代蘇輿在〈董子年表〉中也再三說明應於武帝建元元年，其云：

> 建元六年，遼東高廟災，生且下吏。若如〈武紀〉在對策前，則名尚未顯，主父偃何自嫉之？而兩史並云：『不敢復言災異。』對策推災異乃甚切。冊中又有『敬聞高誼』之語，若曾受拘繫。不合為此言，斯明徵也。……仲舒之舉，本傳雖不明載歲時，然以武帝即為之言推之，合是建元元年。《漢書・武帝紀》謂元光元年，與公孫弘出為者，史氏于併書耳。蓋弘之出，正係元光元年，仲書之出，又在其先。考元光元年賢良制，正弘所對者。而仲舒所對，有及於《春秋》，謂一為元之說。益知仲舒之出，在建元元年矣。〔註41〕

另外沈欽韓《漢書疏證・卷二・文帝紀》中也云：「又建元六年，遼東高廟災，高園便殿火，〈五行志〉仲舒對曰云云，本傳在中廢為中大夫時，居家推說其意，是賢良對策不得反在元光元年也。」〔註42〕。故三者皆認為對策之年應為建元元年（B.C.140）。

### 2. 元光元年（B.C.134）

宋代洪邁《容齋續筆・卷六》中云：

> 漢武帝建元元年，詔舉賢良方正直言極諫之士，丞相綰奏所舉賢良，或治申商韓非蘇秦張儀之言，亂國政，請皆罷，奏可。……案策問中云，朕親耕藉，勸孝弟，崇有德，使者冠蓋相望，……對策曰，

---

〔註41〕（清）蘇輿：《春秋繁露義證》，頁492。
〔註42〕（清）沈欽韓：《漢書疏證》（上海：上海古籍出版社《續修四庫全書》影印清光緒26年浙江官書局刻本，1997年），頁30。

陰陽錯繆，氛氣充塞，羣生寡遂，黎民未濟。必非即位之始年也。
〔註43〕

而清王先謙也云：

> 仲舒對策，有夜郎康居，殊方萬里，說德歸誼之語。西南夷傳，夜
> 郎之通，在建元六年，大行王恢擊東粵後。次年即爲元光元年，是
> 漢書載仲舒對策於元光元年，並不失之太後。〔註44〕

後施之勉更在〈董子年表訂誤〉中將〈對策〉之年改爲武帝元光元年。原因
有（1）在《漢書·卷二十二·禮樂志》中云：

> 武帝即位，進用英儁，議立明堂，制禮服，以興太平。會竇太后好
> 黃老言，不說儒術，其事又廢。後董仲舒對策言：「王者欲有所爲，
> 宜求其端於天。……是故古之王者莫不以教化爲大務，立大學以教
> 於國，設庠序以化於邑。……今臨政而願治七十餘歲矣，不如退而
> 更化。……」。〔註45〕

建元元年十月，武帝詔舉賢良，而議立明堂。二年十月，趙綰以及王臧得罪
竇太后，皆下獄自殺，而〈志〉又謂「後董仲舒對策言」故對策之年絕不在
建元元年十月詔舉賢良之前。（2）據《史記·卷一百零七·魏其武安侯傳》
〔註46〕所云，魏其武安侯爲相，隆推儒術，在建元元年、二年之間。而《漢
書·卷五十六·董仲舒傳》云：「自武帝初立，魏其、武安侯爲相而隆儒矣。
及仲舒對冊，推明孔氏，抑黜百家。」〔註47〕，由此推之，仲舒對策必在魏
其武安侯爲相之後，故對策之年非在建元元年。由上述兩點，施之勉以《史
記》漢興以來諸侯年表爲主，認爲元光二年（B.C.133）實爲江都易王之二十
一年，《漢書·卷六·武帝紀》中稱對策之年爲元光元年，而今知元光二年
仲舒爲江都相，與本傳所云對策後仲舒爲江都易王相符合。武帝初立，兩次
詔舉賢良爲建元元年及元光元年，而由（1）、（2）的原因可知對策之年非建
元元年，而元光二年已爲江都易王相，故對策之年應爲元光元年。〔註48〕

---

〔註43〕　（宋）洪邁：《容齋續筆》（臺北：新文豐出版社出版《叢書集成》，1996 年），
　　　　　頁 2～3。
〔註44〕　（漢）班固：《漢書·卷五十六·董仲舒傳》，頁 1166。
〔註45〕　（漢）班固：《漢書》，頁 481～482。
〔註46〕　（漢）司馬遷：《史記》，頁 1160。
〔註47〕　同註44，頁 1172～1173。
〔註48〕　詳見施之勉：〈董子年表訂誤〉，頁 50～51。

### 3. 元光二至四年之間（B.C.133～B.C.131）

提出此看法者為戴君仁，他在〈漢武帝抑黜百家非發自董仲舒考〉〔註49〕中討論到對策之年應為元光二至四年之間，其原因有：（1）在《漢書・卷九十五・西南夷傳》中云：

> 建元六年，大行王恢擊東粵，東粵殺王郢以報。恢因兵威使番陽令唐蒙風曉南粵。……夜郎者，臨牂柯江，江廣百餘步，足以行船。……。〔註50〕

戴君仁以為王恢出擊東粵是在建元六年（B.C.135）秋八月，而王恢派唐蒙風曉南粵，最早也是在建元六年的年底，在經過唐蒙歸於長安，上書出使，等到約成再從夜郎回到長安，最快也要一年的時間，故在〈對策〉中所提到「夜郎說德歸誼」已經是在元光元年之後了。（2）在武帝元光紀年中，有三次詔賢良，一次是在元年（B.C.134），詔策載於〈卷六・武帝紀〉〔註51〕；一次是在五年（B.C.130），詔策載於〈卷五十八・公孫弘傳〉〔註52〕，另一次就載於〈董仲舒傳〉中。這三次詔策在內容不同外，文章的長短也不同，這樣比較下董仲舒對策不應在元光元年，也不是在元光五年與公孫弘一起，更不可能是在元光五年之後，因為元光五年以後，漢興近八十載，這樣就與對策中「今臨政而願治七十餘歲矣」不合。就因上述兩點，戴君仁進一步推論對策之年應在元光二至四年之間，只是無法斷定是哪一年。

### 4. 元朔五年（B.C.124）

王葆玹《西漢經學源流》〔註53〕中根據（1）根據慣用語法以及文字上的推測，認為《漢書・卷五十六・董仲舒傳》：「今臨政而願治七十餘歲矣，不如退而更化：更化則可善治，善治則災害日去，福祿日來。」〔註54〕，中的「七十餘歲」不應像其他學者從漢初算起，而應從武帝臨政的時間算起，故此句應改為「今臨政而願治也，十餘歲矣。」武帝臨朝聽政始於建元六年竇太后去世之際，故臨政十餘歲，當在元朔三年之後，而對策之年就不得早

---

〔註49〕詳見戴君仁：〈漢武帝抑黜百家非發自董仲舒考〉，《孔孟學報》第 16 期（1968 年 9 月），頁 171～174。

〔註50〕（漢）班固：《漢書》，頁 1625。

〔註51〕同註 50，頁 85。

〔註52〕同註 50，頁 1214。

〔註53〕王葆玹：《西漢經學源流》（臺北：東大圖書股份有限公司，1994 年 6 月初版），頁 137～144。

〔註54〕同註 50，頁 1166。

於武帝元朔三年（B.C.126）。（2）在〈對策〉中曾提及「夜郎、康居，殊方萬里，說德歸誼，此太平之致也。」〔註55〕，武帝建元六年（B.C.135）始通夜郎，元朔三年（B.C.126）張騫歸國之際始通康居，若對策在元朔之前，就不應提及康居說德歸誼，故可推對策之年在元朔三年之後。（3）武帝元光五年策問公孫弘時云：「上古堯舜之時，不貴爵賞而民勸善，不重刑罰而民不犯，躬率以正而遇民信也。」〔註56〕，表要仿效上古至治；而武帝策問董子時不僅稱慕上古聖王的無為，也肯定了後王的有為。考慮到武帝時是從「無事」發展到「多事」，故董子的策問應晚於公孫弘，也就是對策之年不得早於元光五年。進而推武帝元朔五年六月有詔曰：「今禮樂崩，朕甚閔焉。故詳延天下方聞之士，咸薦諸朝。……太常其議於博士弟子，崇鄉黨之化，以屬賢材焉。」〔註57〕，其中所舉「天下方聞之士」與建元元年、元光元年間的詔舉有所不同，為〈對策〉中所謂的「廣延四方之豪傑，郡國諸侯公選賢良修絜博習之士。」〔註58〕，故對策之年即為元朔五年。

雖上述所論述的四種觀點皆由其成立的理由，但歷來學者對董仲舒對策之年並無明確的定年，筆者以為如以元光元年（B.C.134）為對策年之說而言，因有《漢書·卷五十六·董仲舒傳》中對〈對策〉的內容有詳加說明外，如《卷六·武帝紀》、《卷二十二·禮樂志》皆可作為根據，而又有名家考證，並且為今之通說，故筆者以為此說法較為合理。

### （三）與「罷黜百家，獨尊儒術」的關係

一般會認為「罷黜百家，獨尊儒術」會與董仲舒有直接的關係，主要是因為在《漢書·卷五十六·董仲舒傳》所記載的〈對策〉中有：

> 《春秋》大一統者，天地之常經，古今之通誼也。今師異道，人異論，百家殊方，指意不同，是以上亡以持一統；法制數變，下不知所守。臣愚以為諸不在六藝之科孔子之術者，皆絕其道，勿使並進。
>
> 邪辟之說減息，然後統紀可一而法度可明，民知所從矣。〔註59〕

就是因為這段記載，讓後人多以為董仲舒對於「罷黜百家，獨尊儒術」有非常直接重要的關係，然仔細推敲後可發現董仲舒雖有提出此建議，但早在對

---

〔註55〕 （漢）班固：《漢書·卷五十六·董仲舒傳》，頁1168。
〔註56〕 （漢）班固：《漢書·卷五十八·公孫弘傳》，頁1214。
〔註57〕 （漢）班固：《漢書·卷六·武帝紀》，頁89。
〔註58〕 同註55，頁1163。
〔註59〕 同註55，頁1172。

策之前就已實施，故我們只能說「罷黜百家，獨尊儒術」是時代潮流所推動的，非一人之力所能推動的。

　　早在漢初，酈食其就一改儒生只言仁義不言功利的性格，而叔孫通則是把法家的思想移植到儒學之內，後至陸賈和賈誼所提倡的仁義論，皆對漢初休養生息的政策起了積極的作用。〔註60〕其中賈誼就曾提出改制與更化的主張，其云：「誼以爲漢興二十餘年，天下和洽，宜當改正朔，易服色制度，定官名，興禮樂。迺草具其儀法，色上黃，數用五，爲官名悉更，奏之。」〔註61〕，這也表示當時許多儒生已有共同的見解，而其更最大的意義，是在漢興之後，藉由改制將漢制與秦暴政做分割。〔註62〕但因受到實際的局勢限制，賈誼的主張並未受到文帝的重用，甚至使賈誼將自己推向不被重用的窘境。〔註63〕至武帝時，一切客觀條件皆備，故從黃老轉爲儒術的重要時期就此發生。

　　武帝登基即位之初，丞相衛綰就曾上奏曰：「所舉賢良，或治申、商、韓非、蘇秦、張儀之言，亂國政，請皆罷。」〔註64〕，此一奏就爲「罷黜百家」揭開序幕，只是奏文中並不直接排斥黃老，也沒有直接點明欲尊儒術，因此時尊黃老的竇太后尚在，不敢造次。同一年，竇嬰、田蚡陸續掌握大權後，就向武帝推薦趙綰、王臧，後兩人因尊儒而引起了宮廷鬥爭〔註65〕，第一波的尊儒運動就此以悲劇暫告一段落。直到武帝建元六年（B.C.135），竇太后去

---

〔註60〕 王永祥：《董仲舒評傳》，頁48。

〔註61〕 （漢）班固：《漢書・卷四十八・賈誼傳》，頁1064。

〔註62〕 韋政通：《董仲舒》，頁194。

〔註63〕 所謂的局勢限制乃指惠帝到景帝時，由於內部權力結構不穩，急需整頓。再加上這一時期是以黃老作爲政策的指導原則，爲了達到「與民休息」的效果以及滿足統治階層對長生、迷信等需要，故賈誼所提出的政策不被重視。見同註61，頁194。此外也可從《漢書・卷四十八・賈誼傳》中看出賈誼不受中用的情況，其云：「迺草具其儀法，色上黃，數用五，爲官名悉更，奏之。文帝謙讓未皇也。然諸法令所更定，及列侯就國，其說皆誼發之。於是天子議以誼任公卿之位。絳、灌、東陽侯、馮敬之屬盡害之，迺毀誼曰：『雒陽之人年少初學，專欲擅權，紛亂諸事。』於是天子後亦疏之，不用其議，以誼爲長沙王太傅。」見同註61，頁1064。

〔註64〕 （漢）班固：《漢書・卷六・武帝紀》，頁84。

〔註65〕 在《漢書・卷五十二・竇田灌韓傳》云：「太后好黃老言，而嬰、蚡、趙綰等務隆推儒術，貶道家言，是以竇太后滋不說。二年，御史大夫趙綰請毋奏事東宮。竇太后大怒……迺罷逐趙綰、王臧，而免丞相嬰、太尉蚡，以柏至侯許昌爲丞相，武彊侯莊青翟爲御史大夫。嬰、蚡以侯家居。」見（漢）班固：《漢書》，頁1121。

世，田蚡復爲丞相，《史記・卷一百二十一・儒林傳》云：

> 及今上即位，趙綰、王臧之屬明儒學，而上亦鄉之，於是招方正賢
> 良文學之士。……及竇太后崩，武安侯田蚡爲丞相，絀黃老、刑名
> 百家之言，延文學儒者數百人，而公孫弘以《春秋》白衣爲天子三
> 公，封以平津侯。天下之學士靡然鄉風矣。〔註66〕

尊儒運動又再次興起，爾後「元光元年五月，詔賢良……於是董仲舒、公孫
弘等出焉。」〔註67〕，由史料推知，《漢書・卷五十六・董仲舒傳》中所謂「皆
自仲舒發之」，顯然與事實不符合，而董仲舒的對策最早也是在田蚡爲丞相之
後，因此他在運動中所扮演的角色，並不如後世所想像的那麼重要。〔註68〕
而眞正將此活動發展到最高峰，則是要等到漢成帝時期，而達到最終實現則
是在漢宣帝、漢元帝時期。

　　由上述簡單的描述運動的發生過程，都一再確認了儒術的獨尊並非一人之
力所爲，是經過了儒者不斷奮鬥及在鬥爭中不斷豐富自身的理論，才能得以展
現最終的成果，而武帝與董仲舒的關係，也可以從〈對策〉中所建言了解一二。
在〈對策〉中，第一項被提出的就是「任德教而不任刑」，是以德教爲主，刑罰
爲輔，但因武帝較重「陽儒陰法」也就是以刑法爲主以儒術緣施其面，故「任
德教而不任刑」一事，終武帝一世，絕無施行過。〔註69〕第二項，爲建議改正
朔、易服色，此建議早在漢初就由賈誼提出過，而武帝的改制則是要等到太初
元年（B.C104）〔註70〕。此外在《漢書・卷二十一上・律曆志》中云：

> 武帝元封七年，漢興百二歲矣，大中大夫公孫卿、壺遂、太史令司
> 馬遷等言『曆紀壞廢，宜改正朔』。……於是迺詔御史曰：『迺者有
> 司言曆未定，廣延宣問，以考星度，未能讎也。……書缺樂弛，朕
> 甚難之。依違以惟，未能修明。其以七年爲元年。』遂詔卿、遂、
> 遷與侍郎尊、大典星射姓等議造漢曆。〔註71〕

---

〔註66〕　（漢）司馬遷：《史記》，頁1274。
〔註67〕　（漢）班固：《漢書・卷六・武帝紀》，頁85～86。
〔註68〕　韋政通：《董仲舒》，頁197。
〔註69〕　蕭義玲：〈「獨尊儒術，罷黜百家」與漢武帝之文化政策（下）〉，《孔孟月刊》
　　　　　第3期，（1998年11月），卷37，頁4。筆者以爲此處的「重儒」，乃是偏重
　　　　　於儒術而非儒家也。
〔註70〕　《漢書・卷六・武帝紀》：「夏五月，正曆，以正月爲歲首。色上黃，數用五，
　　　　　定官名，協音律。」見（漢）班固：《漢書》，頁99。
〔註71〕　（漢）班固：《漢書》，頁405。

可知武帝眞正改制則是受到公孫卿、壺遂、司馬遷等人的建議，與董仲舒對策之年已是隔了數年之多。〈對策〉中的第三項「立學校之官」，武帝則是採取文翁的建議，《漢書・卷八十九・文翁傳》：「至武帝時，乃令天下郡國皆立學校官，自文翁爲之始云。」〔註72〕，也非聽取董仲舒的建議。

從這三項建議的施行過程，我們可知武帝並沒有直接採取董仲舒的建議，也看出董仲舒並沒有後世所認爲的受到武帝重用，故要將「罷黜百家，獨尊儒術」的好與壞，只歸咎於董仲舒一人，是有待討論的。

# 第二節　《春秋繁露》的介紹

據徐復觀之言，董子的著作大致可分爲兩部份，一部分是明經術之意〔註73〕，一部分則是與討論《春秋》得失有關，而對於董子的著書歷代記載多有所不同，故推董子的著作，生前並不曾整理成一部書的形式，因而不曾賦予以統轄全書的名稱。〔註74〕《春秋繁露》之成爲書名，其始應是南朝梁阮孝緒《七錄》，其後《隋書・經籍志》則有「董仲舒《春秋繁露》十七卷」一說。〔註75〕至於以《春秋繁露》爲書名以及成書的由來，在《西京雜記》中則云：「董仲舒夢蛟龍入懷，乃作《春秋繁露》詞。」〔註76〕，而《周禮・卷二十二・大司樂》：「大司樂，掌成均之，以治建國之學，政而合國之子弟焉。」下賈公彥疏云：「前漢董仲舒作《春秋繁露》，繁多露潤，爲《春秋》作義，潤益處多。」〔註77〕，《春秋繁露》一書名之義乃是由《春秋》的基礎上繁衍而出，以露潤政治、社會、人生的一套學說而來。以下筆者將就《春秋繁露》一書的內容、版本與注本、眞僞問題加以討論之。

〔註72〕 （漢）班固：《漢書》，頁 1557。

〔註73〕 在《漢書・卷五十六・董仲舒傳》中也有所記載，其云：「仲舒所著，皆明經術之意，及上述條教，凡百二十三篇。而說《春秋》是得失，〈聞舉〉、〈玉杯〉、〈蕃露〉、〈清明〉、〈竹林〉之屬，復數十篇，十餘萬言，皆傳於後世。掇其切當世施朝廷者著于篇。」。見（漢）班固：《漢書》，頁 1173。

〔註74〕 參見徐復觀：《兩漢思想史》（臺北：臺灣學生書局出版，1976 年 6 月初版），頁 306～307。

〔註75〕 賀凌虛：〈董仲舒論政〉，《政治學報》第 2 期（1973 年 9 月），頁 15。

〔註76〕 （漢）劉歆：《西京雜記・卷二》（臺北：臺灣商務印書館《四部叢刊》影印明嘉靖孔天胤刊本，1967 年），頁 7。

〔註77〕 （唐）賈公彥：《周禮注疏》（臺北：藝文印書館《十三經注疏》印嘉慶二十年江西南昌府學開雕宋本周禮注疏，1989 年），頁 336～337。

# 一、內容分類

　　對於《春秋繁露》一書的內容，可分爲徐復觀《兩漢思想史》的三分說以及賴炎元《春秋繁露今註今譯》的四分說：

## （一）三分說〔註78〕

　　三分說是以前兩部分爲主，第一部份最高準據爲「古」、爲「經」、爲「聖」；第二部份最高之準據則是「陰陽」、「四時」，並以「五行」作補充，兩者皆以天爲統攝。

　　從〈楚莊王第一〉到〈俞序第十七〉共十七篇，都是以《公羊傳》發明《春秋》之義。其中〈俞序〉即是總序的意思，是董仲舒發明《春秋》之義的這一方面的總序。在〈俞序〉以前各篇，乃分述《春秋》大義，但因傳承的訛失，故應再加上〈三代改制第二十三〉、〈爵國第二十八〉、〈仁義法第二十九〉、〈必仁且知第三十〉、〈觀德第三十三〉、〈奉本第三十四〉等專言《春秋》的六篇。共二十三篇，皆以發明《春秋》大義爲主，其論斷的標準歸於《春秋》，僅偶爾提及陰陽，是董氏的春秋學。

　　從〈離合根第十八〉起到〈治水五行第六十一〉，凡四十四篇，內除言《春秋》者六篇，論人性者二篇，闕文三篇，剩下的共三十三篇；再加上〈順命第七十〉、〈循天之道第七十九〉、〈天地之行第七十八〉、〈威德所生第七十九〉、〈如天之爲第八十〉、〈天地陰陽第八十一〉、〈天地施第八十二〉，共四十篇，是董氏所建立的天的哲學。在這第二部分又可分爲兩部份，一類是以陰陽四時爲主的；一類是以五行爲主的，第一類佔了他思想中的絕對優勢。〔註79〕

　　而〈郊語第六十五〉、〈郊義第六十六〉、〈四祭第六十八〉、〈郊祀第六十九〉、〈郊事第七十一〉、〈祭義第七十六〉，共六篇，乃由尊天而推及郊天及一般祭祀之禮，與當時朝廷的禮制有關。〈執贄第七十二〉乃禮之一端。〈山川頌第七十三〉，是董氏因山川起興的雜文。這就是《春秋繁露》的第三部份。

────────

〔註78〕詳見徐復觀：《兩漢思想史》，頁309～311。

〔註79〕詳見同註78，頁310～311。而在此段中，徐復觀在計算篇數上有所錯誤，所謂上述專言《春秋》的篇章有〈三代改制第二十三〉、〈爵國第二十八〉、〈仁義法第二十九〉、〈必仁且知第三十〉、〈觀德第三十三〉、〈奉本第三十四〉應爲六篇而非五篇，加上論人性的〈深察名號第三十五〉、〈實性第三十六〉兩篇，闕文三篇，應剩下三十三篇。後所加的篇章〈順命第七十〉、〈循天之道第七十九〉、〈天地之行第七十八〉、〈威德所生第七十九〉、〈如天之爲第八十〉、〈天地陰陽第八十一〉、〈天地施第八十二〉應爲七篇而非六篇，故第二部分應共有四十篇。此將錯誤改正之。

## （二）四分說〔註80〕

從〈楚莊王第一〉到〈俞序第十七〉，共十七篇，其中主要是發揮《春秋》微言大義。從〈離合根第十八〉到〈諸侯第三十七〉，共二十篇，這部份是論君主治理國家的原則和方法，其中論述的包括正名、人性、仁義、禮樂、制度等方面。從〈五行對第三十八〉到〈五行五事第六十四〉〔註81〕，以及〈天地之行第七十八〉到〈天地施第八十二〉，共三十篇，是論天地陰陽的運轉，災異的發生和消除，闡發天人相應的道理。從〈郊語第六十五〉到〈祭義第七十六〉，共十二篇，是論述祭祀天地、宗廟以及求雨、止雨的儀式和意義，發揮尊天敬祖的道理。

筆者認為在三分說中，特別將〈俞序〉後六篇列為專言《春秋》之篇，但實查〈必仁且智〉行文未涉及《春秋》，是在闡述仁與義的意義以及兩者間的關係。此外就徐復觀的分法，〈治亂五行第六十二〉、〈五行變救第六十三〉、〈五行五事第六十四〉、〈郊祭地六十七〉、〈求雨第七十四〉、〈止雨第七十五〉六篇未包含於三分法之中。然賴炎元的四分法雖也未包含〈循天之道第七十七〉，但仍比三分法所涵括的內容廣，故筆者以為四分說較為完善。無論是三分說或是四分說，都可從中發現春秋學對董仲舒有著重要的意義，春秋學就代表了董仲舒的學術重點，尤其側重於公羊家，故可說《春秋繁露》這部書是以天道及陰陽五行之說來闡發《春秋公羊傳》的大意。

## 二、版本流傳與注本介紹

《春秋繁露》一書在史志上最早出現於《隋書‧卷三十二‧經籍志》云：「《春秋繁露》十七卷」注云：「漢膠西相董仲舒撰。」〔註82〕，而今所知較早的版本為北宋仁宗慶曆七年（A.D.1047）之大原王氏藏本及羅氏蘭臺本〔註83〕，但據《歐陽文忠公文集‧卷七十三‧書春秋繁露後》所云：

---

〔註80〕賴炎元：《春秋繁露今註今譯‧自序》（臺北：臺灣商務印書館股份有限公司，2003 年 6 月初版第 5 刷），頁 4～5。

〔註81〕其中包括了為闕文的三篇。闕文的篇數，第三十九篇、四十篇以及第五十四篇。

〔註82〕（唐）魏徵：《隋書》（臺北：藝文印書館影印清乾隆武英殿刊本，1996 年 8 月），頁 479。

〔註83〕《春秋繁露》樓郁序：「太原王君家藏此書，常謂仲舒之學，久鬱不發，將以廣之天下，就予求序，因書其本末云。」而在〈跋〉云：「開禧三年，今編修胡君仲方筦宰萍鄉，得羅氏蘭臺本，刊之縣庠。」見（漢）董仲舒：《春秋繁露》，頁 1、95。

> 今其書纔四十篇，又總名《春秋繁露》者，失其眞也。予在館中校
> 勘群輩書，見有八十餘篇，然多錯亂重復。又有民間應募獻書者，
> 獻三十篇，其間數篇在八十篇外。乃知董生之書，流散而不全矣！
> 〔註84〕

可知北宋時所流傳的版本不僅篇章次第訛誤舛奪，且有不同卷數、篇數。至
南宋寧宗嘉定三年（A.D.1210），樓鑰以潘叔度藏本爲底本，參考里中寫本、
京師印本、羅氏蘭臺本，與胡榘刻本互爲讎校，寄江右漕臺樓本印行，而成
爲今日所見《春秋繁露》的基礎。〔註85〕

　　但今宋本罕見，至明代則有正德十一年（A.D.1516）華氏堅蘭雪堂銅活
字排印本，嘉清蜀中本，以及萬曆《漢魏叢書》程榮本、何允本、王道焜本
等。至清乾隆三十八年（A.D.1773），四庫館臣據《永樂大典》本，加以補完，
而後四庫本由武英殿以活字排印，即武英殿聚珍版。後盧文弨以聚珍本爲主，
又另取明嘉靖蜀中刻本、嘉靖甲寅趙維垣本及程榮本與何允中本互校，刻於
《抱經堂叢書》。此本有雙行夾注、標明出處並附按語，爲今傳最佳校本，故
後世多以此書爲取材對象。今通行本有臺灣商務印書館的《四部叢刊》本，
以及臺灣中華書局《四部備要》本最爲常見，其中《四部叢刊》本係據武英
殿聚珍本影印，而《四部備要》本則重新以活字排印。〔註86〕

　　關於《春秋繁露》一書的注本有宋代章樵《春秋繁露補注》十八卷、明
代吳延舉《春秋繁露節解》十卷、明代宋應昌《春秋繁露直解》二篇、明代
鍾惺《春秋繁露評》十七卷、明代孫鑛《春秋繁露評注》十七卷、清代盧文
弨《校定春秋繁露》十七卷、清代黃丕烈《校趙本春秋繁露》十七卷、清代

---

〔註84〕　（宋）歐陽脩：《歐陽文忠公文集》（臺北：臺灣商務書《四部叢刊》縮印元
　　　　　刊本，1975 年），頁 545。
〔註85〕　在樓鑰〈四明樓大防跋〉中則有詳細說明，其云：「《繁露》一書，凡得四本，
　　　　　皆有金高祖正議先生序文，始得寫本於里中，亟傳而讀之，舛誤至多，恨無
　　　　　他本可校，已而得京師印本，以爲必嘉，而相去殊不遠。……開禧三年，今
　　　　　編修胡君仲方榘宰萍鄉得羅氏蘭臺本，刊之縣庠，考證頗備。……然止於三
　　　　　十七篇，終不含《崇文總目》及歐陽文忠公所藏八十二篇之數。余老矣，猶
　　　　　欲得一善本，開婺女潘同年叔度景憲多收異書，屬其子弟訪之，始得此本，
　　　　　果有八十二篇，是萍鄉本猶未及其半也，喜不可言，以校印本，各取所長，
　　　　　悉加改定。……前後增多，凡四十二篇，而三篇闕焉。」（漢）董仲舒：《春
　　　　　秋繁露》，頁 95～96。
〔註86〕　蔡廷吉：《春秋繁露研究》（臺北：文史哲出版社出版，1991 年 4 月初版），頁
　　　　　45。

凌曙《春秋繁露注》十二卷、清代俞樾《春秋繁露平議》二卷、清代陶鴻慶《董子春秋繁露札記》一卷、清代董金鑑《春秋繁露集註》二卷、清代蘇輿《春秋繁露義證》十七卷……等等。上述注本最常見者爲凌曙與蘇輿的注本，而校本則是以盧文弨的《校定春秋繁露》爲主。

　　盧文弨的校定本是以武英殿聚珍叢書本爲底本，取蜀中本、嘉靖甲寅趙維垣本、何允中本校訂文字。雙行夾注，標明出處，引《左傳》、錢唐等說並附暗語。前有宋慶曆七年（A.D.1047）樓郁序、程大昌舊跋、樓鑰跋、胡仲方跋。「附錄」引各家書志參校本及新校人名氏。〔註87〕據盧文弨自己的手稿中，曾提及此書是

> 校明何刻《漢魏叢書》本，以朱墨筆校，朱筆標程者，程榮本也；標周者，周大奎本也；墨筆校者爲聚珍本及趙敬夫校本也。……卷八前有『文弨校正』白文印，卷末有『武林盧文弨手校』、『抱經堂印』均朱文。〔註88〕

更在後記有盧氏多次校勘的日期以及使用的墨色，由此可證盧文弨的《校定春秋繁露》是非常詳盡的。

　　凌曙《春秋繁露注》十二卷，乃以武英殿聚珍本爲底本，參以明王道焜本、清盧文弨等校本以及張惠言讀本，引《左傳》、《史記》等古籍作注，每篇末並附校正。首題「漢廣川董仲舒撰、江都凌曙注。」前有趙州張居賢撰「喚迷途序」，略云：「凡有歧異，間爲補正。」。此書有凌氏蜚雲閣自刻本、《古經解圖》本、《龍溪精舍叢書》本、《皇清經解續編》本以及《畿輔叢書》本，今世界書局印行之凌曙《春秋繁露注》乃民國四十七年（A.D.1958）《四部刊要》影印本以及民國五十二年（A.D.1963）臺北藝文印書館影印《皇清經解續編》本。〔註89〕

　　蘇輿的《春秋繁露義證》則是以盧文弨校本，參以凌曙注本，及明王道焜、朱養和、孫鑛諸本，以明其同異，亦取注本互相校訂，並加雙行夾注，引據古代典籍，且附己見，於宣統二年（A.D.1910）刊印。此書前有王先謙序、蘇輿自序、例言，後有〈董子年表〉、〈春秋繁露考證〉，輯歷代名家記載及序

---

跋題記，刻有董仲舒像。民國六十三年（A.D.1974）臺北河洛圖書刊行影印本，
與後來北京中華書局所出的《春秋繁露義證》在內容上是相同的，但在編排
次序上有所差異。

　　除了上述三本較常見的版本外，其他如俞樾《春秋繁露平議》是以凌曙
注本爲底本，參校王道焜本、武英殿聚珍本引據古代典籍、《說文解字》、《爾
雅》，間引王引之說校定文字、文義並自附己見；劉師培《春秋繁露斠補》分
爲上、中、下三卷，節錄《春秋繁露》重要文句，引據盧文弨、凌曙校注及
古代典籍、唐宋類書，校定文字、文義，前有自序，略謂：「爰萃輯校義、末
附逸文：成書二卷。顏曰：『斠補』。閎說詭詞，概屛弗道。」末附校勘記、
逸文輯補並補遺。〔註90〕由歷來學者對此書的重視，都再再證明《春秋繁露》
一書非無用之書，不可輕忽也。

## 三、眞僞之考辨

　　在研究《春秋繁露》一書時，此書的眞僞問題是大家討論的重點，在《崇
文總目》就提出了疑問，其云：

> 案仲舒本〈傳〉說《春秋》事得失，〈聞舉〉、〈玉杯〉、〈蕃露〉、〈清
> 明〉、〈竹林〉之屬數十篇，十餘萬言。解者但謂所著書名。而隋唐
> 〈志〉《繁露》卷目與今正同。案其書卷八十二篇，義引宏博非出近
> 世；然其間篇弟已舛，無以是正。即用〈玉杯〉、〈竹林〉題篇，疑
> 後人取而附著云。〔註91〕

歷代學者也紛紛提出不同的看法，則可分爲：此書爲後人僞作、此書是董仲
舒所作以及此書篇章眞僞相雜三類，以下將綜合各家說法加以說明。

### （一）全部皆為後人所僞

　　謂《春秋繁露》非董仲舒自撰，最早爲宋人程大昌所提出。筆者分析程
大昌的說法，認爲《繁露》一書：1. 辭意淺薄。2. 取「繁露」二字冠於書名，
而〈玉杯〉、〈清明〉等爲篇名，愈見可疑。3. 觀《太平寰宇記》、《通典》、《太
平御覽》等書所引《繁露》語與今本不同等理由，說明此書非眞本，乃僞作
也。程大昌於《春秋繁露》書後云：

---

〔註90〕 嚴靈峯：《周秦漢魏諸子知見書目》，頁280。
〔註91〕 （宋）王堯臣：《崇文總目‧卷一》（臺北：臺灣商務印書館，1968年3月臺
　　　　 1版），頁23。

《繁露》十七卷，紹興間董某所進。臣觀其書，辭意淺薄，間綴取董仲舒策語雜置其中，輒不相倫比，臣固疑非董氏本書。又班固記其說《春秋》凡數十篇，〈玉杯〉、〈繁露〉、〈清明〉、〈竹林〉各爲之名，似非一書。今董某進本，通以《繁露》冠書，而〈玉杯〉、〈清明〉、〈竹林〉特各居其篇卷之一，愈見其可疑。他日讀《太平寰宇記》及杜佑《通典》，頗見所引《繁露》語言，顧今書皆無之。……，此數語者，不獨今書所無，且其體制全不相似，臣然後敢言今書之非眞本也。〔註92〕

而宋代朱熹也認爲「尤廷之以書爲僞，某看來，不似董子書。」〔註93〕，另外陳振孫則認爲：

潘景憲本卷篇皆與前〈志〉合，然亦非當時本書也。先儒疑辨詳矣。其最可疑者，本傳載所著書百餘篇，〈清明〉、〈竹林〉、〈繁露〉、〈玉杯〉之屬。今總名曰《繁露》，而〈玉杯〉、〈竹林〉則皆其篇名，此決非起本眞。況《通典》、《御覽》所引，皆今書所無者，尤可疑也。

〔註94〕

今戴君仁也贊同此書非眞，其理由爲 1. 王充所引董仲舒之言與今本《繁露》不同。2.《繁露》中「進茂才」一語，爲東漢人之語氣。3. 在《繁露》中常提及本朝爲火，故推是因後漢尚火德，故以火爲本朝。4.《後漢書·卷十上·皇后紀上》：「明德馬皇后，尤善《周官》、《董仲舒書》。」〔註95〕下李賢注沒有直接稱《春秋繁露》而是以《漢書·董仲舒傳》中的內容來解釋。〔註96〕

### （二）除部分譌脫訛舛外，大部分為董仲舒所自作

此說法則是以《四庫全書總目提要》對《春秋繁露》的看法爲主，《四庫全書總目提要》云：

繁或作蕃，蓋古字相通，其立名氏義不可解，《中興館閣書目》，謂《繁露》冕之所垂，有聯貫之象，《春秋》比事屬辭，立名或取諸此，

---

〔註92〕 張心澂：《僞書通考》（臺北：宏業書局，1970 年 6 月 1 日出版），頁 413。

〔註93〕 （宋）朱熹：《朱熹辨僞書語》（臺北：世界書局，1979 年 10 月 3 版），頁 48。

〔註94〕 同註92，頁 414。

〔註95〕 （南朝宋）范曄：《後漢書》（臺北：藝文印書館影印清乾隆武英殿刊本，1996 年 8 月），頁 157。

〔註96〕 詳見戴君仁：〈董仲舒不說五行考〉，《國立中央圖書館館刊》第 2 卷第 2 期（1968 年 3 月），頁 9～19。

亦以意爲説也。其書發揮《春秋》之旨，多主《公羊》，而往往及陰
陽五行，考仲舒本傳，〈蕃露〉、〈玉杯〉、〈竹林〉，皆所著書名，而
今本〈玉杯〉、〈竹林〉乃在此書之中，故《崇文總目》頗疑之，而
程大昌攻之尤力，今觀其文雖未必全出仲舒，然中多根極理要之言，
非後人所能依託也。〔註97〕

雖《春秋繁露》一書中，有部分篇章未必爲董仲舒所作，但觀其全書，多有
特殊意義存在，非後人所能仿作，故不應將其全歸爲非董仲舒自作。

### （三）全部皆爲董仲舒所自作

在《春秋繁露》的〈跋〉中，樓鑰認爲此書只有舛誤並無僞作，其云：

《繁露》一書，凡得四本，皆有余高祖正議先生序文，始得寫本於
里中，亟傳而讀之，舛誤至多，……余又據《説文解字》王字下引
董仲舒曰：「古之造文者，三畫而連其中，謂之王。三者，天地人也；
而參通之者，王也。」許叔重在後漢和帝時，今所引在〈王道通〉
第四十四中。其本傳中對越三仁之問，朝廷有大議，使者及廷尉張
湯就其家問之。「求雨閉諸陽，縱諸陰，其止雨反是。」〈三策〉中
言「天之仁愛人君天道之大者，在陰陽，陽爲德，陰爲刑，故王者
任德教而不任刑。」之類，今皆在其書中。則其爲仲舒所著無疑。
且其文詞亦非後世所能到也。〔註98〕

樓鑰以《説文解字》以及〈三策〉與《春秋繁露》本文做比對，相關文句皆
在此書中，故推爲董仲舒所作。

胡應麟則認爲自宋以來，讀者雖疑董仲舒之《繁露》一書，但仍無法斷
其眞僞，故以爲此書應僅書名有假，胡應麟云：

《春秋繁露》十七卷，稱漢董仲舒撰。自宋以來，讀者咸以爲疑，
而莫能定其眞僞。……余讀《漢藝文志》，儒家有仲舒百二十三篇，
而《東漢・志》不可考，《隋志》西京諸子，凡賈誼、桓寬、揚雄、
劉向篇帙往往具存，獨仲舒百二十三篇，略不著錄。……余意此八
十二篇之文，即《漢志》儒家百二十篇者，仲舒之學，究極天人，
且好明災意，據諸篇見解，其爲董氏居然，必東京而後，章次殘缺，

---

〔註97〕　（清）永瑢：《四庫全書總目提要・卷二十九》（臺北：臺灣商務印書館出版，
　　　　1968 年 3 月臺一版），頁 84。
〔註98〕　（漢）董仲舒：《春秋繁露》，頁 95～96。

好事者因以〈公羊治獄〉十六篇，合於此書，又妄取班氏所記《繁露》之名繫之，而儒家之董子，世遂無知者，後人既不察百二十三篇之所以亡，又不深究八十二篇所從出，徒紛紛聚訟篇目間，故咸失之。〔註99〕

姚際恆則除了提及胡應麟所說外，更云：「案：元瑞此諭雖屬臆測而實有理，故存其說。」〔註100〕，故可知姚際恆也是贊同《春秋繁露》為董仲舒所自作。

今人賀凌虛、徐復觀二人則對其他學者之立論重新討論，並以說明《春秋繁露》為董仲舒自作的原因。賀凌虛認為：1. 程大昌所謂該書「辭意淺薄，間掇董仲舒策語雜置其中，輒不相倫比。」為主觀偏見。2. 據《漢書·董仲舒傳》下顏師古注云：「皆其所著書名也。」推測唐時除了《春秋繁露》一書流行外，還有其他董仲舒的著書存在。並認為馬皇后所善的，可能就是這幾本書，而非唐人不相信《春秋繁露》為董仲舒的著作，那將〈玉杯〉、〈竹林〉放於《春秋繁露》一書中就是沒有問題的。3.《論衡》引有今本《春秋繁露》所無的話，是因為今本《春秋繁露》為王充之後的人所輯，故在輯錄時有所散佚或是未錄入都是很正常的現象。4. 雖「舉茂才」、「火者，本朝」等話，為東漢人的口氣，但今本《春秋繁露》輯成時應在東漢末或是魏晉期間，故其中的用詞就被當時人所改。5.《漢書·卷二十七上·五行志》：「董仲舒治《公羊春秋》，始推陰陽，為儒者宗。」〔註101〕，只能於來解釋董仲舒不用五行學說來解釋《春秋》，卻不能證明他絕無談論五行之說。〔註102〕

而徐復觀則就其內容上三種分類〔註103〕，皆非後人所能依傍，且《春秋繁露》中氣的觀念，透露出陰陽五行的關係仍在演進中，是不能推後或是推前的，是代表了學術上的一大轉折點。〔註104〕由上述兩者之說，筆者以為應將《春秋繁露》視為代表董仲舒思想的最佳著作，儘管在內容上有所錯簡，但這都不能掩蓋《春秋繁露》在學術上的重要地位。

---

〔註99〕（明）胡應麟：《少室山房筆叢·卷二十八·九流緒論》（臺北：新文豐出版公司，1989 年 7 月臺一版《叢書集成續編》影印光緒二十二年春二月廣雅書局校刊本），頁 1。

〔註100〕（清）姚際恆：《古今偽書考》（臺北：世界書局書，1979 年 10 月 3 版），頁 39～40。

〔註101〕（漢）班固：《漢書》，頁 600。

〔註102〕詳見賀凌虛：〈董仲舒論政〉，頁 20。

〔註103〕關於徐復觀對《春秋繁露》內容的分類，請詳見此節的第一小點「內容分類」。

〔註104〕詳見徐復觀：《兩漢思想史》，頁 312～316。

# 第三章　時代背景與思想構成

　　每一位思想家的形成，必定會受到時代背景與他家思想的影響。而處於大一統時期的董仲舒也是如此，故筆者以下將就時代背景與思想架構的淵源兩部份加以討論之。

## 第一節　時代背景

　　董仲舒爲漢景帝與漢武帝時期的學術重要人物，此時期與漢初相比無論是在政治上、經濟上或是社會環境上，都有著很大的不同，政治逐漸形成中央集權、經濟由衰疲轉爲富庶、君權日益高漲。而此時期在學術上則是以陰陽五行之說盛行、黃老轉爲儒家及儒家的重新定位爲主。董仲舒就是在這樣的大環境下造就他特殊的學術思想，以下將分爲數點加以說明當時重要的時代背景。

### 一、大環境的轉變

　　因受秦制遺留以及四夷未附，兵革未息的影響，漢初表面上雖遵從黃老道家「無爲而治」，但實際上法家仍是支持漢初政治的重要支撐力。〔註1〕此

---

〔註1〕漢初承秦之後的法家政治，可由三方面窺探：一、君臣關係的懸殊。是以人君爲統治上的絕對最高主體，如高祖時叔孫通制定朝儀，就是承襲秦制而來；二、刑罰的制定。漢初雖有約法三章，但仍保留了黥、劓、斬左右趾、斷舌等酷刑，外有輕刑之名，內實殺人；三、吏治的敗壞。漢初與儒家出身的官吏相抗衡的文吏，都是沿秦以吏爲師，多爲法家之徒，缺乏儒家的教化觀念，以置人於死地爲自安之道。就是因漢初受法家影響極深，故儒生多以「以儒代法」爲己見，以求發展。詳見王更生等：《中國歷代思想家》（臺北：臺灣

外為鞏固其政權，廣封異姓諸侯，以利政權的穩固；後又大封同姓，剷除異己，為了再次集權中央以及避免再發生大規模的殺戮，故須邁向新的政治制度。在新舊制度中尤以中央與地方之間的矛盾最為激烈，如何調節這其中的矛盾是這個時期在政治上首先要面對的問題。至武帝時，則必須站在大一統的前提下，解決漢代在中央集權後所面臨的經濟與社會問題。

## （一）政治方面

漢帝國建立不久，漢高祖劉邦就將七個異姓諸侯加以剷除，而大封同姓諸侯，以為這是對王權的再次穩定，然同姓諸侯因佔有廣大的封土，而形成與中央政府相抗衡的勢力，成為中央最大的隱憂。〔註2〕文帝時有淮南、濟北的叛亂，景帝時則有七國之亂，至武帝時仍有閩越王攻打南越王和淮南王以及衡山王謀反之事。經過景帝的「抑損諸侯，減黜其官」〔註3〕、武帝的「作左官之律，設附益之法，諸侯惟得衣食稅租，不與政事」，〔註4〕使西漢建立以來諸侯問題有了真正的解決，也維護了大一統中央集權。

至於中央政府設置方面，漢高祖劉邦沿用秦始皇所創「皇帝」的稱號，下設三公九卿，地方行政方面，則是分設郡、縣、鄉、亭、里這五個級別，其中郡分設郡守、郡尉，以掌管郡內的政治、法令、軍事、監察為主；縣則以大小為標準，萬戶以上設縣令，萬戶以下設縣長，下又設丞、尉之職，分執文書、治安之事；而最基層的機關則是里，十里為亭，十亭為一鄉，設三老、嗇夫、游徼以管教化、訴訟、治安之事。而這些機關，至武帝時並無太大的改變，如有改變也是以更改名稱為多，故可說這層層政府結構，為漢代帶來最基礎的穩定，而郡的設置則是漢初達到集權中央的最後目標。〔註5〕

商務印書館股份有限公司出版，1999年2月更新版），頁60～62。

〔註2〕 在《漢書‧卷十四‧諸侯王表》中就云：「漢興之初，海內新定，同姓寡少，懲戒亡秦孤立之敗，於是剖裂疆土，立二等爵。功臣侯者百有餘邑，尊王子弟，大啟九國。……而藩國大者夸州兼郡，連城數十，宮室百官同制京師，可謂矯枉過其正矣。」，可見當時諸侯勢力的龐大。（漢）班固：《漢書》（臺北：藝文印書館影印清乾隆武英殿刊本，1996年8月），頁159～160。

〔註3〕 景帝時所減之官為「改丞相曰相，省御史大夫、廷尉、少府、宗正、博士，損大夫、謁者諸官長丞員等。」。詳見（漢）班固：《漢書‧卷十四‧諸侯王表》，頁160。

〔註4〕 武帝的「作左官之律」據顏師古所云是因漢時依上古法，朝廷之列以右為尊，故謂降秩為左遷，仕諸侯為左官。見（漢）班固：《漢書‧卷十四‧諸侯王表》，頁160。

〔註5〕 參見余治平：《唯天為大──建基於信念本體的董仲舒哲學研究》（北京：商

## （二）經濟方面

　　漢初民間戶口耗亡、經濟衰落，經過長期的養民休息後，經濟有了復甦的現象。當民生經濟日以復甦，如仍以法家管制爲主，利害農戰爲依歸的制度，是會受到質疑與否定的，故此時力求在大一統的前提下，找到新的制度。然而民生經濟復甦的背後也隱藏了許多問題，如新商人階級的崛起，而形成資產貧富不均的問題，又導致社會奢侈之風習；農民生計困苦，不能自給衣食；更因經濟畸形發展，使奴隸激增，成爲社會上的一大問題。這都間接應證了《漢書・卷四・文帝紀》所云：「農，天下之大本也，民所恃以生也，而民或不務本而事末，故生不遂。」〔註6〕。

　　社會中商人階級的崛起，最先溯及於春秋，而其勢成定於戰國。至漢興，高祖認爲商人是乘時亂不軌逐利，故下令賈人不得衣絲乘車，重租稅以困辱之。至孝惠高后時，則恢復商賈之律，但市井子孫不得爲宦。雖說如此，當時的人情還是趨向於貨殖，商人因而大盛，此時期的商人是以工、漁、農、牧爲主體，以轉賣販聚積爲副，而奴隸就成爲治產的重要因素之一，進而使奴婢暴增。〔註7〕當商人大興，原本依靠農田的農民卻陷入不能自給衣食的地步，就如《漢書・卷二十四上・食貨志》所云：

> 鼂錯云：「今農夫五口之家，其服役者不下二人，其能耕者不過百畝，百畝之收不過百石。……當具有者半賈而賣，亡者取倍稱之息，於是有賣田宅鬻子孫以償責者矣。而商賈大者積貯倍息，小者坐列販賣，操其奇贏，日游都市，……故其男不耕耘，女不蠶織，衣必文采，食必粱肉；亡農夫之苦，有仟伯之得。……此商人所以兼併農人，農人所以流亡者也。」〔註8〕

在當時農民所能耕種的土地以及收成少之又少，不僅要繳交稅賦給政府也要付給地主租金，故生活困苦，反觀從商者卻只是積貯倍息、坐列販賣就能得到很大的收穫，甚至將農夫併吞，故後至文帝遂下詔賜民十二年租稅之半，又廢除民田之租稅。此外，無論是在賦稅上或是在鹽鐵之利上，漢初都比以往高出好幾倍，造成了貧者越貧，富者越富的狀況，成爲當時貧富懸殊的經

---

　　　　務印書館出版，2003年），頁58。

〔註6〕　（漢）班固：《漢書》，頁73。

〔註7〕　詳見錢穆：《秦漢史》（臺北：東大圖書股份有限公司，1985年1月4版），頁48～53。

〔註8〕　同註6，頁517。

濟特點。〔註9〕

## （三）社會方面

　　相應於政治與經濟上情勢的改觀，漢初以黃老「養民休息」爲主的政綱，終不敷實際需要而漸被取代。漢初以來吏治已有偷惰之趨勢，當時的文吏多競相以惡爲治，人民往往誤觸法網，導致盜賊四起，後至武帝時更下令「羣盜起不發覺，發覺而捕弗滿品者，二千石以下至小吏主者皆死。」〔註10〕，但此令卻使得小吏有盜亦不敢發，上下相匿以文辭避法。而一般的俗吏則是故意陷害富家子弟，以圖取他們的錢財，造成官吏往往與豪門勾結，吏治日漸卑下，而豪門仗恃有錢即可除罪，遂欺壓良民，無惡不做〔註11〕，故如何自民間拔其俊賢共襄治世，則成爲漢制成敗的關鍵。〔註12〕

　　除了吏治敗壞外，奴隸問題也深深影響著整個社會。因經濟結構的改變，使得大量的農民流離失所，逃亡山林或是淪爲豪門的農奴、奴隸，雖說奴隸是社會低階層的勞動者，但過多的奴隸只會讓社會變得動盪，在上位者也時時感到無形的威脅，故有遠見的皇帝與大臣紛紛提出減輕租稅、限田、限奴隸和解放奴隸等詔令及進諫。就如漢高祖時曾下詔「諸侯子在關中者，復之十二歲，其歸者半之。……民以飢餓自賣爲人奴婢者，皆免爲庶人。……」〔註13〕、文帝時則曾下詔云：「後元四年，……五月，赦天下。免官奴婢爲庶人。」〔註14〕，此後上位者也都曾多次爲奴隸之事降詔，限制蓄奴數量，嚴禁殺害或殘害奴婢，甚至免除奴隸爲庶人。〔註15〕而董仲舒也曾上書云：

　　　　古井田法雖難卒行，宜少近古，限民名田，以澹不足，塞并兼之路。

---

〔註 9〕 在董仲舒〈對策〉中也對當時貧富不均的情況有所描述，其云：「至秦則不然，用商鞅之法，改帝王之制，除井田，民得賣買，富者田連仟伯，貧者亡立錐之地。……一歲屯戍，一歲力役，三十倍於古；田租口賦，鹽鐵之利，二十倍於古。或耕豪民之田，見稅什五。故貧民常衣牛馬之衣，而食犬彘之食。……漢興，循而未改。」見（漢）班固：《漢書・卷二十四上・食貨志》，頁 518～519。

〔註10〕 （漢）班固：《漢書・卷九十・酷吏傳》，頁 1568。

〔註11〕 參見王更生等：《中國歷代思想家》，頁 64。

〔註12〕 孫長祥：《董仲舒思想評述》（臺北：中國文化大學哲學研究所博士論文，1985年），頁 41。

〔註13〕 （漢）班固：《漢書・卷一下・高帝紀》，頁 48。

〔註14〕 （漢）班固：《漢書・卷四・文帝紀》，頁 76。

〔註15〕 參見王永祥：《董仲舒評傳》（南京：南京大學出版社出版，2004 年 4 月第 2刷），頁 14～15。

鹽鐵皆歸於民。去奴婢，除專殺之威。薄賦斂，省繇役，以寬民力。

然後可善治也。〔註16〕

認爲鹽鐵之利都應該交給人民自營，應除去奴婢制度以消除對奴婢的不平等對待，並且減輕賦稅、省繇役，這樣才能解決當時的社會問題。這也道出當時奴隸問題是受到上位者的重視。

## 二、陰陽五行大盛

在漢代，陰陽五行觀念非常流行，從大到如宇宙構成、萬物之間的關係，小到人的五臟六腑、音律變化都能與陰陽五行有所關連，這是先民的智慧累積而不應只單指爲迷信的根基。〔註17〕所謂「陰陽五行」是指把「陰陽」與「五行」相互配合，而使其發生作用，進而用來解釋宇宙、人生或是政治、社會上的一切現象。爲了對「陰陽」與「五行」觀念有清楚的了解，筆者將「陰陽」、「五行」發展初期分而論述，再討論合流的情況，以求漢代之前的發展狀況。

### （一）陰陽演變

梁啓超認爲「商周以前所謂陰陽者，不過自然界中一種粗淺微末之現象，絕不含有何等深邃之意義。」〔註18〕如在《詩經》中，有八處提到陰字，十八處提到陽字，一處爲陰陽合文，陰字的字義大概與天氣、陰暗、蔭覆有關，而陽字的字義大抵與山名、向陽、溫暖、日光、光明、神氣飛揚之義有關，而唯一陰陽合文之處則是指山之南北。〔註19〕此外，《易經》雖有後書《易傳》利用陰陽二爻來解釋六十四種現象，但在《易經》本文中卻只有〈中孚‧九二〉云：「鶴鳴在陰，其子和之。」〔註20〕出現「陰」字，乃指不易看見的地

---

〔註16〕　（漢）班固：《漢書‧卷二十四上‧食貨志》，頁519。

〔註17〕　在梁啓超〈陰陽五行說之來歷〉一文，開頭就寫著「陰陽五行說，爲二千年來迷信之大本營」，然筆者以爲此言論有失偏頗，雖說陰陽五行之說與迷信有所關聯，但在發展的初期並非如此，而是先民智慧的累積與歸納所演化出的學說。至於讖諱之說的背後，大多數都是有著隱諱的意涵，故只用迷信的大本營來說明陰陽五行之說，是有欠公平的。參見梁啓超：〈陰陽五行說之來歷〉，《東方雜誌》第20卷第10號，（1923年5月），頁62。

〔註18〕　梁啓超：〈陰陽五行說之來歷〉，頁64。

〔註19〕　參見同註18，頁62～63。以及孫廣德：《先秦兩漢陰陽五行說的政治思想》（臺北：臺灣商務印書館股份有限公司，1994年1月初版2刷），頁6～8。

〔註20〕　（唐）孔穎達：《周易正義‧卷六‧中孚》（臺北：藝文印書館《十三經注疏》印嘉慶二十年江西南昌府學開雕本，1989年），頁133。

方。另外在《尚書》中也只有〈無逸篇〉：「乃或亮陰，三年不言。」〔註21〕有一「陰」字，並且也以陰闇爲其引申義。故西周時，尚未形成抽象意義的陰陽觀念，而是指水北向陽，反之則爲陰這種單純現象的表徵。

在春秋戰國這段時期中，在陰陽意義上開始有所變化，可分爲經傳部分與各家諸子來加以討論。在《左傳》中曾利用陰陽的觀念來解釋隕石、六鷁退飛等現象，其云：

> 隕石於宋，五，隕星也。六鷁退飛過宋都，風也。周內史叔興聘于宋，襄公問焉曰：「是何祥也？吉凶焉在？」對曰：「今茲魯多大喪，明年齊有亂，君將得諸侯而不終。」退而告人曰：「君失問，是陰陽之事，非吉凶所生也；吉凶由人，吾不敢逆君故也。」〔註22〕

此處所指的陰陽與陰陽五行成立後的陰陽意義有所不同，乃單指隕星、風等天候而言，與吉凶無關。〔註23〕而在《國語》一書中，也有出現陰陽的字樣，如：

> 范蠡曰：「臣聞古之善用兵者，……四時以爲紀……陽至而陰，陰至而陽，日困而還，月盈而匡。古之善用兵者，因天地之常，與之俱行，後則用陰，先則用陽；近則用柔，遠則用剛。後無陰蔽，先無陽察。……盡其陽節，盈吾陰節而奪之。……陽節不盡，輕而不可取……陰節不盡，柔而不可迫。凡陳之道，設右以爲牝，益左以爲牡，蚤晏無失。必順天道，周旋無究。」〔註24〕

〔註21〕　（唐）孔穎達：《尚書正義·卷十六·無逸》（臺北：藝文印書館《十三經注疏》印嘉慶二十年江西南昌府學開雕本，1989年），頁240。

〔註22〕　（唐）孔穎達：《春秋左傳正義·卷十四·僖公十六年》（臺北：藝文印書館《十三經注疏》印嘉慶二十年江西南昌府學開雕本，1989年），頁235～236。

〔註23〕　徐復觀在〈陰陽五行及其相關文獻的研究〉一文中對此段的陰陽，認爲：一、祝史之言吉凶，許多是爲了應付環境所隨意編造出來的，並沒有什麼一定的規律可循。二、這裡所說的陰陽，乃繼承《詩經》時代，以陰陽言天候；所謂陰陽之事，是說天候失調之意。正因爲如此，所以才與人事無關，因而可以說「非吉凶所生也」。若如後來以陰陽言天道，則天道與人事，密切相關，便不能說「非吉凶所生」了。參見徐復觀：《中國人性論史·先秦篇》（臺北：臺灣商務印書館股份有限公司，1969年1月初版），頁513。由徐復觀的論點而言，陰陽的觀念已對單純的現象表徵有所轉變，陰陽開始包含了隕星與風等的意義，其含義較爲抽象及廣大。

〔註24〕　（三國）韋昭注：《國語·卷二十一·越語下》（臺北：臺灣商務印書館《四部叢刊》影上海商務印書館縮印杭州夜氏藏明金李校刊本，1975年臺3版），頁150～151。

認爲陰陽除了可以用來解釋隕石等天候現象外，陰陽也能與剛柔、遠近相配合，而使陰陽的意義再次擴大。此外在《左傳》、《國語》中更出現了六氣五行的觀念〔註25〕，其云：

> 晉侯使求醫于秦，秦伯使醫和視之，曰，疾不可爲也……天有六氣，降生五味，發爲五色，徵爲五聲，淫生六疾。六氣，曰陰陽風雨晦明也。分爲四時，序爲五節，過則爲災。陰淫寒疾，陽淫熱疾，風淫末疾，雨淫腹疾，晦淫惑疾，明淫心疾。女陽物而晦時，淫則生內熱惑蠱之疾。〔註26〕

> 天六地五，數之常也，經之以天，緯之以地，經緯不爽，文之象也。
> 〔註27〕

此時的陰陽已成爲天所發生的六種氣體中的兩種氣體，其本身已成爲實物性的存在，並開始發生更多的作用〔註28〕，而與《詩經》中陰陽單純表徵已有很大的不同。並且也爲後來陰陽五行合流埋下了伏筆。

　　而在諸子部分，《老子》：「道生一，一生二，二生三，三生萬物。萬物負陰而抱陽，沖氣以爲和。」〔註29〕，便將陰陽歸於道之下，且萬物都由陰陽調和而生成，由此可說陰陽已不再只是山之南北，而是生成宇宙萬物的兩種元素或是兩種作用力。〔註30〕而在《莊子》中也云：「至陰肅肅，至陽赫赫；

---

〔註25〕 李存山認爲「六氣」與「五行」是春秋時期重要的哲學範疇，六氣五行說代表了當時人們對於世界的主要看法：天上的六種自然現象（陰、陽、風、雨、晦、明）和地上的五種主要物質（水、火、木、金、土）是構成世界秩序、決定事物變化的主要因素。見李存山：《中國氣論探源與發微》（中國社會科學出版社，1990 年 12 月第 1 刷），頁 69。

〔註26〕 （唐）孔穎達：《春秋左傳正義・卷四十一・昭公元年》，頁 708～709。

〔註27〕 （三國）韋昭注：《國語・卷三・周語下》，頁 23。其注云：「天有六氣，謂陰、陽、風、雨、晦、明也；地有五行，金、木、水、火、土也。」。

〔註28〕 參見徐復觀：《中國人性論史・先秦篇》，頁 514。

〔註29〕 河上公章句：《老子道德經・卷下》（臺北：臺灣商務印書館《四部叢刊》影上海商務印書館縮印常熟瞿氏藏宋本，1975 年臺 3 版），頁 14。

〔註30〕 對於《老子》此段引文，歷來多有爭議，各家的解釋也有所不同，如唐君毅認爲「人之所以可言道之生養萬物，乃由萬物之生，皆原爲依于『負陰而抱陽』以成之沖氣之和以生，而其生之原，亦爲柔弱。此『負陰而抱陽』而原爲柔弱，即萬物之所以生之『道之一』，亦即道之玄德之內在于萬物，而萬物依之以生者也。」。見唐君毅：《中國哲學原論・原道卷一》（臺北：臺灣學生書局有限公司，2004 年 10 月全集校訂版 3 刷），頁 339。羅光則認爲「由無而生有，由道而生一，『道』爲無，『一』爲有……老子的陰陽也沒有被說

肅肅出乎天，赫赫出乎地，兩者交通成和而物生焉。」〔註31〕、「一清一濁，
陰陽調和。」〔註32〕，認為陰是靜、是濁，陽是動、是清，而必須在這對應
的關係中，求得陰陽的和諧。另外《管子‧卷十四‧四時》則認為「是故陰
陽者，天地之大理也，四時者，陰陽之大經也。」〔註33〕，天地的一切都是
依賴陰陽而治理，四時則是陰陽所行的大道〔註34〕，並認為春夏秋冬是陰陽
的轉變而成，時序的長短是在陰陽的作用下而成的，晝夜的更換也是陰陽的

明是氣，但是有『沖氣以為和』一句，則可以說陰陽是氣。陰陽是氣，氣沒
有分陰陽之前，便祇是氣的本體。張載曾以萬物之源為太虛之氣，或稱為本
然之氣。漢朝道家常講元氣，或一元之氣。則老子之所謂一，可以說是『氣』。」，
並認為「二」為陰陽二氣，由陰陽相合而生三，「三」乃指陰、陽、沖，進而
認為「『道』生萬物，經過三梯的過程，『道』便不是直接生物；然而生為化
生，『道』因自化而經過三級的階梯，而三級的階梯都是『道』的自化，也就
可以說『道』生萬物。」。詳見羅光：《中國哲學思想史》（臺北：先知出版
社，1975 年 8 月出版），頁 161～165。王邦雄則云：「所謂『道生一』之『生』，
仍是發現義，是即體顯用的生，是以其實現原理化成萬物的生。道生一，依
前節分析，一就是道之德，道之用，也是道之有；一生二，此一實現原理，
發用為二，就是天地的交感和合，故老子云：『天地相合，以降甘露』，在天
地交感的均衡和諧中，湧現了生命的甘泉活水，此一和合的生化作用，就是
三。萬物就在這一『和』的均衡中生養化成。」詳見王邦雄：《老子的哲學》
（臺北：東大圖書股份有限公司，1993 年 10 月 8 版），頁 99。而陳錫勇則認
為「道」是無；「一」是有。道是宇宙之本體，「一」是宇宙之生成。有本體
存在，而有生成之可能，本體大到不可名，無可形狀，只好用「道」來表示，
用「無」來詮釋。而「一」是實有，一生二、二生三是變化，不論少變多或
大分裂為小，並不實指，只是肯定道生萬物過城中之「恍惚」，不可名，不可
言卻是實有。兩者皆道：「一」是宇宙生成；而通常所謂道，是指本體。……
「負」即「抱」也，……是言道生萬物，賦予陰陽二氣，二氣相衡，相調盈
而後定形，是成物類，物類各異，因而稱「萬物」。……老子用「和」，是合
而不同，和而不同是以稱萬物。詳見陳錫勇：《老子校正》（臺北：里仁書局，
2003 年 9 月第 2 次增訂版），頁 38～41。

〔註31〕（清）郭慶藩：《莊子集釋‧卷七下‧田子方》（北京：中華書局出版，2004
年 1 月北京第 2 版），頁 712。

〔註32〕（清）郭慶藩：《莊子集釋‧卷五下‧天運》，頁 502。

〔註33〕此段下司空房注云：「天地用陰陽為生成。」、「陰陽更用於四時之間為緯也。」。
參見（春秋）管仲：《管子》（臺北：臺灣商務印書館《四部叢刊》影上海商
務印書館縮印常熟瞿氏藏宋本，1975 年臺 3 版），頁 85。

〔註34〕如在《管子‧卷二十‧形勢解》中就云：「春者，陽氣始上，故萬物生。夏
者，陽氣畢上，故萬物長。秋者，陰氣始下，故萬物收。冬者，陰氣畢下，
故萬物藏；故春夏生長，秋冬收藏，四時之節也。賞賜刑罰，主之節也。四
時未嘗不生殺也，主未嘗不賞罰也；故曰：春秋冬夏，不更其節也。」（春
秋）管仲：《管子》，頁 113。

變化，其云：

> 春秋冬夏，陰陽之推移也。時之短長，陰陽之利用也；日夜之易，
>
> 陰陽之化也；然則陰陽正矣，雖不正，有餘不可損，不足不可益也。

〔註35〕·

陽氣與陰氣的消長，改變了春夏秋冬的更替，並且還要配合生長收藏，雖然陰陽的變化有時會有不正常的發展，但這都還是屬於天然現象，縱有多餘也不能減損，不夠也不能增加。

當陰陽觀念發展到《管子》時，已比早期的陰陽觀念複雜許多，也為後來陰陽五行結合作努力。而陰陽的變化由四時的更替來表現，也成為後來《呂氏春秋》、《淮南鴻烈》，甚至整個漢代以陰陽五行與人事、政治、社會等各種不同層面做配當的根據。

### （二）五行演變

《史記·卷二十六·曆書》云：「蓋黃帝考定星曆，建立五行，起消息，正閏餘。」〔註36〕，認為五行起於黃帝。如欲考究五行的起源〔註37〕，上溯至殷商時期並未出現五行的觀念，雖郭沫若認為「五行應該是起於殷代的五方或五示的崇拜」〔註38〕，但卻沒有直接有力的文獻能加以佐證。又如將《詩經》、《易經》、《尚書》視為西周較可靠的文獻，並且文獻中最早出現「五行」一詞則就是在《尚書·甘誓》〔註39〕中，其次則為〈洪範〉〔註40〕。但關於

---

〔註35〕（春秋）管仲：《管子·卷一·乘馬》，頁 10。

〔註36〕（漢）司馬遷：《史記》（臺北：藝文印書館《二十五史》印清乾隆武英殿刊本，2005 年 2 月初版 4 刷），頁 497。

〔註37〕關於五行的起源，陳夢家則認為構成五行的原因與古代的曆物學、地理學、天文學以及陰陽之學有關係，並且認為五行說與八卦說在性質上是相近的，都是以分析萬物為幾種原素而解說宇宙的構成，只是五行盛於齊屬東方，八卦盛於周屬西方；五行為性質的相勝，而八卦則屬方位上的變易，到後世才將四方配五行，將二者調容一起。詳見陳夢家：〈五行之起源〉，《燕京學報》第 24 期（1972 年影印本），頁 38～40。

〔註38〕郭沫若：《中國古代社會研究》（上海：上海書店影印群益出版社 1947 年版，1989 年 10 月），頁 173。

〔註39〕《尚書·卷七·甘誓》云：「有扈氏威侮五行，怠棄三正。」見（唐）孔穎達：《尚書正義》，頁 98。

〔註40〕《尚書·卷十二·洪範》中云：「天乃錫禹洪範九疇彝倫攸敘。初一曰五行，次二曰敬用五事……五行，一曰水，二曰火，三曰木，四曰金，五曰土。水曰潤下，火曰炎上，木曰曲直，金曰從革。……」。見（唐）孔穎達：《尚書正義》，頁 168～169。

《尚書》的成書時間多有爭議〔註41〕，就〈周書〉中就並無五行的名詞、觀念，而《詩經》中也沒有五行的觀念，故推此時期並無明顯的五行觀念，就算有也只能視爲產生五行觀念前的潛在因素。

後到《左傳》時才出現明顯五行的字樣以及觀念，如：「水、火、金、木、土、穀，謂之六府。」〔註42〕、「天其有五材，民並用之，廢一不可，孰能去兵。」〔註43〕，此處將五行與穀並列爲六府，而穀是農業社會非常普遍以及重要的生活資材，可知五行被視爲生活中不可或缺的五種材料。此外在《左傳》中已出現「五行相勝」的觀念，其云：「火勝金，故弗克。」〔註44〕，然此時的五行尚未附加上神秘色彩以及政治因素，是人們在長期的生活實踐中從自然事物抽象出五種與生活有密切關係的物質成分。〔註45〕除了《左傳》外，《國語》中所講的五行也是非常樸素的，如：〈卷六・魯語上〉：「及天之三辰，民所以瞻仰也；及地之五行，所以生殖也。」〔註46〕、〈卷十六・鄭語〉：「故先王以土與金、木、水、火雜以成百物。」〔註47〕都是把五行視爲五種實用的材料。

爾後至《墨子》中云：「五行毋同常勝，説在宜。」〔註48〕、「五合：水、土、火。火離然，火鑠金，火多也。金靡炭，金多也；合之府木。木離木。」

---

〔註41〕 關於《尚書・洪範》中五行的概念，大陸學者謝松齡在對五行觀起源做分類時，將此視爲天源説的根據。詳見謝松齡：《天人象——陰陽五行學説導論》（山東：山東文藝出版社出版，1997年4月第3刷），頁28～29。由此可知，在此篇中是有五行的概念出現，但因此〈洪範〉的著作年代爲一個爭論頗多的問題，故筆者採顧頡剛所云：「〈洪範〉上的五行，説是上帝賜給夏禹的；但從種種方面研究，這篇書很可疑，大約出於戰國人的手筆。所以這種思想雖不詳其發生時代，但其成爲系統的學説始自戰國，似可作定論。」詳見顧頡剛：《秦漢的方士與儒生》（上海：上海古籍出版社，2005年4月初版），頁1。不將此納爲西周時已出現五行觀念的證據。

〔註42〕 （唐）孔穎達：《春秋左傳正義・卷十九上・文公七年》，頁318～319。

〔註43〕 在此段引文之下，杜注云：「金、木、水、火、土，五者爲物，用久則必有敝盡。」可看出當時仍把五行視爲五種物質。（唐）孔穎達：《春秋左傳正義・卷四十五・昭公十一年》，頁785。

〔註44〕 （唐）孔穎達：《春秋左傳正義・卷五十三・昭公三十一年》，頁931。

〔註45〕 王永祥：《董仲舒評傳》，頁29。

〔註46〕 此段下韋昭云：「五行，五祀，金、木、水、火、土。」參見（三國）韋昭注：《國語》，頁40。

〔註47〕 （三國）韋昭注：《國語》，頁120。

〔註48〕 （清）孫詒讓：《定本墨子閒詁・卷十・經下》（臺北：世界書局，1958年），頁195。

〔註 49〕，就提出了「五行相合」、「五行無常勝」的觀念。像這樣一方面把五行視爲「五種實用的資材」〔註 50〕，一方面也描述到五行相剋的道理，可知此時五行的關係相當的混亂，對五行的解釋也一直在改變中，不像陰陽觀念的發展如此迅速。

### （三）陰陽五行合流

由上述兩點已知陰陽與五行的大略發展，然而又是誰將陰陽與五行結合在一起？早在鄒衍之前，《左傳》、《國語》已爲陰陽五行合流埋下了伏筆，而到《管子》時利用四時的概念，將陰陽與五行相結合，其云：

> 南方曰日，其時曰夏，其氣曰陽。陽生火與氣其德施舍修樂。……
> 中央曰土，土德實輔四時，入出以風雨。〔註 51〕

像這樣利用四時將陰陽與五行結合在一起，深深影響了《呂氏春秋》、《淮南鴻烈》、《禮記·月令》以及《春秋繁露》中所架構起的宇宙觀。〔註 52〕

而談論陰陽五行合流，並將五行從複雜的社會迷信中提出來，以建立新說，並引起世人關注則是始於鄒衍的「五德終始」。〔註 53〕其特色就在於鄒衍將陰陽五行說與政治做了緊密的結合，利用「五行相勝」的觀念來解釋朝代的更替，就如《史記·卷七十四·孟荀列傳》中所云：

> 鄒衍睹有國者益淫侈，不能尚德，……乃深觀陰陽消息而作怪迂之變，〈終始〉、〈大聖〉之篇十餘萬言。……稱引天地剖判以來，五德轉移，治各有宜，而符應若茲。〔註 54〕

鄒衍利用了陰陽消息的變化、五德的轉移說明朝代之所以盛衰。〔註 55〕鄒

---

〔註 49〕 （清）孫詒讓：《定本墨子閒詁·卷十·經說下》，頁 226。

〔註 50〕 詳見徐復觀：《中國人性論史·先秦篇》，頁 519～520。

〔註 51〕 （春秋）管仲：《管子·卷十四·四時》，頁 85～86。

〔註 52〕 關於《呂氏春秋》、《淮南鴻烈》是如何將陰陽與五行相配的部份，筆者將在本章的第二節「思想架構的淵源」的第二、三點中加以說明，而《春秋繁露》的部份則在第四章「氣化宇宙論的架構」中詳加說明，故此處不再加以討論之。而在《禮記·卷十四·月令》中則云：「孟春之月，日在營室。……是月也，以立春。先立春三日，大史謁之天子曰：『某日立春，盛德在木。』……是月也，天氣下降，地氣上騰，天地合同，草木萌動。」，爲陰陽五行合流的證據。見（唐）孔穎達：《禮記正義》（臺北：藝文印書館《十三經注疏》印嘉慶二十年江西南昌府學開雕本，1989 年），頁 279～286。

〔註 53〕 參見同註 50，頁 570。

〔註 54〕 （漢）司馬遷：《史記》，頁 939。

〔註 55〕 此外在〈魏都賦〉中「匪萆形於親戚。」下李善引《七略》云：「鄒子終始

衍的陰陽五行學說，大致可分爲三個部分：1. 以五行與陰陽相傳合。雖其相合的方法因文獻不足而無法得知，但據徐復觀的推測則是把五行視爲五種實用資材，上昇爲五種元素（氣），使其成爲陰陽二氣在向下分化時的次一級的東西。2. 將星相方術等組織於陰陽五行觀念中，使其成爲一套有系統的說法。以及「大九州」之說。3. 最爲後代注目的「五德終始」。是把每一朝代與五行中的某一德相應，等到某一德的勢力已衰，就由另一有剋制前者之德而取代。〔註56〕像鄒衍這樣龐大的學說系統，對後世的影響非常深遠。

　　陰陽五行結合後即廣爲流傳，在《漢書·卷三十·藝文志·諸子略陰陽家》中，除了《鄒子》四十九篇、《鄒子終始》五十六篇爲鄒子自著外，還有《宋司星子韋》三篇、《公孫發》二十二篇、《南公》三十一篇、《鄒奭子》十二篇、《馮促》十三篇……等等〔註57〕，這些著作，不只是作者不同，連作者的國籍也不盡相同，故可推測陰陽五行之說在先秦時已流布很廣。

　　在此之後，除了鄒奭的大力傳佈以外，《呂氏春秋》也是從先秦過渡到秦漢的重要一環，其中《呂氏春秋·卷十三·應同》所云：

> 凡帝王者之將興也，天必先見祥乎下民。黃帝之時，天先見大螾大螻，黃帝曰「土氣勝」，土氣勝，故其色尚黃，其事則土。……代火者必將水，天且先見水氣勝，水氣勝，故其色尚黑，其事則水。水氣至而不知，數備，將徙于土。天爲者時，而不助農於下。類固相召，氣同則合，聲比則應。〔註58〕

是文獻中保留下來最早且較完整的「五德終始」。而〈十二紀〉依照了陰陽與五行的關係，推演出一套有系統又可套用於社會、曆法、天象、朝代輪替等方面的陰陽五行之說，此一架構深深影響了《淮南鴻烈》、《春秋繁露》等後

---

五德，從所不勝，土德後，木德繼之，金德次之，水德次之，火德次之。」。見（南朝梁）蕭統：《昭明文選·卷六·魏都賦》（臺北：藝文印書館，2003年3月初版14刷），頁108。
〔註56〕參見徐復觀：《中國人性論史·先秦篇》，頁570～574。
〔註57〕參見（漢）班固：《漢書》，頁892～893。
〔註58〕此段原文出於（戰國）呂不韋：《呂氏春秋》（臺北：臺灣商務印書館《四部叢刊》影上海商務印書館縮印明刊本，1975年臺3版），頁73。而篇名作爲〈名類〉，據畢沅所云：「舊校云『一名應同』，今即以應同爲題篇。」，故將此篇名皆改爲〈應同〉。參見陳奇猷：《呂氏春秋新校釋》（上海：上海古籍出版社，2006年4月第2刷），卷13，頁684。

世之書，無論是在討論陰陽五行時的基本觀念或發展，無不受其影響。〔註59〕

隨著陰陽五行在漢朝以前的發展，到了漢代時可說已蔚為風尚，上至朝廷中心，下至民間百姓，無不受其影響。雖說陰陽五行的大盛帶動了整個漢代對於讖緯迷信的看重，董仲舒的《春秋繁露》也深受影響，不過《春秋繁露》此書的重點是想利用一般人對於陰陽五行的熟悉來建立一個架構更加嚴謹的社會次序，並且達到對君主的約束。另一方面，站在陰陽五行此學說的立場看來，董仲舒對陰陽五行的推展是有利的，雖說在《左傳》裡已有「五行相勝」的觀念，但將「五行相生」與「五行相勝」作結合，並發展出一套更有說服力的詮釋系統，則是董仲舒所為。故《漢書・卷二十七上・五行志》云：「董仲舒治《公羊春秋》，始推陰陽，為儒者宗。」〔註60〕，可看出當時對於董仲舒的學說與陰陽五行之間的關係已有所肯定。

## 三、儒家的重新定位

漢代思想家之時代任務，就是想出一套足以取代秦制，又可包容宇宙人生全體的學說，這也讓黃老道家與儒家因政治上的需求不同，兩股勢力也隨之消長。此處為了解當時儒家的地位為何？故將此時儒家變化分為政治需要由黃老道家轉變為儒家的過程以及漢代儒家經典受到學者重視的程度，來加以描述儒家當時的消長。

### （一）由黃老道家轉變為儒家

由史書的記載，我們可以很清楚的看出黃老思想深深影響了漢初的政治傾向，如：

> 太史公曰：「孝惠皇帝、高后之時，黎民得離戰國之苦，君臣俱欲休息乎 無為，故惠帝垂拱，高后女主稱制，政不出房戶，天下晏然。刑罰罕用，罪人是希。民務稼穡，衣食滋殖。」〔註61〕
> 漢興，掃除煩苛，與民休息。至于孝文，加之以恭檢，孝景遵業，五六十載之間，至於移風易俗，黎民醇厚。〔註62〕

---

〔註59〕 在《呂氏春秋》中陰陽五行的配當相當複雜，故此段僅大略敘述其在陰陽五行發展中的地位。而其內容將在下節的第二小點「《呂氏春秋》的延續」中，做詳細的分說。

〔註60〕 （漢）班固：《漢書》，頁600。

〔註61〕 （漢）司馬遷：《史記・卷九・呂后本紀》，頁189。

〔註62〕 （漢）班固：《漢書・卷五・景帝紀》，頁83。

可知「清靜無爲」、「與民休息」爲漢初的特色。然而，漢初承襲秦制也是眾所皆知之事，就如《漢書·卷二十一上·律曆志》所云：「漢興，方綱紀大基，庶事草創，襲秦正朔。」〔註63〕，那麼能以清靜無爲的道家性格爲主並取嚴酷的法家所長的憑藉，就是黃老思想。〔註64〕

　　西漢前期的文帝、景帝和竇太后都尊崇黃老〔註65〕，因黃老之學重清靜無爲，不做過多的干預，讓人民休養生息，這正符合漢初政治上的要求而大盛。而此時期的儒者，雖有列爲博士官者，但因黃老之學大興而多不被重用，然而這些人卻已與黃老一派形成對立而有所衝突，就如景帝時，屬黃老一派的黃生與儒學大家轅固生曾爲了湯武是否受命而有所論戰。

> 黃生曰：「湯武非受命，乃弒也。」轅固生曰：「不然。夫桀紂虐亂，天下之皆歸湯武，湯武與天下之心而誅桀紂，桀紂之民不爲之使而歸湯武，湯武不得已而懍，非受命爲何？」……於是景帝曰：「食肉不食馬肝，不爲不知味；言學者無言湯武受命，不爲愚。」遂罷。
> 〔註66〕

後至武帝初期時，儒家漸漸抬頭，再次發生黃老與儒家的衝突，《漢書·卷六·武帝紀》：「建元二年冬十月，御史大夫趙綰坐請毋奏事太皇太后，及郎中令王臧皆下獄，自殺。丞相嬰、太尉蚡免。」〔註67〕，但因竇太后的干涉儒家仍無法超越黃老之學。黃老與儒家之爭，經過幾次的較量，黃老都因在政治上得到支持而居於優勢，再加上《淮南鴻烈》一書的出現，更讓黃老之學處於集大成的狀態。〔註68〕

　　直到建元六年，竇太后死後，傾向儒家的武帝終於不再有所受限，便令田蚡再次出相，這也是造成後來「獨尊儒術，罷黜百家」的關鍵背景〔註69〕，

---

〔註63〕（漢）班固：《漢書》，頁404～405。

〔註64〕對此賴炎元也云：「夫黃老之術，蓋漢初道家之言，以清靜無爲爲體，刑名法術爲用，兼黃帝老子而并言，故班固爲道家乃君人南面之術也。」見賴炎元：〈董仲舒學術思想淵源〉，《南洋大學學報》第2期（1968年），頁117。

〔註65〕《史記·卷四十九·外戚世家》云：「竇太后好黃帝、老子言，帝及太子諸竇不得不讀《黃帝》、《老子》，尊其術。」見（漢）司馬遷：《史記》，頁785。

〔註66〕（漢）司馬遷：《史記·卷一百二十一·儒林傳》，頁1276。

〔註67〕同註63，頁84。

〔註68〕參見任繼愈：《中國哲學發展史（秦漢）》（北京：人民出版社出版，1998年5月北京第2刷），頁126。

〔註69〕在《史記·卷一百二十一·儒林列傳》中云：「絀黃老刑名百家言，延文學儒者數百人。」見（漢）司馬遷：《史記》，頁1274。

而董仲舒也在此次尊儒的活動中崛起〔註70〕。後至漢成帝時期才真正將「獨尊儒術，罷黜百家」推到最高峰，而達到最終的實現則是在漢宣帝、漢元帝時期。雖說是「罷黜百家」，但黃老之學並未真正消失而只是在政治上失勢了，相對而言，儒家則一躍為政治上得勢的家派。

### （二）漢儒對經典的重視

在漢初，儒家雖沒有直接得到政治上的幫助，但仍強調各經「師法」的重要性，以建立一個符合當時社會環境的學術主體。其經典的流傳狀況，大致可分為今文經與古文經，而今文經又可再細分為齊學派和魯學派，其中齊學派以春秋學為主，魯學派以禮學為核心；而古文則較重視《春秋》、《周禮》、《易》，因各家經學淵源龐大，筆者無法逐一說明，故在此僅將重點放於了解儒家經典從漢初到武帝時的變化，進而表現出儒家經典受到重視的程度。

### 1. 漢初的師法〔註71〕

劉歆〈讓太常博士書〉云：「先師皆起於建元之間。」〔註72〕，這說明了武帝建元前後經學先師對五經的說教，就是漢代「師法」的來源。據《史記》、《漢書》的記載，五經之師為：《易》的菑川田生、《書》的濟南伏生、《禮》的魯高堂生、《詩》的申培公、轅固生、韓太傅、《春秋》的胡毋生、董仲舒。〔註73〕而這些先師所言，就是所謂的「師法」，以下將分別說明他們所建立起的師法。

《易》的師法出於田何，據《漢書・儒林傳》〔註74〕所云，田何為孔子在《易》學方面的六傳弟子。當秦焚書之際，因《易》為卜筮之書，而不受到查禁，故其傳成系統較分明。繼田何之後，有王同、周王孫、丁寬、服生承其學說，也都著有《易傳》數篇，故田何一派的師法就透過這些篇章表現出來。而丁寬作《易說》三萬言，教於梁地，後施、孟、梁丘之學皆出於此。

〔註70〕 在《漢書・卷六・武帝紀》中云：「元光元年五月，詔賢良……於是董仲舒、公孫弘等出焉。」見（漢）班固：《漢書》，頁86。

〔註71〕 此段參考王葆玹：《西漢經學源流》（臺北：東大圖書公司，1994年6月）、章權才：《兩漢經學史》（臺北：萬卷樓圖書有限公司，1995年5月初版）以及吳雁南等：《中國經學史》（臺北：五南圖書出版股份有限公司，2005年8月初版1刷），頁39～41。三書整理而成。

〔註72〕 （漢）班固：《漢書・卷三十六・楚元王傳》，頁977。

〔註73〕 見（漢）司馬遷：《史記・卷一百二十一・儒林傳》，頁1274。及（漢）班固：《漢書・卷六・武帝紀》，頁85。

〔註74〕 （漢）班固：《漢書・卷八十八・儒林傳》，頁1545～1546。

《尚書》之學則是以伏生爲主,伏生在秦禁《書》時將其藏入壁中,後至漢時其書尚存二十九篇,即《今文尚書》。遂利用僅存的篇章教授於齊、魯之間,其學生眾多,其中最爲知名者爲濟南的張生與千乘歐陽生。文帝時,伏生受到重視,曾詔太常,其對《尚書》之學的影響,一直達於武帝之時。而後傳《今文尚書》的歐陽、大小夏侯三家都出於張生和歐陽生。

《禮》學之先師爲高堂生,《史記》云:

> 漢興,諸學者多言《禮》,而魯高堂生最。本《禮》固自孔子時而其經不具;及至秦焚書,書散亡益多。於今獨有《士禮》,高堂生能言之。〔註75〕

高堂生的《士禮》就是所謂的《儀禮》,因禮儀體現了上下尊卑之別,受到朝廷的重視而保留了下來,其後的大小戴、慶氏之學皆出於此。

至於《詩》又可分爲魯《詩》的申培公、齊《詩》的轅固生以及韓《詩》的韓嬰。申培公年少時學於浮丘伯,高祖時在魯南宮受到接見,文帝時給予博士官,其學生眾多,最著名者爲趙綰與王臧。《漢書‧卷三十‧藝文志》〔註76〕錄有《魯語》二十五卷、《魯說》二十八卷,其師法就在其中,並強調「以《詩經》爲訓,故以教,亡傳,疑者則闕弗傳。」〔註77〕。齊《詩》的轅固生,景帝時被拔擢爲博士,爲反道家的著名人物,後武帝初年以賢良徵,但因年事已高不久便罷歸。其治學態度嚴謹,常以「正常以言,無曲學以阿世」〔註78〕爲戒,其所建立的師法在齊地有很大的影響。韓《詩》的韓嬰,在文帝時被命爲博士,景帝時又做了常山太傅。《漢書‧藝文志》所錄《韓詩內傳》四卷、《韓詩外傳》六卷爲其作品,對於《詩》的解釋則與齊、魯有所不同,而《韓詩故》三十六卷、《韓詩說》四十一卷也與其學說有所關係。其「燕趙間言《詩》者由韓生」〔註79〕,可知其師法流傳甚廣。除此三公之外,首傳《毛詩》者爲毛公。

《春秋》之師法的胡毋生、董仲舒皆以治《春秋公羊傳》出名。胡毋生,爲齊人,景帝時成爲博士官,武帝時因年事已高歸教於齊。武帝時因治《春秋公羊傳》而被重用的公孫弘,也曾學於胡毋生,由史稱「齊之言《春秋》

---

〔註75〕 （漢）司馬遷:《史記‧卷一百二十一‧儒林傳》,頁 1277。
〔註76〕 （漢）班固:《漢書》,頁 878。
〔註77〕 （漢）班固:《漢書‧卷八十八‧儒林傳》,頁 1550。
〔註78〕 同註 75,頁 1276。
〔註79〕 同註 75,頁 1276。

者，宗事之。」〔註80〕，可知其影響甚廣。而董仲舒的《公羊》學〔註81〕，
更是當時受人推崇的家派，其學生皆對「公羊之學」有所發展。除了《公羊
傳》外，《穀梁傳》也爲漢初興盛家派之一，以漢初在浮丘伯爲主，後申公也
學《詩》、《春秋》於此，並再將《穀梁春秋》傳給瑕丘江公，故魯地諸生所
習《春秋》皆以《穀梁》之學爲主。

### 2. 今文經與古文經

　　所謂的今文是指用漢世通行的隸書所寫成，世傳的《熹平石經》及孔廟
等處漢碑文字就是這種字體；古文則是用秦以前的籀書寫成，如歧陽石鼓文
及《說文》中所載古文就屬於這種文體。〔註82〕而在今文經方面，可又分爲
齊、魯兩派，早在戰國以前，齊國的政教文化就是以「尊賢尚功」爲其特色；
魯國則是以「親親尚恩」爲其原則，到了戰國秦漢時期兩地「好智」與「好
禮」的不同更加鮮明。自戰國中期至西漢前期，屬於魯學派的學者們都以孔
子爲中心，以維護儒家傳統爲己任，將《禮記》視爲最具有權威的典籍，此
外也對《春秋穀梁傳》有所發揮；反之齊學一派的學者除了利用《詩》、《書》
爲立論根據外，更將「好智」的思想延展至《春秋》上而達到高峰，如董仲
舒對《春秋公羊傳》的發揮就是最好的例子。像這樣齊、魯兩派的差異，後
因漢武帝時期朝廷採取了規模空前的收集古書的措施，而使得西漢中後期的
學者就站在這些古書基礎上，逐漸消融了兩家之間的成見，而導致融匯齊學
與魯學的后氏禮學的形成。〔註83〕

　　至於古文經，在秦代焚書後，西漢朝廷大規模收集古書，始於漢武帝時，
就如《漢書・卷三十・藝文志序》所云：

> 漢興，改秦之敗，大收篇籍，廣開獻書之路。迄孝武世，書缺簡脫，
> 禮壞樂崩，聖上謂然而稱曰：「朕甚閔焉！」於是建藏書之策，置寫
> 書之官，下及諸子傳說，皆充秘府。〔註84〕

像武帝這樣開始大量收書，是文、景帝所沒有的，而所收集的經典包括了古

---

〔註80〕（漢）班固：《漢書・卷八十八・儒林傳》，頁1553。
〔註81〕關於董仲舒與《春秋公羊傳》之間的關係，筆者將在第二節「思想架構的淵
　　　　源」中的第四點「對《春秋公羊傳》的繼承與創新」中加以說明。
〔註82〕參見（清）皮錫瑞：《經學歷史》（臺北：漢京文化事業有限公司，2004年3
　　　　月初版），頁87～88。
〔註83〕參見王葆玹：《西漢經學源流》，頁35。
〔註84〕（漢）班固：《漢書》，頁874。

文《尚書》、《禮古經》、古文《禮記》、古文《易經》和《左傳》、《周禮》等書。這些書的來源，大致可分為由秦代直接流傳下來的，其形式為私藏、私授或是出於記憶漢口授，後演變成今文的經傳；以及西漢出土用古籀文所寫的經傳舊本，當這些經傳舊本出現時，今文五經的系統已經形成，為了與今文有所區分故稱為「古文」。〔註85〕雖說用古文所寫成的經典已經出現，但在漢初今文經學鼎盛時，古文經學並未受到重視，而在劉歆以前也未有今文經與古文經對立之事，當時朝廷所立的經學也不專名為「今文經」。

至劉歆治《左傳》以「引傳文以解經，轉相發明，於是章句義理備焉。」〔註86〕後，古文經才受到矚目，並與官學的今文經有所對峙，而今文學者對古文經所興起的趨勢有所反對，而發生了多次的大規模爭議。第一次就發生在漢哀帝年間，當時劉歆建議哀帝將古文的《左傳》、《毛詩》、《逸禮》、《古文尚書》等立為學官，這遭到今文經博士的反對及抵抗。到了平帝時，王莽專權，便將劉歆所重視的古文經皆列為學官。但到了東漢初期，又將古文經學官廢除，只剩下今文經的五經十四家設有博士。後來東漢光武建武年間、東漢章帝建初年間以及東漢桓帝、靈帝之際皆發生今、古文之間的爭議，最後到了鄭玄才將今古文融和在一起。〔註87〕

無論是漢初經學師法的建立，或是今文經與古文經之間的爭議或是融合，都凸顯出上至在位者，下至一般學子，無不受到儒家經典的影響。筆者以為這一方面是受到「獨尊儒術」的支持，一方面則是當時的儒者融合各家之長，而開創出不同以往的儒家之學。在這開創之路上，董仲舒成為發展《春秋》的重要人物。

由上述四點論述，可對董仲舒所處的時代背景以及學術上的變化有所了解，而這些因素都是造成《春秋繁露》一書中特殊思想的遠因與近因，故缺一不可。

## 第二節 思想架構的淵源

在上節中，說明了董仲舒所處的時代背景，就是因為有如此的時代契

---

〔註85〕參見王葆玹：《古今兼綜——兩漢經學》（臺北：萬卷樓圖書有限公司，2001年7月初版），頁59～60以及王葆玹：《西漢經學源流》，頁76～78。
〔註86〕（漢）班固：《漢書·卷三十六·楚元王傳》，頁977。
〔註87〕參見王葆玹：《古今兼綜——兩漢經學》，頁65～69。

機而促使董仲舒發展出一套屬於自己的思想系統。但一個人的思想系統是不可能憑空而生的，必須是有一定的根基以及受到外界的刺激才能有所發展，董仲舒也不例外，故此處將就構成《春秋繁露》一書的思想淵源加以說明之。

## 一、對他家思想的取捨

當政治上日趨一統時，學術思想上也慢慢走向統一，然而經過先秦百家爭鳴的洗禮，就算是到武帝時的「獨尊儒術，罷黜百家」，也只是以儒家爲主並未斬斷其他思想的流行。爲了呼應大一統帝國的需要，當時學者除了彰顯自己主要思想外，往往也暗地裡雜揉了其他家的想法，如與董仲舒同期的《淮南鴻烈》也有此特徵。至於董仲舒的歸類，從他對《春秋》的重視以及在經學上的成就，我們可以將放於儒家一派中，然而受到當時陰陽五行大盛、黃老之學鼎盛的影響，董仲舒已不是純儒，而是在儒家傳統觀念下雜揉了其他學說，甚至以陰陽五行爲其思想上的主體架構，故以下將就與董仲舒主體思想有所關聯的思想，加以討論之。

### （一）墨子的天

董仲舒的天，是討論其思想不可不談的部份，而天的觀念由來久已，對天的定義也隨著時代的轉變而轉變，其中又以戰國時期的墨子的天與董仲舒的天最爲接近。梁啓超曾云：「不知天，無以學墨子。」〔註88〕、「墨子的天，與老、孔之天完全不同。墨子之天，純然爲一人格之神，有意欲，有感覺，有情操，有行爲。」〔註89〕，可見天爲墨子學說的最高價值規範，並且是有意志的主宰。

如將墨子所認爲的天歸類，大概可分爲〔註90〕：1. 宇宙萬物的創造者：無論是宇宙的結構或是運行的變化，甚至宇宙間的動、植、人事都是從天而來，如〈卷七中‧天志中〉所云：

　　且吾所以知天之愛民之厚者有矣，曰：「以曆爲日月星辰，以昭道之，

〔註88〕梁啓超：《子墨子學說》（臺北：中華書局股份有限公司，1956 年 11 月臺 1 版），頁 4。

〔註89〕梁啓超：《墨子學案》（臺北：中華書局股份有限公司，1957 年 10 月臺 1 版），頁 21。

〔註90〕此參考王讚源：《墨子》（臺北：東大圖書股份有限公司，1996 年 9 月），頁 154〜156 及馮成榮：《墨子思想體系研究》（臺北：馮同亮書坊，1997 年 9 月 23 日），頁 33〜40 二書而成。

制爲四時春秋冬夏，以紀綱之，……從事乎五穀麻絲，以爲民衣食
之財，自古及今，未嘗不有此也。……」。〔註91〕

墨子認爲上天創造了日月星辰來照耀天下、春夏秋冬成爲綱紀，以此來利於
五穀麻絲的生長，更設立了王公侯伯來監察人民的善惡、賞善罰惡。故可說
宇宙萬物皆「天」所創。2. 天是有意志的神明：墨子的天是有意志的，如〈卷
一・法儀〉所云：

天必欲人之相愛相利，而不欲人之相惡相賊也。奚以知天之欲人之
相愛相利，而不欲人之相惡相賊也？以其兼而愛之，兼而利之也。
奚以知天兼而愛之，兼而利之也？以其兼而有之，兼而食之。〔註92〕

其天志就是欲義而惡不義，欲人之相愛相利，不欲人之相惡相賊。而天兼愛
兼利就表現在天以人類皆爲其所有，而不偏私的供給人類食物。3. 天擁有最
高的統治權，爲最高的規範：〈卷七・天志上〉云：

曰：且夫義者政也，無從下之政上，必從上之政下。是故庶人竭力
從事，未得次己而爲政，有士政之；……天子未得己而爲政，有天
政之。天子爲政於三公諸侯士庶人，天下之士君子固明知，天之爲
政於天子，天下百姓未得明知也。〔註93〕

墨子認爲義是由上正下，故庶民受士的匡正、士受公卿大夫的匡正，而天子
則受天的匡正，因天子由天而來，故天爲政治的最高權力來源。4.天是全知全
能的：墨子認爲上天是無所不知，無所不能，故人如做了壞事，雖能逃過世
人的耳目，但卻無法逃過上天的眼光。如〈卷七・天志上〉云：

且語言有之曰：「焉而晏日焉而得罪，將惡避逃之？曰：無所避逃之。」
夫天不可爲林谷幽門無人，明必見之。〔註94〕

人是無法逃避天的，上天是監察分明的，就算是在高林深谷裡，人的善與惡
皆爲天所知。

　　至於董仲舒對天的觀念，有部分是繼承於墨子的天，如在創造自然界萬物
的自然神、創造人類生命的人格神，或是具有主宰一切權利的至上天，〔註95〕

---

〔註91〕（清）孫詒讓：《定本墨子間詁》，頁 126。
〔註92〕同註 91，頁 12。
〔註93〕同註 91，頁 119～120。
〔註94〕同註 91，頁 118～119。
〔註95〕參見曾振宇、范學輝：《天人衡中──春秋繁露與中國文化》（河南：河南大
　　　　學出版社，1998 年 8 月第 1 刷），頁 71。

都是董仲舒有所繼承的地方。但筆者以爲董仲舒除了繼承外也有所創新，尤其是關於人格神的突破更是其特殊的地方，墨子的天是有意志的，是能透過鬼神而給予賞罰，如〈卷八·明鬼下〉云：

> 嘗若鬼神之能賞賢如罰暴也，蓋本施之國家，施之萬民，實所以治國家利萬民之道也。若以不然，是以吏治官府知不潔廉，男女之爲無別者，鬼神見之，……由此止，……是以天下治。〔註96〕

人格神的意味非常濃厚。反觀董仲舒的天雖也有人格神的意味存在，但董仲舒較強調人是能夠與天相感應的，故提出人無論在身體上或是性情上都與天有所相同，如：

> 求天數之微，莫若於人。人之身有四肢，每肢有三節，三四十二，十二節相持而形體立矣。天有四時，每一時有三月，三四十二，十二月相受而歲數終矣。〔註97〕

> 人生有喜怒哀樂之答，春秋冬夏之類也。喜，春之答也；怒，秋之答也；樂，夏之答也；哀，冬之答也。天之副在乎人。人之情性有由天者矣。〔註98〕

如將兩者相較之下，董仲舒的「天」人格神性格較弱，而是將對天的重視重新歸回到人的身上〔註99〕，故在《春秋繁露》中多著墨於人與天的關係。

除了在「天」觀念上董仲舒與墨家有所關係外，墨子其它的主張也都可在董仲舒思想中看到類似的看法，如：「以人隨君，以君隨天」以及「事天」的觀念就與墨子的「尚同」一致；對郊祀、祭天、祭祖的重視也與墨子「明鬼」相關連；上天對於世間萬物的公平性「泛愛群生」、「至於鳥獸昆蟲莫不愛」與墨子的「兼愛」相似，或是所主張的「春秋無義戰」也與墨子「非攻」相同，甚至對於賢能之人的看重也是相同的。這都說明了墨子對董仲舒是有所影響的，但他並非只是將墨子思想拿來運用，而是經過轉化後成爲儒家思

---

〔註96〕　（清）孫詒讓：《定本墨子閒詁》，頁150～151。

〔註97〕　（漢）董仲舒：《春秋繁露·卷七·官制相天》（臺北：臺灣商務印書館《四部叢刊》影上海商務印書館縮印武英殿聚珍本，1975年臺3版），頁41。

〔註98〕　（漢）董仲舒：《春秋繁露·卷十一·爲人者天》，頁59。

〔註99〕　孫長祥也云：「董子主張將對天的理解，應該回歸到人體身心的內外在形制與活動性上加以把握，並據此『爲本』、『爲端』，才能夠具體的『奉本、執端』，去認知與掌握『天道』周行、下化的活動與作用方式，而從事法天、應天的任務。」詳見孫長祥：〈董仲舒的氣化圖式論〉，《哲學與文化》第33卷第8期（2006年8月），頁24。

想的再強調。〔註100〕

## （二）法家

董仲舒爲了符合帝王對政治上的要求，也爲了實現儒家對政治社會的理想，不得不將法家思想融於思想中。或許這與漢初學者紛紛撻伐秦朝暴政有所矛盾，但不可否認的，一個大帝國是需要靠強而有力的規範來管理人民，故「陽儒陰法」的政治制度是受到上位者的支持。

董仲舒與法家的關係，除了君術以外，還有尊君、君臣關係以及賞罰觀念都與法家有所關聯。對董仲舒而言，君王是人民的表率，是人與天之間的橋樑，就如同法家認爲國君具有絕對的權利以及至高無上的地位一樣，這與孔孟是尊重國君是有所不同的，相對孔孟而言，董仲舒與法家的觀念即是無條件的尊君。〔註101〕如在《韓非子·卷二十·忠孝》中有云：

> 臣事君，子事父，妻事夫，三者順則天下治，三者逆則天下亂。此天下之常道也，明王賢臣而弗易也。則人主雖不肖，臣不敢侵也。〔註102〕

站在此觀念上，董仲舒更利用了「陽尊陰卑」的觀念，將陰陽之間的關係與人倫次序做了密切結合，而認爲

> 陰者陽之合，夫者妻之合，子者父之合，臣者君之合。物莫無合，而合於各有陰陽。陽兼於陰，陰兼於陽，夫兼於妻，妻兼於夫，父兼於子，子兼於父，君兼於臣，臣兼於君。君臣、父子、夫婦之義，皆取諸陰陽之道。〔註103〕

這與儒家觀念有著很大的不同，也使得君臣、父子、夫妻之間的關係從相對關係轉變爲絕對尊卑的從屬關係。〔註104〕然在君臣關係上，董仲舒雖也有絕

---

〔註100〕參見王永祥：《董仲舒評傳》，頁405。

〔註101〕參見韋政通：《董仲舒》（臺北：東大圖書股份有限公司，1986年7月初版），頁29。

〔註102〕（戰國）韓非：《韓非子》（臺北：臺灣商務印書館《四部叢刊》影上海商務印書館縮印黃蕘圃校宋鈔本，1975年臺3版），頁100。

〔註103〕（漢）董仲舒：《春秋繁露·卷十二·基義》，頁68～69。此處作「陰者陽之合，夫者妻之合」，但據陰陽與夫妻相比，夫爲陽，妻爲陰，又就下面文句皆先陰後陽，故此處移作「陰者陽之合，妻者夫之合」，蘇輿《春秋繁露義證》此處則也作「陰者陽之合，妻者夫之合」。

〔註104〕林聰舜：《西漢前期思想與法家的關係》（臺北：大安出版社，1991年4月初版），頁162。

對尊卑的關係存在，但卻與法家有所不同，如〈卷六·保位權〉所云：「是故為人君者，固守其德，以附其民；固執其權，以正其臣。」〔註105〕認為國君雖擁有至高無上的地位，但也應用德行來治理人民，如不能施恩於人民，人民也會離散。這就已經背離了韓非「立法令者以廢私也，法令行而私道廢矣。私者，所以亂法也。」〔註106〕的說法了，像董仲舒在這點德治觀念上，有欲調和儒、法的企圖。〔註107〕

此外，董仲舒也主張改正秦的嚴刑峻法，施行德治，但他並不是完全廢棄刑罰而是主張威德並用，德主刑輔。〔註108〕他採用法家對賞罰必須有客觀事實為依據的觀念，如〈考功名〉云：

> 有功者賞，有罪者罰，功盛者賞顯，罪多者罰重。不能致功，雖有賢名，不予之賞；官職不廢，雖有愚名，不加之罰。〔註109〕

建議國君要善用賢能之人，但賞罰方面卻不能只是憑藉個人的動機或是賢能的名聲，應該注重實際的功名。又在以尊君為前提下，認為臣子立下的功勞，都必須將這功名歸於國君，這與《韓非子·卷一·主道》所云：

> 明君之道，使智者盡其慮，而君因以斷事，故君不窮於智；賢者敕其材，君因而任之，故君不窮於能；有功則君有其賢，有過則臣任其罪，故君子不窮於名。……。臣有其勞，君有其成功，此之謂賢主之經也。〔註110〕

君王佔有絕對的功勞與賢能，如果有任何過失皆為臣子之罪有著相同的意義。

### （三）黃老之學

清代蘇輿曾云：「漢初老學盛行，……或董子初亦兼習道家，如賈生本儒

---

〔註105〕（漢）董仲舒：《春秋繁露》，頁34。

〔註106〕（戰國）韓非：《韓非子·卷十七·詭使》，頁89。

〔註107〕對此韋政通認為在這種極端的君尊臣卑論中，不但在現實上難以相容，在理論上也是有所矛盾的。參見韋政通：《董仲舒》，頁31。而對於儒家與法家融合之間的矛盾，在章權才《兩漢經學史》中更認為董仲舒綜合法家學說，從時間上而言，應是董仲舒晚年時候的事，並認為董仲舒會把法家引進儒家思想體系內，是因當時階級矛盾和民族矛盾急劇上升。為了強調德治與法治是不矛盾的，主張大力加強暴力機關，其理論性格是變救型的，是比較沉悶的。參見章權才：《兩漢經學史》，頁127。

〔註108〕王永祥：《董仲舒評傳》，頁404。

〔註109〕（漢）董仲舒：《春秋繁露·卷七·考功名》，頁35。

〔註110〕（戰國）韓非：《韓非子》，頁6。

術,而所著書時稱引黃老之言。」〔註111〕在董仲舒的思想中,我們不難發現黃老的影子在其中。關於董仲舒與黃老道家的繼承與創新,筆者將分爲「陰陽刑德」、「效法天的無爲而治」以及「以愛氣爲主的養生觀」這三部份來加以討論。

　　1. 陰陽刑德

　　黃老之學堅信,天道與人道、政道之間是存有類通的規則與道理,認爲藉著大自然四時、日月、星辰、晝夜運行的順序、各守其度,來要求人君在任人治官上應做到「任能毋過其所長」,使能各居其位,各盡其職,而不相干越,則是天道自然偉大,政道也天經地義、愜理厭心。〔註112〕在這點上董仲舒也繼承了此種看法,如〈卷十一・王道通三〉所云:

> 天地人主一也。然則人主之好惡喜怒,乃天之煖清寒暑也,不可不
> 審其處而出也。當暑而寒,當寒而暑,必爲惡歲矣。人主當喜而怒,
> 當怒而喜,必爲亂世矣。〔註113〕

天、地、人主既然是一體的,王者就應順天道來表現。然而與黃老不同的是,董仲舒更重視天人之間的關係,無論是人副天數、天人感應或是災異譴告都是董仲舒用來詮釋天人關係的各種層面,如「天亦有喜怒之氣、哀樂之心,與人相副。以類合之,天人一也。……四者天人同有之。」〔註114〕,在人身上各個部分都能與天相副,甚至在喜怒哀樂上也是與天相比附的。

　　既然已確立了天與人的關係,就能推知天道是暖寒迭生的,其中是具有陰陽屬性的刑德成爲最終支配自然萬物的兩種根本力量與屬性〔註115〕。而董仲舒在談論刑德問題時,雖也認爲「天道之常,一陰一陽。陽者天之德也,陰者天之刑也。」〔註116〕,但因天是重陽輕陰,君王治道也就應該是重德輕刑的,這與黃老之學的刑德就有所不同。

〔註111〕（清）蘇輿:《春秋繁露義證》(北京:中華書局出版,2002 年 8 月第 3 刷),頁 172。

〔註112〕陳麗桂:《秦漢時期的黃老思想》(臺北:文津出版社,1997 年 2 月 1 刷),頁 186。

〔註113〕（漢）董仲舒:《春秋繁露》,頁 63。

〔註114〕（漢）董仲舒:《春秋繁露・卷十二・陰陽義》,頁 66。

〔註115〕孫以楷:《道家與中國哲學（漢代卷）》(臺北:人民出版社,2005 年 5 月北京第 2 刷),頁 148。

〔註116〕（漢）董仲舒:《春秋繁露・卷十一・王道通三》,頁 66。

## 2. 效法天的無為而治

董仲舒除了對黃老之學的陰陽刑德有所繼承外，也表現了人君必需效法於天的藏形匿神，虛靜無為，居無為之位，行不言之教，以臣言為聲，以臣事為形的君道。〔註117〕就如〈卷十七‧天地之行〉所云：

> 天高其位而下其施，藏其形而見其光，序列星而近至精，考陰陽而降霜露。高其位所以為尊也，下其施所以為仁也，藏其形所以為神也，見其光所以為明也，序列星所以相承也，近至精所以為剛也，考陰陽所以成歲也，降霜露所以生殺也。為人君者，其法取象於天。〔註118〕

天是至公無私的，是無所為而為的，故人君應取象於天，而行「無為而治」之政，這就與黃老之學的「無為而治」相似。

漢初黃老的「無為」已與先秦《老子‧三十七章》所云：「道常無為而無不為，侯王若能守，萬物將自化。」〔註119〕的「無為」有所不同。如在《淮南鴻烈》中，黃老的「無為」思想已成為其社會政治思想的核心內容，其所標榜的「無為」則具有強烈的經世意識。〔註120〕董仲舒雖為儒家，但因受到漢初黃老之學「人君應效法天的無私與無所為而為」的觀念影響，故採道家「君人南面之術」做為其君權政治的最高理想。〔註121〕

## 3. 以愛氣為主的養生觀

對於董仲舒而言，氣化既然已從形上貫穿到形下，那在人身上就應有所謂以氣養生之說，如〈卷十六‧循天之道〉云：

> 故養生之大者，乃在愛氣。氣從神而成，神從意而出。心之所之謂意，意勞者神擾，神擾者氣少，氣少者難久矣。故君子閑欲止惡以

〔註117〕 王永祥：《董仲舒評傳》，頁404。

〔註118〕 （漢）董仲舒：《春秋繁露》，頁91。

〔註119〕 河上公章句：《老子道德經，卷上》（臺北：臺灣商務印書館《四部叢刊》影上海商務印書館縮印常熟瞿氏藏宋本，1975年臺3版，頁12。據陳先生所校，此處應作為「道恆無為也，侯王能守之，而萬物將自化。」，認為此同於四時八章：「無為而無不為，取天下，恆無事，及其有事也，不足以取天下。」道無為而萬物自化，故曰「無不為」，見三十八章。侯王守之者守「道」，此道即三十九章之「一」，言順道之動而動也。詳見陳錫勇：《老子校正》，頁279。

〔註120〕 孫以楷：《道家與中國哲學（漢代卷）》，頁142。

〔註121〕 陶建國：《兩漢魏晉之道家思想》（臺北：文津出版社，1986年8月出版），頁298。

平意，平意以靜神，靜神以養氣。氣多而治，則養身之大者得矣。
〔註122〕

這顯然是對道家關於形神關係的運用與發揮，並且董仲舒直接點明云：「古之道士有言曰：『將欲無陵，固守一德。』此言神無離形，則氣多內充，而忍飢寒也。」〔註123〕董仲舒的養生乃是「養氣以養心」，這與管子的「治氣養生」〔註124〕有所相似處，如〈卷十六‧內業〉所云：「精存自生，其外安榮。內藏以爲泉原，浩然和平，以爲氣淵。淵之不涸，四體乃固。」〔註125〕，精氣的充養不單是形體健康的基礎，也是精神靈明基礎，更是智慧的根源。

然而我們在歸納董仲舒養氣觀時可發現，對於管子「治氣養生」董仲舒將其分的更加仔細，董仲舒的養氣可分爲「養形體之氣」與「養道德之氣」兩種。〔註126〕「養形體之氣」是指調伏內心的情意、調養體內臟腑平衡，如此就能「其壽鱗於久」，反之則「其壽亦鱗於不久」〔註127〕；「養道德之氣」則是承於孟子「養浩然之氣」一說，認爲

> 天之生人也，使之生義與利。利以養其體，義以養其心。心不得義，
> 不能樂；體不得利，不能安。義者，心之養也；利者，體之養也。
> 體莫貴於心，故養莫重於義；義之養生人大於利。〔註128〕

人應該將天所給予的善質表現出來，進而完成人在宇宙間生存的價值與目的。

## 二、《呂氏春秋》的延續

《呂氏春秋》一書，成於秦始皇統一之前，深知王政非一家之學能夠盡包，故包融諸說。這也深深影響了漢代學術，如雜家論証的勃起、陰陽五行

---

〔註122〕（漢）董仲舒：《春秋繁露》，頁89。

〔註123〕同註122。

〔註124〕陳麗桂於〈漢代道家思想的演變與轉化〉一文中，在「黃老道家」一段中對於「以氣釋道」認爲又可分「創生」與「治氣養生」兩部份，其中「治氣養生」部分與董仲舒的養生觀有所類同，故筆者以此爲出發點，進而討論董仲舒與黃老道家的關係。詳見陳麗桂：〈漢代道家思想的演變與轉化〉，收入國立臺灣師範大學國文學系編：《第二屆儒道國際學術研討會——兩漢論文集》（臺北：國立臺灣師範大學國文學系，2005年8月初版），頁789～790。

〔註125〕（春秋）管仲：《管子》，頁96。

〔註126〕此論點爲筆者整理孫長祥在〈董仲舒的氣化圖式論〉所提出董子養氣之說而成。參見孫長祥：〈董仲舒的氣化圖式論〉，頁42～43。

〔註127〕此二語義皆出於《春秋繁露‧卷十六‧循天之道》一文之中。詳見同註122，頁89～90。

〔註128〕（漢）董仲舒：《春秋繁露‧卷九‧身之養重於義》，頁50。

之傳播、天人相與的觀念，或是讖緯圖籍的旁出，都是受到此書的啓發而大行。〔註 129〕而董仲舒也對其思想內容有所延續，如對陰陽五行的變化、以「天」爲主體的氣化宇宙論或是天人感應、三統說，都與《呂氏春秋》有所關聯，故以下筆者將以《呂氏春秋》爲論述主體，並將與董仲舒有關聯之處分爲：陰陽五行、氣化宇宙論的架構、天人關係與五德終始，四部分來加以敘述。

## （一）陰陽五行

秦漢以前，「陰陽」內容較爲樸素，是被廣泛用於解釋自然現象的變化。由前一節所言，陰陽與五行原各自獨立，大致到鄒衍時將二者合而爲一，並利用五行終始循環，而產生「五德終始」的歷史觀。到《呂氏春秋》時則是將其運用到十二紀中，以陰陽消息之理來做爲施政綱領的依據，並用五行來作爲輔助。

《呂氏春秋·卷五·大樂》云：「太一出兩儀，兩儀出陰陽。陰陽變化，一上一下，合而成章。……萬物所出，造於太一，化於陰陽。」〔註 130〕，萬物都由道所生，更是由陰陽變化生成萬物的，而四時或暑或寒、或短或長、或柔或剛，都是由陰陽消長、上下而成。如下表〔註 131〕：

| 十二紀 | 陰陽之氣變化 |
|---|---|
| 孟春（一月） | 天氣下降，地氣上騰，天地和同，草木繁動。〈孟春紀〉、孟春生太蔟。太蔟之月，陽氣始生，草木繁動，令農發土，無或失時。〈音律〉 |
| 仲春（二月） | 仲春生夾鐘。夾鐘之月，寬裕和平，行德去刑，無或作事，以害羣生。〈音律〉 |
| 季春（三月） | 生氣方盛，陽氣發泄，生者畢出，萌者盡達，不可以內。〈季春紀〉、季春生姑洗。姑洗之月，達道通路，溝瀆修利，申之此令，嘉氣趣至。〈音律〉 |
| 孟夏（四月） | 孟夏生仲呂。仲呂之月，無聚大眾，巡勸農事，草木方長，無攜民心。〈音律〉 |

---

〔註 129〕詳見田鳳台：《呂氏春秋探微》（臺北：臺灣學生書局，1986 年 3 月初版），頁 421。

〔註 130〕（戰國）呂不韋：《呂氏春秋》，頁 30。

〔註 131〕此表整理於〈卷六·音律〉篇以及十二紀首。參見同註 130，頁 35〜36 以及各篇十二紀首。

| 仲夏（五月） | 日長至。〔註132〕陰陽爭，死生分。〈仲夏紀〉、仲夏日長至，則生蕤賓。蕤賓之月，陽氣在上，安壯養俠，本朝不靜，草木早槁。〈音律〉 |
|---|---|
| 季夏（六月） | 季夏生林鐘。林鐘之月，草木盛滿，陰將始刑，無發大事，以將陽氣。〈音律〉 |
| 孟秋（七月） | 孟秋生夷則。夷則之月，修法飭刑，選士屬兵，詰誅不義，以懷遠方。〈音律〉 |
| 仲秋（八月） | 日夜分。雷乃始收聲。蟄蟲俯戶。殺氣浸盛，陽氣日衰。〈仲秋紀〉、仲秋生南呂。南呂之月，蟄蟲入穴，趣農收聚，無敢懈怠，以多為務。〈音律〉 |
| 季秋（九月） | 寒氣總至，民力不堪，其皆入室。〈季秋紀〉、季秋生無射。無射之月，疾斷有罪，當法勿赦，無留獄訟，以亟以故。〈音律〉 |
| 孟冬（十月） | 天氣上騰，地氣下降，天地不通，閉而成冬。〈孟冬紀〉、孟冬生應鐘。應鐘之月，陰陽不通，閉而為冬，修別喪紀，審民所終。〈音律〉 |
| 仲冬（十一月） | 發蓋藏，起大眾，地氣且泄，是謂發天地之房。……日短至，陰陽爭，諸生盪。〈仲冬紀〉、日短至，則生黃鐘。黃鐘之月，土事無作，慎無發蓋，以固天閉地，陽氣且泄。〈音律〉 |
| 季冬（十二月） | 命有大司儺，旁磔，出土牛，以送寒氣。……日窮于次，月窮于紀，星迴于天，數將幾終，歲將更始。〈季冬紀〉、季冬生大呂。大呂之月，數將幾終，歲且更起，而農民，無有所使。〈音律〉 |

　　天氣猶陽氣，而地氣猶陰氣，故孟春時天地合同、陰陽交感而調和。到了季春時陽長陰消，萬物生機蓬勃，故君王宜布德行惠，賜貧振窮，以助其生。而孟夏、仲夏之際為陰陽交界，孟夏陽氣全盛而陰氣盡伏，仲夏則陰氣起於下而與陽爭，故此時不宜妄動。至孟冬之月，陰氣全盛而陽氣盡藏，陰陽不通固閉而成冬，此時人事宜謹蓋藏。最後到了仲冬之月，陰氣全盛後，微陽起於陰之下，此時與仲夏之月剛好相反，但仍為陰陽爭，故人時仍不宜妄動。而十二個月就循著陰陽消息而循環不已。

　　對於十二紀所凸顯出的陰陽觀念，筆者以為可歸納為：一、陰陽消長轉換系統，是源於陰陽對待變化的原理。在萬事萬物中，都存在著陰陽的對待性格，由對待轉為消長，再由消長產生出變化，就如〈卷五·大樂〉：「陰陽變化，一上一下，合而成章。」〔註133〕、〈卷三·盡數〉：「天生陰陽，寒暑燥

---

〔註132〕舊本作「長日至」，但在〈仲冬〉謂冬至為「日短至」，故此處夏至應稱「日長至」。《淮南鴻烈》也作「日長至」，可為其證。

〔註133〕（戰國）呂不韋：《呂氏春秋》，頁30。

濕，四時之化，萬物之變。」〔註134〕所言，陰陽的變化是以對待爲基礎，所體現的就是消長與轉換。二、陰陽是對待統一的動態結構。就如〈卷二十‧知分〉所云：「凡人物者，陰陽之化也。陰陽者，造乎天而成者也。」〔註135〕，既然陰陽關係是由對待、消長、變化而來的，那陰陽就應是一個動態且趨於互補、統一的兩種力量，這才能夠生成萬物。〔註136〕除此之外，《呂氏春秋》更利用「離」、「合」來說明陰陽交互作用的內涵，其云：

> 夫物合則成，離而生。知合知成，知離知生，則天地平矣。〔註137〕
>
> 渾渾沌沌，離則復合，合則復離，是謂天常。天地車輪，終則復始，
>
> 極則復反，莫不咸當。〔註138〕

當天地的陰陽精氣合和，就表現了「合」的型態，而當陰陽精氣脫離其物而復歸於天地就稱爲「離」。

至於《呂氏春秋》中的五行，除了運用在說明帝王興替外，也用來說明氣候、天象、物候以及政令、農事、祭祀，並以此將各層面連結在一起，進而構成一個完整的系統。筆者將其五行配對整理如下表〔註139〕：

| 五行<br>對應物 | 木 | 火 | 土 | 金 | 水 |
|---|---|---|---|---|---|
| 五日 | 甲乙 | 丙丁 | 戊己 | 庚辛 | 壬癸 |
| 五神 | 句芒 | 祝融 | 后土 | 蓐收 | 玄冥 |
| 季節 | 春 | 夏 | 季夏 | 秋 | 冬 |
| 五方 | 東 | 南 | 中央 | 西 | 北 |
| 五蟲 | 鱗 | 羽 | 倮 | 毛 | 介 |
| 五帝 | 太皞 | 炎帝 | 黃帝 | 少昊 | 顓頊 |
| 五色 | 青 | 赤 | 黃 | 白 | 黑 |
| 五音 | 角 | 徵 | 宮 | 商 | 羽 |

---

〔註134〕（戰國）呂不韋：《呂氏春秋》，頁30。

〔註135〕同註134，頁145。

〔註136〕張立文：《中國哲學範疇發展史（天道篇）》（臺北：五南圖書出版有限公司，1996年7月初版），頁278。

〔註137〕（戰國）呂不韋：《呂氏春秋‧卷十三‧有始》，頁72。

〔註138〕（戰國）呂不韋：《呂氏春秋‧卷五‧大樂》，頁30。

〔註139〕筆者依張立文以及任繼愈的《呂氏春秋》五行配當表，對照原文所作的整理。參見同註133，頁105。任繼愈：《中國哲學發展史（秦漢）》，頁28～29。

| 五味 | 酸 | 苦 | 甘 | 辛 | 鹹 |
|------|------|------|------|------|------|
| 五臭 | 膻 | 焦 | 香 | 腥 | 朽 |
| 五數 | 八 | 七 | 五 | 九 | 六 |
| 五祀 | 戶 | 灶 | 中霤 | 門 | 行 |
| 五祭先 | 脾 | 肺 | 心 | 肝 | 腎 |
| 五器 | 疏以達 | 高以觕 | 圓以揜 | 廉以深 | 宏以弇 |
| 五旗 | 青旗 | 赤旗 | 黃旗 | 白旗 | 黑旗 |

　　像《呂氏春秋》這樣將季節、天象、顏色……等等與五行相配當，可說是先人長期生產經驗和管理經驗的總結和概括，雖有牽強之處但也有符合於當時社會生活之處，如：在木為春，農耕開始，王布農事，萬物滋生，禁伐木殺獸，不稱兵以誤農事，修堤防，導溝瀆；火為夏，五穀成長，政令無起土功，無發大眾，勞農勸民，無或失時；金為秋，五穀收穫，……等等，就是因凡事都必須符合於動植物生長的規律，故君王必須依據時令來施行政令。

　　綜合上述所言，陰陽五行之說為《呂氏春秋》架構世界的最基本條件，無論是在政教、農事或是社會各方面都能與陰陽五行有所結合。到了董仲舒時，除了對於這樣的架構有所延續，更將配對的重點更放於「人」的身上〔註140〕，就如《春秋繁露‧卷十一‧五行之義》云：

> 天有五行，……木五行之始也，水五行之終也，土五行之中也，此
> 其天次之序也。木生火，火生土，土生金，金生水，水生木，此其
> 父子也。木居左，金居右，火居前，水居後，土居中央，此其父子
> 之序，相受而布。……故五行者，乃孝子忠臣之行也。〔註141〕

像這樣將五行放於父子關係中討論，可說是對「人」在天地中的地位有所提升。

## （二）氣化宇宙論的架構

　　宇宙演化、萬物生長的問題，是在秦漢這樣大一統下必然重視的問題，故《呂氏春秋》也對這方面提出了自己的看法，並為漢代氣化宇宙論奠下厚實的基礎。《呂氏春秋‧卷五‧大樂》云：

> 太一出兩儀，兩儀出陰陽。陰陽變化，一上一下，合而成章。渾渾

---

〔註140〕關於董仲舒陰陽與五行的配對，筆者在第四章「氣化宇宙論的架構」中的第二節「陰陽與五行」有詳細說明，故此處不再贅述。

〔註141〕（漢）董仲舒：《春秋繁露》，頁60。

沌沌，離則復合，合則復離，是謂天常。天地車輪，終則復始，極
則復反，莫不咸當。日月星辰，或疾或徐；日月不同，以盡其行。
四時代興，或寒或暑，或短或長，或柔或剛，造於太一，化於陰陽。
萌芽始震，凝寒以形。〔註142〕

《呂氏春秋》將《老子》對道化生萬物的過程做了更詳細的詮釋，認爲宇宙
從混沌中分化出「太一」，又從「太一」分出「兩儀」，再從「兩儀」生出「陰」、
「陽」這兩種基本作用力，最後由「陰陽」之氣的消長變化生成萬物。

而「太一」應指陰陽未分之「氣」，也就是「宇宙原初混沌爲一的第一實
體」〔註143〕，而這「第一實體」又可稱爲「道」。在「道」所具有的眾多意義
中又以「圓道」觀念與氣化宇宙論有所關聯〔註144〕，如〈卷二‧圓道〉云：

日夜一周，圓道也。月躔二十八星宿，軫與角屬，圓道也。精行四
時，一上一下各與遇，圓道也。物動則萌，萌而生，生而長，長而
大，大而成，成乃衰，衰乃殺，殺乃藏，圓道也。……一不欲留，
留運則敗，圓道也。〔註145〕

「圓道」即周而復始的循環之道，是「太一」運化的規律，也是「精氣」之
出入上下，故在宇宙之間的萬事萬物都在這圓道之中，所有的消長變化也都
在這圓道中循環不已。

綜合了《呂氏春秋》對「氣」、「陰陽」、「五行」的觀念架構出一套特殊
的宇宙論而表現主要是在其〈十二紀〉中。而這套宇宙架構是以時間不停前
進爲經緯，再依陰陽五行的消長記述了一年中自然界的變化，更利用時令的
改變具體規定了天子當月的起居、乘車、服飾等等。在《春秋繁露》一書中，
雖無如此龐大的陰陽五行系統，但其陰陽五行之間的關係仍受《呂氏春秋》
陰陽、五行配當的影響；而在氣化宇宙論上，《呂氏春秋》中「圓道」的觀念

---

〔註142〕（戰國）呂不韋：《呂氏春秋》，頁30。

〔註143〕曾春海：《兩漢魏晉哲學史》（臺北：五南圖書出版股份有限公司，2004年1
月2版1刷），頁11。

〔註144〕張立文將其道的意義分爲：一、爲宇宙萬物的本體，是看不見摸不著極細微
的精氣。「太一」爲「道」的別稱，既然萬物都是由「太一」而來，那「道」
也就是宇宙萬物的本體；二、是循環反復的運動規律。日夜交替，日月運轉，
四時變化都有其普遍性的規律，而這個規律又可稱爲「圓」，是精氣運動的結
果；三、是持身、爲國、治天下的無爲之道。詳見張立文：《中國哲學範疇精
粹叢書──道》，頁81～82。

〔註145〕同註142，頁22。

也爲《春秋繁露》中陰陽五行螺旋式前進奠下了基礎。

## （三）天人感應

「天人相通」的觀念發端於孟子〔註146〕，至董仲舒時則將天人關係推向「天人感應」的頂峰，而《呂氏春秋》就屬從先秦發展到董仲舒「天人感應」的重要階段。在《呂氏春秋》中，「天」是有意志、有目的，且「人與天地也同，萬物之行雖異，其情一體也。」〔註147〕天與人是同質的，而透過「氣」兩者能相互感應〔註148〕，而在〈卷二十・知分〉中更云：

> 凡人物者，陰陽之化也。陰陽者，造乎天的而成者也。天固有衰嗛廢伏，有盛盈蚤息；人亦有因窮屈匱，有充實達遂；此皆天之容、物理也，而不得不然之數也。〔註149〕

天地是精氣之集，而陰陽所生之萬物則是由精氣的離合而有，故因精氣而有相互感通。

在這點上，不僅《淮南鴻烈》受其影響，在《春秋繁露》中也屢次提及天、人是以氣相通的，並站在「類故相召，氣同則合，聲比則應。」〔註150〕的基礎上，而認爲「陰陽之氣，在上天，亦在人。在人者爲好惡喜怒，在天者爲暖清寒暑。」〔註151〕，就因天與人皆有陰陽之氣，故人應法天而行，而天也會因人的行爲而產生不同的現象。而天人感應又是董仲舒思想中極爲重

---

〔註146〕關於「天人相通」始於孟子，在葛榮晉《中國哲學範疇導論》中認爲孟子「天人相通」有兩層意義：一、從意志之天出發，認爲君權的傳授不是由君王私意所決定，而是「天受之」。但「天受之」又是從「民受之」而來。二、不只承認意志之天，同時也承認「道德之天」或「義理之天」，這是中國史上第一次以心性釋天。參見葛榮晉：《中國哲學範疇導論》（臺北：萬卷樓圖書有限公司，1993年4月初版），頁592。

〔註147〕（戰國）呂不韋：《呂氏春秋・卷二・情欲》，頁14。

〔註148〕《呂氏春秋・卷十三・應同》中云：「類故相召，氣同則合，聲比則應。」，就說明了天和人之所以能感通，乃是因爲氣類是能夠相合的，故能相感通。見（戰國）呂不韋：《呂氏春秋》，頁73。舊本此篇名爲「名類」，據陳奇猷所云：「名類」乃是前原有之脫的篇目，因〈名類〉文全脫去，僅存篇目「名類」二字與〈應同〉篇文相合，遂以〈應同〉文屬〈名類〉，〈應同〉目「應同」二字校者因繫之「名類」下而爲「名類」之異文矣。故筆者此處將篇名改爲「應同」，此後提此篇章也以「應同」爲稱。參見陳奇猷：《呂氏春秋新校釋・卷十三》，頁682、684。

〔註149〕（戰國）呂不韋：《呂氏春秋》，頁145。

〔註150〕（戰國）呂不韋：《呂氏春秋・卷十三・應同》，頁73。

〔註151〕（漢）董仲舒：《春秋繁露・卷十七・如天之爲》，頁93。

要的部份〔註152〕，故韋政通認爲董仲舒是站在《呂氏春秋》「說明天如何人亦如何，於是天人之間以類相感，對感應如何可能的問題」上展開。〔註153〕

　　此外，因人與天以氣相通，故人必須審察天體氣象、山河大地的運行規律，進而體悟出其中的道理，以此爲準則才能有清平盛世的可能，也就產生了「法天地」的觀念，如：

> 故知一，則應物變化，闊大淵深，不可測也。……知知一，則若天
> 地然；則何事之不勝，何物之不應。〔註154〕

> 天地之大，四時之化，而猶不能以不信成物，又況乎人事？……信
> 而又信，重襲於身，乃通於天。以此治人，則膏雨甘露降矣，寒暑
> 四時當矣。〔註155〕

所謂「知知一」乃「得道」也，而「得道」就「若天地道」，故法天地就猶如法道。〔註156〕有鑒於《呂氏春秋》對「法天地」的重視，就成了其政治、社會與人生的最高準則，而在《春秋繁露》中則云：

> 與天同者大治，與天異者大亂。故爲人主之道，莫明於在身之與天
> 同者而用之，使喜怒必當義乃出，如寒暑之必當其時乃發也。〔註157〕

認爲人法天除了實際的官制、改正朔、易服色外，連人的喜怒哀樂皆因順著天的春夏秋冬而發，這也說明了董仲舒對「法天地」的重視。

### （四）五德終始

　　「五德終始」是《呂氏春秋》藉由鄒衍之口來闡述朝代更興的理由。雖說如此，卻也表現出當時對「五德終始」之說是有所肯定的，並影響了董仲舒對「改正朔、易服色」〔註158〕的闡述。《呂氏春秋》的「五德終始」觀雖非最早，但〈應同〉卻是記載最詳盡的一篇，故將其重要內容整理爲下表〔註159〕：

---

〔註152〕關於董仲舒「天人感應」的部份，請詳見本論文的第五章「氣論視野下的天人感應」。

〔註153〕韋政通：《董仲舒》，頁74～75。

〔註154〕（戰國）呂不韋：《呂氏春秋・卷三・論人》，頁21。

〔註155〕（戰國）呂不韋：《呂氏春秋・卷十九・貴信》，頁21。

〔註156〕參見傅武光：《呂氏春秋與諸子之關係》（臺北：私立東吳大學中國學術著作獎助委員會，1993年2月初版），頁247～248。

〔註157〕（漢）董仲舒：《春秋繁露・卷十二・陰陽義》，頁66。

〔註158〕關於董仲舒「改正朔、易服色」的部份，詳見第五章「氣論視野下的天人感應」中的第三節「天人感應的延伸」。

〔註159〕此表爲筆者據《呂氏春秋・卷十三・應同》一篇所整理而成。詳見（戰國）

| 朝　代 | 徵　兆 | 五行之氣 | 顏　色 | 所事五行 |
|---|---|---|---|---|
| 黃帝 | 天先見大螾大螻 | 土氣勝 | 尚黃 | 事土 |
| 禹 | 天先見草木秋冬不殺 | 木氣勝 | 尚青 | 事木 |
| 湯 | 天先見金刃生於水 | 金氣勝 | 尚白 | 事金 |
| 文王 | 天先見火，赤鳥銜丹書集于周社 | 火氣勝 | 尚赤 | 事火 |
| ？ | 天且先見水氣勝 | 水氣勝 | 尚黑 | 事水 |

「五德終始」觀，就是利用五行相勝為次，首為土，次木，次金，次水的運行規則來解釋朝代更替的理由。自黃帝以來，一朝受命之帝為五德中的一德，而帝王就隨著所當之德的盛衰而興替，這也表現了陰陽消息存於其中。更重要的是，五行已不再是五種不同的素材，而是流行不已的「五行之氣」。這也帶出了與政治有密切關係的「機祥度制」〔註160〕，包括了帝王受命之符應以及帝王行事之庶徵。

《呂氏春秋》以鄒衍「五德終始」來說明帝王受命代興的規律，當某一德興起時，天下就會有所徵兆，以證驗此興起之德為天命所在，就如黃帝出現時為「天先見大螾大螻」，而當文王出現時則為「天先見火，赤鳥銜丹書集於周社」，這就是所謂的「符應」。至於帝王行事的庶徵又可分為：帝王施政是否符合於時令所招致的影響；由帝王是否修德愛民所產生的影響。從《呂氏春秋》十二紀中，可知帝王應該順應陰陽四時五行之氣來施政，以求與天合一，如：

> 行之是令，而涼風至三旬。孟秋行冬令，則陰氣大勝，介蟲敗穀，
> 戎兵乃來。行春令，則其國乃旱，陽氣復還，五穀不實。行夏令，
> 則多火災，寒熱不節，民多瘧疾。〔註161〕

就說明了帝王沒有依照時令來施政時，就會產生一些異常的現象來警告君王，故帝王施政必須合於時令。

除了帝王施政沒有合於時令會招致災禍外，帝王的私德也會引起災異〔註162〕。災異既然是因帝王之私德所引起，則帝王若因災異之見而「驚惶

---

呂不韋：《呂氏春秋》，頁73。

〔註160〕「機祥度制」一辭，是參考傅武光所言。認為「機祥度制」應包含了帝王受命於天時的徵兆，也就是所謂的「符應」，和帝王施政良否所帶來的影響。參見傅武光：《呂氏春秋與諸子之關係》，頁396～408。

〔註161〕（戰國）呂不韋：《呂氏春秋・卷七・孟秋紀》，頁40。

〔註162〕如〈明理〉中就認為當「君臣相賊，長少相殺，父子相忍，弟兄相誣，知交

亟革」，則災異自然消失；反之，則殘亡無日矣。像這樣利用災異譴告來約束君王，到董仲舒時則發展得更爲細膩。

由上述可知，《春秋繁露》一書受到《呂氏春秋》的影響很大，除了在陰陽五行、氣化宇宙觀、天人感應、五德終始上有所繼承，在德主刑輔、人倫教化、義利觀、致賢任賢等上也都受其影響。但儘管《春秋繁露》受了《呂氏春秋》許多影響，但兩者的整體思想卻仍有不同之處，如在政治理論上，《呂氏春秋》所嚮往的是有限君主制，而在《春秋繁露》中卻是絕對君主制的政治理論，這也透顯出兩者因時代背景不同，而在思想架構上有所不同。〔註163〕

## 三、與《淮南鴻烈》的關係

《春秋繁露》與《淮南鴻烈》屬同時代的作品，但兩者的歷史意義卻有很大的不同。《春秋繁露》是開闢了儒家重新定位的機會，而《淮南鴻烈》卻是被視爲漢初黃老道家的理論總結。雖是如此，看似不同路徑的《淮南鴻烈》卻對《春秋繁露》將儒家思想體系重新包裝的確立提供了可運用及改變的思想材料，故以下將就《淮南鴻烈》「宇宙架構」、「陰陽五行」以及「天人感應」這三部分加以討論，以說明與《春秋繁露》不同之處。

### （一）宇宙架構

《淮南鴻烈》與《春秋繁露》都爲了適應大一統的時代背景，故對於整個宇宙架構特別重視，也都建立了貫通天人的理論體系，尤其在宇宙論上兩者有很大的共同點。在《淮南鴻烈》中對於道體的創生、宇宙的起源都有很詳細的描繪，如〈卷三・天文〉論宇宙的起源到萬物的發生，是從「太始」向下推之，其云：

> 天墬未形，馮馮翼翼，洞洞灟灟，故曰太始。道始于虛霩，虛霩生宇宙，宇宙生元氣，氣有涯垠。清陽者薄靡而爲天，重濁者凝滯而爲地。清妙之合摶易，重濁之凝竭難。故天先成而地後定。天地之襲精爲陰陽，陰陽之專精爲四時，四時之散精爲萬物。〔註164〕

---

相倒，夫妻相冒，目以相危，失人之紀，心若禽獸，長邪苟利，不知義理」時，天象就會出現異象，而「國有此物，其主不知驚惶亟革，上帝降禍，凶災必亟。」。見（戰國）呂不韋：《呂氏春秋・卷六・明理》，頁38～39。

〔註163〕參見洪家義：《呂不韋評傳》（南京：南京大學出版社，1995年9月第1刷），頁491～492。

〔註164〕（漢）劉安：《淮南子》（臺北：臺灣商務印書館《四部叢刊》影上海商務印

「太始」、「虛霩」都是宇宙未創生前的渾沌與虛無，經過這兩大虛無階段，而逐漸有了宇宙，元氣便肇生在其中，並由元氣產生出「有」來。而元氣又有清濁兩質，由清濁的不同分出天地，自然現象與萬物的生化也就由此展開。〔註165〕此外在〈俶眞〉中利用《莊子・齊物論》〔註166〕中的概念，將「有」分爲「有始者、有未始有有始者、有未始有未未始有有始者」三個階段；「無」分爲「有有者，有無者，有未始有有無者，有未始有未未始有有無者」〔註167〕這四個階段〔註168〕，並對每一個階段都有很詳細的說明。

　　早在《老子》時，是以「無」來了解道，道的核心概念落在「無」上

---

書館縮印影鈔北宋本，1975 年臺 3 版），頁 17。此處作「太昭」，據王引之所云：「書傳無言天地未形名曰太昭者，馮翼洞灟亦非昭明之貌。『太昭』當作『太始』，字之誤也。《易乾鑿度》曰：『太始者，形之始也』。《太平御覽・天部一》引張衡元圖曰：『元者，無形之類，自然之根，作於太始，莫之與先』是太始無形，故天地未形謂之太始也。」，故將「太昭」改爲「太始」。見于大成：《淮南鴻烈論文集》（臺北：里仁書局，2005 年 12 月初版），頁 244。又據王念孫所云：「此當爲『宇宙生元氣，元氣有涯垠。』今本脫去兩元字，涯字又誤爲漢。」，在「氣」字上皆補上「元」字，並將「漢」字改爲「涯」。見（清）王念孫：《讀書雜志》（臺北：世界書局《讀書箚記叢刊》印同治庚午十一月金陵書局重椠本，1963 年 4 月初版），志 9 之 3，頁 2。

〔註165〕陳麗桂：〈漢代的氣化宇宙論及其影響〉，《道家文化研究》第 8 輯（2000 年 8 月校訂 1 版），頁 251～252。

〔註166〕《莊子・齊物論》云：「有始也者，有未始有始也者，有未始有夫未始有始也者。有有也者，有无也者，有未始有无也者，有未始有夫未始有无也者。」，而《淮南鴻烈》就是以此爲基礎再加以拓展。（清）郭慶藩：《莊子集釋・卷一下》，頁 79。

〔註167〕此段引文皆出於《淮南鴻烈・卷二・俶眞》。詳見（漢）劉安：《淮南子》，頁 10。

〔註168〕關於《淮南鴻烈》對宇宙所分出來的階段，有許多學者持著不同的看法，如羅光就認爲「《淮南子》是抄襲《莊子》。《莊子》所排的七個次序，不是一列式的，而是分成兩列：一列以『始』爲標準，一列以『無』爲標準。『始』的一列有三個次序，『無』的一列有四個次序。這兩列並不是平行，又不能排成一列。按照〈俶眞訓〉所的解釋，勉強可以列爲一行，共有六個次序。」參見羅光：《中國哲學思想史・兩漢南北朝篇》（臺北：臺灣學生書局，1978 年 1 月初版），頁 555。而于大成則認爲這七個次序在原文中並不是順排，而是交錯排列的，故其順序應爲：有未始有未未始有有無者；有未始有未未始有有始者；有未始有有無者；有無者；有未始有有始者；有始者；有有者。參見于大成：《中國歷代思想家・劉安》（臺北：臺灣商務印書館，1983 年 5 月 3 版），頁 33～34。除此之外，陳麗桂在〈漢代的氣化宇宙論及其影響〉一文中，將這七個階段分爲兩組，一組是從「有始者」回溯分三階段，另一組則是從「有有者」回溯分成四個階段。參見同註165，頁 251。

面。到了稷下黃老時因受陰陽家思想的影響，「氣」概念被引入形上道體的思維中，於是「精氣」就成為道的同義詞。到了《淮南鴻烈》中，則是繼承稷下黃老道家精氣說，其道的觀念也必是屬於客觀實有的認知，也就會有「道即是氣」的主張。〔註169〕相較於原始道家以「無」來了解道，《淮南鴻烈》則是較偏重於以「有」來詮釋道，是想利用無限多具體有限的事物來表達其形上無限的道。由上一段討論《淮南鴻烈》的基本宇宙架構，可知其宇宙架構脫離不了「氣」的概念，這「氣」是由虛而不實的虛霩所生，再由氣化生天地陰陽四時萬物，故為形上、形下是一，內外是一的存在。

在《淮南鴻烈》中，「氣」這個觀念常常被提及。氣是構成世界萬物與各種現象的質料，萬物與現象都由氣構成〔註170〕，而尤以氣之精為其要。如〈卷三‧天文〉云：「天地之襲精為陰陽，陰陽之專精為四時，四時之散精為萬物。」〔註171〕，天地、四時、萬物都是由陰陽二氣之精而來。或是〈卷七‧精神〉所云：

> 古未有天地之時……有二神混生，經天營地，孔乎莫知其所終極，滔乎莫知其所止息。於是乃別為陰陽，離為八極，剛柔相成，萬物乃形，煩氣為蟲，精氣為人。……夫精神者，所受於天也，而形體者，所稟於地也。故曰：「一生二，二生三，三生萬物。萬物背陰而抱陽，沖氣以為和。」。〔註172〕

在《管子‧卷十六‧內業》：「精也者，氣之精者也。」〔註173〕認為「精」乃氣之精，除了《呂氏春秋》對此有所繼承外，《淮南鴻烈》對精的看法也由此出，陰陽兩氣之所以能「離為八極，剛柔相成，萬物乃形」是因為精氣的神秘作用，這「精氣」的神秘作用絕非止於物理特質之氣，而是上同天道，上通「太一」的運行玄機。〔註174〕

由上述對《淮南鴻烈》宇宙論架構有所了解後，其與《春秋繁露》不同

〔註169〕參見陳德和：《淮南子的哲學》（臺北：南華管理學院，1999年2月），頁101～102。

〔註170〕張立文：《中國哲學範疇發展史（天道篇）》，頁151。

〔註171〕（漢）劉安：《淮南子》，頁17。

〔註172〕同註171，頁44。

〔註173〕（春秋）管仲：《管子》，頁95。

〔註174〕陳德興：《兩漢氣化宇宙論之研究》（臺北：天主教輔仁大學哲學系博士論文，2005年7月），頁184。

之處則可分爲〔註175〕：1. 自然道與人格神。雖說《淮南鴻烈》對「道」有了不同的詮釋方法，但仍是以道家自然爲基礎，但《春秋繁露》則是在自然天道上添加了人格神的影子，就如天生萬物、四時更替這是自然天道的規律，而《春秋繁露》卻認爲：

> 天常以愛利爲意，以養長爲事，春夏秋冬皆其用也。……天有寒有暑，夫喜怒哀樂之發，與清煖寒暑其實一類也。喜氣爲煖而當春……四氣者，天與人所同共有也。〔註176〕

四時更替是由天的喜怒哀樂而來，而這就爲四時更替的自然變化添加了人格神的意味；2.道家與儒家。《春秋繁露》也對道家自然天道做了儒家化的蛻變，《春秋繁露》的天道爲了與政治上有所配合，已與道家自然天道有所不同，尤其陰陽觀更是突出。〔註177〕

## （二）陰陽五行

在上一點討論《呂氏春秋》時，可知其運用了陰陽與五行的配當而架構出一套包容了天地人的理論。《淮南鴻烈》深受其影響，認爲陰陽五行是自然生成過程中兩種相對又統一的作用力，而這兩種相等比重的作用，分別化爲世間不同萬物，其云：「毛羽者，飛行之類也，故屬於陽。介鱗者，蟄伏之類也，故屬於陰。」、「是故天不發其陰，則萬物不生；地不發其陽，則萬物不成。」〔註178〕，萬物也隨著陰陽的變化而消長，故《淮南鴻烈》對陰陽學說的貢獻，就在於明確把陰陽學說與氣化理論結合起來，使陰陽學說具有辯證性。〔註179〕

---

〔註175〕此兩點爲筆者參考雷健坤之說整理而成。見雷健坤：〈《淮南子》與《春秋繁露》的思想比較〉，《晉陽學刊》第 6 期 （2002 年），頁 37～38。

〔註176〕（漢）董仲舒：《春秋繁露・卷十一・陽尊陰卑》，頁 61。此段在殿本中放於〈陽尊陰卑〉篇中，但據蘇本所云：「各本此下接下篇『夫喜怒哀樂之發』至『而人資諸天』。張惠言云：『當接『土若地』至『此見天之近陽而遠陰』。』今從凌本移。」，故筆者以爲此段疑放於〈王道通三〉篇中。見（清）蘇輿：《春秋繁露義證》，頁 325。

〔註177〕對於《淮南鴻烈》與《春秋繁露》在政治上不同之處，王雲度則認爲「《淮南子》雖也重視究『天地之理』，接『人間之事』，以天象附會人事，但它更多地賦予『天』以唯物的內涵，確立了『道』的唯物主義理論體系，而未能以神化君權來爲強化均權的政治需要服務。……《春秋繁露》從本質上來說是以神化君權來強化君權，在人間樹立一個絕對的王權。」詳見王雲度：《劉安評傳》（南京：南京大學出版社，2006 年 4 月第 2 刷），頁 259。

〔註178〕此兩段引文皆出於〈卷三・天文〉。見（漢）劉安：《淮南子》，頁 17、21。

〔註179〕詳見張立文：《中國哲學範疇發展史（天道篇）》，頁 280。

　　至於《淮南鴻烈》在陰陽五行的配當中，多以《呂氏春秋》爲基礎。是把陰陽二氣分屬於天地以說明萬物的生現，並運用五行搭配四時、四維、五星、五時、五度、五方帝、五帝佐，以定位萬物的生活座標與行動的依據。〔註180〕筆者將其五行的配當整理爲下表〔註181〕：

| 五行 ／ 對應物 | 木 | 火 | 土 | 金 | 水 |
|---|---|---|---|---|---|
| 五方 | 東 | 南 | 中央 | 西 | 北 |
| 季節 | 春 | 夏 | 制四方 | 秋 | 冬 |
| 五日 | 甲乙 | 丙丁 | 戊己 | 庚辛 | 壬癸 |
| 五色 | 蒼 | 赤 | 黃 | 白 | 黑 |
| 五帝 | 太皞 | 炎帝 | 黃帝 | 少昊 | 顓頊 |
| 五帝佐 | 句芒 | 朱明 | 后土 | 蓐收 | 玄冥 |
| 五執 | 執規 | 執衡 | 執繩 | 執矩 | 執權 |
| 五神 | 歲星 | 熒惑 | 鎮星 | 太白 | 辰星 |
| 五獸 | 蒼龍 | 朱雀 | 黃龍 | 白虎 | 玄武 |
| 五音 | 角 | 徵 | 宮 | 商 | 羽 |
| 自然現象 | 風 | 氣 |  | 雷 | 雨 |
| 五臟 | 脾 | 肺 | 心 | 肝 | 腎 |
| 五官 | 舌 | 目 | 口 | 耳 | 鼻 |
| 身體架構 | 筋氣 | 血脈 | 膚肉 | 皮革 | 骨幹 |

　　像這樣將五行與天、地、人各方面結合起來，除了顯現出《淮南鴻烈》欲以無限多的有限來詮釋無限的道外，也表現出陰陽五行的循環不只是靜態的，而是動態的不停前進的循環，如春夏秋多一直在交替，但每一年的春天會隨著陰陽二氣的改變，而產生不同的春天。

　　像這樣動態的循環在《春秋繁露》中發揮了更爲詳細，如將其陰陽與五行的關係作結合，會發現其循環系統是螺旋式的前進。〔註182〕雖說董仲舒的陰陽五行觀與《呂氏春秋》、《淮南鴻烈》皆有所關聯，但與兩者最大的不同

---

〔註180〕參見陳德和：《淮南子的哲學》，頁129。

〔註181〕此表爲筆者參考〈天文〉、〈墜形〉、〈時則〉等篇整理而成。

〔註182〕關於董仲舒的螺旋式前進，筆者將在第四章「氣化宇宙論的架構」中的第二節「陰陽與五行」的第三小點「螺旋式前進的氣化觀」中加以說明。

則是在「陽尊陰卑」上。在《淮南鴻烈》中，陰陽的地位是相對等的，如：

> 天地之氣，莫大於合。和者，陰陽調，日夜分，而生物。春分而生，
> 秋分而成，生之與成，必得和之精。〔註183〕

就認為陰陽同為化生萬物的兩種力量，並未有地位上的差別。但在《春秋繁
露》中，卻提及陰陽的地位是有所不同的，如：

> 天之好仁而近，惡戾之變而遠，大德而小刑之意也。先經而後權，
> 貴陽而賤陰也，故陰，夏入居下，不得任歲事，冬出居上，置之空
> 處也。〔註184〕
>
> 天之志，常直陰空處，稍取之以為助。故刑者德之奉，陰者陽之助
> 也，陽者歲之主也。〔註185〕

天是貴陽賤陰的，故陽為上陰為下，陽為德陰為刑，陽是主要作用陰是輔助
作用，甚至當陰所有成就時都要歸於陽。當「陽尊陰卑」的觀念由天下貫到
人時，就成為其君臣、父子、夫婦的尊卑倫常關係，而彰顯的就是儒家政治
思想。像董仲舒這樣以儒家為出發點，吸收道家思想，故會與《淮南鴻烈》
在天人理論架構上有許多共同點，但又因儒家為其底基，而發展出不盡相同
之處。

### （三）天人感應

「天人感應」為董仲舒思想中重要的架構，而在《淮南鴻烈》中也有討
論到「天人感應」的部分，兩者皆以事物的相類來推論天人相類，但如仔細
比對仍可發現不同之處。

就《淮南鴻烈》的天人感應而言，認為人與萬物都是陰陽氣化所生，故

---

〔註183〕（漢）劉安：《淮南子·卷十三·氾論》，頁94。此外在〈泰族〉也有相同的
　　　　觀念，其云：「天致其高，地致其厚，月照其夜，日照其畫，陰陽化，列星
　　　　朗，非其道而物自然。故陰陽四時，非生萬物也；雨露時降，非養草木也；
　　　　神明接，陰陽和，而萬物生矣。」見（漢）劉安：《淮南子·卷二十·泰族》，
　　　　頁151。
〔註184〕（漢）董仲舒：《春秋繁露·卷十一·王道通三》，頁63。此段在殿本中放於
　　　　〈王道通三〉篇中，但據蘇本所云：「各本此下接上篇『土若地，義之至也』
　　　　至『此皆天之近陽而遠陰』。張惠言云：『當接上篇『夫喜怒』至『而人資諸
　　　　天』為一篇。』今從凌本移正。」，故筆者以為此段疑放於〈陽尊陰卑〉篇中。
　　　　見（清）蘇輿：《春秋繁露義證》，頁330。
〔註185〕（漢）董仲舒：《春秋繁露·卷十一·天辨在人》，頁64。在殿本「刑者德之
　　　　奉」下註云：「他本奉作輔」，而（清）蘇輿《春秋繁露義證》作「輔」。

萬物能夠相類而相感應，如〈卷六・覽冥〉云：

> 夫物類之相應，玄妙深微，知不能論，辯不能解。故東風至而酒湛
> 溢，蠶咡絲而商弦絕，或感之也。……各像其形類，所以感之。夫
> 陽燧取火於日，方諸取露於月，……然以掌握之中，引類於太極之
> 上，而水火可立致者，陰陽同氣相動也。〔註186〕

因萬物皆由陰陽而來，故物類才能夠相應，如同東風與酒、蠶與弦，看似毫
無關聯之物，卻能相感相應。為了強化人與天同類，而認為人的身體或是在
情緒上都與天是相類似的，其云：「天有四時、五行、九解、三百六十日，
人亦有四支、五臟、九竅、三百六十節。天有風雨寒暑。人亦有取與喜怒。」
〔註187〕，在《春秋繁露》中，也利用這樣的概念來說明天與人之間的關係，
如〈卷七・官制象天〉中云：

> 求天數之微，莫若於人。人之身有四肢，每肢有三節，三四十二，
> 十二節相持而形體立矣。天有四時，每一時有三月，三四十二，十
> 二月相受而歲數終矣。〔註188〕

也是將人的四肢與天的四時相類。既然天與人是相類的，那麼天與人就應該
是能夠相感相通。

　　而天感通的表現最為明顯的就是祥瑞異象的出現，如〈卷二十・泰族〉
中云：

> 精誠感於內，形氣動於天，則景星見，黃龍下，祥鳳至，醴泉出，
> 嘉穀生，河不滿溢，海不溶波。……天之與人有以相通也。故國危
> 亡而天文變，世惑亂而虹蜺見，萬物有以相連，精祲有以相蕩也。
>
> 〔註189〕

---

〔註186〕（漢）劉安：《淮南子》，頁40。

〔註187〕（漢）劉安：《淮南子・卷七・精神》，頁45。舊本「有四時」上缺一「天」
字，而後世討論此皆有「天」字，故筆者將「天」字補上以求完正文義。舊
本作「三百六十六日」、「三百六十六節」，據王念孫云：「『三百六十六日』、『三
百六十六節』，本作『三百六十日』、『三百六十節』，後人以堯典言『朞三百
有六旬有六日』，故於上句加六字，因併于下句而加之也。不知三百六十日但舉
大數言之，繫辭傳曰：『乾坤之策凡三百有六十，當期之日』，是也。」，故筆
者將「三百六十六」皆改為「三百六十」。詳見（清）王念孫：《讀書雜誌》，
頁35～36。

〔註188〕（漢）董仲舒：《春秋繁露》，頁41。

〔註189〕同註186，頁150。此外，在〈卷三・天文〉中也云：「人主之情，上通于天。
故誅暴則多飄風，枉法令則多蟲螟，殺不辜則國赤地，令不收則多淫雨。四

由上述的推演下來，《淮南鴻烈》對於「天人感應」是先言「天人相類」，再言「天人相副」，最後推至「天人相感」，而《春秋繁露》在推演的過程也是如此，故兩者在基本架構上有很大的相似處，但又因整體的基本思想的不同而有所差異。

就感應的基本架構而言，《淮南鴻烈》是以道家為根基，故其天雖會出現異象，但這只是天與人之間一種自然的感應而非天所表現出來的災異譴告；但《春秋繁露》的天是有意志的，不僅能對人的善惡做出裁決，更能運用災異譴告來警示人，故可說其是有目的的。另外感應的主體也有所不同，《淮南鴻烈》所說的能與天的「人」是作為概念的人，有可能是聖君賢人，也有可能一般的市井小民，這強調了人的主動性；《春秋繁露》為了強調君主的地位，故能天與相感應者一定是君王，而有意志的天又能對君主有所限制，這也就是董仲舒將黃老思想化為儒家架構之處。最後其感應的目的也不同，《淮南鴻烈》利用天人感應來塑造政治上的「無為而治」，因既然人與萬物都與天相類相感，天理循環就是最終的規則、最高的標準，人主就無須有所作為，只要順著天而行就能管利人民；而《春秋繁露》卻是以天人感應來作為大一統政治的論証，並賦予人主極高的地位。〔註190〕

從上述對《淮南鴻烈》思想架構的陳述以及與《春秋繁露》之間的比較，可發現兩者無論是在氣化宇宙論的架構上、陰陽五行的配當或是在天人感應上，都有很多相似的地方，這可說是漢代氣化的特色。雖說各家氣論些許不同，但仍可看出當時代的特色。

## 四、對《春秋公羊傳》的繼承與創新

由上一節對儒家經典的初步介紹，可知西漢今文經中的齊學視《春秋》為其主要經典，而《春秋》三傳中又以《公羊傳》為主〔註191〕。關於《春秋

---

時者，天之吏也；日月者，天之使也；星辰者，天之期也；虹蜺彗星者，天之忌也。」見同註186，頁17。

〔註190〕此比較筆者參考張國華：〈《淮南鴻烈》與《春秋繁露》〉以及雷健坤：〈《淮南子》與《春秋繁露》的思想比較〉整理而成。詳見張國華：〈《淮南鴻烈》與《春秋繁露》〉，《道家文化研究》第6輯（1995年6月），頁208～216。雷健坤：〈《淮南子》與《春秋繁露》的思想比較〉，頁38～39。

〔註191〕如《漢書·卷八十八·儒林傳》中云：「穀梁子本魯學，公羊氏迺齊學也」。見（漢）班固：《漢書》，頁1554。此外關於《穀梁傳》的作者，《漢書·卷三十·藝文志》云：「《穀梁傳》十一卷。」其注云：「穀梁子，魯人。」，《穀

公羊》的作者，公認是複姓「公羊」的人物，而《春秋公羊》一書爲陸續寫定而成的，最後由公羊壽及其弟子胡毋生寫定，胡毋生的弟子公孫弘則在武帝時出任御史大夫和丞相，對儒家《公羊傳》這部份起了很大的推廣作用。至於董仲舒則也是公羊壽的弟子，但在義理詮釋上有別於胡毋生，而成爲當時弟子眾多的經學大家，《漢書‧儒林傳》中曾提及漢武帝中期以後傳習公羊學的人物，包括了褚大、嬴公、段仲、呂步舒、孟卿、眭孟、嚴彭祖……等等皆爲後學者，而將董仲舒一派與胡毋生之前的傳承系統做一個連接起來，就是西漢公羊學的傳承系統。如下圖所示〔註192〕：

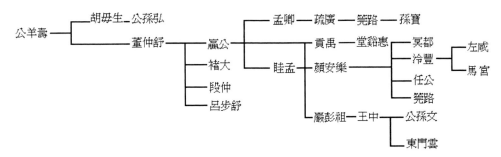

董仲舒在齊學派《春秋公羊》中有著不可動搖的地位，而董仲舒的公羊學則是把《公羊傳》視爲自己發展哲學系統的奠基，突破了對文字詮釋的枷鎖，進而由文字以求事故之端，由端進入文義所不及的微妙之處，由微妙之處上接天志，再由天志下貫人倫道德。〔註193〕就如《續修四庫全書提要》所云：

> 《春秋繁露注》十七卷，……春秋之義存於公羊，而公羊之學傳自
> 董子。董子《春秋繁露》，原天以尊禮，援比以貫類，博極閎深，旨
> 奧詞頤，不熟公羊者則不能讀《繁露》。〔註194〕

故將《春秋繁露》一書與《春秋公羊傳》做比較，就可了解董仲舒對於《春

梁傳》一書原出於穀梁子，在秦代以後口耳相傳，到西漢景、武之際，由江公寫於竹帛而形成書本，《史記‧卷一百二十一‧儒林列傳》：「瑕丘江生爲《穀梁春秋》。」，故以江公爲代表人物的穀梁學就此形成。見（漢）班固：《漢書》，頁881。（漢）司馬遷：《史記》，頁1278。

〔註192〕此傳承圖，筆者參考徐復觀：《中國經學史的基礎》（臺北：臺灣學生書局，1996年4月3刷），頁169、李新霖：《春秋公羊傳要義》（臺北：文津出版社，1989年5月），頁22以及王葆玹：《西漢經學源流》，頁163三書整理而成。

〔註193〕參見徐復觀：《兩漢思想史》（臺北：臺灣學生書局，1976年6月初版），頁333。

〔註194〕王雲五：《續修四庫全書提要》（臺北：台灣商務印書館，1972年3月初版），頁836。

秋公羊》的繼承與創新以及董仲舒獨特的春秋學。

## （一）對《公羊傳》的繼承

漢代繼秦建立中央集權的制度後，與民休息讓社會趨於穩定，但在統治階級內部集團之間的鬥爭卻不斷，故在政局不穩的情況下，發展出一套具有大一統觀念又能讓人信服的學說，是董仲舒提出大一統論的政治背景。〔註195〕而「大一統」一詞早在《公羊傳·卷一》中就已出現，「曷爲先言王而後言正月？王正月也。何言乎王正月？大一統也。」〔註196〕，《公羊傳》的大一統，是指天下定於一，定於一尊之王者，天下之土地人民，均一乎一人之下。〔註197〕《公羊傳》的大一統、尊王觀念成爲董仲舒所尋找的學說基礎，故在《春秋繁露》中也對這段話再次詮釋：

> 《傳》曰：「王者孰謂？謂文王也。曷爲先言王而後言正月？王正月
> 也。」何以謂之王正月？王者必受命而後王。王者必改正朔，易服
> 色，制禮樂，一統於天下：所以明易姓非繼仁，通以己受之於天也。
> 王者受名而王，制此月以應變，故作科以奉天地，故謂之王正月也。
>
> 〔註198〕

由董仲舒的詮釋中，可知王是介於天人之間，人統一於天，必先統一於王，也就是人民都要服從國君，國君順從上天，而天子就具有至高無上的權威。〔註199〕雖《公羊傳》較早提出大一統思想，但董仲舒卻更強調集權統一的政治體系以及應施行的政策，而使《公羊傳》一派學說更加貼近當時政治上的需要。而《公羊傳》將權力定於一尊的觀念，也爲後來董仲舒至高無上的「天」打下基礎。

除了大一統的思想外，董仲舒也繼承了《公羊傳》中的經權與正名兩大觀念。《公羊傳》認爲經權就是指原則與例外而言〔註200〕，如《公羊傳·卷五·

---

〔註195〕 參見周桂鈿：《中國歷代思想史（二）秦漢卷》（臺北：文津出版社，1993年12月初版），頁223。

〔註196〕 （唐）徐彥：《春秋公羊傳注疏》（臺北：藝文印書館有限公司，1989年《十三經注疏》影印嘉慶二十年江西南昌府學開雕本），頁8～9。

〔註197〕 李新霖：《春秋公羊傳要義》，頁54。

〔註198〕 （漢）董仲舒：《春秋繁露·卷七·三代改制質文》，頁36。

〔註199〕 周桂鈿：《董學探微》（北京：北京師範大學出版社出版，1989年1月初版），頁320～321。

〔註200〕 參見李妍承：《董仲舒春秋學之研究》（臺北：國立臺灣大學哲學研究所博士論文，1999年），頁73。而李新霖在《春秋公羊傳要義》中，更運用了孟子

桓公十一年》中云：

> 九月，宋人執鄭祭仲。祭仲者何？鄭相也。何以不名賢也？何賢乎
> 祭仲，以爲知權也。……權者何？權者反於經然後有善者也。權之
> 所設，舍死亡無所設。行權有道，自貶損以行權，不害人以行權，
> 殺人以自生，亡人以自存，君子不爲也。〔註201〕

《公羊傳》認爲雖然祭仲採取了反於經的行爲，但最後卻導致了善的結果，
這就是行權的表現。而董仲舒也對行權有了進一步的解釋

> 陽爲德，陰爲刑。刑反德而順於德，亦權之類也。雖曰權，皆在權
> 成。是故陽行於順，陰行於逆。……是故天以陰爲權，以陽爲經。
> 陽出而南，陰出而北。經用於盛，權用於末。以此見天之顯經隱權，
> 前德而後刑也。〔註202〕

常爲經，變爲權，反經合道爲權變，而不合於自己的心性本質，卻合於道者
稱爲變禮。如將兩者相較之下，筆者以爲就可發現 1. 董仲舒常將常與變（權）
對舉，對於變的觀念遠較《公羊傳》作者爲重。2. 董仲舒對於行權的範圍，
遠較《公羊傳》爲寬。〔註203〕3. 董仲舒運用陰陽刑德的關係來說明經權，其
云：「《春秋》之道，固有常有變，變用於變，常用於常，各止其科，非相妨
也。」，〔註204〕突顯出經權之間非對立，而是相輔相成的關係。

　　至於正名觀念，董仲舒順著《公羊傳》以一統、尊王、愛民、養民之義
爲正名的條件下，更將「名」拆解爲「名」與「號」，其云：

> 名者，大理之首章也。錄其首章之意，以窺其中之事，則是非可知，
> 逆順自著，其幾通於天地矣。……名眾於號，號其大全。名也者，
> 名其別離分散也。號凡而略，名詳而目。〔註205〕

---

「權」，就是指與「禮」相反概念，也就是禮是在正常情況下應該遵守的社會
規範；權就是在異常狀況下所行的緊急處置，來解釋經、權之間的關係。參
見同註197，頁191。

〔註201〕（唐）徐彥：《春秋公羊傳注疏》，頁62～63。

〔註202〕（漢）董仲舒：《春秋繁露・卷十一・王道通三》，頁63。此段在殿本中放於
〈王道通三〉篇中，但據蘇本所云：「各本此下接上篇『土若地，義之至也』
至『此皆天之近陽而遠陰』。張惠言云：『當接上篇『夫喜怒』至『而人資諸
天』爲一篇。』今從凌本移正」，故筆者以爲此段疑放於〈陽尊陰卑〉篇中。
見（清）蘇輿：《春秋繁露義證》，頁330。

〔註203〕徐復觀：《兩漢思想史》，頁331～332。

〔註204〕（漢）董仲舒：《春秋繁露・卷二・竹林》，頁12。

〔註205〕（漢）董仲舒：《春秋繁露・卷十・深察名號》，頁54～55。

認爲「名」是詳細而有分別的,「號」則是大概的意思,而凡事一定要合於名,而名也一定要合於天道陰陽五行的運行。而董仲舒的人性論也就由正名的觀念,爲基礎而發展出特殊的人性論。

### (二)對《公羊傳》的創新

由上述可知《春秋繁露》對《公羊傳》繼承之處,而《春秋繁露》對於《公羊傳》的創新,筆者以爲大致上也可分爲七點:〔註206〕1. 在《公羊傳》中沒有明顯宗教性或是哲學性的天,但在《春秋繁露》一書中卻是與天離不開關係。2. 在《公羊傳》中並無五行觀念,也沒有「陰陽」一詞的出現,只有在莊公二十五年中曾出現「用牲於鼓,求乎陰之道也。」〔註207〕,然《春秋繁露》中大量運用了陰陽觀念,認爲陰陽是元氣所成的二氣,是構成萬物的重要關鍵,更利用陰陽爲相輔相成的特性來說明經與權的關係。3. 認爲災異與國君失德有所關聯,更認爲災異是天所用來警告人君的這種思想,早在《詩經》中有已經存在。但在《公羊傳》中雖多次提及災異,卻沒有將災異與天譴或是人君所招致連在一起,然而災異對董仲舒而言卻是至高無上的天對人君的警示,如果不聽從警示就會出現更可怕的譴告。

而第 4 點則爲《公羊傳》雖對《春秋》有新的詮釋,但它終究是一本史書,對於歷史事件也只是加以陳述,而《春秋繁露》一書不屬於史書的範疇內,故往往在對歷史事件的陳述中加入了許多道德意涵,像這樣強烈的道德感也是《公羊傳》所沒有的,此外董仲舒更重視尊卑觀念,以尊壓卑爲義,以賤傷貴爲逆節。5.《公羊傳·卷三·隱公十年》:「《春秋》錄內而略外。於外,大惡書,小惡不書。於內,大惡諱,小惡書。」〔註208〕,此處並無董仲舒所云:「故弒君三十二,亡國五十二,細惡不絕之所致也。」〔註209〕,大禍患皆來自小惡,故不可放過小惡的意思。6. 將《春秋繁露》中〈盟會要〉、〈正貫〉、〈十指〉三篇綜合起來,就是董仲舒春秋學獨到之處,如〈卷二·竹林〉

---

〔註206〕此七點參考徐復觀:《兩漢思想史》,頁 326～344 以及李妍承:《董仲舒春秋學之研究》,頁 81～87 所整理出來。

〔註207〕(唐)徐彥:《春秋公羊傳注疏·卷八·莊公二十五年》,頁 103。

〔註208〕同註207,頁 41。

〔註209〕(漢)董仲舒:《春秋繁露·卷四·王道》,頁 21～22。舊本作「亡國五十一」,據《漢書·劉向傳》顏師古注將年代與被滅之國詳列後,共五十二國,故筆者將此「一」改爲「二」。詳見(漢)班固:《漢書·卷三十六·劉向傳》,頁 968。

所云：「辭不能及，皆在於指」〔註210〕，文字所不能表達的「指」就是突破了《公羊傳》的範圍，為董仲舒所獨得。7.《公羊傳》哀公十四年，描述了孔子是一位賢人、君子，並無受名君王的意思，但到董仲舒時卻基於「獲麟」的解釋，展開了「孔子素王說」以及「王魯說」〔註211〕，進而提出有關王朝循環以及歷史演變的解釋。

　　由董仲舒對《公羊傳》的繼承與創新中，可看出《公羊傳》對董仲舒有著很大的影響，無論是董仲舒在「天」的開展上、「王正月」意義的延伸或是在《春秋》微言大義上，都可說是將《公羊傳》重新詮釋後的特殊思想，更重要的董仲舒「元氣」概念也隱藏於其中。

---

〔註210〕（漢）董仲舒：《春秋繁露》，頁2～3。

〔註211〕對此周予同則云：「今文學以孔子為政治家，以『六經』為孔子政治之說，所以偏重於『微言大義』，其特色為功利的。」，就因今文學者對孔子有不同以往的見解，才會造就出孔子素王說等觀念。見（清）皮錫瑞：《經學歷史》，頁3。

# 第四章　氣化宇宙論的架構

　　在第三章中，藉討論董仲舒所處的背景及受影響的思想淵源，隱約勾勒出漢代宇宙論以及董仲舒思想架構。兩漢以前，各家思想雖有提出統攝宇宙一切的最高範疇，如儒家的「天」、道家的「道」，但都只是一個概括的觀念而未詳細說明。到了漢代，思想家們皆欲將其說明清楚，但因各家立基點的不同而架構出略有不同的「系統化的宇宙論學說」〔註1〕。為了解董仲舒的氣化宇宙論，筆者將從「元」、「氣」談起，進而討論架構起宇宙的「陰陽五行」，以求表現其系統化的宇宙論。

## 第一節　元氣

　　所謂的氣化宇宙論，是指運用「氣」的概念來架構宇宙間的一切，而在《呂氏春秋》、《淮南鴻烈》中就已有以「氣」為論述基礎的宇宙觀〔註2〕，這對董仲舒所欲架構的宇宙論有著很大的影響。筆者以為欲談論董仲舒的氣化宇宙論，就必須先釐清何謂「元氣」？才能進一步討論宇宙的生成。

### 一、各家對「元」的討論

　　董仲舒的「元」，因在文本中並未直接點明「元」所指涉為何，故學者紛

---

〔註1〕 吳志鴻：〈兩漢的宇宙論思想：宇宙發生論與結構論之探究〉，《哲學與文化》第352期（2003年9月），頁110。

〔註2〕 關於《呂氏春秋》、《淮南鴻烈》的宇宙觀，筆者在第三章「時代背景與思想構成」中的第二節「思想架構的淵源」中的第二、三點已有說明，故此處不再加以贅述。

紛提出了不同的看法。筆者將其整理後分爲以下三大類，以釐清因文本證據不足而產生混淆之處。

## （一）直指為「元氣」者

徐復觀認爲董仲舒是以《春秋》大義爲出發點，說明「元」乃指元氣之元〔註3〕，如〈卷六・二端〉所云：

> 是故《春秋》之道，以元之深正天之端，以天之端正王之政，以王之政正諸侯之即位，以諸侯之即位正竟內之治，五者俱正而化大行。
> 〔註4〕

因元氣是天之所自始的原因，故要用「元」來正天之端，再用天之端正人君國政，以此類推至諸侯管理人民，以求一切皆合於正道。這樣一來，除了重視事物在開始時就必須端正其根本外，「元」也成爲了最高的範疇與標準。而吳志鴻也認爲在董仲舒的著作中，「元」與「天」並列爲最高的範疇，並認爲兩者皆以「氣」爲構成的要素，以「氣」來說明，故稱其宇宙論思想爲氣化宇宙論。〔註5〕

此外，張立文更直接點明「元」乃「元氣」。認爲「元氣」就是陰陽中和之氣，是產生萬物和人類的本始物質，並舉〈卷六・王道〉所云：

〔註3〕 徐復觀以《易・乾元》九家注：「元者氣之始也。」說明了陰陽二氣上推，應還有陰陽未分，爲陰陽所自出的氣，即稱爲元氣；而《易繫辭》云：「立天之道，曰陰與陽。」則是天道即是陰陽，陰陽所自出的元氣，其層次自然在天道之上。這兩種觀念來加以佐證「元氣」的說法爲當時學術上的公言，故董仲舒認爲「元」乃指「元氣」是合理的。參見徐復觀：《兩漢思想史》（臺北：臺灣學生書局，1976 年 6 月初版），頁 353～355。

〔註4〕 （漢）董仲舒：《春秋繁露》（臺北：臺灣商務印書館《四部叢刊》影上海商務印書館縮印武英殿聚珍本，1975 年臺 3 版），頁 30。此處殿本本作「無」而非「元」，今據宋本、明鈔本、華本並作「元」，而蘇輿《春秋繁露義證》也將此「無」改爲「元」，故筆者將此處「無」改爲「元」。而殿本於「位」字上脫「即」字，又脫「以諸侯之即位正竟內之治」十一字，則下文云「五者」，少其一矣。盧校據《公羊》何注訂補，蘇本從之，故將「即」與「以諸侯之即位正竟內之治」補上。又據蘇輿校，將此段與〈重政〉首段移至〈玉英〉對「元年」的解釋下，但在〈二端〉中仍保留此段。詳見（清）蘇輿：《春秋繁露義證》（北京：中華書局，2002 年 8 月北京第 3 刷），頁 155～156。及鍾肇鵬：《春秋繁露校釋》（河北：河北人民出版社，2005 年 5 月第 1 刷），頁 341。

〔註5〕 吳志鴻雖與徐復觀在「元」爲最高範疇上有著相同的想法，但對於「元氣」是否爲宇宙本原上有所異議，認爲董仲舒雖曾出現將最高範疇的「天」與做爲稱成要素的「天」混用，但對「元」的解釋並沒有出現這樣的混用，故「元」非爲宇宙本原。參見吳志鴻：〈兩漢的宇宙論，頁 116。

元者，始也，言本正也。道者，王道也。王者，人之始也。王正則
元氣和順、風雨時、景星見、黃龍下。王不正則上天變，賊氣並見。
〔註6〕

「元氣」即是本始之氣，是存於天地之前，是產生天地萬物的本原。而其特
點就是「和順」，故天地萬物都必須以元氣爲本，順著元氣發展才不會產生災
異現象。〔註7〕而大陸學者金春峰也認爲「元」爲「元氣」是最適當的解釋，
以爲在董仲舒所架構出的宇宙圖式中，「氣」或是「元氣」是其基礎，故云：
「《春秋》謂一元之意，一者萬物之所從始也。」〔註8〕、「是以《春秋》變一
謂之元，元猶原也。……故元爲萬物之本。」〔註9〕，以說明作爲萬物或是宇
宙本原的「元」，乃指「元氣」。〔註10〕

## （二）將「元」視爲「道」者

在小野澤精一《氣的思想》〔註11〕中，先解釋了所謂「變一謂元」的「一」，
認爲董仲舒所指的「一」是萬物的根源，就如〈卷十三・五行相生〉所云：「天
地之氣，合而爲一，分爲陰陽，判爲四時，列爲五行。」〔註12〕，「一」是指
混然未分的一氣，而這一氣則是透過陰陽、四時或是五行顯現出來的。並藉
《說文解字》：「惟初太始，道立於一。造分天地，化成萬物。」〔註13〕，說

---

〔註6〕　（漢）董仲舒：《春秋繁露》，頁20。今據鍾肇鵬所云：「《公羊傳》隱公元年：
『王者孰謂？謂文王也。』何詁：『文王，周始受命之王，天之所命，故上繫
於天端，方陳受命，制正月，故假以爲王法。不言謐者，法其生，不法其死，
與後王共之，人道之始也。』此言文王受命統治天下，教化萬民，明人倫，
是王者乃人道之始也。」，故「王者，人之始也」疑作「王者，人道之始也。」
也。詳見鍾肇鵬：《春秋繁露校釋》，頁194。
〔註7〕　詳見張立文：《中國哲學範疇精選叢書——氣》（臺北：漢興書局，1994年5
月），頁63。
〔註8〕　（漢）班固：《漢書・卷五十六・董仲舒傳》（臺北：藝文印書館影印清乾隆
武英殿刊本，1996年8月），頁1165。
〔註9〕　（漢）董仲舒：《春秋繁露・卷五・重政》，頁29。但今據蘇輿所云：「第一、
二節似與篇名不相應。義見〈玉英篇〉。」，故筆者以爲此段疑放於〈玉英〉
中。（清）蘇輿：《春秋繁露義證》，頁147。
〔註10〕　詳見金春峰：《漢代思想史》（北京：中國社會科學出版社，2006年2月第3
次印刷），頁124。
〔註11〕　詳見小野澤精一：《氣的思想》（上海：上海人民出版社，2007年3月第1刷），
頁157～161。
〔註12〕　（漢）董仲舒：《春秋繁露》，頁73。
〔註13〕　（漢）許慎：《說文解字・卷一上・一》（臺北：臺灣商務印書館《四部叢刊》
影上海商務印書館縮印日本岩崎氏藏宋刊本，1975年臺3版），頁4。

明「一」乃指天地萬物生成以前未分之氣的混然狀態，而「一」又可說成「道」的代稱。當「一」成爲「道」後，就可解釋董仲舒的「元」，小野澤精一以爲「元」乃是作爲抽象化的「一」，既然「元」就是「一」而「一」又是「道」的代稱，故應將「元」設定爲相當於「道」的概念。並認爲就是因站在「道」的立場，才能說明「元」爲萬物之本，天地之元，同時也是人之元的存在，而人則因是承受天氣而生成的存在，故其存在是爲了補充完備天地之物，有著獨立的作用。

### （三）「元」非等同「元氣」者

有別於上述兩種，大陸學者孫以楷則是將「元」與「元氣」分層而論。認爲董仲舒「天」的概念雖來自於墨子的天，但卻也借用了道家哲學中對「道」的闡述，而提出了「元」的概念，使其「天」能具有本體的意涵，故在某種層面上「元」與「道」是相通的，並透過將其「元」的意義加以比較，進而延伸出「元」與「元氣」不是同等的概念。孫以楷認爲在原文中始終沒有以「氣」釋「元」的意思，故應說「元」包含了「元氣」，但並不等同於「元氣」，而「元」其實是董仲舒對萬物之本始的「天」的哲理化的概括，兩者之間則是透過一氣來貫通。〔註14〕

此外在孫長祥〈董仲舒的氣化圖示論〉〔註15〕中也有提及類似的看法，孫長祥是以「天元」來解釋「元」，並舉〈卷五・重政〉：「人雖生天氣，及奉天氣者，不得與天元本、天元命而共違其所爲也。」〔註16〕，說明「天元」與「氣」是一組相互緊密關聯的概念，但「天元」所指爲整體動態宇宙結構的總體目的，而「氣」則是整個宇宙的活動或運動原則。此外，陳福濱在〈論

---

〔註14〕 詳見孫以楷：《道家與中國哲學（漢代卷）》（臺北：人民出版社　2005 年 5 月北京第 2 刷），頁 136～139。

〔註15〕 孫長祥認爲將「天元」視爲哲學起始本原的理由有：一、必須將一切天道、人事加以關聯爲一體，而繫屬在「元」的概念之下，並使其承「天元」而有所發展。二、「元猶原」的本原性意義超越人生死的終始意義，更推導出具有抽象、普遍性的意意。三、一切的天人事物都兼合在「天元」的終極理念下，不能違背「天元」的下化作用，而與天地的運行相與共變。詳見孫長祥：〈董仲舒的氣化圖示論〉，《哲學與文化》第 33 卷第 8 期，2006 年 8 月 1 刷，頁 26～30。

〔註16〕 （漢）董仲舒：《春秋繁露》，頁 29。此段殿本放於〈重政〉「乃存乎天地之前」之後，但據蘇輿所云：「第一、二節似與篇名不相應。義見〈玉英篇〉。」，故筆者以爲此段疑放於〈玉英〉中。（清）蘇輿：《春秋繁露義證》，頁 147。

董仲舒的天道思想與天人關係〉〔註 17〕一文中，也延續了孫長祥「天元」的概念，認爲「元」是天地萬物的本原，是先天地生的，而當「元」只討論天地變化時就稱爲「元氣」，而「元氣」則是天地變化的根源，這就與孫以楷所說「元包含了元氣，但元氣不等於元」有相同之處。

　　筆者以爲在《春秋繁露》一書中出現「元氣」合稱之處僅有〈王道〉、〈天地之行〉兩處，就因董仲舒自身未說清楚才會造成學者對其有著不同的解釋，故筆者將在下一點「元氣的解說」中說明己見。

## 二、「元氣」的解說

　　在學術背景一節中，曾討論董仲舒對《公羊傳》的繼承與創新，而關於「元」這個概念也要從此說起。《公羊傳・卷一・隱公元年》：「元年春，王正月。元年者何？君之始年也。春者何？歲之始也。」〔註18〕，但《春秋繁露・卷五・重政》則云：

> 惟聖人能屬萬物於一，而繫之元也。終不及本所從來而承之，不能遂其功。是以《春秋》變一謂之元。元，猶原也。其義以隨天地終始也。故人唯有終始也，而生不必應四時之變。故元者爲萬物之本。
>
> 〔註 19〕

董仲舒認爲在《春秋》中將「一年」改爲「元年」是有特殊意義的〔註 20〕，故對「元」的解釋也多由《春秋》而來，如：

> 《春秋》何貴乎元而言之？元者，始也，言本正也；道，王道也；

---

〔註17〕詳見陳福濱：〈論董仲舒的天道思想與天人關係〉，《哲學與文化》第 34 卷第 10 期，2007 年 10 月 1 刷，頁 120～121。

〔註18〕（唐）徐彥：《春秋公羊傳注疏》（臺北：藝文印書館有限公司，1989 年《十三經注疏》影印嘉慶二十年江西南昌府學開雕本），頁 8。

〔註19〕（漢）董仲舒：《春秋繁露》，頁 29。此段殿本放於〈重政〉但今據蘇輿所云：「第一、二節似與篇名不相應。義見〈玉英篇〉。」，故筆者以爲此段疑放於〈玉英〉中。（清）蘇輿《春秋繁露義證》，頁 147。

〔註20〕但徐復觀則認爲「『夏曰歲，商曰祀，周曰年』推《尚書・洛誥》：『稱秩元祀』、《尚書・酒誥》：『惟元祀』，是因爲周初因商的稱呼而未改。而〈舀鼎〉：「唯王元年六月既望乙亥」、〈師兌敦〉：『惟元年五月初吉丁亥』等等都說明了周以改祀稱年，而稱君即位之年爲元祀元年，乃商周史臣記載的常例，絕無書即位之年爲一年之事。更由《竹書紀年》爲魏之史書，今日由輯校所得，也沒有書即位之年爲一年，來加強論證。」據徐復觀所考證，事實上稱君之即位年爲元年乃商周史臣記載之常例，故「元年」並無其他意義也。詳見徐復觀：《兩漢思想史》，頁 352。

王者，人之始也。〔註21〕

是以《春秋》變一謂之元。元，猶原也。其義以隨天地終始也。

〔註22〕

《春秋》謂一元之意，一者，萬物之所以始也；元者，辭之所謂大
也。謂一爲元者，視大始而欲正本也。《春秋》深探其本，而反自貴
者始。〔註23〕

《春秋》大元，故謹於正名，名非所始，如之何謂未善已善也。

〔註24〕

董仲舒以爲《春秋》把一年稱爲元年，是因元有開始的意思，其意義是隨著
天地終始的，更認爲在事物開始時就必須端正其根本，故《春秋》是非常重
視開始的。像這樣對「元年」有了新的解釋，這可說是董仲舒將《春秋》學
轉化爲其哲學理論的重要一環，更是《春秋》、《公羊傳》裡所沒有的觀念。
爲能有更清楚的說明，筆者將分爲元與元氣、元與天，兩部分來加以論述。

## （一）元與元氣

董仲舒對「元」的解釋多有元始、最初之意，如：「謂一元者，大始也。」
〔註25〕、「君人者，國之元。」〔註26〕、「惟聖人能屬萬物於一，而繫之元也，
終不及本所從來而承之，不能遂其功。」〔註27〕，認爲人如想達到目的就必

---

〔註21〕（漢）董仲舒：《春秋繁露・卷四・王道》，頁20。今據鍾肇鵬所云：「《公羊
　　　　傳》隱公元年：『王者孰謂？謂文王也。』何詁：『文王，周始受命之王，天
　　　　之所命，故上繫於天端，方陳受命，制正月，故假以爲王法。不言謚者，法
　　　　其生，不法其死，與後王共之，人道之始也。』此言文王受命統治天下，教
　　　　化萬民，明人倫，是王者乃人道之始也。」，故「王者，人之始也」疑作「王
　　　　者，人道之始也。」也。詳見鍾肇鵬：《春秋繁露校釋》，頁194。
〔註22〕（清）蘇輿《春秋繁露義證》，頁17。
〔註23〕（漢）班固：《漢書・卷五十六・董仲舒傳》，頁1165。
〔註24〕（漢）董仲舒：《春秋繁露・卷十・深察名號》，頁57。殿本本作「如之何謂
　　　　未善已善也」，今據蘇輿所云：「未善，二字當衍。本篇固云：『性未可全爲善。』
　　　　又云：『性有善質而未能善矣。』至與孟子並不悖者，荀卿性惡之說是也。董
　　　　與孟異者，在解釋善名，不在論性之異。」，故此處疑作「如之何謂已善也。」。
　　　　詳見（清）蘇輿：《春秋繁露義證》，頁305～306。
〔註25〕（漢）董仲舒：《春秋繁露・卷三・玉英》，頁15。
〔註26〕（漢）董仲舒：《春秋繁露・卷六・立元神》，頁32。
〔註27〕（漢）董仲舒：《春秋繁露・卷五・重政》，頁29。此段殿本放於〈重政〉，今
　　　　據蘇輿所云：「第一、二節似與篇名不相應。義見〈玉英篇〉。」，故筆者以

須遵循根本，只有聖人能夠把萬物跟「一」、跟「元」連繫在一起，故《春秋》把「一」改稱爲「元」。而所謂「惟聖人能屬萬物於一」、「是以《春秋》變一謂之元」的「一」則是萬物的根源，是指混然未分的一氣，更是屬於陰陽五行範疇的主體。〔註28〕在董仲舒的著作中，多以「一」、「端」、「本」、「小」、「微」來形容事物的開始、根源，更認爲「元，猶原也。其義以隨天地終始也」〔註29〕，故「元」與「一」可說在根本上是相同的，都是形容事物最初的那一點，只是與「一」相較之下，「元」較有法則性且更具有做爲萬物本原的性質。

### 1. 未說明之處

既然「元」有法則性、可做爲萬物本原的性質，又如何將「元」解釋爲「元氣」呢？早在先秦時代就已經有「元」、「氣」這兩種概念，把這兩個概念結合其來，大約是在戰國時代。如《呂氏春秋·卷十三·應同》：「與元同氣。」〔註30〕、《鶡冠子·卷中·泰錄篇》：「天地成於元氣，萬物乘於天地。」〔註31〕或是在《淮南鴻烈·卷三·天文》：「天墜未形，馮馮翼翼，洞洞灟灟，故曰太昭。道始于虛霩，虛霩生宇宙，宇宙生元氣，氣有漢垠。」〔註32〕中皆出現「元氣」二字。

至於在《春秋繁露》一書中，「元氣」連用卻只出現兩處：

> 王正則元氣和順、風雨時、景星見、黃龍下。王不正則上變天，賊
> 氣並見。〔註33〕

認爲帝王的行爲端正，那宇宙間的元氣就會和諧調順，風雨應時而來，景星

---

爲此段疑放於〈玉英〉中。（清）蘇輿：《春秋繁露義證》，頁147。

〔註28〕 在《氣的思想》一書中，對「一」有了很清楚的解釋，認爲這個「一」是具有哲學意味的術語，更用《淮南鴻烈·天文》：「道始于一，一而不生，故分爲陰陽，陰陽合和而萬物生。」來證明「一」是具有一氣是萬物之本、陰陽五行範疇的主體的哲學術語，這是當時的普遍思想。詳見小野澤精一：《氣的思想》，頁158～159。

〔註29〕 同註27。

〔註30〕 （戰國）呂不韋：《呂氏春秋》（臺北：臺灣商務印書館《四部叢刊》影上海商務印書館縮印明刊本，1975年臺3版），頁74。

〔註31〕 （春秋）鶡冠子：《鶡冠子》（臺北：臺灣商務印書館《四部叢刊》影上海商務印書館縮印江陰繆氏蕘風堂藏明覆宋刻本，1975年臺3版），頁31。

〔註32〕 （漢）劉安：《淮南子》（臺北：臺灣商務印書館《四部叢刊》影上海商務印書館縮印影鈔北宋本，1975年臺3版），頁17。

〔註33〕 （漢）董仲舒：《春秋繁露·卷四·王道》，頁20。

出現，黃龍下降；如帝王的行為不端正，那麼上天就會出現變化，妖氣同時
出現。而

> 一國之君，其猶一體之心也。隱居深宮，若心之藏於胸；至貴無與
> 敵，若心之神無與雙也。……上下相承順，若肢體相為使也；布恩
> 施惠，若元氣之流皮毛腠理也；百姓皆得其所，若血氣和平，形體
> 無所苦也；……若神明之致玉女芝英也。〔註34〕

則是董仲舒以為一個國家的君主就好比一個身體的心臟，當君臣上下互相承
接順從，就像身體各部分互相使令；佈施恩惠，就像人的精氣在皮毛肌膚裡
流通。就因這兩處的「元氣」皆未直接具有萬物之本原的意義，故產生了上
述幾種對「元」不同的解釋，這也可說是董仲舒自身未交代清楚之處。

### 2. 加強「元氣」概念

然筆者以為，仍可以其他篇章中對單字「元」的解釋來補充加強其「元
氣」的概念，如：

> 故元者為萬物之本。而人之元在焉，安在乎？乃在乎天地之前。故
> 人雖生天氣及奉天氣者，不得與天元本、天元命而共違其所為也。
>
> 〔註35〕

「元」是萬物的根本，更是存於天地之前的，而人的本原也包含於其中。人
雖秉元氣的運行而生成，並順著元氣的變化而變化，但卻是不能違背產生天
地之元氣的根本，也不能違反天命之所歸。並云：

> 是故《春秋》之道，以元之深正天之端，以天之端正王之政，以王
> 之政正諸侯之即位，以諸侯之即位正竟內之治，五者俱正而化大行。
>
> 〔註36〕

---

〔註34〕 （漢）董仲舒：《春秋繁露・卷十七・天地之行》，頁91。

〔註35〕 （漢）董仲舒：《春秋繁露・卷五・重政》，頁29。此段殿本放於〈重政〉，但
今據蘇輿所云：「第一、二節似與篇名不相應。義見〈玉英篇〉。」，故筆者以
為此段疑放於〈玉英〉中。（清）蘇輿：《春秋繁露義證》，頁147。

〔註36〕 （漢）董仲舒：《春秋繁露・卷六・二端》，頁30。此處殿本本作「無」而非
「元」，今據宋本、明鈔本、華本並作「元」，而蘇輿《春秋繁露義證》也將
此「無」改為「元」，故筆者將此處「無」改為「元」。而殿本於「位」字上
脫「即」字，又脫「以諸侯之即位正竟內之治」十一字，則下文云「五者」，
少其一矣。盧校據《公羊》何注訂補，蘇本從之，故將「即」與「以諸侯之
即位正竟內之治」補上。又據蘇輿校，將此段與〈重政〉首段移至〈玉英〉
對「元年」的解釋下，但在〈二端〉中仍保留此段。詳見（清）蘇輿：《春秋
繁露義證》，頁155～156。及鍾肇鵬：《春秋繁露校釋》，頁341。

以爲《春秋》之道，是用元氣來矯正上天的開端，用上天的開端矯正君王的政治，用君王的政治來矯正諸侯的就位，用諸侯的就位來矯正國內的政治，當這些條件都具備後，教化就能普遍流行開來。

此外，既然「一」與「元」相通，也可從董仲舒對「一」的解釋來強化「元氣」的概念，如：

> 天地之氣，合而爲一，分爲陰陽，判爲四時，列爲五行。〔註37〕
>
> 陰陽雖異，而所資一氣也。陽用事，此則氣爲陽；陰用事，此則氣爲陰。陽陰之時雖異，二體常存。〔註38〕

天地之氣，相合爲一體，又可區分爲陰、陽二氣，判別成四時，排列爲五行。而這所指的「一」即爲「元氣」，故陰陽二氣雖有不同，但都是稟同一「元氣」所分，而董仲舒的宇宙觀就是以氣爲元爲一，由氣分爲陰陽、四時、五行的。〔註39〕

總括上述「元氣」的特點，可整理爲：一、「元氣」是超乎天、地、人與萬物之上的，是隨天地終始的。二、萬物的本質都是由「元氣」而來，故皆與「元氣」相繫屬。三、除了人必須本著天元命而爲外，「元氣」又是萬物的樞機，故能操控一切的人事。四、人事都必須順著「繼天所爲而終之」，是必須順著「元氣」的生生不息、循環、完成而達到天元命的最終目的。五、因「元氣」是會不斷的循環，事物都會順其發展的不同而由小變大，故重視「貴微重始」。六、「元氣」是包含了形而上的生生、創造，也包含了形而下的各種具體事物的變化。

董仲舒的「元氣」概念影響了東漢「元氣論」的產生，如東漢何休《公羊釋詁》云：「元者，氣也。無形以起，有形以分，造起天地，天地之始也。」〔註40〕直指「元」就是「氣」，這與董仲舒未直接說明「元氣」爲何有很大的

〔註37〕 （漢）董仲舒：《春秋繁露・卷十三・五行相生》，頁73。

〔註38〕 （宋）章樵注：《古文苑・卷十一・雨雹對》（臺北：鼎文書局出版，1973年1月初版），頁305。

〔註39〕 羅光曾云：「天地之氣，合而爲一，名曰『元氣』。元代表一，代表始。……元爲一，爲開始，爲根源。天地萬物的根源和開始，在於一氣，這種氣稱爲元氣。元氣不分陰陽，周遊天地，爲天地萬物的成素。人的成素也是元氣，元氣流行於四肢百體；生命的長短變在於元氣的保養與否。」詳見羅光：《中國哲學思想史・兩漢南北朝篇》（臺北：臺灣學生書局，1978年11月初版），頁170～172。

〔註40〕 此外徐彥《公羊傳疏・卷一・隱公元年》中也云：「《春秋說》云：『元者，端

不同點。故可說漢代的「元氣論」是從董仲舒提出「元氣」開始，後從緯書為代表的神學元氣論，再到王充所代表的自然元氣一元論，進而擴展出後世的「元氣論」。〔註41〕

### （二）元與天的關係

在研究董仲舒的思想系統時，往往都將「天」視為一切萬物的來源或是最高的標準。而就上一點的討論我們可知「元」也是萬物的來源，更是先於天地之始的，那「元」與「天」又是什麼關係呢?在各家對「元」的解釋中，小野澤精一將「元」視為「道」，並認為董仲舒以「元」說明「道」是受到當時黃老思想的影響〔註42〕，更認為雖凸顯出以「元」為基礎的秩序體系、以「元」為出發點的觀念，但因其主體性隨著必要性減弱而漸漸的將在思想體系中主要地位讓給了天。

筆者以為，對於董仲舒「天」的概念，大略可分為自然天、宗教天；形上主體的天、形下具體的天〔註43〕，然董仲舒自身在討論「天」概念時也常常發生駁雜的地方，故筆者在此將與「元」相關的「天」視為廣泛性的天。而就小野澤精一的說法，「元」是因為其主體性減弱而將主體讓給了「天」，但筆者以為應該更確切的說「元」仍是董仲舒最高的範疇。兩漢在討論無限主體的部分多欲以具體有限的事物來表達，如《淮南鴻烈》中就對無限的「道」做了許多具體分層的描述，或是王充《論衡》中以理性來分判這世間的一切來求得無形的主體，又如更早一點的《呂氏春秋》也是運用了十二紀不同的變化來描述宇宙運行的規律。

站在韋政通所云：「元氣與天是同質同位的」〔註44〕的立場而言，如將董仲舒的「元」與「天」相比時，其「天」比那無形本始的「元」較容易掌

---

也：氣泉』。注云：『元為氣之始，如水之有泉。泉流之原，無形以起，有形以分，窺之不見，聽之不聞』。」此兩點引文皆見於（唐）徐彥：《春秋公羊傳注疏》，頁8。

〔註41〕葛榮晉：《中國哲學範疇導論》（臺北：萬卷樓圖書，1993年4月初版），頁27～28。

〔註42〕小野澤精一認為董仲舒是「通過賦予元與道同樣的意義，來和當時作為思想界主流的黃老思想，把道作為世界的終極存在，為法術性質的統治提供形而上的根據進行對抗。」詳見小野澤精一：《氣的思想》，頁160。

〔註43〕對於董仲舒「天」的觀念，筆者將在第五章「氣論視野下的天人感應」中詳加說明。

〔註44〕韋政通：《董仲舒》（臺北：東大圖書，1986年7月初版），頁72。

握，故在董仲舒的思想中多以對「天」的敘述爲主，當對「天」有所了解後，那「正天之端」的「元」就能更彰顯出來其重要性，就如〈卷五・重政〉所云：

> 故元者爲萬物之本。而人之元在焉。安在乎？乃在乎天地之前。故人雖生天氣及奉天氣者，不得與天元本、天元命而共違其所爲也。
> 〔註45〕

人是承元氣所生，故不能違反元氣運行的規律以及天元的意志而妄爲。

此外，也可從董仲舒對「元年春王正月」的詮釋中可發現，「元」這個概念雖然在發展的後期並不如「天」來的明顯，但「元年春王正月」的順序就表現了「元→天→王」的順序，是運用了「元」的最初玄妙之理來正天地的運行，再由正確的天地運行來正君王的政令，雖「元」與「天」是不同層不同質的存在〔註46〕，但「天」較「元」來的具體〔註47〕，人故能從「天」來推得「元」。

## 第二節　陰陽與五行

《春秋繁露・卷十三・五行相生》云：「天地之氣，合而爲一，分爲陰陽，判爲四時，列爲五行。」〔註48〕，而在上一節中將這個「一」視爲「元」也就是所謂的「元氣」，董仲舒的「元氣」，是指本始之氣，也是指天地陰陽中和之氣，是產生萬物的本始物質，既然董仲舒的陰陽二氣是從天氣與地氣所分化而出，而天地之氣又是從「元氣」而出，故可說陰陽二氣是從「元氣」

---

〔註45〕（漢）董仲舒：《春秋繁露》，頁29。但今據蘇輿所云：「第一、二節似與篇名不相應。義見〈玉英篇〉。」，故筆者以爲此段疑放於〈玉英〉中。（清）蘇輿：《春秋繁露義證》，頁147。

〔註46〕金春峰認爲「元」可釋義爲：氣、精神、天這三種意義。但在《春秋繁露》中提到「元」的幾處地方，釋爲「天」或是「精神」都有困難，就如〈重政〉所言，「元」既然在天地之前，隨天地終始，當然不能釋爲「天」、釋爲「精神」。故將「元」釋爲「氣」，在意義上是可通的。詳見金春峰：《漢代思想史》，頁124。據金春峰對「元」的解釋，可知「元」與「天」雖兩者在運用上很相近，但卻是不同層不同質的，故不能直接將「元」釋爲「天」。

〔註47〕此觀念則與小野澤精一所認爲「將這作爲『一』的『元』當作本源，那從『元』到諸侯的秩序世界，以及其反面也就是由『一氣』形成個別物體的形體世界，就被證明了。而無論天或是王、諸侯、人民，都是由氣形成，都是『一』的具體形態。」有相似之處。詳見小野澤精一：《氣的思想》，頁164。

〔註48〕（漢）董仲舒：《春秋繁露》，頁73。

而出。〔註49〕像董仲舒這樣由天地而出陰陽與《呂氏春秋‧卷二十‧知分》所云:「陰陽者,造乎天而成者也。」〔註50〕有相同的觀念,但卻與《淮南鴻烈‧卷三‧天文》:「清陽者薄靡而爲天,重濁者滯凝而爲地。」〔註51〕是先有陰陽後有天地有所不同。〔註52〕

在《春秋繁露》一書中,有多處提到「氣」的概念,如將這些「氣」的概念大致分類,除了陰陽、四時、五行之氣外還可分爲〔註53〕:一、自然現象之氣。「地出雲爲雨,起氣爲風。風雨者,地之所爲。」〔註54〕,是運用陰陽二氣的運行變化來解釋自然現象;二、冷暖寒暑之氣。「喜則爲暑氣而有養長也,怒則爲寒氣而有閉塞也。」〔註55〕,董仲舒配合了其天人合一的觀念,而認爲天將喜怒哀樂融化在冷暖寒暑四氣中;三、血氣。「精積於其本,則血氣相承受」〔註56〕,董仲舒的血氣除了有生理上的描述外,也涉及到養生上的「養氣」理論; 四、精神之氣。「形靜志虛者,氣精之所趣也」

〔註49〕 曾春海在討論陰陽五行時,認爲「董氏稱運轉四時、化生萬物之功能的氣爲元氣,在元氣運化中所顯的陰陽二氣乃天道之常;五行與陰陽皆助成天地生養萬物之功,五行依從於陰陽,陰陽導領五行。」,故可知陰陽二氣由元氣而出,陰陽與五行之間又相互影響。詳見曾春海:《兩漢魏晉哲學史》(臺北:五南圖書出版,2004年1月2版1刷),頁51。

〔註50〕 (戰國)呂不韋:《呂氏春秋》,頁145。

〔註51〕 (漢)劉安:《淮南子》,頁17。

〔註52〕 簡松興也曾說明了〈天地陰陽〉:「天地之間,有陰陽之數。」陰陽是存在於天地之間的,天地這無止進境的空間就成爲涵蘊陰陽二氣之場。這與《淮南子》所說陽氣輕揚上而爲天,陰氣重濁下而爲地,在理論序列上是有所不同的。詳見簡松興:《西漢天人思想研究——以〈淮南子〉、〈春秋繁露〉、〈史記〉爲中心》(臺北:輔仁大學中國文學系博士論文,1998年),頁173。

〔註53〕 此處對「氣」的分類,筆者參考曾振宇、范學輝:《天人衡中——春秋繁露與中國文化》一書中的分類,而此書是將董仲舒的「氣」分爲陰陽、四時、五行、自然現象、冷暖寒暑、血氣、精神、倫理道德、治亂、精液、藥物、氣息這十二類,而筆者將除了陰陽、四時、五行之氣外相關的概念合併爲一,成爲下述的六種,再以文本爲例加以說明之。詳見曾振宇、范學輝:《天人衡中——春秋繁露與中國文化》(河南:河南大學出版社,1998年8月第1刷),頁35～43。

〔註54〕 (漢)董仲舒:《春秋繁露‧卷十‧五行對》,頁59。對此段鍾肇鵬云:「凌注引此文稱『《御覽》引《繁露》』,並云:『今《繁露》所無。』今查《太平御覽》十引此文稱《西京雜記》『又曰』,不云《春秋繁露》,凌氏誤以爲《繁露》佚文亦非。蘇注不考,鈔錄凌注,沿襲其謬,尤非。」。詳見鍾肇鵬:《春秋繁露校釋》,頁697。

〔註55〕 (漢)董仲舒:《春秋繁露‧卷十一‧王道通三》,頁63。

〔註56〕 (漢)董仲舒:《春秋繁露‧卷七‧通國身》,頁36。

〔註57〕，這影響了東漢《白虎通》中關於精神起源的概念；五、治亂之氣。「治則以正氣殺天地之化，亂則以邪氣殺天地之化」〔註58〕，如天下大治則以正氣治之，如天下大亂則因邪氣所致；六、氣息。「鼻口呼吸，象風氣也」〔註59〕，是指呼吸吐納之氣，但仍是氣化生成的一種方式與證明。在這幾種「氣」的概念中又以陰陽、五行之氣與其氣化宇宙論有密切的關連，故筆者將對董仲舒的陰陽五行觀分而論述之。

# 一、陰陽

　　《周易・卷七》：「一陰一陽之謂道」〔註60〕、《黃帝內經・素問・卷二・陰陽應象大論》：「陰陽者，天地之道。萬物之綱紀，變化之父母，生殺之本始，神明之府也。」〔註61〕陰陽觀在中國思想觀念中佔有極為重要的地位。早期陰陽並未有抽象的意義在其中，到了《左傳》、《國語》時則將陰陽視為兩種氣體，並且與剛柔、遠近相配，後至《呂氏春秋》中就利用了陰陽二氣的觀念，創造出一套包含了天地人的龐大系統，這不僅影響了《淮南鴻烈》一書中的宇宙架構，也影響了董仲舒對陰陽二氣的再詮釋。筆者擬就陰陽二氣的運行、陰陽相生、陽尊陰卑這三個部份加以釐清董仲舒的陰陽關係。

## （一）陰陽二氣的運行

　　在《春秋繁露・卷十二・天道無二》中云：

> 天之常道，相反之物也，不得兩起，故謂之一。一而不二者，天之行也。陰與陽，相反之物也，故或出或入，或右或左，……，竝行而不同路，交會而各代理，此其文與？天之道，有一出一入，一休一伏，其度一也，然而不同意。〔註62〕

〔註57〕　（漢）董仲舒：《春秋繁露・卷七・通國身》，頁36。此處殿本作「氣精」而凌本、蘇本皆作為「精氣」，故此處疑作「精氣之所趣也」。

〔註58〕　（漢）董仲舒：《春秋繁露・卷十七・天地陰陽》，頁94。

〔註59〕　（漢）董仲舒：《春秋繁露・卷十三・人副天數》，頁70。

〔註60〕　（唐）孔穎達：《周易正義》（臺北：藝文印書館《十三經注疏》印嘉慶二十年江西南昌府學開雕本，1989年），頁148。

〔註61〕　（唐）王冰注：《黃帝內經》（臺北：臺灣商務印書館《四部叢刊》影上海商務印書館縮印明翻北宋本，1975年臺3版），頁15。

〔註62〕　（漢）董仲舒：《春秋繁露》，頁67。關於此處「一出一入，一休一伏」，鍾肇鵬據劉師培所云：「『出』、『入』對文，『休』、『伏』同義。『伏』乃『位』訛。『位』或做『伌』，故訛為『伏』。『一休一伏』即〈陰陽位篇〉所云：『至其位，至其休也。』『位』、『休』義反，與『出』、『入』同。」認為此處疑作「一

凡是兩個相反的事物，不能同時並起，而這就是天的不變法則，也稱為「一」。就如陰陽二氣就是相反的東西，故一個出現時，另一個必定隱伏；一個在右，另一個必定在左。兩者雖同時運行，其運行方向也是不相同的，一消一長，互相輪替，就算兩者運行的規律是一樣的，但其中的意義也是有所不同的。既然陰陽的運行方向雖是不同，卻又互相為用，那陰陽又是如何運行循環的呢？筆者將從陰陽與方位、四時、五行之間的配當以及對「中和」的重視等方面加以討論之。

### 1. 與方位配當

在《淮南鴻烈・卷十四・詮言》中曾提及：「陽氣起於東北，盡於西南。陰氣起於西南，盡於東北。陰陽之始，皆調適相似。」〔註63〕，認為陽是從東北而起，盡於西南；陰是從西南而起，盡於東北。像這樣的陰陽運行方向，與董仲舒的陰陽運行方向略有不同，而董仲舒也將其解釋的更加詳細，如〈卷十二・陰陽終始〉所云：

> 天之道，終而復始，故北方者，天之所終始也，陰陽之所合別也。
>
> 冬至之後，陰俛而西入，陽仰而東出，出入之處常相反也。〔註64〕

天道的運行是終而復始的，北方是天道終結與開始的方向，也是陰陽會合分離之處。當陰氣運行至北方（冬至）後向下退入西方，而陽氣則是向上出現在東方，其兩者出現與退入的地方往往是相反而行的。又在〈卷十一・陰陽位〉云：

> 陽氣始出東北而南行，就其位也；西轉而北入，藏其休也。陰氣始出東南而北行，亦就其位；西轉而南入，屏其伏也。是故陽以南方為位，以北方為休；陰以北方為位，以南方為休。陽至其位而大暑熱。陰至其位而大寒凍。陽至其休而入化於地，陰至其伏而避德於下。是故夏出長於上、冬入化於下者，陽也；夏入守虛地於下，冬出守虛位於上者，陰也。〔註65〕

陽氣從東北方開始而往南行，達其正位，後由西方轉入北方而隱藏起來；陰氣從東南方開始而往北行，達其正位，後由西方轉入南方而潛伏起來。當陽

---

出一入，一休一位」。參見鍾肇鵬：《春秋繁露校釋》，頁777。

〔註63〕（漢）劉安：《淮南子》，頁108。

〔註64〕（漢）董仲舒：《春秋繁露》，頁65。

〔註65〕同註64。

氣達其正位時就會在夏季出長養萬物，冬季潛伏於地；當陰氣達其正位時就
會在夏季藏於地，冬季出於地。

像這樣的觀念不僅表現出董仲舒所強調的「獨陰不生，獨陽不生」〔註66〕
的觀念，也影響了《白虎通》陰陽之間的關係，其云：

> 夏至陰始起，反大熱何？陰氣始起，陽氣推而上，故大熱也。冬至
> 陽始起，反大寒何？陰氣推而爲上，故大寒也。〔註67〕

認爲當陽極盛時陰就潛伏於下，故陰氣從東南方開始；當陰極盛時陽隱藏於
後，故陽氣從東北開始。又因陰陽二氣的運行方向、隱顯之處都是相反的，
故在陰陽二氣的關係上，又有上下、左右、前後、隱顯、實虛的差別。關於
陰陽之間相反之處，筆者將在下面討論陰陽相生的部分加以討論之。

### 2. 與四時配當

董仲舒除了以方位的運行來說明陰陽二氣外，更利用四時的觀念來加強
陰陽的運行方向、隱顯以及所產生的現象，〔註68〕這與《呂氏春秋》、《淮南
鴻烈》利用十二紀來架構宇宙的組成有很大的相似之處。〔註69〕將春夏秋冬
四季各再分爲孟、仲、季，而產生了十二個月，這不僅將一年分爲均等的十
二等份，更能與十二地支相配當，而春夏秋冬又能與天的喜怒哀樂相結合，
這不僅架構了氣化宇宙論的重要部分，也將其「天人相應」的部分包容其中，
故董仲舒多用十二個月中陰陽二氣的變化來說明陰陽的運行方向。

陰陽的運行，各據一年中的六個月，運行的遠近度數是相同的，但所居
處的地方卻有所不同，陰氣是「春居東方，秋居西方，夏居空右，冬居空左，
夏居空下，冬居空上」〔註70〕，而陽氣則是「春居上，冬居下」、「出於東北，

---

〔註66〕（漢）董仲舒：《春秋繁露・卷十五・順命》，頁81。

〔註67〕（清）陳立：《白虎通疏證・卷五・諸伐》（北京：中華書局出版，1997年
10月北京第2刷），頁219。

〔註68〕杜保瑞以爲「董仲舒其實是利用了氣象學的知識將『陰陽』概念配置在四時
方位的知識架構中，而『五行』則夾帶入方位與四時之序中，從而陰陽五行
合構。」由此可知，董仲舒對陰陽二氣的論述，非爲憑空想像，而是有其科
學根據的。詳見杜保瑞：〈董仲舒政治學與宇宙論進路的儒學建構〉，《哲學與
文化》第30卷第9期，（2003年9月1刷），頁31。

〔註69〕關於《呂氏春秋》、《淮南鴻烈》十二紀的概念，筆者在第三章「時代背景與
思想構成」中的第二節「思想架構的淵源」中的第二、三小點已有說明，故
在此不再加以贅述。

〔註70〕以下兩處引文皆出於〈天辨在人〉。（漢）董仲舒：《春秋繁露・卷十一・天辨
在人》，頁64。

入於西北，發於孟春，畢於孟冬」〔註71〕，就如其他篇章所云：

> 春出陽而入陰，秋出陰而入陽，夏右陽而左陰，冬右陰而左陽。陰
> 出則陽入，陽入則陰出；陰右則陽左，陰佐則陽右。是故春俱南，
> 秋俱北，而不同道；夏交於前，冬交於後，而不同理。並行而不相
> 亂，澆滑而各持分，此之謂天之意。〔註72〕

古人以右為上代表興盛，以左為下代表衰落，故「夏右陽而左陰」是指夏
季陽氣盛而陰氣衰，反之「冬右陰而左陽」表冬季陰氣盛而陽氣衰。此外
如從運行方向而言，則春季陽氣出現而陰氣退入，秋季陰氣出現而陽氣退
入，夏季陽氣轉到右邊而陰氣轉到左邊，冬季陰氣轉到右邊而陽氣轉到左
邊，故「春者少陽之選也，夏者太陽之選也，秋者少陰之選也，冬者太陰
之選也。」〔註73〕。當陰氣出現，陽氣就退入，陽氣出現，陰氣就退入，
陰氣在右邊，陽氣就在左邊；陰氣在左邊，陽氣就在右邊。所以在春季陰
陽二氣都往南運行，在秋季就都往北運行，雖是相同的方向卻是不同的軌
道；夏季陰陽二氣在前面相會合，冬季則在後面會合，像這樣陰陽雖有交
錯，然各持其分，旋合旋別，不相凌屬，也表示了此運行作用的開端，也
證明了陰陽運行是動態的。故陰陽之性即是從天氣的春暖秋涼而有春暖夏
暑秋涼冬寒的變化，而萬物草木也隨其生育成熟。〔註74〕

在陰陽二氣與四時的配當中，較特殊之處在於「陰陽之會，遇於南方者
以中夏，遇於北者以中冬」〔註75〕以及「春分者，陰陽相半也，故晝夜均而
寒暑平」〔註76〕、「秋分者，陰陽相半也，故晝夜均而寒暑平。」，陰陽二氣

---

〔註71〕（漢）董仲舒：《春秋繁露·卷十一·陽尊陰卑》，卷11，頁61。

〔註72〕（漢）董仲舒：《春秋繁露·卷十二·陰陽出入上下》，頁66。此處殿本作「陽
　　　　入則陰出」，然蘇本作「陽出則陰入」，今據鍾肇鵬所云：「上句為『陰出則陽
　　　　入』，若此句作『陽入則陰出』，則與上句義重複。盧校為『陽出則陰入』，正
　　　　說明『天道大數，相反之物』。惠校為『陽出則陰入，陽入則陰出』。改前句，
　　　　不改後句，亦通。」，故筆者以為此處疑作「陰出則陽入，陽出則陰入」。詳
　　　　見鍾肇鵬：《春秋繁露校釋》，頁770。

〔註73〕（漢）董仲舒：《春秋繁露·卷七·官制象天》，頁41。

〔註74〕李增：〈董仲舒天人合一思想之「天」概念分析〉，收入國立政治大學中國文
　　　　學系編：《第三屆漢代文學與思想學術研討論文》（臺北：國立政治大學中國
　　　　文學系，2000年12月初版），頁74。

〔註75〕（漢）董仲舒：《春秋繁露·卷十一·天辨在人》，頁64。

〔註76〕以下兩處引文皆出於〈陰陽出入上下〉。（漢）董仲舒：《春秋繁露·卷十二·
　　　　陰陽出入上下》，頁67。

有兩次相會點，一次是走到南方而在仲夏（夏至）相會，一次是走到北方而在仲冬（冬至）相會。至於仲春（春分）時，陽氣在正東，陰氣在正西，因此陰陽二氣各半，故晝夜、寒暑皆平；仲秋（秋分）則是陰氣在正東，陽氣在正西，雖所居位子與仲春相反，但仍是晝夜、寒暑皆平。而這陰陽運行上單純的「二和」，則被董仲舒加以詮釋後，成為儒家所重視的「中和」之說。〔註77〕

### 3. 與五行配當

在〈卷十三・五行相生〉中云：「天地之氣，合而為一，分為陰陽，判為四時，列為五行。」〔註78〕可知由陰陽二氣的多寡而形成了四時，再順著陰陽四時之氣分化成五行。這不僅是董仲舒氣化宇宙論一貫的發展，也是將陰陽二氣與五行相結合的關鍵，而對於五行與陰陽二氣的配當，主要出現在〈天辨在人〉、〈陰陽終始〉兩篇中。

> 如金木水火，各奉其主以從陰陽，相與一力而并功。其實非獨陰陽也，然而陰陽因之以起，助其所主。故少陽因木而起，助春之生也；太陽因火而起，助夏之養也；少陰因金而起，助秋之成也；太陰因水而起，助冬之藏也。〔註79〕

金木水火各自奉行它的職責，互相集中為一股力量為土，陰陽二氣也因此興起，陰陽與五行相互幫助完成其職。故少陰憑藉木而興起，幫助春天生長萬物；太陽憑藉火而興起，幫助夏天養育萬物；少陰憑藉金而興起，幫助秋天成就萬物；太陰憑藉水而興起，幫助冬天儲藏萬物。

董仲舒將春、夏歸為陽，秋、冬歸為陰，陰陽之中又各分為太、少兩種程度，而成為四時，這也為董仲舒陰陽二氣與其五行觀連結在一起。〔註80〕除此之外，也將陰陽與五行間相生相勝關係做結合，如：

> 至春少陽東出就木，與之俱生；至夏太陽南出就火，與之俱煖。此非各就其類而與之相起與？少陽就木，太陽就火，火木相稱，各就

---

〔註77〕關於董仲舒「中和」之說，筆者將在第四小點「對中和的重視」中加以說明。
〔註78〕（漢）董仲舒：《春秋繁露》，頁73。
〔註79〕（漢）董仲舒：《春秋繁露・卷十一・天辨在人》，頁64。
〔註80〕李增認為陰陽之氣之位移與五行之戮力成四時之化，而〈天辨在人〉篇中更說明了陰陽以少陽、太陽、少陰、太陰與木、火、金、水并共成春生、夏養、秋成、冬藏之功也。見李增：〈董仲舒天人合一思想之「天」概念分析〉，頁75。

其正。此非正其倫與？至於秋時，少陰興而不得以秋從金，從金而
傷火功，雖不得以從金，亦以秋出於東方，俛其處而適其事，以成
歲功。〔註81〕

春時少陽出現在東方而趨向木，以生長萬物；夏時太陽出現在南方而趨向火，
以產生溫暖。少陽趨向木，太陽趨向火，火木互相配稱，各別趨向正位。到
了秋天，少陰興起，但卻能隨從金，因隨從金會損傷火所完成的功績。雖不
能在秋天隨從金，但少陰之氣仍在秋天出現在東方，居處於下而做它所做的
事，以完成一年終始的任務。

　　這說明了少陽、太陽也就是春季和夏季都是陽氣顯於上，故春季所屬的
木與夏季所屬的火為同一屬性。到了秋季，陰氣興於上，陽氣必須潛伏於下，
如陽氣不潛伏於下，就會因金的興起而減損火之功。像這樣陽氣顯於上，陰
氣就潛於下；陽氣潛於下，陰氣就顯於上，自成了天地運行中不變的道理，
是消息盈虛、春盡必夏、秋盡必多的，其陰陽二氣是「以氣相俠，而以變化
相輸也」也。

### 4. 對「中和」的重視

　　「中和」〔註82〕的觀念早在《論語》中就已出現，如〈卷二十‧堯曰〉：
「允執厥中」〔註83〕、〈卷一‧學而〉：「禮之用，和為貴」〔註84〕，在《禮記‧
中庸‧卷五十二》更說明：「中也者，天下之大本也。和也者，天下之達道也。」
〔註85〕。至於董仲舒除了對陰陽二氣的運行有詳細的說明外，他也利用了陰
陽的運行來強調「中和」的重要性，在〈循天之道〉中就有詳細的解說：

天有兩和以成二中，歲立其中，用之無窮。是北方之中用合陰，而
物始動於下；南方之中用合陽，而養始美於上。其動於下者，不得

---

〔註81〕以下兩段引文皆出於〈陰陽終始〉。見（漢）董仲舒：《春秋繁露‧卷十二‧
　　　　陰陽終始》，頁65～66。

〔註82〕陳德興認為「中和」乃指陰陽雙方互有制衡之作用，陰陽二氣的動態是能藉
　　　　氣化流行達到平衡，故「中和」是陰陽二氣之間對立消長進而轉化之理想境
　　　　界。詳見陳德興：《兩漢氣化宇宙論之研究》（臺北：天主教輔仁大學哲學系
　　　　博士論文，2005年），頁126。

〔註83〕（宋）邢昺：《論語正義》（臺北：藝文印書館《十三經注疏》印嘉慶二十年
　　　　江西南昌府學開雕本，1989年），頁178。

〔註84〕同註83，頁8。

〔註85〕（唐）孔穎達：《禮記正義》（臺北：藝文印書館《十三經注疏》印嘉慶二十
　　　　年江西南昌府學開雕本，1989年），頁879。

> 東方之和不能生，中春是也。其養於上者，不得西方之和不能成，
> 中秋是也。然則天地之美惡，在兩和之處，二中之所來歸而遂其為
> 也。是故東方生而西方成，東方和生北方之所起前，而西方和成南
> 方之所養長。起之不至於和之所不能生，養長之不至於和之所不能
> 成。成於和，生必和也；始於中，止必中也。中者，天地之所終始
> 也；而和者，天地之所生成也。夫德莫大於和，而道莫正於中。中
> 者，天地之美達理也，聖人之所保守也。〔註86〕

所謂的「中」就是指春分與秋分，而「和」就是指夏至與冬至。董仲舒以為
從中開始，最後終結一定是中；中是「天地之太極也，日月之所至而卻也。」，
是天地的終結和開始，天地間的陰陽之氣也依循這終始循環不已的運行著；
而和是「天之正也，陰陽之平也。其氣最良，物之所生也」，是天地的生長和
成熟，這凸顯了陰陽二氣的調和，即是天道間最佳的生長狀態，故萬物在東
方生長而在西方成熟，但東方能和諧生長，是由北方所啟發的；西方能和諧
成熟，是由南方所培養的。故中是天下最好的道理，也是聖人所要堅持守護
的。這是董仲舒由陰陽走出本體領域後運行轉移的第一原則、最高原理，是
生活在現世中必須執守、把持的根本。〔註87〕

　　此外，董仲舒也云：

> 是故陽之行，始於北方之中，而止於南方之中；陰之行，始於南方
> 之中，而止於北方之中。陰陽之道不同，至於盛而皆止於中，其所
> 始起皆必於中。中者，天地之太極也，日月之所至而卻也，長短之
> 隆，不得過中。天地之制也，兼和與不和，中與不中，而時用之，
> 盡以為功，是故時無不時者，天地之道也。〔註88〕

雖陰陽二氣的運行途徑不同，到旺盛的時候，都是達到中的境地，而開始興
起也是都由中正開始，中是天地最高的境地，日月運行到這裡就回轉，長短
的極限，不能超過中。天地的法度，兼有和與不和，中與不中，而按時應用

---

〔註86〕以下三段引文皆出於（漢）董仲舒：《春秋繁露・卷十六・循天之道》，頁87
　　　　～88。此段以下引文皆出於〈循天之道〉一篇。殿本作「是北方之中」而蘇
　　　　云：「『是』下當有『故』字。」，故此處疑作為「是故北方之中。」見（清）
　　　　蘇輿：《春秋繁露義證》，頁444。
〔註87〕余志平：《唯天為大──建基於信念本體的董仲舒哲學研究》（北京：商務印
　　　　書館，2003年12月第1刷），頁135。
〔註88〕（漢）董仲舒：《春秋繁露・卷十六・循天之道》，頁88。

它，就能有所成，這也就表示了就算是「不中」、「不和」也有其存在的道理，天地之道是必須在和與不和、中與不中，兩種力量才能發揮功用，就能得時而無失時，這才是所謂的天地之道。

### 5. 總論

在討論董仲舒的陰陽運行時，各家學者紛紛爲其陰陽運行多做解釋，除了利用文字直接敘述外，也繪製了特殊的圖表〔註89〕，但圖表多以平面的圖示來加以解說，一方面是線條過多而難以辨識，一方面又因無法明確的彰顯出「陰陽各半」、「陽日損，陰日溢」等觀念，故筆者參考王永祥對十二地支所畫的圓形圖〔註90〕以及董仲舒對陰陽二氣運行有所說明的篇章，將董仲舒陰陽二氣與四時、五行、十二地支的配當、運行方向、二中二和等觀念整理繪製成此螺旋狀圓形圖〔註91〕，如下圖所示：

---

〔註89〕 如周桂鈿在《董學探微》中雖有畫出陰陽運行上下交錯的部分，但因多以虛線、實現來表示，故無法凸顯出「陽日損，陰日溢」的意義。見周桂鈿：《董學探微》（北京：北京師範大學出版社，1989 年 1 月第 1 刷），頁 56。而在孫長祥《董仲舒思想評述》中，也有類似周桂鈿所畫的陰陽運行圖，但仍單用線條來表示。見孫長祥：《董仲舒思想評述》（臺北：中國文化大學哲學研究所博士論文，1985），頁 282。

〔註90〕 詳見王永祥：《董仲舒評傳》（南京：南京大學出版社，2002 年 4 月第 2 刷），頁 106。

〔註91〕 除了上述的引文外，〈陰陽出入上下〉：「陽日損而隨陰，陰日益而鴻，故至於季秋而始霜，至於孟冬而始大寒，下雪而物咸成，大寒而物畢藏，天地之功終矣。」、〈天道無二〉：「陰與陽，相反之物也，故或出或入，或右或左，春俱南，秋俱北，夏交於前，冬交於後，並行而不路。……陽出而積於夏，任德以歲事也；陰出而積於冬，錯刑於空處也。」、〈暖燠常多〉：「故從中春至於秋，氣溫柔和調。及季秋九月，陰乃始多於陽，天於是時出溧下霜。」，皆有董仲舒運用四時來說明陰陽二氣的運行方向。而筆者也參考了王永祥：《董仲舒評傳》中所畫的陰陽運行圖，加以拓展後成爲此圖。參見王永祥：《董仲舒評傳》，頁 106。

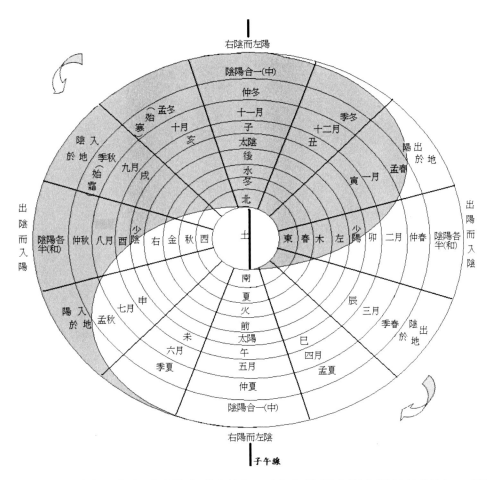

在此圖中黑色部分表陰氣的運行，而白色的部分則表陽氣的運行，而陰陽二氣的運行方向大致呈現螺旋式的前進。就陽氣而言，從東北開始順時針而行，至寅、孟春時就出於地；至仲春（春分）時為陰陽各半，但此時為陽氣展現其作用，故為出陽而入陰；當陽氣順時針走到仲夏（夏至）時，雖陰陽相和於此，但陽氣展現到了極致，故稱為右陽而左陰；陽氣繼續運行也開始減弱，後至申、孟秋時陽氣入於地；而仲秋（秋分）時，雖陰陽各半但因陽氣潛藏於地，故此時為出陰而入陽；後運行到仲冬（冬至）時，雖陰陽相和但因陰氣展現到極致，故稱為右陰而左陽。反觀陰氣的運行，其方向與陽氣相反，陰氣是從東南方也就是辰、季春開始；逆時針運行到春分時，陰陽各半，但因春季為陽氣所屬，故仍以陽氣的作用為主；到了冬至，陰陽合一，陰氣發展到極致，故大地寒冷不已，萬物的行為全部也停頓的下來；而當陰氣往戌、季秋運行時，陰氣開始逐漸減弱，最後則潛伏於地；雖陰氣潛伏於

地，但仍繼續往南方運行，經過了仲秋的陰陽各半來到了夏至的陰陽合一，到了夏至陰氣的作用不僅潛於地，其作用力也減到了最弱。〔註92〕

　　像這樣陰陽螺旋式的前進，不僅表現出陰陽二氣的循環不已是動態非靜態的，也凸顯出董仲舒以陰陽架構全宇宙的企圖。此外，值得注意的是在董仲舒的觀念中，相對於陽氣而言，陰氣屬輔，是沒有實質上的功用，就算有也要將其功勞歸於陽氣，故董仲舒在說明陰氣的時多以「居空」來彰顯其陽尊陰卑的觀念。

## （二）陰陽相生

　　在上一點對陰陽運行的解釋中，出現多次陰陽的運行是相反的概念，就如〈卷十二‧陰陽出入上下〉所云：「天道大數，相反之物也，不得俱出，陰陽是也。」〔註93〕，而此相反的概念不僅出現在單純的運行方向上，也被董仲舒比附了許多相反的意義。〔註94〕如〈卷十二‧基義〉所云：

> 凡物必有合：合必有上，必有下，必有左，必有右，……君爲陽，
> 臣爲陰，父爲陽，子爲陰；夫爲陽，妻爲陰。陰道無所獨行。其始
> 也不得專起，其終也不得分功，有所兼之義。是故臣兼功於君，子
> 兼功於父，妻兼功於夫，陰兼功於陽，地兼功於天。〔註95〕

〔註92〕 王永祥在《董仲舒評傳》中，認爲董仲舒雖有受到當時一般認爲「陽氣起於東北，終於西南；陰氣起於西南，終於東北。」，但卻提出了一套新的運行路線。其不同點有：一、陰的起始點與一般不同，陰氣是始於東南而非西南。二、陰陽運行的方向與以往有所不同，陰陽是相反而行的。三、提出了陰陽的兩個合別點，而北方爲天道的終始點。詳見王永祥：《董仲舒評傳》，頁103～104。

〔註93〕 （漢）董仲舒：《春秋繁露》，頁66。對此句蘇輿以爲「道，疑作之。數，即道也，下篇云『天之常道』，可證。」。見（清）蘇輿：《春秋繁露義證》，頁342。

〔註94〕 簡松興也提出了此種概念，其云：「所有的事物都有對偶者，不論是時間、空間、價值、情緒、氣候等，甚至政治、倫理，莫不可用陰陽加以形式化，使之更便於推理論述。……它可以無限的推衍，但都不離主從相合的關係。……董仲舒由列舉的對偶關係中，特別指出『陰道無所獨行』，以維持他的『陽尊陰卑』的一貫論點。」。詳見簡松興：《西漢天人思想研究——以〈淮南子〉、〈春秋繁露〉、〈史記〉爲中心》，頁181。

〔註95〕 （漢）董仲舒：《春秋繁露》，頁68。陶鴻慶云：「『有左』、『有前』、『有表』之上三『必』字皆衍。文本云『合必有上，必有下，有左必有右，有前必有後，有表必有裏』，與下文『有美必有惡』五句，句法一律。『合必』之『必』，綜貫以下九句。傳寫即因此而衍，」。見陶鴻慶：《讀諸子札記》（臺北：世界書局，1962年10月初版），頁330。

董仲舒以為世間的萬物必定是有相和的〔註96〕，有上就一定有下，有右必有左，就如陰陽二氣一樣，有陰必定有陽的存在。而在人倫關係上，董仲舒將君臣、父子、夫婦之間的關係比附為陰陽之間的關係，以為人倫也是採取陰陽之間的道理，故屬陰的人是在開始時不能單獨發起，終結時也不能分享功勞的。為能更了解陰陽除運行上的不同外其他比附的關係，筆者將董仲舒有關此類的比附，整理為下表〔註97〕：

| 陰陽<br>篇章 | 陰 | 陽 |
|---|---|---|
| 楚莊王〔註98〕 | 遠 | 近 |
| | 疏 | 親 |
| | 賤 | 貴 |
| | 薄 | 厚 |
| | 惡 | 善 |
| | 黑 | 白 |
| 人副天數〔註99〕 | 地氣 | 天氣 |

〔註96〕 康有為云：「若就一物言，一必有兩。《易》云：『太極生兩儀。』孔子原本天道，知物必有兩，故以陰陽括天下之物理，未有能出其外者。就一身言之，面背為陰陽；就一木言之，枝幹為陰陽；就光言之，明闇為陰陽；……推此仁義、公私、經權、常變，以觀天下之物，無一不具陰陽者，不獨男女、牝牡、雌雄、正負、奇偶也。孔子窮極物理，以為創教之本。故繫易立卦，不始太極，而始乾坤，陰陽之義也。元與太極大一，不可得而見也。其可見可論者，必為二矣，故言陰陽而不言太極。」，這不僅說明了董仲舒相和之說，也間接說明了「元」是不可見不可論的。詳見康有為：《春秋董氏學》（臺北：臺灣商務印書館，1969 年 1 月初版），卷 6 上，頁 8〜9。

〔註97〕 此表為筆者就〈楚莊王〉、〈人副天數〉、〈基義〉、〈天道無二〉、〈陰陽義〉、〈王道通三〉等篇章整理而成。

〔註98〕 〈卷一・楚莊王〉云：「吾以其近近而遠遠，親親而疏疏也，亦知其貴貴而賤賤，重重而輕輕也。有知其厚厚而薄薄、善善而惡惡也，有知其陽陽而陰陰，白白而黑黑也。」見（漢）董仲舒：《春秋繁露》，頁 6。

〔註99〕 〈卷十三・人副天數〉云：「陽，天氣也；陰，地氣也。故陰陽之動，使人足病，喉痺起，則地氣上為雲雨，而象亦應之也。」見（漢）董仲舒：《春秋繁露》，頁 70〜71。據鍾肇鵬所校，「故陰陽之動……亦應之也。」二十五字惠校乙去。見鍾肇鵬：《春秋繁露校釋》，頁 805。

| 基義〔註100〕 | 臣 | 君 |
|---|---|---|
| | 子 | 父 |
| | 妻 | 夫 |
| 天道無二〔註101〕 | 陰之出,常縣於後而守空虛 | 陽之出,常縣於前而任歲事 |
| | 錯刑於空處 | 任德以歲事 |
| | 惡亂善 | |
| 陰陽義〔註102〕 | 天之刑 | 天之德 |
| | 天之少陰用於功,太陰用於空 | |
| | 人之少陰用於嚴,而太陰用於喪 | |
| | 喪者,謂陰氣悲哀 | |
| 王道通三〔註103〕 | 小 | 大 |
| | 弱 | 強 |
| | 不肖 | 賢 |

〔註100〕〈卷十二・基義〉云:「君爲陽,臣爲陰,父爲陽,子爲陰;夫爲陽,妻爲陰。陰道無所獨行。其始也不得專起,其終也不得分功,有所兼之義。是故臣兼功於君,子兼功於父,妻兼功於夫,陰兼功於陽,地兼功於天。」見(漢)董仲舒:《春秋繁露》,頁 68。

〔註101〕〈卷十二・天道無二〉云:「天之道,有一出一入,一休一伏,其度一也,然而不同意。陽之出,常縣於前而任歲事;陰之出,常縣於後而守空虛。……陽出而積於夏,任德以歲事也;陰出而積於冬,錯刑於空處也。……是於天凡在陰位者皆惡亂善,不得主名,天之道也。」見(漢)董仲舒:《春秋繁露》,頁 67。蘇輿云:「『歲』上疑有成字,或『歲』爲成之誤。」,見(清)蘇輿:《春秋繁露義證》,頁 345。

〔註102〕〈卷十二・陰陽義〉云:「天道之常,一陰一陽。陽者天之德也,陰者天之刑也。……天之少陰用於功,太陰用於空。人之少陰用於嚴,而太陰用於喪。……喪之者,謂陰氣悲哀也。」(漢)董仲舒:《春秋繁露》,頁 66。

〔註103〕〈卷十一・陽尊陰卑〉云:「是故推天地之精,運陰陽之類,以別順逆之理,安所加以不在?在上下,在大小,在強弱,在賢不肖,在善惡。惡之屬盡爲陰,善之屬盡爲陽。陽爲德,陰爲刑。刑反德而順於德,亦權之類也。雖曰權,皆在權成。是故陽行於順,陰行於逆。逆行而順,順行而逆者,陰也。」見(漢)董仲舒:《春秋繁露》,頁 63。此段在殿本中放於〈王道通三〉篇中,但據蘇本所云:「各本此下接上篇『土若地,義之至也』至『此皆天之近陽而遠陰』。張惠言云:『當接上篇『夫喜怒』至『而人資諸天』爲一篇。』今從凌本移正,然此間疑尚有脫文。」,故筆者以爲此段疑放於〈陽尊陰卑〉篇中。此外,殿本在「上下」缺「在」字,今據凌本及蘇本增其字。而對於「逆行而順」蘇云:「疑有『者陽』二字」,而參考下句「順行而逆者,陰也。」,筆者以爲此處疑作「逆行而順者,陽也。」參見(清)蘇輿:《春秋繁露義證》,頁 326、327、330。

| | 刑 | 德 |
|---|---|---|
| | 反德而順於德 | 順於德 |
| | 權 | 經 |
| | 用於末 | 用於盛 |
| | 隱 | 顯 |
| | 後 | 前 |
| | 寒 | 暖 |
| | 奪 | 予 |
| | 戾 | 仁 |
| | 急 | 寬 |
| | 惡 | 愛 |
| | 殺 | 生 |
| | 居空位而行於末 | 居實位而行於盛 |
| | 大冬：積於空虛不用之處 | 大夏：生育養長事爲 |
| | 伏於下而時出佐陽 | 布施於上而主歲功 |
| | 藏虛而爲陽佐輔 | 居實而宣德施 |

從此表中可知董仲舒從其宇宙論爲基礎，進而認爲凡事都是以陽爲好的一面，爲實際作用的力量，因陽氣是居實位而行於盛，是居實而宣德施的，故被比附爲天之德、是大的、是顯的、是前的；反之陰氣因居空爲而行於末，是藏虛而爲陽佐輔，故比附爲天之刑、是小的、是隱的、是後的，而一切居輔位的皆由此而來。像這樣重陽輕陰的表現，不僅爲陽尊陰卑觀念奠下理論的基礎，也成爲其心性善惡的來源。

雖一切發展皆以陽爲主，但董仲舒也強調「天者萬物之祖，萬物非天不生。獨陰不生，獨陽不生，陰陽與天地參然後生。」〔註104〕，認爲單只有陰或是單只有陽，都是無法產生萬物的，只有當陰陽與天地相參合才能夠生長萬物。如從其陰陽二氣的運行來解說此觀點，董仲舒認爲陰陽的關係是樸素的對立，對立的兩面不是截然二分的，而是相生不已的，故云：「德澤廣大，衍溢於四海，陰陽和調，萬物靡不得其理矣。」〔註105〕，認爲只要陰陽和諧調暢，萬物就沒有不合的道理。關於陰陽運行中的陰陽相生，主要出現於〈陰陽終始〉、〈天容〉、〈天道無二〉、〈如天之爲〉等篇中。

---

〔註104〕 （漢）董仲舒：《春秋繁露・卷十五・順命》，頁81。
〔註105〕 （漢）董仲舒：《春秋繁露・卷五・十指》，頁28。

天之道，有序有時，有度有節，變而有常，反而有相奉，微而至遠，

踔而至精，一而少積蓄，廣而實，虛而盈。〔註106〕

這不僅強調天道是有次序而得時的，「一」也說明了陰陽是不兩起，當陽是實的時候陰就是虛的；陽在出的時候陰就是在入，故陰陽是不會一起爲實，一起爲虛的，而〈卷十二·天道無二〉所云：「天之常道，相反之物也，不得兩起，故謂之一。一而不二者，天之行也。」〔註107〕也有同樣的意義，又因陰陽各爲天之十端中的一端〔註108〕，故陰氣與陽氣是缺一不可的。

此外，董仲舒也認爲陰陽的數目多少是調和的，是互相順從的，就如〈卷十二·陰陽終始〉中云：

冬至之後，陰俛而西入，陽仰而東出，出入之處常相反也。多少調

和之適，常相順也。有多而無溢，有少而無絕。春夏陽多而陰少，

秋冬陽少而陰多，多少無常，未嘗不分而相散也。以出入相損益，

以多少相漑濟也。多勝少者倍入。入者損一，而出者益二。〔註109〕

無論是陰氣或是陽氣，其極盛時不會盈滿，當沉寂時也不會斷絕，這是因爲「獨陽不生，獨陰不生」〔註110〕。雖陰陽二氣相加的數量雖隨著方向的不同而一直在改變，但兩者的總數卻是不變的，如當陽氣逐漸增多時，陽氣必須用兩個單位的陽氣來抵銷陰氣，這樣才會有實陽的產生，才會有實質的作用存在；反之當陰氣逐漸增多時，就必須用兩個單位的陰氣來對抗陽氣，這樣才能夠減少陽氣的作用而讓萬物達到潛藏的休息。而宇宙的運行就是依靠陰陽二氣的多少在不斷的變化，當兩者的數目相反，相差就會愈大，運行的速度就會愈快愈明顯，故只有獨陰獨陽，是無法轉動的。〔註111〕對此董仲舒更

---

〔註106〕（漢）董仲舒：《春秋繁露·卷十一·天容》，頁63。在「一而少積蓄」下，蘇云：「一，謂陰陽不兩起。『少』字疑有誤。」而鍾肇鵬則云：「宋本、明鈔本、華本、周本、程本均作『稍』，大典本、殿本、盧本、凌本、蘇本作『少』。今從宋本。」見（清）蘇輿：《春秋繁露義證》，頁 333。鍾肇鵬：《春秋繁露校釋》，頁 746。

〔註107〕（漢）董仲舒：《春秋繁露》，頁 67。

〔註108〕在〈卷七·官制象天〉中曾云：「天有十端，十端而止矣。天爲一端，地爲一端，陰爲一端，陽爲一端，火爲一端，金爲一端，木爲一端，水爲一端，土爲一端，人爲一端，凡十端而畢，天之數也。」故可知陰陽皆爲天之一端也。見（漢）董仲舒：《春秋繁露》，頁 40～41。

〔註109〕同註107，頁 65。

〔註110〕（漢）董仲舒：《春秋繁露·卷十五·順命》，頁 81。

〔註111〕對於此段（清）蘇輿云：「天地之運行，自其理言之，不變者也。消息盈虛，

直接說明「天之方生之時有殺也，方殺之時有生也。」〔註112〕，天地之間在生長時也會有誅殺的存在，在誅殺的時也會有生長作用的存在，換言之就算是陽極盛時也會有陰的存在，陰極盛的時候也會有陽的存在，故陰陽是循環不已的。〔註113〕

### （三）陽尊陰卑

從上〈陰陽相生〉表中，可發現陰與陽的地位並不平等，董仲舒雖是以陰陽說明萬物必有所合，但為了鞏固其建立的政治觀，進而提出了「陽尊陰卑」的原則。早在《易經》〔註114〕中就有陰陽的觀念，後至《呂氏春秋》、《淮南鴻烈》等書中，不僅有陰陽相對的觀念也將其擴大成一個系統，但其陰陽關係卻一直是平等的。〔註115〕而董仲舒卻從天道的運行發展出「陽尊陰卑」的基礎〔註116〕，並再由「陽尊陰卑」的觀念發展出「重德輕刑」以及絕對性

---

春盡必夏，秋盡必冬，歷劫不改。自其氣言之，則多少損益，陰陽迭進，相反相順，而以神其變化。」，其中「相反相順」就說明了當陰陽數目反差愈大，其運行的速度就愈快愈明顯。見（清）蘇輿：《春秋繁露義證》，頁 340。

〔註112〕（漢）董仲舒：《春秋繁露‧卷十七‧如天之為》，頁 93。此處「天地之方生」，據蘇輿所云：「『地』字當衍。」，而鍾肇鵬也云：「原本作『天之方生之時』，『之』、『子』音近，因誤為『天子』，校者注『之』於旁，一併鈔入，因誤為『天子之』。『子』字衍，當刪。」，故此處疑作「天之方生」也。見（清）蘇輿：《春秋繁露義證》，頁 464。鍾肇鵬：《春秋繁露校釋》，頁 1082。

〔註113〕羅光也曾云：「天道的次序乃排成四季，以得中道，以成一歲。一歲為一週，週而復始。在這種天道裡，我們可以看到後來宋代理學家所說變化之理，有一有二，沒有一，則不能有恆，有貫通：沒有二，則不能有變。變起於兩種動力，而且是兩種相反的動力。陰陽為兩氣，兩氣為相反的動力，氣乃有變化。氣的變化在相反裡求中，使萬物生發而成長。」，故陰陽二氣是氣變化的動力，是缺一不可的。詳見羅光：《中國哲學思想史‧兩漢南北朝》，頁 176。

〔註114〕如在〈卷二‧泰卦〉中云：「天地交而萬物通也，上下交而其志同也。內陽而外陰，內健而外順，內君子而外小人，君子道長小人道消。」，雖認為內陽外陰，但陰陽之間的關係並沒有不平等的地位。見（唐）孔穎達：《周易正義》（臺北：藝文印書館《十三經注疏》印嘉慶二十年江西南昌府學開雕本，1989 年），頁 41。

〔註115〕關於《呂氏春秋》、《淮南鴻烈》的陰陽關係，詳見第三章「時代背景與思想構成」中的第二節「思想架構的淵源」中的第二、三點。

〔註116〕徐復觀以為《易傳》陽尊而陰卑的觀念尚不顯著。至董仲舒，則特別強調此一點，所以有〈陽尊陰卑〉一篇。這站在宇宙論的立場是說不通的，而只是把人間的關係，投射到陰陽中去，先使其人間化：再把人間化了的陰陽，來作人倫關係的根據。……但董生之尊陽而卑陰，並非僅以明分位，而主要是由此以顯貴德而賤刑之意。」，這不僅替董仲舒說明了「陽尊陰卑」的由來，

的人倫關係，這對後來的《白虎通》有著很大的影響。以下筆者將分為「作為奠基的陽尊陰卑」、「重德輕刑的政治觀」以及「貴陽賤陰的人倫關係」三點加以討論之。

### 1. 作為奠基的陽尊陰卑

董仲舒在對陰陽二氣運行做描述時，一再強調「陽常居實位而行於盛，陰常居空位而行於末。」〔註117〕、「陽出實入實，陰出空入空，天之任陽不任陰，好德不好刑，如是也。故陰陽終歲各一出。」〔註118〕，陽氣無論是作用時或是潛藏時皆處實位，並在興盛時執行職務，但陰氣卻無論何時皆處於空位，並在結束時執行職務，雖是如此，陰陽二氣仍會輪流出現以完成一年中的一切循環。這就說明了，在同一時間內，陰樣二氣只有一者能當令做主，而另一個則只能潛伏於下，又「陰道無所獨行。其始也不得專起，其終也不得分功，有所兼之義。」〔註119〕，陰氣是不能與陽氣爭功的，故提出了「據陽不據陰」來說明天道運行現象的原則，如：

> 陰陽二物，終歲各壹出。壹其出，遠近同度而不同意。陽之出也，
> 常縣於前而任事；陰之出也，常縣於後而守空處。而見天之親陽而
> 疏陰，任德而不任刑也。〔註120〕

陰陽二氣出現的遠近相同，但在意義上卻有著很大的不同。陽氣出現時，是顯於前而發揮實質的作用；陰氣出現實，是隱於後而發揮輔助實質作用的功能，故天道是親近陽氣而疏遠陰氣，任用德教而非刑罰。雖陰氣是「不可任以成歲」，〔註121〕但因「刑者德之奉，陰者陽之助也」〔註122〕，故雖陰氣處

---

又點出董仲舒自身為了鞏固君權而所作的附會。詳見徐復觀：《陰陽五行觀念之演變及若干有關文獻的成立時代與解釋的問題》（臺北：民主評論社，1961年11月），頁56～57。

〔註117〕（漢）董仲舒：《春秋繁露・卷十一・王道通三》，頁63。此段在殿本中放於〈王道通三〉篇中，但據蘇本所云：「各本此下接上篇『土若地，義之至也』至『此皆天之近陽而遠陰』。張惠言云：『當接上篇『夫喜怒』至『而人資諸天』為一篇。』今從凌本移正。」，故筆者以為此段移放於〈陽尊陰卑〉篇中。見（清）蘇輿：《春秋繁露義證》，頁330。

〔註118〕（漢）董仲舒：《春秋繁露・卷十二・陰陽位》，頁65。

〔註119〕（漢）董仲舒：《春秋繁露・卷十二・基義》，頁68。

〔註120〕同註119，頁69。此處殿本作「空處」，但蘇注卻云：「當作空虛」而〈天道無二〉篇也云：「陰之出，當縣于後而守空虛」，故此處疑作「空虛」。此外，殿本作「而見天」，但凌本、蘇本皆作「此見天」也。參見（清）蘇輿：《春秋繁露義證》，頁351。

〔註121〕（漢）董仲舒：《春秋繁露・卷十一・陽尊陰卑》，頁62。

虛位，卻是不能缺少的，因陰氣是用來輔助陽氣的，就如刑罰是用來輔助德教的一樣，而「陽者歲之主」故萬物皆隨著陽氣的消長而生長或凋落。

綜括董仲舒所言，可知陰陽二氣皆存於宇宙間，但因陽實陰虛，故陽氣是主宰的一方〔註123〕，是較重要的。而陰氣雖處虛位，沒有實質上的作用，但沒有陰氣是不可以的，因陰陽二氣是相生相成的，故必須要有陰氣的虛來完成陽氣的實，這也符合了董仲舒強調「獨陰不生，獨陽不生」的概念。從董仲舒「據陽而不據陰」也導出了一個很重要的問題，如董仲舒是純粹的陰陽五行、形上天，就應該是陰陽二氣並重的，但此處卻是重陽輕陰，產生了主從關係，這樣一來就有人格神的意味在其中。那董仲舒具有人格性的天又為何呢？筆者將在下一章對「天」的解釋中加以討論之。

### 2. 貴陽賤陰的人倫關係

關於貴陽賤陰的觀念上，董仲舒所著重點是在家庭與政治倫理的尊卑配位，也就是所謂的倫理綱常上，以舉天地為喻，引春秋大一統之義，以強調君尊臣卑的觀念。〔註124〕就如〈卷十一‧陽尊陰卑〉所云：

> 達陽而不達陰，以天道制之也。丈夫雖賤皆為陽，婦人雖貴皆為陰。
> 陰之中亦相為陰，陽之中亦相為陽，諸在上者皆為其下陽，諸在下
> 者各為其上陰。〔註125〕

---

〔註122〕以下兩段引文皆出於（漢）董仲舒：《春秋繁露‧卷十一‧天辨在人》，頁64。
鍾肇鵬云：「宋本、大典本、明鈔本、殿本作『奉』；周本、王本、沈本、程本、王謨本、盧本、凌本、蘇本並作『輔』，是。『輔』，助也。」，故此處疑作「德之輔」。見鍾肇鵬：《春秋繁露校釋》，頁753。

〔註123〕在〈陽尊陰卑〉篇云：「陽始出，物亦始出；陽方盛，物亦方盛；陽初衰，物亦初衰；物隨陽而出入，數隨陽而終始，三王之正隨陽而更起。以此見之，貴陽而賤陰也。」，說明了萬物的興衰消長皆因陽氣的多少變化而來，甚至三代帝王定正月也因陽氣而有所改變。見同註121，頁61。此觀念在孫長祥〈董仲舒的氣化圖示論〉中也曾云：「『物隨陽而出入，數隨陽而終始』就天文曆法而言，則是以太陽運動的軌跡為主要定曆的依據，也就是說日月星雖並列為三光，但在曆法上則主張以觀測太陽為主的黃道、太陽曆為計年的標準；而所謂的『陰』，則指在夜晚無法觀測太陽之時，才以觀察星月的運行以補觀日運動的不足。換句話說，以觀日為主，觀星月為輔，而二者相輔才共同完成『天道』陰陽運行活動的現像與解釋。」詳見孫長祥：〈董仲舒的氣化圖示論〉，頁35。

〔註124〕詳見陳麗桂：《秦漢時期的黃老思想》（臺北：文津出版社，1997年2月1刷），頁192。

〔註125〕（漢）董仲舒：《春秋繁露》，頁61。

董仲舒引《春秋》來說明男子雖地位卑賤，但仍屬陽；而婦人的地位再高貴，仍屬陰，故所有在上位的都是下位的陽，所有居下位者皆是其上位者的陰。當天下尊卑的次序皆是由陽來決定時，則「幼者居陽之所少，老者居陽之所老，貴者居陽之所盛，賤者居陽之所衰。」〔註126〕，即使屬陽者有不同的遭遇，都只是因為處陽中不同位子而已，其地位仍是高於屬陰者。而「人主南面，以陽為位也」，乃因君為陽，而陽是高貴的陰是低賤的，故屬陽者如君、父者皆應居屬上位的陽。連在禮節上，也有尊崇居右的陽而非尊崇居左的陰，並表現了尊敬老陽而尊重成功之意。

　　董仲舒為了強化「君貴臣輕」的合理性，更將一般人倫關係與陽尊陰卑相配當，因「君臣、父子、夫婦之義，皆取諸陰陽之道。」〔註127〕、「孝子之行，忠臣之義，皆法於地也。」〔註128〕，故天地、陰陽、君臣、父子、夫婦各成一對，君、父、夫皆屬陽法天，臣、子、婦皆屬陰法地，而屬陰者就必須如地事天一般，盡力做事而推辭功勞，一切好處皆要歸於上而壞處則要歸於下，故在〈王道通三〉篇中運用《春秋》所云來加以解釋：

　　　　是故《春秋》君不名惡，臣不名善，善皆歸於君，惡皆歸於臣。臣
　　　　之義比於地，故為人臣下者，視地之事天也。為人子者，視土之事
　　　　火也。〔註129〕

而也就構成了董仲舒著名的「三綱」。故〈卷十二・基義〉云：

　　　　是故仁義制度之數，盡取之天。天為君而覆露之，地為臣而持載之；
　　　　陽為夫而生之，陰為婦而助之；春為父而生之，夏為子而養之；秋
　　　　為死而棺之，冬為痛而喪之。王道之三綱，可求於天。〔註130〕

董仲舒認為仁義標準皆從天道而來，天是君主而被覆萬物，地是臣子而乘載萬物；陽氣是丈夫而生長萬物，陰氣則是妻子以助長萬物；春天是父親而生

---

〔註126〕以下兩段引文皆出於〈天辨在人〉。見（漢）董仲舒：《春秋繁露・卷十一・天辨在人》，頁64。

〔註127〕（漢）董仲舒：《春秋繁露・卷十二・基義》，頁68。

〔註128〕（漢）董仲舒：《春秋繁露・卷十一・王道通三》，頁62。此段在殿本中放於〈王道通三〉篇中，但據蘇本所云「各本此下接上篇『土若地，義之至也』至『此皆天之近陽而遠陰』。張惠言云：『當接上篇『夫喜怒』至『而人資諸天』為一篇。』今從凌本移正，然此間疑尚有脫文」，故筆者以為此段疑放於〈陽尊陰卑〉篇中。見（清）蘇輿：《春秋繁露義證》，頁330。

〔註129〕同註127。

〔註130〕（漢）董仲舒：《春秋繁露》，頁69。

長萬物，夏天則是兒子以養育萬物，這就是王道的三個綱領。〔註131〕對於此段，王永祥更提出了此段兩個較特別之處〔註132〕：（1）把封建社會的君臣、父子、夫妻之間的倫理關係，看作爲「王道之三綱」，這在歷史上首次將其地位提升到這麼重要的位子。（2）董仲舒將王道的三綱都歸源於「天」，認爲人間的「三綱」乃人法天地、陰陽、四時。據王永祥所言，可推董仲舒的人倫關係乃與「法天」的觀念有很大的相關性，而對於後世「三綱」的詮釋也有很大的影響。

　　像董仲舒這樣以「陽尊陰卑」爲基礎發展出的人倫關係，看似符合孔子所云：「君君、臣臣、父父、子子」〔註133〕、「君使臣以禮，臣事君以忠」〔註134〕之理及《孟子・滕文公上》所云：「父子有親，君臣有義，夫婦有別，長幼有序，朋友有信。」〔註135〕五倫的觀念，但實際上卻早已踰越了儒家對人倫關係的尺度，而偏向《韓非子》所云：「臣事君，子事父，妻事夫，三者順則天下治，三者逆則天下亂，此天下之常道也。」〔註136〕。在《孟子》中，五倫的順序是表示了儒家以家庭爲主，並反映了孝道是最高優先的價值，但董仲舒不僅只取其中的三倫，更把次序轉換爲君臣、父子、夫婦，表其倫理思想是以朝廷爲主，而使忠孝混同，並將人倫關係轉變爲絕對化的主從關係，這就與《孟子》原意有很大的出入。董仲舒所提出的「三綱」歷來都是受人抨擊處，徐復觀更云：

　　　　此種陰陽善惡的觀念，假定只應用在尚德而不尚刑的政治主張上，
　　　　雖然近於牽附，亦無大流弊。但仲舒既認定陽善而陰惡，即認爲陽

〔註131〕韋政通據此段歸納出董仲舒三綱的根據，認爲「由於君臣、父子、夫婦這三種關係性質各異，因此所根據的原則也不同，君臣是根據天覆地載的原則，夫婦則是根據陽生陰助的原則，父子是根據春生夏長的原則，而三個原則統稱之爲天。」見韋政通：《董仲舒》，頁131。

〔註132〕王永祥更認爲董仲舒是將封建的人倫關係轉移到了自然之天的身上，然後又反轉來說王道之三綱「可求於天」，把從社會移到天地、陰陽、四時之間的所謂君臣、夫妻、父子關係，說成是人間君臣、夫妻、父子之間的關係根據。詳見王永祥：《董仲舒評傳》，頁277～280。

〔註133〕（宋）邢昺：《論語正義・卷十二・顏淵》，頁108。

〔註134〕（宋）邢昺：《論語正義・卷三・八佾》，頁30。

〔註135〕（宋）孫奭：《孟子正義・卷五下・滕文公章句上》（臺北：藝文印書館《十三經注疏》印嘉慶二十年江西南昌府學開雕本，1989年），頁98。

〔註136〕（戰國）韓非：《韓非子・卷二十・忠孝》（臺北：臺灣商務印書館《四部叢刊》影上海商務印書館縮印黃蕘圃校宋鈔本，1975年臺3版），頁100。

貴而陰賤，陽尊而陰卑；由此應用在人倫關係上，將先秦儒家相對
性的倫理關係，轉變爲絕對性的倫理關係，其弊害便不可勝言了。
〔註137〕
雖董仲舒提出絕對性的「三綱」是事實，但其原意僅在承續君臣、父子、夫
婦效法天地陰陽四時之自然現象而各盡其分，並強調「大一統」的政治理念，
但經由後世選擇性的詮釋而使得「三綱」成爲暴君、頑父、惡夫壓制臣下、
子女、妻子的根據，故對「三綱」的批評僅由董仲舒一肩扛起，實爲不公。
〔註138〕

### 3. 重德輕刑的政治觀

順著天道「陽尊陰卑」發展到政治觀上，董仲舒仍以天道來說明「德教」
與「刑罰」之間的關係，如在〈卷十一・王道通三〉一文中云：

> 故曰：陽天之德，陰天之刑也。……天之好仁而近，惡戾之變而遠，
> 大德而小刑之意也。先經而後權，貴陽而賤陰也，……此見天之近
> 陽而遠陰，大德而小刑也。〔註139〕

董仲舒以爲陽是天之經，用於盛，是實也是顯的；而陰是天之權，用於末，
是空也是隱的。天道以經爲主，以權爲輔，故陽多而陰少，右陽而不右陰，
更以天道的親陽遠陰來強調重視德教而輕刑罰的意思。〔註140〕而效法於天的

---

〔註137〕徐復觀：《兩漢思想史》，頁376。
〔註138〕對於董仲舒「三綱」的評論，林素英不僅對「三綱」有很清楚的說明外，更
　　　　認爲絕對性的「三綱」乃是因宋代強調絕對君權，加上理學家天道觀的推波
　　　　助瀾而成定局。並說明了董仲舒自身有問題之處有：一、「春秋無達辭」的「二
　　　　端」運用迷思。二、過度高估天道陰陽之說可以制衡君威。三、捨本逐末而
　　　　忽視「五常」之德的力量。就因這些原因，才會構成後世對其學說有所抨擊
　　　　之處。詳見林素英：〈董仲舒「三綱說」思想評述〉，收入國立臺灣師範大學
　　　　國文學系編：《第二屆儒道國際學術研討會——兩漢論文集》（臺北：國立師
　　　　範大學，2005年8月初版），頁105～118。
〔註139〕（漢）董仲舒：《春秋繁露》，頁63。此段引文至「大德而小刑也」之前，在
　　　　殿本中放於〈王道通三〉篇中，但據蘇本所云：「各本此下接上篇『土若地，
　　　　義之至也』至『此皆天之近陽而遠陰』。張惠言云：『當接上篇『夫喜怒』至
　　　　『而人資諸天』爲一篇。』今從凌本移正，然此間疑尚有脫文。」，故筆者以
　　　　爲此段疑放於〈陽尊陰卑〉篇中。見（清）蘇輿：《春秋繁露義證》，頁330。
〔註140〕除〈王道通三〉篇外，〈卷十二・陰陽義〉：「天地之常，一陰一陽。陽者天之
　　　　德也，陰者天之刑也。迹陰陽終歲之行，以觀天之所親而任。」、〈卷十二・
　　　　天道無二〉：「陽之休也，功已成於上而伏於下；陰之伏也，不得近義而遠其
　　　　處也。天之任陽不任陰，好德不好刑如是。」等皆是董仲舒利用天道的運行

君主也就必須與天同爲「重德輕刑」，故云：

> 陽出而前，陰出而後，尊德而卑刑之心見矣。陽出而積於夏，任德
> 以歲事也；陰出而積於冬，錯刑於空處也。小以此察之。〔註141〕

人主施政必須仿效天重恩德而不重刑罰，當陽氣在夏季達到高峰時，人主就必須以德教完成一切事物，而當陰氣在冬季達到高峰時，人主就必須以刑罰來輔助德教以達整全的施政。

董仲舒除了要求人主要效法於天外，也利用陰陽關係來說明人主應如何管理臣子。〈卷七・立元神〉云：

> 人君貴居冥而明其位，處陰而向陽。惡人見其情而欲知人之心，是
> 故爲人君者執無源之慮，行無端之事，以不求奪，以不問問。吾以
> 不求奪則我利矣，彼以不出出則彼費矣。吾以不問問則我神矣，彼
> 以不對對則彼情矣。故終日問之，彼不知其所對；終日奪之，彼不
> 知其所出。吾則以明而彼不知其所亡。故人臣居陽而爲陰，人君居
> 陰而爲陽。陰道尚形而露情，陽道無端而貴神。〔註142〕

這裡「君貴居冥處陰」的居處非指其位而言，而是指狀態、手段，是認爲君主仍保持其位爲明、爲陽，但運用冥與陰的手段，表現出無憂、無端、不問、不求的樣子，不但人無法窺見其情，而且又可以藉此考核臣子的行事。〔註143〕而君主是因處深幽之處而地位顯明，是因居處隱蔽而朝著顯著的地方爲貴，是厭惡別人看出他的心意，而要知道別人的心裡，故「古者人君立於陰，大夫立於陽，所以別位，明貴賤。」〔註144〕，臣子是居處在顯明的地方而地位低下，君主是居處隱蔽的地方而地位崇高；做臣子的道理是要顯現形體而暴露實情，做君上的道理是要不露端緒而崇尚神妙。

---

來強調「重德輕刑」。見（漢）董仲舒：《春秋繁露》，頁66、67。此外在〈王道通三〉中也將刑德的觀念與經權的觀念相結合，「陽爲德，陰爲刑。刑反德而順於德，亦權之類也。雖曰權，皆在權。是故陽行於順，陰行於逆。逆行而順，順行而逆者，陰也。」，除了重申重德輕刑的觀念外，更認爲刑罰雖與德教相悖，但刑罰卻是爲了輔助德教而施行，故爲權之行。見同註139。

〔註141〕（漢）董仲舒：《春秋繁露・卷十二・天道無二》，頁67。此處殿本作「小」而據鍾肇鵬所校「『必』，舊本誤作『小』；盧校作『必』，凌本、蘇本、譚本從之。董箋本刪去『小』字，未洽。」，此處「小」疑作爲「必」也。見鍾肇鵬：《春秋繁露校釋》，頁778。

〔註142〕（漢）董仲舒：《春秋繁露》，頁34。

〔註143〕林素英：〈董仲舒「三綱說」思想評述〉，頁133。

〔註144〕（漢）董仲舒：《春秋繁露・卷四・王道》，頁23。

　　像董仲舒這樣將陰陽關與人倫、政治上做結合，就如同陳麗桂所云：「不單單是在君臣關係上有傾向法家外，在實際政治操作上也結合了《管子‧內業》乃至中、韓一系的靜因獨斷術，從另一方向強調了『君尊臣卑』的道理。」〔註145〕，雖董仲舒的原意是提高人主的地位後，再用具有至高無上地位的天來對君主有所箝制，但卻助長了君主權力的無限擴大與充滿陰謀論的政治環境，而與絕對性的「君貴臣賤」連為一氣，這可說是董仲舒當初沒有考慮到的地方。

## 二、五行

　　五行在早期的發展中，並未如陰陽觀念一樣清楚與快速，但仍可知五行原指五種實用的物質，後至鄒衍時把五行轉為五種元素，使陰陽二氣向下分化，更利用五行相勝的原理推演出「五德終始」。後至《呂氏春秋》與《淮南鴻烈》的宇宙架構皆是以陰陽為經，以五行為緯，故可說五行是將事物做了更加詳細的解說與詮釋。在這點上董仲舒也受其影響，在其氣化宇宙中皆以陰陽為主，五行為輔，而在實際運用上陰陽著重於刑德；五行著重於官制，故討論董仲舒的宇宙架構是不能將五行觀忽略的。

　　董仲舒所謂的「五行」乃指「天有五行：一曰木，二曰火，三曰土，四曰金，五曰水。木，五行之始也；水，五行之終也；土，五行之中也。此其天次之序也。」〔註146〕，像董仲舒這樣依四時發展而出的五行不僅與《尚書‧洪範》的次序有所不同外〔註147〕，更由四時的變化推衍出重要的五行的相生與相勝，再廣泛運用此觀念與人倫、官職、朝代交替、災異的發生等等做結合。為求詳細的解說，筆者將在以下分而論述之。

### （一）與陰陽、四時的關係

　　雖說早在鄒衍時，就已有陰陽與五行相結合的觀念，但因文獻上的不足

---

〔註145〕參見陳麗桂：《秦漢時期的黃老思想》，頁195。

〔註146〕（漢）董仲舒：《春秋繁露‧卷十一‧五行之義》，頁60。

〔註147〕關於五行的次序，在《尚書‧卷十二‧洪範》中云：「一曰水，二曰火，三曰木，四曰金，五曰土。」，而其注云：「皆其生數」，疏云：「天一生水，地二生火，天三生木，地四生金，天五生土，此其生數也。」。見（唐）孔穎達：《尚書正義》（臺北：藝文印書館《十三經注疏》印嘉慶二十年江西南昌府學開雕本，1989年），頁169。故《尚書‧洪範》是以陰陽所生之序為次，後世如《素問》、《淮南鴻烈》、《白虎通義》等皆與《尚書‧洪範》的次序相同。而董仲舒則以五行相生立說，四時更迭休王為序，播五行於四時，故與《尚書》的次序有所不同。

而無法了解其中的關係爲何？後來的《呂氏春秋‧應同》雖有「五德終始」的記載，但也未有詳細說明〔註148〕，故當董仲舒對陰陽二氣與五行的合流關係有了較具體的脈絡敘述，可說是對陰陽五行發展進程上有所推進。

### 1. 陰陽

在討論天有十端時，董仲舒將五行與陰陽二氣，並列於天的十端之中，但卻在〈五行相生〉〔註149〕篇中認爲五行是由陰陽所分化出，就如〈卷五‧十指〉所云：

> 十指者，事之所繫也，王化之所由得流也。……木生火，火爲夏，天之端，一指也。……木生火，火爲夏，則陰陽四時之理相受而次矣。……統此而舉之，仁往而義來。〔註150〕

如能順著木生火、春天發展爲夏天一樣的次序發展，陰陽四時的運轉道理就會有其次序。由此推之，陰陽應處於氣化的上層，五行則在下層，四時則運行在兩者之間。而董仲舒所謂的「五行」又爲何呢？順著「分爲陰陽，判爲四時，列爲五行」發展下來，則認爲

> 行者行也，其行不同，故謂之五行。五行者，五官也，比相生而間相勝也。故謂治，逆之則亂，順之則法。〔註151〕

對此李增則認爲董仲舒的五行已非是《尚書‧洪範》所謂的五種實體物，也不是單純的五種不同的「質素」，而是氣之陰陽的實行。只是這陰陽的實行會因時節之序、方位之別而有所不同，其行不同而各如其序，故稱五行。〔註152〕

---

〔註148〕關於《呂氏春秋》中陰陽與五行之間的關係，或是「五德終始」等觀念，筆者在第三章「時代背景與思想構成」中的第二節「思想架構的淵源」的第二小點「對《呂氏春秋》的延續」中已有所說明。

〔註149〕《春秋繁露‧卷十三‧五行相生》云：「天地之氣，合而爲一，分爲陰陽，判爲四時，列爲五行。」見（漢）董仲舒：《春秋繁露》，頁73。

〔註150〕（漢）董仲舒：《春秋繁露》，頁28。此處蘇注云：「火由木而生，百物皆本於春。《春秋》首書春，所以正天端也」。見（清）蘇輿：《春秋繁露義證》，頁145。然鍾肇鵬則認爲「此句疑有脫誤，當作『木生火，火爲夏，木爲春，天之端。』文義始足。若以『天之端』爲衍文，則『木生火，火爲夏』，唯一指，其義不明。冒說未合。」見鍾肇鵬：《春秋繁露校釋》，頁316。故據鍾說，此處疑補上「木爲春」也。

〔註151〕（漢）董仲舒：《春秋繁露‧卷十三‧五行相生》，頁73。

〔註152〕詳見李增：〈董仲舒天人思想之「天」概念分析〉，頁78。而曾春海對五行之「行」做了更詳細的解說，認爲五行之「行」的概念涵義有五種：一、材質物料義。二、排列次序義。三、類別義。四、五氣。五、相生相勝的互動義。而董仲舒的五行涵義在史脈的流變中已累積得非常豐富，除了材質物料義

這五種作用之間的關係是相近的兩行相生，間隔的兩行則相互克制，如順著相生相剋而行一切都會歸於正道，反之則會災害怪異四起。

　　而董仲舒更認為陰陽運行導致了四時的變化，故雖五行與陰陽一樣都是助成天地之功的力量，但陰陽仍實居於主導地位，五行則與陰陽配合而成生化萬物的任務，故在〈天辨在人〉一篇云：

> 金木水火，各奉其主以從陰陽，相與一力而并功。其實非獨陰陽也，然而陰陽因之以起，助其所主。故少陽因木而起，助春之生也；太陽因火而起，助夏之養也；少陰因金而起，助秋之成也；太陰因水而起，助冬之藏也。陰雖與水并氣而合冬，其實不同，故水獨有喪而陰不與焉。〔註153〕

其中較特殊之處，是董仲舒雖承認陰氣與水合併為冬季，但卻又以為兩者是有所不同的，是水單獨讓萬物喪亡而陰不參與其事的。此外在〈卷十二·陰陽終始〉中也云：

> 春秋之中，陰陽之氣俱相并也。……故至春少陽東出就木，與之俱生；至夏太陽南出就火，與之俱煖。此非各就其類而與之相起與？少陽就木，太陽就火，火木相稱，各就其正。此非正其倫與？至於秋時，少陰興而不得以秋從金，從金而傷火功，雖不得以從金，亦以秋出於東方，俛其處而適其事，以成歲功。此非權與？陰之行，固常居虛而不得居實。至於冬而止空虛，太陽乃得北就其類，而與水起寒。〔註154〕

這不僅與上述「相與一力而并功」、「陰與水并氣而合冬」相合，更由「少陽興而不得以秋從金」說明了複雜的陰陽與五行關係。在上一段引文中，認為

外，其餘四項皆為董仲舒所有。詳見曾春海：〈董仲舒對陰陽五行說之繼承與發展〉，收入國立臺灣師範大學國文學系編：《第二屆儒道國際學術研討會——兩漢論文集》（臺北：國立臺灣師範大學國文學系，2005年8月初版），頁280。由兩位學者對五行之「行」的解釋，可說董仲舒的五行非只是單純的迷信而已，而是含有其特殊的哲學意涵在其中的。

〔註153〕（漢）董仲舒：《春秋繁露·卷十一·天辨在人》，頁64。

〔註154〕（漢）董仲舒：《春秋繁露》，頁65～66。此處殿本作「太陽乃得北就其類」，而蘇注則云：「太陽，當為太陰。《白虎通·五行篇》：『火者盛陽，水者盛陰』又云：『水，太陰也。』」見（清）蘇輿：《春秋繁露義證》，頁340。而鍾肇鵬也云：「夏為太陽，冬為太陰。太陽為火，太陰為水。蘇說是，今據正。水為太陰，位於北方，故曰『北就其類』。」見鍾肇鵬：《春秋繁露校釋》，頁764。故此處疑作「太陰乃得北就其類」也。

金幫助少陰興起，並幫助秋天成就萬物，但此處卻認爲少陰興起是不能在秋季隨從金，因隨金則會損傷火所完成的功積。

　　對上述引文筆者以爲可從幾個方面加以討論：（1）「春秋之中，陰陽之氣俱相併也」，在春、秋兩季雖陰陽二氣各半，但在討論陰陽關係時董仲舒非常強調「陽尊陰卑」，既然秋季時仍有陽氣的存在，一切作用仍必須以陽氣爲主。（2）既然秋季仍以陽氣所發作用爲實，而夏屬火屬太陽，秋屬金屬少陰，而陰氣「固常居虛」不居實位，故陰氣雖不能從金發展出實質作用，仍可居陽之下，以完成一年的任務。（3）如陰從金發其作用，就會因金是代火而起而對火的功績有所損傷，陰氣也就會對陽氣有所損傷。在「陽尊陰卑」的理論下，卑壓尊是被視爲異象，是不被允許的。（4）冬季爲陰氣極盛之時，故雖發揮水的作用卻因居空虛之位，而不參與天地之喪。

　　陰陽與五行雖最終欲達到的目的相同，但兩者仍屬不同的詮釋系統，董仲舒雖欲將兩者相結合，但在實際討論時，五行時而爲輔，時而又與陰陽並行，像這樣的變動可說是其理論架構矛盾之處。〔註 155〕但五行之說卻也因爲與陰陽相結合而能有更廣闊的發展，就如李澤厚《中國古代思想史論》所云：

> 陰陽與五行的相結合，使五行的結構組織有了兩種內在的普遍動力，從而使五行的組織具有了確定的自我運動自我調節的功能。換言之，五行之所以能有「相生」、「相勝」的具體運轉，是由於陰陽作爲兩種彼此依存、互補而又消長的功能或矛盾力量，在不斷推動的緣故。陰陽推動著這個五行圖示運轉變換，才使這一圖式不流爲固定不變、難以解釋的僵硬表格。〔註 156〕

五行因陰陽的消長而變動不已，非靜態的相生相剋，而是與陰陽架構起動態的宇宙觀。這也凸顯出陰陽、五行雖爲兩種不同的詮釋系統，在相結合時也有矛盾之處，但透過兩種不同的詮釋工具，所欲彰顯的目的卻都是無限又具體的氣化觀。

---

〔註155〕曾春海也認爲董仲舒會造成理論前後不一致的原因，是因爲董仲舒確立天有好生之大德這一至上價值原理，陰陽相合以生成萬物，陽主生，陰主刑殺，「生」爲大德常經，刑殺只是成全生生之大德常經的權變措施。但爲了保全大原則而無力兼顧細則而留下的瑕疵。詳見曾春海：〈董仲舒對陰陽五行說之繼承與發展〉，頁 278。

〔註156〕李澤厚：《中國古代思想史論》（臺北：三民書局，1996 年 9 月初版），頁 167。

## 2. 四時

　　既然五行是陰陽之氣五種運行的道理，故在一年四季中，五行之氣就循環於天地之間，而四時的氣候就是五行的表現，那五行又是如何與四時相配呢？在五行與四時的關係中，「木居東方而主春氣，火居南方而主夏氣，金居西方而主秋氣，水居北方而主冬氣。」〔註157〕木、火、金、水皆與四時相配，但唯獨土無所對應。對此在《呂氏春秋·十二紀首》〔註158〕中是將「中央土」附於季夏六月之後〔註159〕，也就是六、七月之交，但六月屬火，七月屬金，故將土置於六、七月之交是有問題的。其後《禮記·月令》〔註160〕也與《呂氏春秋》相同是將土置於季夏之後。到《淮南·時則》〔註161〕則是直接將土歸於季夏，但季夏既不在一年的中央，又因季夏原屬火但歸於土後，火就僅剩兩個月，這樣一來五行所分到的月數就會有所不同。而把土與四時合理的結合則要等到董仲舒時才得到解答。

〔註157〕（漢）董仲舒：《春秋繁露·卷十一·五行之義》，頁60。

〔註158〕在《呂氏春秋·卷六·季夏紀》云：「中央土：其日戊己。其帝黃帝。其神后土。其蟲倮。其音宮。律中黃鐘之宮。其數五。其味甘。其臭香。其祀中霤。祭先心。天子居太廟太室，乘大輅，駕黃駠，載黃旂，衣黃衣，服黃玉，食稷與牛。其器圜以揜。」，見（戰國）呂不韋：《呂氏春秋》，頁35。而陳奇猷則云：「古者以五行配四時，既以木王春，火王夏，金王秋，水王冬，而土無所屬，因麗於此，而謂之土王中央也。」見陳奇猷：《呂氏春秋新校釋》（上海：上海古籍出版社，2006年4月第2刷），頁326。

〔註159〕李漢三《先秦兩漢之陰陽五行學說》中則對於為何將土放於季夏有清楚的解釋，云：「此何又突來一『季夏』，而區天年為五時？且季夏又何得與春、夏、秋、冬平列？此顯以五行配四時，而土則無所司事，因新增一『季夏』使主之也。……此顯以『季夏』當夏秋之際，為兩分四時之所在，而以土寄王之。此兩分法，以春夏為陽，以秋冬屬陰，則故為陰陽說所長，而為五行說所短也。」詳見李漢三：《先秦兩漢之陰陽五行學說》（臺北：維新書局，1968年1月初版），頁55。

〔註160〕《禮記·卷十六·月令》云：「中央土：其日戊己。其帝黃帝。其神后土。其蟲倮。其音宮。律中黃鐘之宮。其數五。其味甘。其臭香。其祀中霤。祭先心。天子居大廟大室，乘大路，駕黃駠，載黃旂，衣黃衣，服黃玉，食稷與牛。其器圜以閎。」而〈正義〉更云：「四時五行，同是天地所生。而四時是氣，五行是物。氣是輕虛，所以麗天，物體質碍，所以屬地。四時係天，年有三百六十日，則春夏秋冬各分居九十日。五行分配四時，布於三百六十日間，以木配春，以火配夏，以金配秋，以水配冬，以土則每時輒寄王十八日也。」見（唐）孔穎達：《禮記正義》，頁321～322。

〔註161〕《淮南·卷五·時則》：「季夏之月，招搖指未，昏心中，旦奎中。其位中央，其日戊己，盛德在土。」見（漢）劉安：《淮南子》，頁33。

在〈卷十一·五行之義〉一文中，董仲舒先確立了「土」爲五行中最重要的部分，認爲「土居中央，爲之天潤。土者，天之股肱也。其德茂美，不可名以一時之事，故五行而四時者。土兼之也。」〔註162〕，董仲舒跳脫了以十二紀的方式來安排五行，而是直接點明土居中央，是上天的輔佐，是不能將其限定在某一季節之內的，故有木、火、土、金、水五行卻只有春、夏、秋、冬四時。至於在實際三百六十日的分配上，董仲舒就把木、火、金、水各撥十八天給土，使土有實質的七十二天，而木、火、金、水原爲九十天而變爲七十二天。如再搭配上五行之氣的特色與象徵的顏色，就成了〈卷十四·治水五行〉所云：

> 七十二日木用事，其氣燥濁而清。七十二日火用事，其氣慘陽而赤。
>
> 七十二日土用事，其氣濕濁而黃。七十二日金用事，其氣慘淡而白。
>
> 七十二日水用事，其氣清寒而黑。七十二日復得木。〔註163〕

五行的運行以七十二天爲一循環，從木開始經過七十二天後來到火，再經過七十二天後就由火來到了土，再經過七十二天後則由土來到了金，同樣的當金來到了水也是經過了七十二天，最後再從水經過七十二天回到了木。其中土有十八天從木來，有十八天從火來，有十八天從金來，有十八天從水來，故土「雖居中央，亦歲七十二日之王」〔註164〕。像這樣的分配，不只使五行所含括的天數是相同的，更證明了五行是相生不已的，而董仲舒也以此推衍出「土德爲貴」的概念。

### 3. 土德為尊

董仲舒爲了說明「土德爲尊」的觀念，除了上述說明「土」放於中，有實際的七十二天外，更利用父子關係來強調土德的重要性。〔註165〕在〈卷十

---

〔註162〕（漢）董仲舒：《春秋繁露》，頁60。

〔註163〕（漢）董仲舒：《春秋繁露》，頁75。此處殿本作「其氣燥濁而清」，然蘇本作「其氣燥濁而青」，鍾肇鵬也云：「《淮南子·天文篇》『木用事，火烟青。……甲子氣燥濁。』高注：『木色青也，東方。』本篇下文云：『其氣溫濁而黃』，『慘陽而赤』，『慘淡而白』，『清寒而黑』，均以五色言，則此『清』字顯爲『青』之誤。」見鍾肇鵬：《春秋繁露校釋》，頁863。故此處疑作「其氣燥濁而清」也。

〔註164〕（漢）董仲舒：《春秋繁露·卷十一·王道通三》，頁62。在殿本中放於〈王道通三〉篇中，但據蘇本所云：「各本此下接上篇『土若地，義之至也』至『此皆天之近陽而遠陰』。張惠言云：『當接上篇『夫喜怒』至『而人資諸天』爲一篇。』今從凌本移正，然此間疑尚有脫文。」，故筆者以爲此段疑放於〈陽尊陰卑〉篇中。見（清）蘇輿：《春秋繁露義證》，頁330。

〔註165〕在《管子·卷十四·四時》中認爲土之所以最貴，爲五行之主的理由爲：「中

一‧五行之義〉中先說明五行的循環就如同父生子一般，「諸授之者，皆其父也；受之者，皆其子也。常因其父以使其子，天之道也。」〔註166〕，進而推之於人臣對人君也是相同的道理，所以由土所表現出的忠孝，就較其他四行更純更篤，可視爲人臣的最高模範。〔註167〕並認爲因五行是有上下相承的關係，「木已生而火養之，金已死而水藏之，火樂木而養以陽，水克金而喪以陰，土之事天竭其忠。」〔註168〕，故衍伸到人倫上也是有上下相承的關係。父子之間的關係就如五行一樣，是一種有次序的循環〔註169〕，是每個人皆可授也皆可受的，是要相親、互相作爲的，更是相對相完成的關係。

既然將五德與人倫相結合後，便認定「忠臣之義，孝子之行，取之土。土者，五行最貴者也，其義不可加矣」〔註170〕，「土德」不只不再與「火德」分功，更把兩者的作用分爲「長」、「養」，而「土德」在五行中的地位就像五聲中「宮」爲貴，五味中「甘」爲貴，五色中「黃」爲貴。故又云：

> 金木水火雖各職，不因土，方不立，若酸鹹辛苦之不因甘肥不能成味也。甘者，五味之本也；土者，五行之主也。五行之主土氣也，猶五味之有甘肥也，不得不成。是故聖人之行，莫貴於忠，土德之謂也。人官之大者，不名所職，相其是矣。天官之大者，不名所生，土是矣。〔註171〕

木、火、金、水雖各有其職，但都需要依靠「土」才能展現最好的一面，就好比酸、鹹、辣、苦如不依靠甜味就無法凸顯不同之處，故「土」就如甜味是五味的根本一樣是五行的主導，而「土德」的重要性就好比聖人的德性中

---

央曰土，土德實輔四時入出，以風與節土益力，土生皮肌膚。其德和平用均，中正無私，實輔四時。」。見（春秋）管仲：《管子》（臺北：臺灣商務印書館《四部叢刊》影上海商務印書館縮印常熟瞿氏藏宋本，1975 年臺 3 版），頁 86。

〔註166〕（漢）董仲舒：《春秋繁露》，頁 60。

〔註167〕參見徐復觀：《兩漢思想史》，頁 382。

〔註168〕（漢）董仲舒：《春秋繁露‧卷十一‧五行之義》，頁 60。

〔註169〕所謂有次序的循環，就如《白虎通‧卷四‧五行篇》中所云：「所以更王何？以其轉相生，故有終始。木生火，火生土，土生金，金生水，水生木。是以木王，火相，土死，金囚，水休。王所勝者死，囚，故王者休。」。見（清）陳立：《白虎通疏證》，頁 187～188。

〔註170〕（漢）董仲舒：《春秋繁露‧卷十一‧五行對》，頁 59。

〔註171〕（漢）董仲舒：《春秋繁露‧卷十一‧五行之義》，頁 60。此處殿本作「不名所生」而蘇注云：「生，疑主之誤。」見（清）蘇輿：《春秋繁露義證》，頁 323。故此處疑作「不名所主」也。

的「忠」。這也影響了後來的《白虎通‧卷四‧五行篇》：「行有五，時有四何？四時爲時，五行爲節。故木王即謂之春，金王即謂之秋，土尊不任職，君不居部，故時有四也。」〔註172〕，認爲要有土在中央才能確立四方。除上述引文說明了「土德爲貴」的概念外，在〈五行相生〉、〈五行相勝〉、〈五行順逆〉、〈循天之道〉等篇也將「土」與官制、農事、建築等做配當，而在大部分的配當中多以「中」爲其主要概念。〔註173〕

### （二）相生與相勝

五行相生相勝是董仲舒五行觀中最爲重要的觀念，李澤厚更認爲：

> 「相生」似乎著重於對自然發生規律的觀察記錄，但實際上其中包含了人們對這些規律的運用；「相勝」則似乎著重人事、實踐的經驗概括，實際上也包含了對這些事物本性的了解。這使整個宇宙的五行結構也保持了這一不離人事經驗的特色，而發展出董仲舒的「天人感應」的理論系統和觀念形態。〔註174〕

可見其重要性。早在鄒衍時就已利用「相勝」的概念，推衍出「五德終始」，而完整的論述則是要見於《呂氏春秋》，後至《禮記‧月令》、《淮南鴻烈》皆受其影響。〔註175〕至董仲舒時除了完整的繼承五行相勝的說法外，又發展出「比相生而間相勝」的原則，認爲五行的相生、相勝是天之序，是天道的反映。除此之外，董仲舒也特別強調「土德」的重要性。筆者以下將從五行相生、相勝兩個部分來加以論述，並將《春秋繁露》一書中與五行比附的關係整理成圖表，以求了解五行之間的關係。

### 1. 五行相生、相勝

對董仲舒而言，五行的相生相勝，是天次之序，是不可顛倒和淆亂的，更是有關自然界和國家治亂的大事，不可疏忽。所謂的五行相生，乃指「比相生也」，也就是在五行的次序中，比鄰的兩行相生，其云：「天有五行，木

---

〔註172〕（清）陳立：《白虎通疏證》，頁194。
〔註173〕關於土德與其他的配當，筆者將在討論五行相生、相勝之處，再加以討論。
〔註174〕李澤厚：《中國古代思想史論》，頁170。
〔註175〕關於《呂氏春秋》、《淮南鴻烈》中五行的觀念，請參見第三章「時代背景與思想構成」中的第二節「思想架構的淵源」的第二、三小點。而《禮記‧卷十七‧月令》則也是利用十二紀的概念，架構起宇宙概念，與《呂氏春秋》相似，如在季秋之處也云：「季秋之月，日在房，昏虛中，旦柳中。其日庚辛，其帝少皞，其神蓐收，其蟲毛，其音商律中無射，其數九，其味辛，其臭腥，其祀門，祭先肝。」詳見（唐）孔穎達：《禮記正義》，頁337。

火土金水是也。木生火，火生土，土生金，金生水。」〔註176〕，萬事萬物都如五行相生一般，在木當令時生長，到金當令時死亡；在金當令時生長，就會在到火當令時死亡。更認爲：

> 凡天地之物，乘於其泰而生，厭於其勝而死，四時之變是也。故冬之水氣，東加於春而木生，乘其泰也。春之生，西至金而死，厭於勝也。生於木者，至金而死；生於金者，至火而死。春之所生而不得過秋，秋之所生不得過夏，天之數也。〔註177〕

五行間是憑藉舒張而生長，而當被優越者逼迫時就會死亡，四時的表現爲此，人事間的一切更以這天的定數爲次序，如父子之間的關係「父之所生，其子長之；父之所長，其子養之；父之所養，其子成之。」〔註178〕，就是順著「春主生，夏主長，季夏主養，秋主收，冬主藏。藏，冬之所成也。」而來，故「使人必以其序，官人必以其能，天之數也。」〔註179〕，而這可說是「董仲舒對五行說所作的哲學化的成功改造」〔註180〕。而所謂的「間相勝」乃指所謂間隔的兩行相剋，就如木勝土、土勝水、水勝火、火勝金、金勝木。如下圖所示：

---

〔註176〕（漢）董仲舒：《春秋繁露・卷十一・五行對》，頁58。
〔註177〕（漢）董仲舒：《春秋繁露・卷十七・天地之行》，頁90。此段引文殷本放於〈天地之行〉中，然蘇注云：「各本自『是故春襲葛』至『群物皆生而』誤在下篇『天地之行美也』下，『此物』上行『故天下之君』五字。今依凌本從張說移正，山『故天下之君』五字。」，故此段引文疑放於〈循天之道〉中。見（清）蘇輿：《春秋繁露義證》，頁455～456。
〔註178〕以下兩段引文皆出於〈五行對〉。見同註176。
〔註179〕（漢）董仲舒：《春秋繁露・卷十一・五行之義》，頁60。
〔註180〕在余治平《唯天爲大——建基於信念本體的董仲舒哲學研究》一書中云：「五行的『乘泰而生』、『厭勝而死』是天道本體在存在世界中所表象出來的恆常律則。五行在四季之中隨時生就、隨時死滅，都有自己始出生存、盛行當時和被取代更替的徑路與歷程。……把存在世界的生與滅放置、納入到五行相生相勝的體系，並將之上升到天之數的高度，這可說是董仲舒對五行說所作的哲學化的成功改造。」，可知董仲舒雖在五行上有所附會，但仍有其可取之處。詳見余治平：《唯天爲大——建基於信念本體的董仲舒哲學研究》，頁138～139。

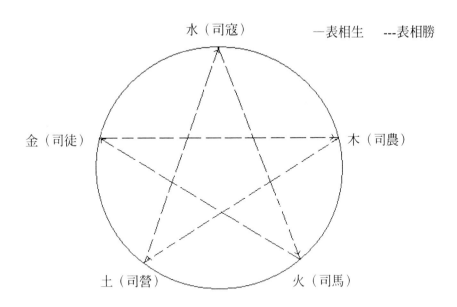

綜合兩者而論，在相生的部分，董仲舒不只運用父子關係來加以說明，也將五行相生的觀念運用在五官、五常等方面，其表現主要在〈卷十三・五行相生〉〔註181〕一篇中。而相勝的部分則是利用五官互相牽制來說明其中的關係，其說明見〈卷十三・五行相勝〉一篇。筆者將其內容整理為下表〔註182〕：

| 五行＼配當 | 木 | 火 | 土 | 金 | 水 |
|---|---|---|---|---|---|
| 五方 | 東 | 南 | 中央 | 西 | 北 |
| 五官 | 司農 | 司馬 | 司營 | 司徒 | 司寇 |
| 職務 | 農之本 | 本朝 | 君官 | 大理者 | 執法者 |
| 五常 | 尚仁 | 尚智 | 尚信 | 尚義 | 尚禮 |
| 所持 | 執規而生 | 執矩而長 | 執繩而製四方 | 執權而伐 | 執衡而藏 |
| 代表人物 | 召公 | 周公 | 太公 | 子胥 | 孔子 |
| 相生順序 | 木生火 | 火生土 | 土生金 | 金生水 | 水生木 |
| 五官作亂 | 司農為姦 | 司馬為讒 | 司營為神 | 司徒為賊 | 司寇為亂 |
| 誅之者 | 司徒誅之 | 執法者（司寇）誅之 | 民（農）判矣 | 司馬誅之 | 司營誅之 |

---

〔註181〕（漢）董仲舒：《春秋繁露》，頁73。
〔註182〕詳見同註181，頁72～73。

| 被誅原因 | 朋黨比周，以蔽主明，退匿賢士，絕滅公卿，教民奢侈，賓客交通，不勸田事，博戲鬥雞，走狗弄馬，長幼無禮，大小相虜，竝爲寇賊，橫恣絕理。 | 反言易辭以譖愬人，內離骨肉之親，外疏忠臣，賢聖旋亡，讒邪日昌。 | 謟順主指，聽從爲比，進主所善，以快主意，導主以邪，陷主不義。大爲宮室，多爲臺榭，雕文刻鏤，五色成光。賦斂無度，以奪民財；多發繇役，以奪民時，作事無極，以奪民力。 | 內得於君，外驕軍士，專權擅勢，誅殺無罪，侵伐暴虐，攻戰妄取，令不行，禁不止，將率不親，士卒不使，兵弱地削，令君有恥。 | 足恭小謹，巧言令色，聽謁受賂，阿黨不平，慢令急誅，誅殺無罪。 |
|---|---|---|---|---|---|
| 代表人物 | 齊桓 | 魯國季孫 | 楚靈王 | 楚國得臣 | 齊國營蕩 |

　　在此五行被引申爲五種官職，這五官各有其相應的職責，並各自與五常做配當以強調某一德，故順著五行相生的順序，就產生了司農生司馬；司馬生司營；司營生司徒；司徒生司寇；司寇生司農。〔註183〕在相勝方面，如某一官職並未負起其應負的職責就會被另一個官職所誅，如屬司營的楚靈王因大事建築宮室、征收稅賦沒有節制、奪取人民的財富與勞力，故百行困乏而背叛了他，以致被弒殺。這就說明了土是君主的官屬，如君主很奢侈，過度不合禮，人民（農、木）就會背叛，人民背叛君主就會窮困，故曰木剋土。

　　像這樣將五行相生相勝的次序與官職相配當，雖說有其附會之處但這也表示了董仲舒欲以五行來對政治的建制、倫理的規範、社會的管理有所詮釋，以達到各個層面能夠互相牽制的作用。

### 2. 五常與五事

　　在《春秋繁露》中除了將五官與五行相配外，也分別以五候、五方、五常、五氣、五音、五事等對應於五行，始終堅信，不僅四時節氣的更變、存在事物的生靈必須以五行的運行規律爲基礎，進而在政治上、倫理規範上，甚至社會管理上也應該根據五行而創設。〔註184〕故筆者將《春秋繁露》中與

〔註183〕參見上「五行相生相勝圖」，頁123。
〔註184〕參見復旦大學哲學系中國哲學教研室：《中國古代哲學史》（上海：上海古籍出版社，2006年7月第1刷），頁174。

五行配當相關的篇章加以整理為下表〔註185〕：

| | 木 | 火 | 土 | 金 | 水 |
|---|---|---|---|---|---|
| 始終 | 五行之始 | | 五行之中 | | 五行之終 |
| 相生 | 木生火 | 火生土 | 土生金 | 金生水 | 水生木 |
| 相勝 | 木勝土 | 火勝金 | 土勝水 | 金勝木 | 水勝火 |
| 陰陽 | 少陽 | 太陽 | | 少陰 | 太陰 |
| 特色 | 曲直 | 炎上 | 稼穡 | 從革 | 潤下 |
| 五方 | 東 | 南 | 中央 | 西 | 北 |
| 五季 | 春 | 夏 | 季夏 | 秋 | 冬 |
| 五化 | 生 | 長 | 養 | 收 | 藏 |
| 五氣 | 燥濁 | 慘陽 | 濕濁 | 慘淡 | 清寒 |
| 五象 | 風 | 電 | 雷 | 霹靂 | 雨 |
| 五神 | 共工 | 蚩尤 | 后稷 | 少昊 | 玄冥 |
| 五音 | 角 | 徵 | 宮（最貴） | 商 | 羽 |
| 五色 | 青 | 赤 | 黃（最貴） | 白 | 黑 |
| 五味 | 酸 | 苦 | 甘 | 辛 | 鹹 |
| 五蟲 | 鱗蟲 | 羽蟲 | 倮蟲 | 毛蟲 | 介蟲 |
| 五病 | 疥搔溫體，足腑痛 | 病血，癰腫，目不明 | 心腹宛黃，舌爛痛 | 喉咳嗽，鼻軌塞 | 流腫、水張、癃痺、孔竅不通 |
| 五祥獸 | 群龍 | 鳳凰 | （仙人） | 麒麟 | 靈龜 |
| 五官 | 司農 | 司馬 | 司營 | 司徒 | 司寇 |
| 五官職務 | 農之本 | 本朝 | 君官 | 大理 | 執法 |
| 五官所執 | 執規而生 | 執矩而長 | 執繩而制四方 | 執權而伐 | 執衡而藏 |
| 五官作亂 | 姦 | 讒 | 神 | 賊 | 亂 |
| 五常 | 仁 | 智 | 信 | 義 | 禮 |
| 五事 | 貌 | 視 | 思 | 言 | 聽 |
| 五事之義 | 敬 | 明 | 容 | 從 | 聰 |
| 五事之用 | 肅 | 哲 | 聖 | 乂 | 謀 |

　　在上表中除了五官以及常見的五行配當外，較為特殊之處則在五常與五

---

〔註185〕 參見〈五行對〉、〈五行之義〉、〈王道通三〉、〈五行相生〉、〈五行相勝〉、〈五行順逆〉、〈治水五行〉、〈五行五事〉、〈求雨〉等篇。此外，筆者也利用了吳振鵬、楊欽棟對五行所作的名稱來加以分類。參見吳振鵬：《陰陽五行之研究》（香港：龍仁學院哲學研究所碩士論文，1993年），頁28。楊欽棟：《〈春秋繁露〉之君臣觀》（臺北：輔仁大學中國文學研究所碩士論文，2007年），頁99～100。

事上。雖然董仲舒未對五常之間有何次序上的蘊含加以說明，但就德行修養的全德及政府全方位運作觀之，五常與五官皆有其內在相輔相成的正面關係。〔註186〕更是促成「三綱」能合於天理人情的關鍵，故云：「夫仁誼禮知信五常之道，王者所當修飭也；五者修飭，故受天之祐，而享鬼神之靈，德施于方外，延及羣生也。」〔註187〕，「五常」乃是王者必須遵守的基本之道，簡松興更認為「因將五行與五常之德相配，使得五常之德具有了倫理之外的神聖意義」〔註188〕。此外，董仲舒又運用《尚書‧洪範》中「敬用五事」的原理〔註189〕，特別彰顯王者必須從整飭貌之恭、言之從、視之明、聽之聰、思之容等五事以實踐王道。〔註190〕像這樣的「五常」、「五事」不僅符合法天之道的大原則下，更是對具有極大威權的王者加以牽制。

在《春秋繁露》中，雖沒有為五行的各類範疇下過明確定義，但仍以列舉的方式將事物五分後歸入各行之下，就如：「王者言不從，則金不從革，而秋多霹靂。霹靂者，金氣也，其音商也，故應之以霹靂。」〔註191〕所言，認為如君主的言論不能使人遵從，則金屬就無法任意的改變形狀，秋天就會多疾雷，疾雷屬金氣，而金氣所發出的聲音為商，故能與疾雷相呼應。像這樣的列舉，也說明了五行的分類不是先預設各類的標準與特性，再將事物依性質來加以分類，而是先有五行關係的理論架構，再將合於此關係的各項事物分為五行。然而不可否認的是，以此種原則的五行配當中仍有關聯性非常薄弱之處，如五行的特質、五味、五常與五氣之間等，只能說是依同類的原則加以分類，而不表示在性質上就能直接相互解釋，故李澤厚認為此種配當為「質異而構同」〔註192〕的相互作用。因此，只要把握此原則就能將萬事萬物與五行相結合，進而建構出五行的相生、相勝、相干等動態結構。

---

〔註186〕參見曾春海：〈董仲舒對陰陽五行說之繼承與發展〉，頁282。

〔註187〕（漢）班固：《漢書‧卷五十六‧董仲舒傳》，頁1166。

〔註188〕簡松興：《西漢天人思想研究——以〈淮南子〉、〈春秋繁露〉、〈史記〉為中心》，頁195。

〔註189〕《尚書‧卷十二‧洪範》云：「五事，一曰貌，二曰言，三曰視，四曰聽，五曰思。貌曰恭，言曰從，視曰明，聽曰聰，思曰睿。恭作肅，從作乂，明作哲，聰作謀，睿作聖。」見（唐）孔穎達：《尚書正義》，頁170。

〔註190〕參見林素英：〈董仲舒「三綱說」思想評述〉，頁104。

〔註191〕（漢）董仲舒：《春秋繁露‧卷十四‧五行五事》，頁76。

〔註192〕李澤厚認為：「《春秋繁露》與《黃帝內經》相同，都認為異質事物因結構位置同而可以相互影響，如夏、南風、寒冷、水、白色、甘味均有系列的類別聯繫，即質異而構同，可以相互作用。」詳見李澤厚：《中國古代思想史論》，頁175。

## 三、螺旋式前進的氣化觀

由上述對陰陽與五行的討論中，對董仲舒的陰陽五行觀以有所了解，但僅將陰陽與五行分開討論是不足以展現董仲舒的氣化宇宙觀，故在此筆者欲從陰陽五行兩種詮釋系統的結合說起，進而討論災異與宇宙觀的意義，來彰顯出董仲舒想要表現的螺旋式前進的氣化觀。

### （一）陰陽與五行的結合

宇宙間的流行，雖以陰陽二氣爲主，但並非僅僅依賴陰陽兩端，而是也要依靠五行而產生不同的作用，就如春天雖屬少陽，卻是因木而起，是需要五行中的木來幫助萬物生長的。故爲了解董仲舒的氣化觀，筆者參考各家學者對此部分所繪製的圖表，而將其內容繪成圓柱體以求明顯的表現出陰陽交替的情形以及凸顯出宇宙間的氣化是不斷改變，不停前進的。而在內容討論上，筆者將先對螺旋圖式有所解釋，進而提出超越董仲舒自身矛盾之處的最終目的。

#### 1. 螺旋圖式

在上述中已有討論陰陽與五行相配當之處，其中可知無論是陰陽或是五行皆與四時有所相關聯，故可說四時爲貫穿陰陽與五行兩種不同詮釋系統的樞紐。筆者承《呂氏春秋》分爲十二紀的概念，將董仲舒的四時也細分爲十二紀，雖在《春秋繁露》一書中未將十二紀分而論述之，但筆者以爲分成十二紀不僅能清楚表達陰陽的運行，更能將土兼十八天的概念表現出來，就如下表所示：〔註193〕

| 孟春 | 仲春 | 季春 | 孟夏 | 仲夏 | 季夏 | 孟秋 | 仲秋 | 季秋 | 孟冬 | 仲冬 | 季冬 |
|---|---|---|---|---|---|---|---|---|---|---|---|
| 寅 | 卯 | 辰 | 巳 | 午 | 未 | 申 | 酉 | 戌 | 亥 | 子 | 丑 |
| 少陽 | 少陽 | 少陽 | 太陽 | 太陽 | 太陽 | 少陰 | 少陰 | 少陰 | 太陰 | 太陰 | 太陰 |
| 出陽而入陰 | 出陽而入陰 | 出陽而入陰 | 右陽而左陰 | 右陽而左陰 | 右陽而左陰 | 出陰而入陽 | 出陰而入陽 | 出陰而入陽 | 右陰而左陽 | 右陰而左陽 | 右陰而左陽 |
| 陽出於地 | 陰陽各半 | 陰出於地 | | 陰陽合一 | | 陽入於地 | 陰陽各半 | 陰入於地 | | 陰陽合一 | |
| | 春分 | | | 夏至 | | | 秋分 | | | 冬至 | |
| 1月 | 2月 | 3月 | 4月 | 5月 | 6月 | 7月 | 8月 | 9月 | 10月 | 11月 | 12月 |
| 木（72/360 天） | | | 火（72/360 天） | | | 土（72/360 天） | | | 金（72/360 天） | 水（72/360 天） | |

〔註193〕此表爲筆者運用《呂氏春秋》十二紀的概念，並整理〈天辨在人〉、〈陰陽位〉、〈陰陽出入〉、〈治水五行〉等篇的內容而成。

　　像這樣把陰陽、四時和空間的概念相結合，不僅表現出陰陽二氣的動態的運行路線，如「春俱南，秋俱北，而不同道；夏交於前，冬交於後，而不同理。」〔註194〕認為陰陽在夏至時交於前，冬至時則交於後；在春分、秋分時雖陰陽各半，但隨著此損彼益而沿著相反的方向運動。也利用了出入於地的概念來表達陰陽隱顯的問題，再搭配上各具七十二天的五行，就可將陰陽、五行與一年的季節變化、三百六十天相結合，故韋政通云：「在董仲舒思想中，四時與陰陽五行的配當不只是靜態的搭配而已，更是一種動態的關係，也就是四時的變化是因有陰陽二氣作用為主導、五行為輔，才會產生變化。」〔註195〕。

　　既然能透過四時而將陰陽與五行相連繫，那董仲舒的宇宙觀又是如何更具體的展現呢？筆者以為，可將其宇宙觀想像為一個非真正具體的圓注體，利用「圓」的概念表達出氣化是不停的相生、不停的循環；利用「柱」的概念表現出陰陽運行是立體的循環，五行相生相勝非僅平面的配當而已；利用「體」的觀念說明氣化流行為一整體的概念，天、地、人三才皆包含於其中，更可用此說明天人之相感應的本原。為能將圓柱體的螺旋圖更清楚的表達出來，筆者將透過以下兩點來加以說明，並將其繪製成圓柱體的螺旋圖〔註196〕。

### （1）十二辰

　　地支的使用甚早，在《周官》中就云：「馮相氏掌十有二歲，十有二月，十有二辰。」〔註197〕，而所謂的十二辰乃指寅、卯、辰、巳、午、未、申、酉、戌、亥、子、丑，後至秦朝改子為開始，其次序便成為子、丑、寅、卯、辰、巳、午、未、申、酉、戌、亥。《淮南鴻烈·天文》〔註198〕、《史記·律

---

〔註194〕　（漢）董仲舒：《春秋繁露·卷十二·陰陽出入上下》，頁66～67。
〔註195〕　參見韋政通：《董仲舒》，頁79。
〔註196〕　參見第141頁。此螺旋圖為筆者由第101頁所製的陰陽運行圖所言伸出的立體圖，欲透過此立體圖來清楚表現出氣化運行及天、地、人三者之間的關係。
〔註197〕　（唐）賈公彥：《周禮·卷二十六·馮相氏》（臺北：藝文印書館《十三經注疏》印嘉慶二十年將西南昌府學開雕宋本周禮注疏，1989年），頁404。
〔註198〕　《淮南鴻烈·卷三·天文》云：「帝張四維，運之以斗；月從一辰，復反其所。正月指寅，十二月指丑；一歲而匝，終而復始。指寅則萬物螾。……指卯，卯則茂茂然。……指辰，辰則振之也。……指巳，巳則生巳定也。……指午，午者忤也。……指未，未，昧也。……指申者，呻之也。……指酉，酉者飽也。……指戌，戌者滅也。……指亥，亥者閡也。……指子，子者茲也。……指丑，丑者紐也。」見（漢）劉安：《淮南子》，頁21。

書》〔註199〕、《漢書‧律曆志》〔註200〕和《釋名》〔註201〕中十二辰都表示了萬物生長變遷的週期情況，由於是表述一年中生物的變遷規律，而這些規律又建立在地球繞太陽的運行而成的四季氣候，故十二辰可說是固定的。在十二辰的運用上，不僅能用來紀年、月、日，更能用來紀時以及象徵方位上的不同，而郭沫若則更把十二辰與十二宮、二十八宿相配，認爲十二辰可視爲古人對黃道周天的十二個分劃。〔註202〕

　　而董仲舒對十二辰的利用如從四時而言，當陰陽二氣相交於冬季後，陰陽二氣就順著自己的運行方向而向南走，「陽南還出於寅，陰南還入於戌，此陰陽所始出地入地之見處也。」，陽氣向南歸還時在寅時出現於地表，陰氣向南歸還時則是日落於戌時；當陰陽二氣相交於夏季後，陰陽二氣就順著自己的運行方向而向北走，「陽北還而入於申，陰北還而入於辰，此陰陽所始出地入地之見處也。」〔註203〕當陽氣向北歸還時日落的時間爲申時，當陰氣向北歸還時日出的時間爲辰時。但就方位上而言，如將陰陽運行的軌道視爲一個

---

〔註199〕《史記‧卷二十五‧律書》：「亥者該也；言陽氣藏於下，故該也。……子者滋也；滋者言萬物滋於下也。……丑者紐也；言陽氣在上未降，萬物厄紐未敢出。……寅言萬物始生螾然也。……卯之爲言茂也，言萬物茂也。……辰者言萬物之蜄也。……巳者言陽氣之巳盡也。……午者萬物交。……未者萬物皆成，有滋味也。……申者言陰用事申賊萬物。……酉者萬物之老也。……戌者言萬物盡滅。」見（漢）司馬遷：《史記》（臺北：藝文印書館印清乾隆武英殿刊本，2005 年 2 月初版 4 刷），頁 490～492。

〔註200〕《漢書‧卷二十一上‧律歷志》云：「孳萌於子，紐牙於丑，引達於寅，冒茆於卯，振美於辰，已盛於巳，咢布於午，昧薆於未，申堅於申，留孰於酉，畢入於戌，該閡於亥。」見（漢）班固：《漢書》，頁 398。

〔註201〕劉熙《釋名‧卷一‧釋天》云：「子，孳也；陽氣始萌，孳生於下也。……丑，紐也；寒氣自屈紐也。……寅，演也；演生物也。卯，冒也；戴冒土而出也。……辰，伸也；物皆伸舒而出也。巳，已也；陽氣畢布已也。……午，忤也；陰氣從下上，與陽相忤逆也。……未，昧也；日中則昃，向幽昧也。申，身也；物皆成其身體，各申束之使備成也。酉，秀也；秀者物皆成也。……戌，恤也；物當收斂，矜恤之也；亦言脫也，落也。亥，核也；收藏百物，核取其好惡眞僞也；亦言物成皆堅核也。」見（漢）劉熙撰：《釋名》（臺北：藝文印書館影印上海商務印館縮印江南圖書館藏明嘉靖翻宋刻本，1996 年 8 月），頁 4。

〔註202〕參見陳遵嬀：《中國天文學史——第五冊》（臺北：明文書局，1988 年 11 月 30 日初版），頁 18～50。以及鄺芷人：《陰陽五行及其體系》（臺北：文津出版社，2003 年 7 月增訂 2 版 2 刷），頁 193～197。

〔註203〕此兩處引文皆出於〈陰陽出入上下〉。（漢）董仲舒：《春秋繁露‧卷十二‧陰陽出入上下》，頁 66、67。

圓柱體，則陽氣出現於東北方，隱沒於西南方；陰氣出現於東南方，隱沒於西北方。〔註204〕故陽出於地時為寅、為一月、為孟春，陽入於地時為申、為七月、為孟秋；陰出於地時為辰、為三月、為季春，陰入於地時為戌、為九月、為季秋而始霜，這不僅符合了「陰陽之行，終各六月」〔註205〕，也將天地之間做了聯繫。〔註206〕

### （2）出入於地

在董仲舒的觀念裡，陰陽是互相消長、轉化、中和的，陰陽出入於地就是最具體的說明，也是促成其宇宙流行為螺旋式前進的重要觀念。宇宙間是由陰陽二氣所充滿，二氣中任何一方增長，另一方就會消滅，但陰陽二氣卻又是無法單獨存在的，也就是說陰陽二氣的總和是一，而這「一」也可說就是「元氣」。如果將宇宙視為圓柱體來加以討論的話，則白色為陽，黑色為陰，兩者相加就成為一個完整的圓柱體，最外層的圓形代表了一周天也就是一年，將圓形一分為二則表示了陰陽出入於地的劃分。

就陽氣而言，與陰氣相會於冬至後，就由圓柱體的後方往前方運行，而在孟春（寅）出於地，這表示陽氣逐漸往顯而易見之處發展，也開始產生實質的作用。當陽氣運行到春分時剛好與陰氣各據一半，但以陽氣為主。陽氣繼續往圓柱體的前方運行，夏至時陰陽交會，而陽氣剛好走到圓柱體的正前方，是圓柱體中最顯明之處，陽氣在此也將作用力發揮到極致。因陰氣的增強，陽氣逐漸減弱，當運行到孟秋（申）時入於地，就圓柱體而言，所謂的陽氣入於地並非消失，而是將要逐漸運行到後方較看不見的地方。當陽入於地後，至秋分時陰陽各據一半，但以陰氣為主。爾後陽氣則在圓柱體的後方

---

〔註204〕像這樣的運行方式，與當時以「陽氣起於東北，終於西南；陰氣起於西南，終於東北。」的觀念有所不同，其不同點有三：一、陰的起始點與一般不同，不是始於西南，而是始於東南。二、陰陽運行的方向與以往的不同，它們是相反而行。三、提出了陰陽的兩個合別點，北為天道之終始。由此可看出董仲舒的獨特之處。詳見王永祥：《董仲舒評傳》，頁103～104。

〔註205〕（漢）董仲舒：《春秋繁露·卷十一·天辨在人》，頁64。

〔註206〕關於陰陽運行與寅、辰、申、戌的配對，周桂鈿認漢代天文學認為仲夏時是「日出於寅入於戌」，仲冬則是「日出於辰入於申」，而董仲舒就是吸收了此種觀念來加以配當。並也認為寅就在東北方，春所對應的方位也是從東北到東南，故董仲舒有時說「陽出於寅」、「陽氣始出東北」、「春出陽」都是指同樣的觀念。唯一有問題的是，周桂鈿在此段的最後云：「『陰陽之行，終各六月』如果陽出寅入戌，那就是行了八個月，而不是六月。」，但就本文而言，陽是出寅入申，陰是出辰入戌，故應為六個月非八個月也。詳見周桂鈿：《董學探微》，頁57～58。

繼續順時針運行，至多至時陰陽再度交會。陰氣的運行則是由季春（辰）時出於地，陰氣開始往圓柱體的後方運行，至多至時與陽氣相交後，逆時針運行，爾後季秋（戌）時入於地，這也同樣表示了陰氣開始往圓柱體的前方運行，至秋分時陰陽各半，而夏至時與陽氣相交於前。其中陰氣與陽氣不同之處，在於董仲舒一再強調陰氣是虛、是空、是輔佐、是不發揮實際作用的，故當陰氣往前方運行時，陰氣所能發會輔佐的功能越薄弱，故稱爲「入於地」，反之當陰氣往後方運行時，陰氣才能得其正位而發揮應有的功能，故稱爲「出於地」，而當陰氣運行到圓柱體的正後方時爲陰氣功能最強之時。

而五行在此螺旋圖中，雖因「土」居中又各兼十八天的緣故，無法明顯的表現出其作用與陰陽、四時的配當〔註207〕，但五行與陰陽同爲詮釋一個世界從有形到無形的最好方法。又因陰陽、四時爲偶數的相生，五行爲奇數的變化，如萬物的變化僅包含奇數一類或是偶數一類的變化，是無法把世間的一切都包羅於中，就如羅光所云：

> 爲能夠有變化，務必要有一二。沒有一，變化不能有根本；沒有二，變化不會發作。……一二兩字，在這裡不代表一元或二元論，乃是代表變化的兩種因素。〔註208〕

故必須奇偶數並存以求最大值，更何況陰陽、四時、五行皆是詮釋天地之氣的作法，如天地之氣可以從四時分爲四等分，也可從五行分爲五等分，則就表示萬物能產生出無窮多種的事物以及詮釋方法。筆者以爲將陰陽五行的運行比擬爲近似圓柱體的概念，最值得注意的一點，乃在於所謂的圓柱體，非指實體的圓柱體，而是一個近乎圓柱體的抽象概念，以這抽象概念來說明氣化的整體性。

### 2. 矛盾之處

在建構這樣複雜的宇宙架構時，難免會有矛盾或是相關性薄弱之處，故筆者以下將對董仲舒在架構時所產生矛盾之處加以解釋，以求最合理的詮釋。在周雅清〈董仲舒對陰陽概念的運用〉〔註209〕一文中，除了詳細敘述陰

---

〔註207〕關於五行與陰陽、四時的配當，筆者在前面論述時已製成圖表，以彌補此螺旋圖的不足。參見第 128 頁。

〔註208〕詳見羅光：《儒家形上學》（臺北：臺灣學生書局，1991 年 9 月初版），頁 77～78。

〔註209〕筆者將此篇所提與陰陽運行相關的矛盾之處整理爲以下四點。詳見周雅清：〈董仲舒對陰陽概念的運用〉，《孔孟學報》第 80 期（2002 年 9 月），頁 125～127、129～130。

陽之間的運行、概念外，也提出其陰陽五行矛盾之處，有：（1）陰陽四時與五行關係的說明是不嚴密的，有時認爲五行爲陰陽所派生，有時卻又認爲五行與陰陽屬同層間的關係。（2）有時認爲「陰陽之行，終各六月」〔註210〕，卻又云「陽氣以正月始出於地，生育長養於上，至其功必成也，而積十月。」〔註211〕，兩者似有矛盾。（3）「春出陽而入陰，秋出陰而入陽」〔註212〕與「以陰爲權，以陽爲經」、「陽常居實位而行於盛，陰常居空位而行於末」〔註213〕不協調。（4）在陰陽比附爲刑德上是有所缺失的，陰陽屬自然現象而刑德卻是屬於政治上的人爲，兩者之間沒有必然關聯之處。此外余治平則認爲土取諸地，而地肯定是由天所派生的，案邏輯推論下來，至尊至貴的應該是天，而不應該是地，更不可能是土，故董仲舒將五行中的「土」提升到最高地位是與「天爲最尊」的最高原則有所牴觸的。〔註214〕

上述四點中筆者以爲還可討論之處在第二、三點上，就第二點文本而言確有矛盾之處，然筆者以爲董仲舒強調「獨陽不生，獨陰不生」就表示了就算陽氣極盛時陰氣還是存在，只是潛藏於下而非消失不見；如當陰氣極盛時陽氣仍存在，雖陽氣潛藏於下但發生實質作用力仍是由陽氣所發，故「陰陽之行，終各六月」〔註215〕陰陽顯於上時各據六個月，然陽氣必須將潛藏於下而發揮作用的四個月再加上去才能成歲功，故云：「至其功必成也，而積十月。」〔註216〕。而第三點上，可從陰陽出入於地的觀念來加以解釋，春季包括了孟春（寅）、仲春（卯）、季春（辰），而陽出於地是在孟春（寅）時，陰氣出於地則是在季春（辰）時，但因陰氣出於地非陰氣應當其位，故稱爲「春出陽而入陰」〔註217〕；同樣的，秋季包括了孟秋（申）、仲秋（酉）、季秋（戌），

---

〔註210〕（漢）董仲舒：《春秋繁露‧卷十一‧天辨在人》，頁64。

〔註211〕（漢）董仲舒：《春秋繁露‧卷十一‧陽尊陰卑》，頁61。

〔註212〕（漢）董仲舒：《春秋繁露‧卷十二‧陰陽出入上下》，頁66。

〔註213〕此兩段引文皆出於〈陽尊陰卑〉。見同註211，頁63。而此段在殿本中放於〈王道通三〉篇中，但據蘇本所云：「各本此下接上篇『土若地，義之至也』至『此皆天之近陽而遠陰』。張惠言云：『當接上篇『夫喜怒』至『而人資諸天』爲一篇。』今從凌本移正，然此間疑尚有脫文。」，故筆者將此段疑至〈陽尊陰卑〉篇中。見（清）蘇輿：《春秋繁露義證》，頁330。

〔註214〕詳見余治平：《唯天爲大——建基於信念本體的董仲舒哲學研究》，頁145～146。

〔註215〕同註210。

〔註216〕（漢）董仲舒：《春秋繁露‧卷十一‧陽尊陰卑》，頁61。

〔註217〕以下兩處引文出於〈陰陽出入上下〉。（漢）董仲舒：《春秋繁露‧卷十二‧陰陽出入上下》，頁66。

而陽氣在孟秋（申）時入於地，陰氣則在季秋（戌）時入於地，雖仍以陽氣發揮實質作用，但陰入於地爲當其正位，故稱爲「秋出陰而入陽」。這就與陰爲權、爲居空位而行於末的觀念相符合。

除了在陰陽運行上有所矛盾，董仲舒將自然界的陰陽五行與人事相連也是其學說產生很多矛盾或是被攻擊之處，但就如孫長祥所云：

> 董子由陰陽自然天道的法則轉化爲人事的應用規約性原則，或許仍在許多理論上的缺失與不足，但不失爲一種哲學的試驗。〔註218〕

故對董仲舒學說有所不足之處，除了辯證矛盾之處外，更重要的是了解背後意義的重點。

## （二）災異譴告

在董仲舒架構出如此複雜的宇宙後，其目的仍是爲「天人感應」奠基以及對國君有所牽制，故將流行中不正常的現象，也就是所謂的「氣化之變」視爲天所產生的災異譴告。在先人的觀念中就已有以天的異象來警誡人民的思想，但至董仲舒則是將天之異象特別與人君的行爲施政相結合，就這點上也與《公羊傳》有所不同。在《公羊傳》中所謂的「災異」乃指蟲災、水旱災、疫病、水災、大雨、大雪等天候異象或是奇珍異獸〔註219〕，但並未說明災異是由天而出，更無「災異」是由國君的行爲所造成之觀念，此乃《公羊傳》爲孔門之書，而孔門是不憑災異以言人事，不假天道以言人道；而董仲舒的「災異」可說是從「貴微重始」而來，認爲「災異」是用來警誡人君必須行仁政，而非僅於個人的安樂災禍。徐復觀更認爲災異是僅次於「元」的天之一端，當災異與五行相結合，就是天人感應的表現〔註220〕，故筆者欲從五行變異的部分來加以討論董仲舒的「災異」，而關於天人感應的部分，則放於第五章「天人感應」中再加以討論。

### 1. 五行變異

雖與《公羊傳》對於「災異」的產生有所不同，但董仲舒對「災隨事而至，異先事而發」仍有所承襲，而與傳統公羊家最大的不同則是在：(1)將各自獨

---

〔註218〕孫長祥：〈董仲舒哲學與公羊春秋〉，《哲學與文化》第30卷第9期，2003年9月出版，頁66。

〔註219〕詳見王初慶：〈淺論漢初公羊學災異說〉，收入兩漢文學學術研討會籌備委員會編：《兩漢文學學術研討會論文集》（臺北：華嚴出版社，1995年），頁2～7。

〔註220〕徐復觀：《兩漢思想史》，頁357。

立不相干的「災」與「異」相結合，成爲有兩次反省機會的譴告模式。（2）認爲「異大乎災」，認爲天先出災而後示異是爲了讓人主有自省的機會。〔註221〕但其特異之處仍屬爲了表現出氣化之常與氣化之變的變異，而將災異與五行相結合，由此爲出發點，才能夠深刻瞭解董仲舒之所以強調災異的特殊性。

在《春秋繁露》一書中，對於陰陽變異僅有在討論大水旱時所云：

> 大旱者，陽滅陰也，陽滅陰者，尊厭卑也，固其義也，雖大甚，拜請之而已，無敢有加也。大水者，陰滅陽也，陰滅陽者，卑勝尊也，日食亦然，皆下犯上，以賤傷貴者，逆節也，故鳴鼓而攻之，朱絲而脅之，爲其不義也，此亦春秋之不畏強御也。故變天地之位，正陰陽之序，直行其道而不忘其難，義之至也。〔註222〕

認爲旱災的產生是因爲陽氣過盛而損滅陰氣，但陽勝於陰是理所當然之事，故雖旱災很嚴重也只能向上天拜請祈求。而水患、日蝕皆屬陰氣過盛而損滅陽氣，因卑壓尊非正常現象，故必須擊鼓責備社神。更將此理論實際運用在止雨之事上，但對於其他災異現象，董仲舒皆未以陰陽二氣來加以解釋，筆者以爲此乃因陰陽二氣在地位上並不相等，故當陽氣壓陰氣時一切都會被合理解釋，也就不會認爲所出現的災異是非常嚴重的。然而「災異」還是存在，故董仲舒就利用了五行相生相勝的的關係來加以說明，以五行作爲災異的解釋基礎，並在《春秋繁露》一書中連續以〈五行順逆〉、〈治水五行〉、〈治亂五行〉、〈五行變救〉和〈五行五事〉等篇來加以說明並強調此點。

在〈五行順逆〉中說明君王的政令與五行之間順逆的關係，以及政令對五行順逆所產生的不同結果，進而從災異的產生推演出君王在政令上的得失，如下表所示〔註223〕：

| | 季 節 | 特 性 | 王者逆時而施 | 災異之顯 |
|---|---|---|---|---|
| 木 | 春 | 生之性 | 出入不時、走狗試馬、好媱樂、隱酒沉湎、縱恣、不顧政治、事多發役、作謀增稅 | 民病疥搔溫體，足胻痛、茂木枯槁、工匠之輪多傷敗、毒水涱羣、漉陂如輿、羣龍深藏、鯨出現 |

---

〔註221〕詳見黃啓書：《董仲舒春秋學中的災異理論》（臺北：國立臺灣大學中國文學研究所碩士論文，1995 年），頁 127～128。

〔註222〕（漢）董仲舒：《春秋繁露・卷三・精華》，頁 18。

〔註223〕筆者整理〈五行順逆〉篇而成，其中關於祥瑞部分，則待天人感應部分再加以討論。

| 火 | 夏 | 成長 | 惑於讒邪、內離骨肉、外疏忠臣、至殺世子、誅殺不辜、逐忠臣、以妾爲妻、棄法令、婦妾爲政、賜予不當 | 民病血壅腫，目不明、大旱、有火災、冬應不來、梟鴞羣鳴、鳳凰高翔 |
| 土 | 夏中 | 成熟百種 | 好婬佚、妻妾過度、犯親戚、侮父兄、欺罔百姓、大爲臺榭、五色成光、雕文刻鏤 | 民病心腹宛黃、舌爛痛、五穀不成、百姓叛去、賢聖放亡 |
| 金 | 秋 | 殺氣之始 | 好戰、侵陵諸侯、貪城邑之賂、輕百姓之命 | 民病喉咳漱，筋攣，鼻仇塞、金鑄化凝滯、凍堅不成、白虎妄搏、麒麟遠去 |
| 水 | 冬 | 宗廟祭祀之始 | 簡宗廟、不禱祀、廢祭祀、執法不順、逆天時 | 民病流腫、水張、痿痺、孔竅不通、霧氣冥冥、有大水、龜深藏、黿鼉呴 |

董仲舒順著五行的特性來說明君主應順時而爲，如不順時而爲就會出現相對應的災異現像。後至〈治亂五行〉時則利用五行次序來說明相干會產生的異象〔註224〕，以加強君主應順時而行仁政：〔註225〕

| | 木 | 火 | 土 | 金 | 水 |
|---|---|---|---|---|---|
| 干木 | | 蟄蟲蚤出，蚿雷蚤行 | 胎夭卵㲩，鳥蟲多傷 | 有兵 | 春下霜 |
| 干火 | 地動 | | 多雷 | 草木夷 | 夏雹 |
| 干土 | 倮蟲不爲 | 大旱 | | 五穀傷，有殃 | 夏寒雨霜 |
| 干金 | 草木再生 | 草木秋榮 | 五穀不成 | | 魚不爲 |
| 干水 | 冬蟄不藏 | 星墜 | 蟄蟲冬出 | 冬大寒 | |

像這樣一再的將災異與五行相結合，而使災異不致再停留於理論階段，並與實際的政事相接軌。雖不可否認其中仍有牽強之處，但就如〈論六家要指〉所云：

夫陰陽、四時、八位、十二度、二十四節各有教令，順之者昌，逆

---

〔註224〕羅光認爲五行的次序，乃是天然的次序。如天然的次序被擾亂就會引起不協調的怪現象而發生災異。所謂的「干」是指干犯，也就是反背五行的次序，侵入另一行的氣節裡，天地間就會有反應，因而產生不適合節氣的現象，生物也遭受破壞。詳見羅光：《中國哲學思想史‧兩漢南北朝篇》，頁68～69。

〔註225〕筆者整理〈治亂五行〉篇而成。

之者不死則亡，未必然也。……夫春生、夏長、秋收、冬藏，此天道之大經也，弗順則無以爲天下綱紀。故曰：四時之大順不可失也。〔註226〕

這是受到當時大環境的影響而成，而漢代學者也多藉此建立起一套詮釋系統，而這樣的四時五行教令雖未必事事皆得應驗，但對農耕社會而言卻是有其一定的約束力存在。

### 2. 變救的意義

除上述所言將災異與君主相關連爲其特色外，如何掌握災異進而變救則更是其特殊之處。所謂的「變救」主要表現在〈五行變救〉一篇中，認爲「五行變至，當救之以德，施之天下，則咎除。不救以德，不出三年，天當雨石。」〔註227〕，當五行的變異發生後，君主就應該以德政去救治，這樣才能將災異消除，但如不採取德政救治，不出三年上天就會以降下隕石來警示國君，而每一行所發生的現象和解決方法皆有所不同，故筆者據其本文而整理爲下表〔註228〕：

| 五行變異 | 自然現象 | 施政情況 | 民生情況 | 補救辦法 |
|---|---|---|---|---|
| 木有變 | 春凋秋榮，秋木冰，春多雨 | 繇役眾，賦斂重 | 百姓貧窮叛去，道多饑人 | 省繇役，薄賦斂，出倉穀，振困窮 |
| 火有變 | 冬溫夏寒 | 王者不明，善者不賞，惡者不絀，不肖在位，賢者伏匿 | 寒暑失序，而民疾疫 | 舉賢良，賞有功，封有德 |
| 土有變 | 大風至，五穀傷 | 不信仁賢，不敬父兄，淫泆無度，宮室榮 | | 省宮室，去雕文，舉孝悌，恤黎元 |
| 金有變 | 畢昂爲回，三覆有武 | 棄義貪財，輕民命，重貨略 | 多兵、多盜寇，百姓趣利，多姦軌 | 舉廉潔，立正直，隱武行文，束甲械 |
| 水有變 | 冬濕多霧，春夏雨雹 | 法令緩，刑罰不行 | | 憂囹圄，案姦宄，誅有罪，臹五日 |

如木發生變異時，其表現爲春天草木凋零至秋天時則草木茂盛、春天雨水過多而秋天時樹木上會結冰等反常現象，這都是因爲君王施政有太多的徭役和賦稅。這也使百姓因貧窮而逃亡，道路上也充滿了饑餓的人群，爲了彌

---

〔註226〕（漢）司馬遷：《史記‧卷一百三十‧太史公自序》，頁 1349。
〔註227〕（漢）董仲舒：《春秋繁露‧卷十四‧五行變救》，頁 75。
〔註228〕詳見同註227，頁 75～76。

補錯誤，君主此時應該減少徭役和賦稅，並從穀倉中拿出糧食來賑濟百姓。就像這樣，五行各有各的不同災異現象和解決方法。這也凸顯出董仲舒欲以五行的道德意識來牽制帝王的企圖，就如漢武帝建元六年所發生的遼東高廟及高園便殿火災，董仲舒就利用了災異的觀念來討論其政策建議，但也因此為自己帶來了牢獄之災，可見當時災異之說只是士子議論時政時的藉口，時政的得失還是另有其內在的原因，而其政策更非由災異來左右，而是提供調整政策的一個可能。〔註229〕

　　像這樣「變救」的觀念，筆者以為也可從董仲舒對《公羊傳》的繼承來加以討論。在第三章中曾提及董仲舒對《公羊傳》的繼承與創新，認為董仲舒不僅對《公羊傳》的經權觀念有所繼承，並時常經、權對舉而使「變」的概念更為明顯，也利用陰陽五行的關係來說明經與權非對立而為相輔相成的關係。在這樣的概念下，就衍生出「救」的概念。造成「變而亂」的主因乃是天道周行過程有不完滿之處，為使偏離者能合於正道，並保障天道周行中每一個過程都能順遂，必須「體常察變」，而在變之中又可分為「變而有常」以及「不常之變」，所謂的「變而有常」就如同四時之變一般，是天道周行過程中，一步接著一步的轉化銜接之變；但所謂的「不常之變」則是指災異而言，因其非天所固有，屬突發偶有之變。〔註230〕雖有「變」的產生，但天道是以長養萬物之仁德為主，故當「變」產生時就必須以道德行為為標準來加以判斷，並「以德就變」來使一切反經而歸正，故云：

> 惡之屬盡為陰，善之屬盡為陽，陽為德，陰為刑。刑反德而順於德，亦權之類也。雖曰權，皆在權成。是故陽行於順，陰行於逆。逆行而順，順行而逆者，陰也。是故天以陰為權，以陽為經。……經用於盛，權用於末。以此見天之顯經隱權，前德而後刑也。……天之好仁而近，惡戾之變而遠，大德而小刑之意也，先經而後權，貴陽而賤陰也。〔註231〕

---

〔註229〕參見朱永嘉、王知常：《新譯春秋繁露》（臺北：三民書局，2007年2月初版1刷），頁1080。

〔註230〕詳見孫長祥：《董仲舒思想評述》，頁97～100。

〔註231〕（漢）董仲舒：《春秋繁露・卷十一・陽尊陰卑》，頁63。此段在殿本中放於〈王道通三〉篇中，但據蘇本所云：「各本此下接上篇『土若地，義之至也』至『此皆天之近陽而遠陰』。張惠言云：『當接上篇『夫喜怒』至『而人資諸天』為一篇。』今從凌本移正，然此間疑尚有脫文。」故筆者將此段疑至〈陽尊陰卑〉篇中。見（清）蘇輿：《春秋繁露義證》，頁330。

萬事萬物都以「經」爲主，以「權」爲輔，並以權變來確保天道的每個環節皆能順暢的流行，進而在「經」爲中和的大前提下，行「權」以處變救變。換言之，所謂的「以德救變」就是董仲舒以仁德用來改正氣化螺旋運行有所缺失錯誤之處。

## （三）螺旋式宇宙觀

在天道運行爲終而復始、變而有常、合而爲一、陰陽中和的原則下，陰陽五行運行的特徵應有：1. 整體系統結構爲其決定性的主要環節，且整體並不等於諸功能或因素相加的總和，而是大於其總和。筆者以爲這是因爲漢代多欲以有限的具體來表達無限，但有限仍無法等同於無限，故其整體還是大於其中萬事萬物的總和。2. 整體系統不可能是靜止不變的存在，而是處在一種運動變換的功能、力量的動態平衡中，從而具有自調節的性質。而在這系統中的各種功能、作用是相互影響、相互完成，以達維持系統、協調生命等目的。3. 整體中雖有運動變換，卻又周而復始，循環無端，並不越出或破壞這個既有系統的穩定和持久。〔註232〕這也就符合於漢代氣化宇宙論所強調的整體性了。

由這樣的陰陽爲經，五行爲緯所勾勒出的宇宙又有什麼意義呢？董仲舒所建立的宇宙體系雖有爲仁政德治服務，但重點仍是在理論的架構與基礎上，並進而藉此對天道秩序的肯定，賦予價值意義後，而要求無論是在人論上或是在政治上都皆等同於天。此外，筆者以爲更重要的是，董仲舒欲利用了這螺旋式的氣化觀將天、地、人三大層面皆包含於其中。故如可將董仲舒所提出的「天有十端」再分爲「天地人」、「陰陽」、「五行」這三大類，此三大類皆爲包羅天地萬物的概念系統，因此「天有十端」就是天地萬物的存在

---

〔註232〕筆者參考李澤厚所云：「第一，不是任何個別的功能、力量、性質或因素而是整體系統結構是決定性的主要環節。整體不等於諸功能或因素相加的總和，它大於它們及其總和，即整體具有其不能等同或還原於各功能、力量、因素的自身性質。第二，不是簡單的線性因果，而是這個系統中諸功能、力量的相互作用即包括反饋作用在內，才是維持系統協調生命的關鍵所在。第三，因此，整體系統將不可能是靜止不變的存在，而是處在運動變換著的功能、力量的動態平衡中，從而具有自條節的性質。第四，儘管有運動變換，卻又周而復始，循環無端，並不越出或破壞這個既有系統的穩定和持久。第五，對這個系統的整體把握，基本上處於未經分析處理（例如不能眞正運用數學）的籠統直觀的素樸水平。」，並加以己見而整理爲三點。參見李澤厚：《中國古代思想史論》，頁 170～171。

整體，也是論究這整體的總原則。〔註233〕來加以說明。

　　筆者以爲董仲舒雖把一整體分爲十端，但這十端實皆爲「氣」。陰陽二氣雖會因消長而有所不同，但陰陽二氣僅爲一整體，爲元氣的分化。〔註234〕五行則是以氣爲萬物的成素，不僅是哲學上的成素，也是物理上的成素，而五行之間的相生相剋則可視爲氣化在宇宙間五種變動互化的作用〔註235〕。在「天有十端」中最爲特殊的部分，就在於「天地人」這一部分，這不僅牽涉到「天」的分類、指涉以及駁雜之處，更是架構出「天人感應」的重要部分，故筆者將於下一章中詳加討論。

　　若總括董仲舒的宇宙論重要特點則有：1. 宇宙爲一氣的整體。2. 是以人爲主體，以天爲主宰的，強調人在天的主宰下發揮主官能動作用。3. 是以大地爲基礎，以五行定方位（空間），以陰陽運行主寒暑更替（時間），以氣作爲影響的中介，形成人的生活的自然環境。4. 天和人通過陰陽五行之氣（氣爲陰陽五行的載體）進行相互的精神感通。5. 天是王道仁政的總代表。〔註236〕像這樣以氣來貫穿形上形下，就爲董仲舒氣論所強調的當陰陽五行落實到實有的層面時，就是用量來表現出無限落入具體有限層面的概念，故實有的天道層面就是用陰陽五行，用氣來解釋；而實有的形下層面則是用具體的萬事萬物來加以說明，就如羅光曾云：

　　　　在漢朝學者的思想中，天地萬物互相通，所謂相通爲氣的相通。氣
　　　　周流天地間，上天下地都是氣，萬物也是氣，萬事也是氣。〔註237〕

─────────────

〔註233〕參見杜保瑞所云：「『天有十端』只是作爲一種分析世界、框架宇宙的分析單位元的作用而已。其項目實際上就是『天地人』、『陰陽』、『五行』三類……董仲舒把三套各自可以獨立地作爲天地萬物析類架構的體系平置一處，其意義顯然是要普遍化及抽象化這十端，認爲『天地人、陰陽、五行』都是窮究天地萬物的概念系統、範疇，因此，『天有十端』既是天地萬物的存在整體，有事論究此一整體的總原則。」見杜保瑞：〈董仲舒政治哲學與宇宙進路的儒學架構〉，頁 29。

〔註234〕李增在〈董仲舒天人思想之「天」概念分析〉一文中也認爲「其實陰陽僅不過是一氣流行之階段，狀態之異而分陰分陽而已。董事亦云：『天地之氣，合而爲一，分爲陰陽。』即是舉證明確。」見李增：〈董仲舒天人思想之「天」概念分析〉，頁 73。

〔註235〕參見吳振鵬：〈陰陽五行之研究〉，頁 72。

〔註236〕此特點爲筆者參考周桂鈿之說，並加以己見而成。參見周桂鈿：《董學探微》，頁 76～77。

〔註237〕詳見羅光：《中國哲學思想史・兩漢南北朝篇》，頁 182～183。

在董仲舒之前的《淮南鴻烈》，或之後的揚雄、王充等皆有此觀念，雖對氣的概念上有所不同，但都利用「氣」來做為變化的依據或解釋，並大量使用陰陽、五行來說明生成變化的過程中，事物間的關係，並將全部的萬物關聯在一起，故認為宇宙為一有機體，萬事萬物皆為氣之所成，為兩漢的通論而非董仲舒獨有。〔註238〕

〔註238〕對此鄔昆如認為漢代思想家對於這方面的見解，大致可分為兩部份，一、宇宙起源問題：認為雖漢代思想家並沒有很系統的懷有共識，「道」、「元」、「氣」、「五行」等等主張不一，但卻有一個共同的預設，那就是宇宙有始。而這被肯定為最終的元氣，是太初的，是再也沒有更早的元素。二、宇宙變化問題：漢代宇宙論的宇宙變化問題，都濃縮到「氣」的課題上，不單是「氣」的運作是有目的的，「改變氣質」更是具有目的性的。詳見鄔昆如：〈漢代宇宙論之興起與發展及其在哲學上的意義〉，收入國立政治大學中文系所編：《漢代文學與思想學術研討會論文集》（臺北：文史哲出版社，1991 年 10 月初版），頁 103～106。而吳志鵬也認為：兩漢宇宙論有一個共同的趨勢，便是都會用「氣」來做為最後的總結，或是做為變化的依據，如董仲舒的「天」有陰陽、五行、四時之氣或「元」則有元氣；《淮南鴻烈》中「道」的最後階段便是「氣」；《易緯》的「太易」乃是未見氣，「太初」是氣之始。總之都是以「氣」做為變化的依據或解釋。詳見吳志鵬：〈兩漢的宇宙論思想：宇宙發生論與結構論之探究〉，頁 119。

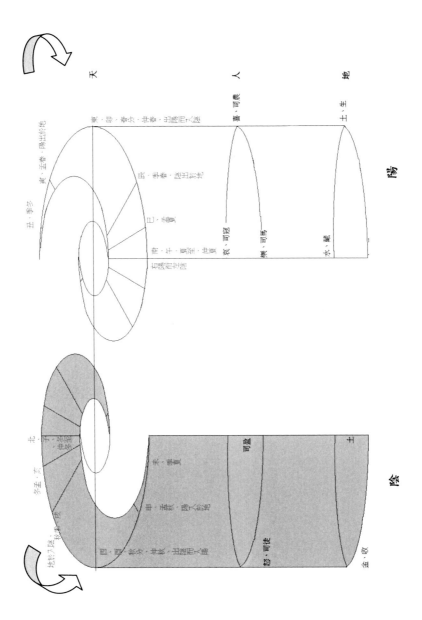

# 第五章　氣論視野下的天人感應

　　董仲舒的思想系統，是以當時流行的陰陽五行學說，作爲基本的架構，建立一個以天爲中心，以天人感應爲其特色的天人關係，再據這理論對先秦儒家的人性、倫理、政治等問題，重新加以解釋，並賦予新義。〔註1〕筆者在第四章中已對董仲舒的陰陽五行架構有所討論，此處則是以討論可視爲其思想根本的「天」爲先，進而討論天與人之間的「天人感應」，以求表現出董仲舒特殊的「天人」觀念。

## 第一節　元之具體表現——天

　　「天」一直是中國思想中最古老、最重要的範疇，「天」的涵義與分類也常隨著朝代不同而有所不同，在同時代中也會因中心思想的不同而各家的「天」也有所不同。〔註2〕就董仲舒的「天」而言，一方面可從對《春秋》的繼承來加以討論，其云：「然而其辭體天之微，故難知也。」〔註3〕，表現出董仲舒認爲《春秋》所記載的歷史事實都是爲了體現天的微意，此觀念雖與

〔註1〕　韋政通：《董仲舒》（臺北：東大圖書，1986年7月初版），頁65。
〔註2〕　張立文對各時代的特色加以融合後，將「天」的涵義大略分爲：天是自然的形上學本體或天地萬物存有的依據；天是有人格的主宰者；天是自然而然的；天是自然界、宇空；天蘊涵倫理道德內涵這五種。這也凸顯了「天」範疇在中國哲學思想發展進程中的重要性，甚至可將中國哲學簡言爲「窮天人之際」。詳見張立文：《中國哲學範疇精粹叢書——天》（臺北：七略出版社，1996年11月初版），頁7～9。
〔註3〕　（漢）董仲舒：《春秋繁露・卷三・精華》（臺北：臺灣商務印書館出版，影印上海涵芬樓武英殿聚珍本），頁19。

《公羊傳》有所不同，但董仲舒的「天」卻是由此展開；一方面則由上一章具體的陰陽、五行、四時的結合來表現出「天」實有的層面。徐復觀曾云：「到了董仲舒，才在天的地方，追求實證的意義，有如四時、災異，更以天貫通一切，構成一個龐大的體系。」〔註4〕，為了明瞭董仲舒「天」的涵義與作用，筆者將就「天」的分類來加以說明其中意義。

## 一、天的分類

因董仲舒的「天」是構成龐大體系的底基，無論是陰陽、五行、四時或是天地間的萬物都與「天」有關係，而「天」又是「元」較具體的表現，如能對「天」有所了解就能對「元」這一整體有所了解。但也因董仲舒將一切事物都與天比附，而造成其「天」概念的混用，如將其「天」的意義加以分類，大略可分為至上神、自然義、萬物之本、道德義、天有十端、人君為天的化身這六種意義〔註5〕，然而雖將「天」化分為六種意義，但實際上六種意義又交互混用〔註6〕，這顯示了漢代哲學的駁雜與繁複，已不是一家之言或是一派之論可以涵括及分門別類的。

### （一）至上神

我國古籍中常以天帝為降命於有德的人為王的至上神〔註7〕，故國君就成

---

〔註4〕 徐復觀認為在董仲舒之前「古代天由宗教的意義，演變而為道德價值的意義，或自然的意義，這都不足以構成天的哲學。因為這只是由感情、傳統而來的虛說，點到為止，沒有人在這種地方認真地求證驗，也沒有人在這種地方認真地要求由貫通而來的體系。」，是到董仲舒才有所發展。詳見徐復觀：《兩漢思想史》（臺北：臺灣學生書局，2000年9月初版6刷），頁371。

〔註5〕 此六種分類，筆者乃採韋政通《董仲舒》一書中所分之標目，並加以己見而成。參見韋政通：《董仲舒》，頁65～71。

〔註6〕 吳志鵬認為造成董仲舒「天」的會混淆的原因有二，一是董仲舒必須承繼儒學的傳承，又兼容在他之前其他各家的說法；一是他將所有的事物的最後根源都指向天，使天變成為匯雜之處。但董仲舒對天思想重點，並非於此，而是之後所開展出與人相關的「天人關係」學說。詳見吳志鵬：〈兩漢的宇宙論思想〉，《哲學與文化》（2003年9月），頁111～112。

〔註7〕 如《詩經・卷十六之四・大雅・皇矣》云：「皇矣上帝，臨下有赫。監觀四方，求民之莫。」。見（唐）孔穎達：《毛詩正義》（臺北：藝文印書館《十三經注疏》印嘉慶二十年江西南昌府學開雕本，1989年），頁567。《尚書・卷十一・泰誓》云：「今商王受，弗敬上天，降災下民。……皇天震怒，命我文考，肅將天威。」。見（唐）孔穎達：《尚書正義》（臺北：藝文印書館《十三經注疏》印嘉慶二十年江西南昌府學開雕本，1989年），頁152～153。《尚書・卷六・大禹謨》云：「皇天眷命，奄有四海，為天上君。見（唐）孔穎達：《尚

---

為受命於天而為萬民的統治者，為天帝在人世間的代表。而這個至上神本身是有心有為的，故又稱為「人格神」。在《春秋繁露》一書中，天的表現也往往與人相類似，但就直接判定董仲舒的「天」就是人格神似乎有些不妥，如董仲舒的「天」為人格神，是否又與董仲舒以前所認為的人格神相同呢？為釐清董仲舒人格神的部分，筆者將在下一點「人格神的討論」中加以說明，而此處僅大略性的對至上神的部分加以說明。

　　為表示對至上神的尊重及其崇高的地位，董仲舒認為透過對天的祭祀最能表達此種意念〔註8〕，故云：

> 天者，百神之君也，王者之所最尊也。以最尊天之故，故易始歲更
> 紀，即以其初郊。郊必以正月上辛者，言以所最尊首一歲之事，每
> 更紀者，以郊郊祭首之，先貴之義，尊天之道也。〔註9〕

為了凸顯「天者，百神之大君也。事天不備，雖百神猶無益也。」〔註10〕，故祭天的儀式通常都早於對其他神明的祭拜，而在一年初始的正月上旬辛日舉行，表一歲之中第一位的大事。又如遇到喪期，雖「三年喪，不祭其先」〔註11〕，但卻也「不敢廢郊」，這不僅表現了祭天重於祭祖外，也說明了天是尊貴於人的。祭祀活動的主要作用是在於溝通、報答、崇敬等，在這之中隱含了祭祀對象是有意志、有情感的，才會產生如君主不依照禮制而祀天，就會招禍的想法，故又云：

> 郊禮者，人所最甚重也。廢聖人所最甚重，而吉凶利害在於冥冥不
> 可得見之中。雖已多受其病，何從知之。〔註12〕

廢除郊禮就是不虔誠敬天，就是對天不孝，會因此而招致天的報應；反之如

---

書正義》，頁84。等篇都說明了天為至上神的意思。

〔註8〕 韋政通認為至上神與人間的關係主要是表現在福禍和授國命上，而尊天的最具體表現就是在祭祀上「祭天於郊」、「唯天為越喪而行事」的表現。詳見韋政通：《董仲舒》，頁66。

〔註9〕 （漢）董仲舒：《春秋繁露·卷十五·郊義》，頁78。

〔註10〕 同註9，頁79。此段引文殿本放於〈郊祭〉中，然據鍾肇鵬所云：「『故古之聖王』以下至篇末原屬〈郊祭〉。紀校：『「古之聖王」下二百五十字及「所聞曰」下八十九字係〈郊語〉錯簡在此。』盧校引錢唐說同。凌曙、俞樾、蘇輿均從之移正。」，故筆者以為此段疑放於〈郊語〉中。見鍾肇鵬：《春秋繁露校釋》（河北：河北人民出版社，2005年5月第1刷），頁910。

〔註11〕 以下兩處引文皆出於〈郊事對〉。見（漢）董仲舒：《春秋繁露·卷十五·郊事對》，頁82。

〔註12〕 （漢）董仲舒：《春秋繁露·卷十四·郊語》，頁77。

誠心祀天就會獲得福報。更認為五穀的生長是上天所賜予，為了顯示對天的尊敬，必須依照四時的次序，分別把所受到上天賞賜的穀物，作為對宗廟的祭品，這也是對宗廟祖先的一種敬意。〔註13〕

杜保瑞認為「既然祭天的儀式不可廢，則天的地位就高高在上，於是天的意志就必然影響於人間社會，而祭天儀式本身就成了對君王行使道德束縛的意識形態強化的力量。」〔註14〕從此也可再次證明董仲舒的目的是欲對君王所有箝制的，而非僅為大一統政權架構合理的依據。

## （二）自然義

所謂的「自然之天」，就是作為宇宙總稱的天和自然運行的具體規律〔註15〕，而其運行的規律就稱為「天之道」。董仲舒受到《呂氏春秋》、《淮南鴻烈》的影響〔註16〕，運用了四時、陰陽等自然現象來說天，將陰陽、五行、四方，配合成一個完整的有機體。在天的十端中，包涵了天、地、陰、陽、木、火、土、金、水、人，除人一端外其他九端都可從觀察自然之道中得其規律〔註17〕，而這規律也就是「天」的具體表現，故在〈卷十七・如天之為〉云：

> 天意難見也，其道難理。是故明陽陰、入出、實虛之處，所以觀天之志。辨五行之本末順逆、小大廣狹，所以觀天道也。〔註18〕

〔註13〕 參見〈卷十六・祭義〉一文所云：「奉四時所受於天者而上之，為上祭，貴天賜，且尊宗廟也。孔子受君賜則以祭，況受天賜乎。一年之中，天賜四至，至則上之，此宗廟所以歲四祭也。」見（漢）董仲舒：《春秋繁露》，頁86。其中「天賜四至」，天施於春為生，天施於夏為長，天施於秋為收，天施於冬為藏，故一歲之中宗廟共有四次規模較大的祭祀。

〔註14〕 詳見杜保瑞：〈董仲舒政治哲學與宇宙論進路的儒學架構〉，《哲學與文化》第30卷第9期（2003年9月），頁26。

〔註15〕 金春峰：《漢代思想史》（北京：中國社會科學出版社，2006年2月第3次印刷），頁123。

〔註16〕 參見本文的第三章「時代背景與思想淵源」中第二節的第二、三點，對《呂氏春秋》、《淮南鴻烈》的內容有詳細說明，而由此可知影響董仲舒之處。

〔註17〕 李增云：「然則自然之天則是以氣化陰陽為質、力，為運化萬物之主，以五行為陰陽流行之時位變化之秩序者也，為董氏天之意義之大要也。」更認為董仲舒的自然天是位格精神之天的「形身化」，其質為氣分陰陽，其變為陰陽的推移出入，其運動變化則是有倫有經有權的規律，而其相關為相與授受的關係。詳見李增：〈董仲舒天人思想之「天」概念分析〉，收入國立政治大學中國文學系編：《第三屆漢代文學與思想學術研討會論文》（臺北：國立政治大學中國文學系，2000年12月初版），頁67、72。

〔註18〕 （漢）董仲舒：《春秋繁露》，頁94。此段引文殿本放於〈如天之為〉一篇中，然據蘇輿所云：「自『神明亂世之所起』至『天地之間蕩』，天啟本、盧本並

認為天的意志非由天本身的直接行動來表現，而是需透過陰陽五行之氣的出入、虛實、順逆、大小等變化來呈現出來，故能夠從觀察陰陽五行的變化來推測天道的所在。

　　存於天道之間的陰陽二氣，無論是在數量上或是在運行的方向上都是相反的，其云：「天道大數，相反之物也，不得俱出，陰陽是也」〔註19〕，又因「天之常道，相反之物也，不得兩起，故謂之一。一而不二者，天之行也。」〔註20〕陰陽雖相反，但兩者為同一回事，非兩起不同的事件。陰陽二氣的出入雖非肉眼可見，只能視為一種象徵的作用，但陰陽二氣卻又是萬事萬物都能感應到的神妙作用，故也可說陰陽二氣是在天道間某種無形的實質作用。〔註21〕在五行的循環上，董仲舒則表現了天道是「乘於其泰而生，厭於其勝而死」〔註22〕的，萬事萬物如生於木者則死於金，生於金者則死於火，就如同「春之所生而不得過秋，秋之所生不得過夏」一樣皆為「天之數」。而在四時的交替上，說明了天之道是「春暖以生，夏暑以養，秋涼以殺，冬寒以藏」〔註23〕、「嚮秋冬而陰來，嚮春夏而陰去」〔註24〕，四時之中所蘊涵的暖、清、寒、暑之氣是缺一不可的，少任何一氣都無法成歲功的。在此處，董仲舒雖以四時言天，但重點並不僅在對四時做純自然的描述，而是就四時暖、暑、清、寒的特性，論慶、賞、罰、刑之政。〔註25〕

---

　　　在上〈如天之為篇〉天啓本『蕩』下有一闕字。盧云：『以下文脱，此段亦似〈天地陰陽篇〉中語。』」見（清）蘇輿：《春秋繁露義證》（北京：中華書局，2002 年 8 月北京第 3 刷），頁 468。故筆者以為此段引文疑放於〈天地陰陽〉中。

〔註19〕（漢）董仲舒：《春秋繁露・卷十二・陰陽出入》，頁 66。

〔註20〕（漢）董仲舒：《春秋繁露・卷十二・天道無二》，頁 67。

〔註21〕參見〈卷十六・循天之道〉云：「是故惟天地之氣而精，出入無形，而物莫不應，實之至。」。（漢）董仲舒：《春秋繁露》，頁 87。

〔註22〕以下三段引文皆出於〈天地之行〉。見（漢）董仲舒：《春秋繁露・卷十七・天地之行》，頁 90。此三段引文殷本皆放於〈天地之行〉一篇中，然據鍾肇鵬所云：「『天地之行美也』舊本此下接『是故春襲葛─常佚居多也』，與上下文不合，『春襲葛』一節乃〈循天之道〉文，錯檢於此，已移正。盧校於此句下注云『尚有脱字』。凌本、蘇本從張譿言校在此句下接『是以天高其位─為臣者務著其情』。今惟移『春襲葛』一段四十字於前篇。」，故筆者以為此三段引文皆疑放於〈循天之道〉一篇中。見鍾肇鵬：《春秋繁露校釋》，頁 1058。

〔註23〕（漢）董仲舒：《春秋繁露・卷十三・四時之副》，頁 70。

〔註24〕（漢）董仲舒：《春秋繁露・卷十六・循天之道》，頁 88～89。

〔註25〕韋政通：《董仲舒》，頁 69。

董仲舒雖以陰陽、五行、四時來說明「天」，但卻也一再強調「天」的廣大以及其無形的特性，故云：

> 天地之行美也。……是以天高其位而下其施，藏其形而見其光，序
> 列星而近至精，考陰陽而降霜露。〔註26〕

認為天必須沒有固定的形體，這樣才能創生出各式各樣的萬物，無形的天，才能發揮神妙的作用生出萬物。就是因為「天」是無形的故能將各種的運行作用聚集在一起，就如同光是無所不在一樣，天道的作用也是無所不在的。〔註27〕此外董仲舒也藉此開展出天地人三才的關係，如〈卷十三·人副天數〉所云：

> 天德施，地德化，人德義。天氣上，地氣下，人氣在其間。春生夏
> 長，百物以興；秋殺冬收，百物以藏。故莫精於氣，莫富於地，莫
> 神於天。〔註28〕

所謂的德就是天道，天道是不斷的施予，地道是不斷的化育，人道就是法天順地、重德輕刑。天是無形的創造，地是具體的長養萬物，而人就存於天地之間。

總括董仲舒的自然天，就如羅光所云：

> 天地萬物變化按照這種自然律而行，所以能起變化，乃因有陰陽相
> 反的兩種因素，由兩因素而成五行。陰陽五行的變化都在自然律之
> 內，故曰：天有陰陽，天有五行。……自然之天既為天地萬物化生
> 的主因……。〔註29〕

像這樣以自然為其內容的天，網羅了天地間一切的變化，雖有其牽強之處但仍有其特殊思想存於其中。

### （三）萬物之本

在自然義中，董仲舒已將宇宙間運行的架構、規律涵括在內，除此之外

---

〔註26〕（漢）董仲舒：《春秋繁露·卷十七·天地之行》，頁90～91。

〔註27〕見〈卷七·考功名〉一文中云：「天道積聚眾精以為光，聖人積聚眾善以為功。故日月之明，非一精之光也；聖人致太平，非一善之功也。」。（漢）董仲舒：《春秋繁露》，頁35。而吳志鵬更認為從陰陽之道、四時的變化中，不僅能看到天具體的表現，也就是因為如此天道才能夠「積重精以為光」。詳見吳志鵬：〈兩漢的宇宙論思想〉，頁120。

〔註28〕（漢）董仲舒：《春秋繁露》，頁70。

〔註29〕詳見羅光：《中國哲學思想史·兩漢南北朝篇》（臺北：臺灣學生書局，1978年11月初版），頁193～194。

天是「萬物之本，先祖之所出也」〔註30〕爲萬物的總根源，天也「執其道爲萬物主」〔註31〕，而作爲群物之本的天，對萬物更是一視同仁的。像這樣「天」爲萬物之本的概念上，就與其「元」的概念有相關之處〔註32〕，無論是因「天」是「元」的具體表現，或是因「元」的概念在董仲舒思想中漸漸薄弱而將主體轉於「天」上〔註33〕，都不妨礙「天」爲萬物之本的概念。因爲「天」爲萬物之本是須經由哲學性反省的形上思考中才能出現的觀念，其意義是爲了倫理提供宇宙論的根據，而不在積極探尋形上的本體。〔註34〕故在〈卷十五・順命〉中所云：

> 父者，子之天也；天者，父之天也，無天而生，未之有也。天者萬物之祖，萬物非天不生。獨陰不生，獨陽不生，陰陽與天地參然後生。〔註35〕

是先說明了萬物源起於天，天化爲陰陽而蘊育萬物，所以天就是萬物之祖。既然天是萬物之祖，天的地位就比地高，天就如無形的陽，地爲有形的陰，故陰陽二氣是貴陽賤陰。而萬物獨陰或獨陽都不能化生，只有陰陽和天地相參合，然後才能生長萬物，萬物得天所賦予之陰陽之氣，才能立於天地之間。爾後遂將「天」與君王相比擬，云：「天者其道長萬物，而王者長人。」〔註36〕，認爲天是生長的主宰，天生長的主宰在人世間就是天子，而天子的主要目的也是在生長萬人，故天是透過春、夏、秋、多的循環來長養萬物，君王也就必須合於春、夏、秋、多表現出仁、義、禮、智來，再配合仁、義、禮、智的規範來制定不同的禮樂，其道德倫理就順著禮樂而發。

---

〔註30〕（漢）董仲舒：《春秋繁露・卷九・觀德》，頁51。
〔註31〕（漢）董仲舒：《春秋繁露・卷十七・天地之行》，頁91。
〔註32〕關於董仲舒「元」的解說，筆者在第四章「氣化宇宙論的架構」中的第一節「元氣」中以詳加說明，故此處不再加以贅述。
〔註33〕關於「元」與「天」的關係，筆者在第四章「氣化宇宙論的架構」中的第一節「元氣」的第二點「元氣的解說」中曾討論「元與天的關係」，故此處不再加以贅述。
〔註34〕參見韋政通：《董仲舒》，頁66～67。
〔註35〕（漢）董仲舒：《春秋繁露》，頁81。
〔註36〕（漢）董仲舒：《春秋繁露・卷十七・如天之爲》，頁94。此段引文殿本放於〈如天之爲〉一篇中，而然據蘇輿所云：「自『神明亂世之所起』至『天地之間蕩』，天啓本、盧本並在上〈如天之爲篇〉天啓本『蕩』下有一闕字。盧云：『以下文脱，此段亦似〈天地陰陽篇〉中語。』」見（清）蘇輿：《春秋繁露義證》，頁468。故筆者以爲此段疑放於〈天地陰陽〉中。

## （四）道德義

當「天」作爲萬物之本而爲倫理道德提供依據後，董仲舒就將自然界的現象都賦予不同的道德意涵，作爲最高的普遍道德原則，而這道德原則支配和制約著陰陽五行的運行與人世社會得一切變化，就如從陰陽的關係衍生出「三綱」上下尊卑的次序；從五行的相生相勝衍生出「五常」、「五事」的規範。〔註37〕像董仲舒這樣視萬物之生成、終而復始的過程都瀰漫充盈著道德，使天已逐漸顯現道德色彩，並非採取心性工夫的進路，而是接近《中庸》以人之道即天之道的天人一貫的理路。〔註38〕

當董仲舒把自然界的現象，加上道德的屬性，連寒暑變化，四時運行都說成有目的、有道德意義之後，「天」的根本特性就是「德」，以德爲本，而德的根本觀念則是「仁」，故云：「仁，天心，故次之以天心。」〔註39〕，並認爲「仁」就是化生萬物的最後根源。其云：

> 天高其位而下其施，藏其形而見其光。高其位，所以爲尊也；下其施，所以爲仁也；藏其形，所以爲神；見其光，所以爲明。故位尊而施仁，藏神而見光者，天之行也。〔註40〕
>
> 仁之美者在於天，天，仁也。天覆育萬物，既化而生之，有養而成之，事功無已，終而復始，凡舉歸之以奉人。察於天之意，無窮極之仁也。人之受命於天也，取仁於天而仁也。〔註41〕

天高居上位，雖隱藏形體，卻能透顯光芒，表現出其光輝、玄妙以及對萬物

---

〔註37〕 如〈卷十・五行對〉中將五行的相生視爲父與子之間的關係，云：「由此觀之，父授子受之，乃天之道也。故曰：夫孝者，天之經也。此之謂也。」。見（漢）董仲舒：《春秋繁露》，頁58。此處殿本作「父授子受之」，然據鍾肇鵬所云：「宋本、大典本、明鈔宋本『授』下無『之』字，黃、孔校俱去『之』字；周本、沈本、王本、程本、王謨本、盧本、凌本、譚本、蘇本亦有『之』字，今從之。」，故筆者以爲此處疑在「授」之下增「之」字也。見鍾肇鵬：《春秋繁露校釋》，頁696。而在〈卷十二・基義〉中更直接點明倫理道德次序是求於天的，故云：「天爲君而覆露之，地爲臣而持載之；陽爲夫而生之，陰爲婦而助之；春爲父而生之，夏爲子而養之；秋爲死而棺之，冬爲痛而喪之。王道之三綱，可求於天」。見（漢）董仲舒：《春秋繁露》，頁69。

〔註38〕 韋政通：《董仲舒》，頁67～68。筆者以爲董仲舒的道德與《中庸》的天人一貫，雖在形式上相似，但在內容上卻是有所不同的，這也就是韋政通只云「接近」而非「等同」的原因。

〔註39〕 （漢）董仲舒：《春秋繁露・卷六・俞序》，頁31。

〔註40〕 （漢）董仲舒：《春秋繁露・卷六・離合根》，頁32。

〔註41〕 （漢）董仲舒：《春秋繁露・卷十一・王道通三》，頁62。

的慈愛，所以爲仁、爲神、爲明，這也彰顯了天的善性。既然天的意志是仁愛萬物的，那麼人受命於天，就應該法天之重仁以行事，像這樣的「仁」如從董仲舒所架構的宇宙相生、立體、活動的整體觀來討論道德，「仁」就是具體又無限的道德根本，而非僅僅一種道德規範。〔註42〕

　　確立「天」是以「仁」爲根本後，董仲舒就從道德倫理的角度強調天與人的關係，認爲天施、地長、人成不僅成爲一具體的天，也是一種倫理的次序，故從具體的天體而言會生出一個具體的人體；從道德象徵義的天來討論倫理，也就會出現一個道德義的禮義關係，亦如〈卷二‧竹林〉所云：

　　　　正也者，正於天之爲人性命也。天之爲人性命，使行仁義而羞可恥，

　　　　非若鳥獸然，苟爲生，苟爲利而已。是故《春秋》推天施而順人理，

　　　　以至尊爲不可以生於至辱大羞，故獲者絕之。〔註43〕

天把春夏秋冬和生長收成全部賦予在人身上，當人很恰當表現出喜怒哀樂或是順著五行的改變而變化，這就是天所賦予人的本性。故天是行仁義而羞可恥的，人也應該行仁義而羞可恥，就如《春秋》推廣上天的施與，而順從做人的道理一樣。人的禮、義也皆由天而來，「不順天道，謂之不義，察天人之分，觀道命之異，可以知禮之説矣。」〔註44〕不順從天道，叫做不義，觀察天人的分別，觀察道命的不同，就可知禮。而禮就是防禦，是爲了避免父過度使子，君過度使臣，也是天地人三才間的規範，故云：「天生之以孝悌，地養之以衣食，人成之以禮樂，三者相爲手足，合以成體，不可無一也。」〔註45〕。如僅就「人」單方面而言，在倫理上孝悌、衣食、禮樂就是人的萬物，而「人」就是一個萬物的整體，這也成爲董仲舒倫理觀的來源。

　　在儒家道德觀中，義與利的關係常被提出來討論的命題，對此董仲舒也利用了義與利皆由天而來的概念來加以解說天是道德的，如〈卷九‧身之養

---

〔註42〕　陳福濱也認爲「將宇宙的生生不息，加上道德的層次，而天生萬物，其本質
　　　　　即是『仁』。」。詳見陳福濱：〈論董仲舒的天道思想與天人關係〉，《哲學與文
　　　　　化》第 34 卷第 10 期（2007 年 10 月），頁 118。
〔註43〕　（漢）董仲舒：《春秋繁露》，頁 13。
〔註44〕　（漢）董仲舒：《春秋繁露‧卷十七‧天地陰陽》，頁 94。此段引文殿本放於
　　　　　〈天地陰陽〉一篇中，然據蘇輿在〈天地陰陽〉：「功過神明」云：「各本
　　　　　下接『名者所以別物也』至『復而不厭者道也』二段。今依凌本從張說移入
　　　　　下篇末。」，故筆者以爲此段引文疑放於〈天道施〉末段。見（清）蘇輿：《春
　　　　　秋繁露義證》，頁 466。
〔註45〕　（漢）董仲舒：《春秋繁露‧卷六‧立元神》，頁 33。

重於義〉所云：

> 天之生人也，使之生義與利。利以養其體，義以養其心。心不得義
> 不能樂，體不得利不能安。義者心之養也，利者體之養也。體莫貴
> 於心，故養莫重於義，義之養生人大於利。〔註46〕

人由天而生故人有義和利兩部份，而上天以利養育人的身體，以義養育人的
心志，但身體沒有心志那麼重要，所以養育的東西沒有比義更重要的了。換
言之，董仲舒是用具體的身體來凸顯無形的道德之重要性，像這樣義與利均
出自於天，以利來養活身體，以義來培育心志，是有別於孟子的「仁義內在」。
〔註47〕

　　總括董仲舒的道德天部份，可說道德天是董仲舒設定的形上價值世界，
天是至善的道德化身，更是人類道德原則的來源。董仲舒認為人是由天而來，
就連天子也是「天子號天之子也」〔註48〕，故人理應孝順天，這也可說是董
仲舒由儒家重「君君、臣臣、父父、子子」〔註49〕等倫理觀來鞏固天人之間
的關係。為了強化其合理性更以天地、陰陽、五行來比附人間的倫理，將人
間的倫常道德加於天，又將倫常屬性說成來源於天，以此達到提高神權的位
階，而維護綱紀秩序和鞏固社會的宗法制度，為社會政治合理化提供了強而
有力的依據。〔註50〕

## （五）天有十端

　　董仲舒的「十端」乃是構成無限大的「天」之十種要素，其云：

> 何謂天之端？曰：天有十端，十端而止矣。天為一端，地為一端，
> 陰為一端，陽為一端，火為一端，金為一端，木為一端，水為一端，

---

〔註46〕（漢）董仲舒：《春秋繁露》，頁50。

〔註47〕蔡仁厚云：「孟子說：『仁，人心也。義，人路也。』（〈告子上〉）仁是人之所
　　　　以為人之本，德性主體即從人心之仁而說。義是人所當行、人所共由的正路，
　　　　是身心活動的軌道。又說：『仁之實，事親是也；義之實，從兄是也。』（〈離
　　　　婁上〉）事親以愛，從兄以敬，愛敬內發，非由外鑠，故『仁義內在』，我固
　　　　有之。」就此而言，董仲舒仁義禮由天而來確與孟子「非外鑠」有所不同。
　　　　詳見蔡仁厚：《中國哲學史大綱》（臺北：臺灣學生書局，1992年9月初版2
　　　　刷），頁29。

〔註48〕（漢）董仲舒：《春秋繁露·卷十五·郊祭》，頁79。

〔註49〕（宋）邢昺：《論語正義·卷十二·顏淵》，（臺北：藝文印書館《十三經注疏》
　　　　印嘉慶二十年江西南昌府學開雕本，1989年），頁108。

〔註50〕參見韋政通：《董仲舒》，頁68。以及李健良：《董仲舒天人哲學之研究》（嘉
　　　　義：南華大學哲學研究所碩士論文，2002年），頁52～54。

　　土爲一端，人爲一端，凡十端而畢，天之數也。〔註51〕

認爲當陽氣從正月開始出現於地上，生育長養地上的萬物，必須累積十個月後才能有所成，而人也是懷胎十個月所生，所以「天之大數，畢於十旬」〔註52〕，天地間所有的事物，用「十」就可以完全舉出來，所有事物生長的功績，到「十」就完全成功了，故「十者，天數之所止也」，也表達了天地間的完成。而此「十端」更爲董仲舒的特點，不僅將人與天地、陰陽、五行列爲同一地位，以作爲天人感應的基石，更說明官制象天、人爲天下最貴等觀念，故以下就以人爲最貴及王者制官兩點來加以說明。

### 1. 天爲最高的主宰，而人爲最貴

　　在〈天地陰陽〉一篇中，董仲舒除了再次說明天的十端爲何，更點出人爲最貴的原因。人之所以尊貴，是因爲天的十端「起於天，至於人而畢」〔註53〕，而在終結以外的稱爲物，因物不在十端之中，故可見「人之超然萬物之上，而最爲天下貴也」，人超越萬物之上而爲天下最尊貴的，更是與天、地共同成萬物的。而上天又是如何對「人」特殊的對待呢？「五穀，食物之性也，天之所以爲人賜也。」〔註54〕，像五穀這類的食物之所以生長，是因上天賜給人們的，更具體的說天地是以生長萬物來養活人，天地所生長出各式各樣萬物不僅用來養育人的身體，也作爲人們所穿的服飾，人們的禮節就是這樣產生的。〔註55〕

　　而人與物之所以不同，乃因獨人能實行仁義，故云：

　　天地之精所以生物者，莫貴於人。人受命乎天也，故超然有以倚。
　　物疢疾莫能爲仁義，唯人獨能爲仁義；物疢疾莫能偶天地，唯人獨
　　能偶天地。〔註56〕

天地的精華用來生長百物的，沒有比人更高貴。人之所以超然高出萬物，是因百物有缺陷，不能實行仁義，僅人能實行仁義；因百物有缺陷，不能跟天

〔註51〕（漢）董仲舒：《春秋繁露・卷七・官制象天》，頁40～41。
〔註52〕以下兩處引文皆出於〈陽尊陰卑〉。見（漢）董仲舒：《春秋繁露・卷十一・陽尊陰卑》，頁61。
〔註53〕以下兩處引文皆出於〈天地陰陽〉。見（漢）董仲舒：《春秋繁露・卷十七・天地陰陽》，頁94。
〔註54〕（漢）董仲舒：《春秋繁露・卷十六・祭義》，頁86。
〔註55〕見〈卷六・服制像〉所云：「天地之生萬物也以養人，故其可食者以養身體，其可威者以爲容服，禮之所爲興也。」見（漢）董仲舒：《春秋繁露》，頁30。
〔註56〕（漢）董仲舒：《春秋繁露・卷十三・人副天數》，頁70。

地相配合，僅人能跟天地相配合，故人爲天下最貴，就如馮友蘭所云：「人與天如此相同，故宇宙若無人，則宇宙即不完全，而不成其爲宇宙。人在宇宙間之地位，照此說法，可謂最高矣。」〔註57〕。

　　董仲舒將「人」與天同質的陰陽五行並列，凸顯了人爲「超然萬物之上」來論證人是天下最貴，更以天爲最高的主宰，然而僅有人能與天相副的觀念，來說明人爲最貴的重要理由。〔註58〕筆者以爲就此點而言，以人爲天下最貴的觀念雖未能將人與天之間的關係抹滅掉，但在「天」範疇的籠罩下實爲特殊之處，也爲其天人感應中重要的環節。

### 2. 王者制官乃應天之制

　　馮友蘭認爲董仲舒的官制是「法其數而以起事者」，像這樣設官分職，均法天之數，非可隨便規定也。〔註59〕而董仲舒又是如何法天之數呢？在〈卷七‧官制象天〉一篇中有詳細的說明，如：

> 三人而爲一選，儀於三月而爲一時也。四選而止，儀於四時而終也。
>
> 三公者，王之所以自持也。天以三成之，王以三自持。立成數以爲植而四重之，其可以無失矣。備天數以參事，治謹於道之意也。〔註60〕

在設立官制時，應效法三個月而成爲一季，而以三個人爲一組；效法一年之中有四季，而分成四個層次然後終止。上天用三月來成爲一季，君主靠三公來扶助自己，立三爲定數作爲基準，分四次重合的層次，這樣去設立官制就可以沒有錯失，而國君依照天數去設置官員、施行政事，是對治國之道有所謹慎。此外董仲舒也認爲國君應效法五行的概念設置五官，如：司農爲木、司馬爲火、司營爲土、司徒爲火、司寇爲水〔註61〕，效法天庭之象、四時六甲之數、日辰之數，來設置數目相同的官員，就如《五經異義‧卷下》所云：「古者聖賢言事，亦有效三者，取象天地人。四者取象四時，五者取象五行」

---

〔註57〕馮友蘭：《中國哲學史》（臺北：臺灣商務印書館，1993年4月臺1版第1刷），頁514。

〔註58〕韋政通：《董仲舒》，頁70～71。

〔註59〕同註57，頁526～527。

〔註60〕（漢）董仲舒：《春秋繁露》，頁40。此處殿本作「天以三成之」，然據陶鴻慶所言：「『之』，蓋『時』之誤。即上所謂三月而成一時也。『時』字作『旹』，闕其下半，誤爲『出』耳。」見陶鴻慶：《讀諸子札記》（臺北：世界書局，1962年10月初版），卷11，頁323。而鍾肇鵬也認同陶氏所云，故筆者以爲此處移作「天以三成時」也。

〔註61〕詳見第四章「氣化宇宙論的架構」中第二節中「五行相生、相勝」的部份。

〔註62〕也。

除了官制由天數而來，對於改制的問題，董仲舒也認爲「改制」是由「天命」而來〔註63〕，當上天選立一個君王，這個君王並非因血統而繼任，而是因爲天命，這意味著君王是受天命，必須順天志的，故「天命」爲改制的理由，也爲君權神授找到理論的依據。無論是因改制設置的制度，或是在改制前所保有的制度，都是不能夠隨變更改的，因爲「王者功成作樂，樂其德也。樂者，所以變民風，化民俗也。其變民也易，故其化人也著。故聲發於和而本於情，接於肌膚，藏於骨髓。」〔註64〕，制禮作樂、設置官職都是由天命而來，就連改制也是爲了順天之命而爲，故云：「制爲應天改之，樂爲應人作之。彼之所授命者，必民之所同樂也。是故大改制於初，所以明天命也。更作樂於終，所以見天功也。」〔註65〕。制度是爲適應上天的意思而改變的，樂章是爲了適應人民的心理而製作的，所以當君王剛接受天命時，改革國家的制度，是用來彰顯上天賦予的命令，故不得隨意更改，如君王不順從天命而擅加更改必招災禍。

## （六）人君為天的化身

這類的天雖與道德義的天或是至上神有所關聯，但此爲董仲舒的特色之一，故筆者仍將此自成一類以凸顯董仲舒的最終目的。在董仲舒的天人感應中，雖未點明只有君主能與天相應，但實質上卻是以君主爲其相應的主要對象，故常常先解釋天的特色、天的喜好來要求君主必須效法天的所作所爲，而「天子號天之子也」〔註66〕、「堯謂舜曰：『天之歷數在爾躬。』言察身以知天也。」〔註67〕、「爲人主之道，莫明於在身之與天同者而用之」〔註68〕，則

〔註62〕　（清）陳壽祺：《五經異義疏證》（上海：上海古籍出版社《續修四庫全書》影印清嘉慶十八年刻本，1995年），頁133。

〔註63〕　關於董仲舒改制的內容，詳見筆者在本章的第三節「天人感應的延伸」的第一點「法天而治」中的「改正朔、易服色」，對其改制的依據有所說明。

〔註64〕　（漢）班固：《漢書・卷五十六・董仲舒傳》（臺北：藝文印書館影印清乾隆武英殿刊本，1996年8月），頁1164。

〔註65〕　（漢）董仲舒：《春秋繁露・卷一・楚莊王》，頁7。

〔註66〕　（漢）董仲舒：《春秋繁露・卷十五・郊祭》，頁79。

〔註67〕　同註66。此段引文殿本放於〈郊祭〉一文中，然據蘇輿云：「盧云：『此下文脫。』錢云：『〈郊祭〉中『故古之聖王文章之最重者也』啓，當接此處。』。』天啓本下有云云二字，注：『今依凌本從錢説移正。』。」見（清）蘇輿：《春秋繁露義證》，頁397。故筆者以爲此處疑將此段引文放於〈郊語〉一篇中。

〔註68〕　（漢）董仲舒：《春秋繁露・卷十二・陰陽義》，頁66。

天的一切就與人君畫上等號。

在〈卷十七·天地之行〉一篇中認爲,天把握常道而爲萬物的主宰,君王也因把握常道而成爲一國的主宰,在任何一方面君主與天是相同的,故君主必須效法天的一切,如:

> 天不可以不剛,主不可以不堅。天不剛則列星亂其行,主不堅則邪臣亂其官。星亂則亡其天,臣亂則亡其君。故爲天者務剛其氣,爲君者務堅其政,剛堅然後陽道制命。〔註69〕

天不剛強,列星就會亂其行列,君主不堅定,邪臣就亂其官職;列星紊亂,就會使天走向滅亡,臣子紊亂,就會使君主走向滅亡;所以上天致力於使氣剛強,君主也就必須致力於使政治穩定,而使天道、君道可以掌握權力。此外君主的好惡喜怒也與天的暖清寒暑相當,不可以不謹愼表現出來,如不效法天之四時乃發,則「當暑而寒,當寒而暑,必爲惡歲矣。人主當喜而怒,當怒而喜,必爲亂世矣。」〔註70〕,故君主的好惡喜怒一定要合理才表現出來,好像暖清寒暑一定是合時才發出來一樣。在施政刑罰上,君主更應該與天相同,如〈卷十一·陽尊陰卑〉云:

> 是故人主近天之所近,遠天之所遠,大天之所大,小天之所小。是故天數右陽而不右陰,務德而不務刑。刑之不可任以成世也,猶陰之不可任以成歲也。爲政而任刑,謂之逆天,非王道也。〔註71〕

君主應接近天所接近的,疏遠天所疏遠的,重視天所重視的,輕視天所輕視的。故天重陽而輕陰,致力從事德教而不致力於施行刑罰,這是因爲刑罰不能用來治理世事,就像陰不能用來形成年歲一樣,所以君主治理國政而任用刑罰,就是違背天道,是不合乎王道的。

像這樣的「天」其實是董仲舒理想人主的模型。是先有一個理想人主的模型,但因無法把這個理想直接向人主要求,所以先把這個要求投射於天,然後再要求人主效法於天,以增加對君權的約束力。〔註72〕

## 二、人格神的討論

羅光曾將董仲舒的「天」分爲位格之天、自然之天,其中位格之天乃

---

〔註69〕 (漢)董仲舒:《春秋繁露》,頁 91～92。
〔註70〕 (漢)董仲舒:《春秋繁露·卷十一·王道通三》,頁 63。
〔註71〕 同註69,頁 62。
〔註72〕 參見韋政通:《董仲舒》,頁 71。

指最高的靈明，無形無限，造生人物，賞善罰惡，也就是所謂的「人格神」。
〔註73〕筆者以爲「人格神」乃指人的特質彰顯於天以及天要如何掌管人？
天如何做爲一統的天？都是屬人格神的內容，而這也是歷來討論董仲舒
「天」的概念時爲人抨擊的部份。故筆者欲先說明董仲舒「天」中人格天
的部份，進而對董仲舒人格神的部份有所釐清。

## （一）人格天的內容

爲了突顯人的特質彰顯於天，筆者將人格天的內容分爲：天是有意志的、
天是有性情、好惡、喜怒的、天是有所爲而爲的，其中天有意志又佔了人格
天內容的大部分，也是成爲人格天的最基本原則爲論述的重點，而其他兩點
則屬其人格天的特點，故由此說明「人格天」的意涵及特色。

### 1. 天是有意志的

在〈卷一・楚莊王〉一篇中，董仲舒認爲天子是由天而來，天子侍天就
好比子侍父一般，必須順其意志而行，故新的天子誕生更稱號、改正朔、易
服色，都是「不敢不順天志而明自顯」〔註74〕。像這樣不僅點出「天」是有
意志之外，也說明了天用治理國家的方法來顯己志，而「天」的意志則涵括
了以下幾部份：

### （1）天愛人

董仲舒以爲「天志仁，其道也義」〔註75〕，天志以仁爲主，故將陰陽二
氣與仁政德治相結合，或是將五行的相生配上人倫的意義，其本末、順逆、
窮達、小大、廣狹所有在有限的時空上恰當的表現就可稱爲義，這樣一來就
賦予「天」有道德的取向，進而開展出由天而下施的仁政德治。既然天志是
以仁爲主，那天對天下最貴的人態度又爲何呢？在〈卷十・諸侯〉一篇中云：

> 天雖不言，其欲贍足之意可見也。古之聖人見天意之厚於人也，故
> 南面而君天下，必以兼利之。〔註76〕

---

〔註73〕 詳見羅光：《中國哲學思想史・兩漢南北朝篇》，頁 188～191。

〔註74〕 （漢）董仲舒：《春秋繁露》，頁 7。

〔註75〕 （漢）董仲舒：《春秋繁露・卷十七・如天之爲》，頁 94。此段引文殿本放於
〈如天之爲〉中，然據鍾肇鵬所云：「『天地之間─配天』一大段舊本原在〈如
天之爲篇〉末，惠、錢校並認爲係本篇之文。凌本、蘇本據其說移正，今從
之。」，故筆者以爲此處疑放於〈天地陰陽〉一篇中。見鍾肇鵬：《春秋繁露
校釋》，頁 1089～1090。

〔註76〕 同註74，頁 58。

雖然上天是不會說話的，但因陰陽五行是相生相勝的生生不息，而使萬物的
生育養長，終而復始，這一切則都是爲了養活人民，使人民的生活富足，並
且「天之欲利人，非宜其欲利穀也。除穢不待時，況穢人乎」〔註77〕，天對
人有利，不僅只是使穀物生長，也會像去除蕪穢一樣，去除惡人，此即「天
獨厚人」。〔註78〕

　　更在〈卷十一・王道通三〉中直接點明天志爲仁，而人的「仁」之德也
是從天而來，其云：

> 王者唯天之施，施其時而成之……治其志而歸之於仁。仁之美者在
> 於天。天，仁也。……事功無已，終而復始。……察於天之意，無
> 窮極之仁也。人之受命於天也，取仁於天而仁也。〔註79〕

天生養造化萬物，使其「事功無已，終而復始」，並將所有作爲都歸屬於人，
故天是愛人的。如觀察天的心意，所包含的仁愛是生生不息的「無窮極」之
仁〔註80〕，而人接受天命，從天那裡獲取仁而表現仁，故君王必須遵照天的
作爲，效法天時而成就人民，效法天數而興起民事，效法天到而治理人民，
效法天志而歸向仁。而上天也會依君王是否遵從天愛人的原則，而有不同的
反應，其云：「其德足以安樂民者，天予之；其惡足以賊害民者，天奪之。」
〔註81〕，故往昔聖賢看出上天厚待人民的意思，所以當他治理天下時，一定
使天下人都能蒙受利益。

---

〔註77〕（漢）董仲舒：《春秋繁露・卷十七・天地之行》，頁92。此段引文殿本放於
　　　　〈天地之行〉中，然據蘇輿所云：「疑當作『況民穢乎』。……盧云：『案：
　　　　自「義待四時也」至此，共百四十字，舊本在前〈天地知行〉篇「伏節死」
　　　　下，誤。今移正。』」，認爲此段引文移放於〈如天之爲〉一篇中，也認爲
　　　　此處疑作「況民穢乎」也。見（清）蘇輿：《春秋繁露義證》，頁465。
〔註78〕在〈卷十・深察名號〉篇中爲了強調天不明顯表現的概念，故云「天不言，
　　　　使人發其意；弗爲，使人行其中。名則聖人所發天意，不可不深觀也。受命
　　　　之君，天意之所予也。」，天不透過說話、行動來表現其意志，故人必須無時
　　　　無刻的觀察天、研究天。見（漢）董仲舒：《春秋繁露》，頁54。
〔註79〕（漢）董仲舒：《春秋繁露》，頁62。
〔註80〕簡松興也提出了相似的概念，他認爲無窮己的覆育萬物、愛利萬物、長養萬
　　　　物，就是至高無上的仁德表現，而這一切都是爲了供養人。像這樣的天，就
　　　　是至上神的最高表現，也是其所以爲至上之所在，也是眞善美聖之所出，所
　　　　以說其爲仁、爲善，皆無不可。董仲舒是由大自然的生生不息，來體認其背
　　　　後至上之神的仁心。詳見簡松興：《西漢天人思想研究——以〈淮南子〉、〈春
　　　　秋繁露〉、〈史記〉爲中心》（臺北：輔仁大學中國文學系博士論文，1998年），
　　　　頁167。
〔註81〕（漢）董仲舒：《春秋繁露・卷七・堯舜不擅移湯武不專殺》，頁42。

### （2）天有主從之分

在董仲舒由陰陽所架構起的天道中，陰陽二氣配當於四時、方位時，陰陽二氣的運行無論是在方向上、數量上都是相反的，也加強了好陽惡陰的情緒，故董仲舒會發展出重陽輕陰的觀念，而從人的角度來觀察天道，這樣重陽輕陰的表現便成為人們推敲如何順從天的方法。因天意是不容易看出來的，所以必須以「陽陰、入出、實虛之處，所以觀天之志。」〔註82〕，以「五行之本末順逆、小大廣狹，所以觀天道也。」，並應效法天道為重陽輕陰而重德輕刑，效法五行的相生相勝來制定官吏來配合天道，故天之志就是陰陽出入、虛實的變化，是「常直陰空處，稍取之以為助。故刑者德之奉，陰者陽之助也，陽者歲之主」〔註83〕的。此外這也凸顯出人格天的意味，因如是純粹的陰陽五行、形上天，應該是陰陽並重的，但此處卻欲透過強調天是重陽輕陰，有主從意味的，而使君王具有崇高的地位。

董仲舒也認為陰陽二氣不僅存於天，也存在人的身上，在人身上的表現就是好惡喜怒，在天上的表現則是暖清寒暑。而人必須效法於天，故天道的運行是「未嘗有所稽留滯鬱」〔註84〕，在人身上的陰陽二氣也就應該是「宜行而無留，若四時之條條然」，在此所謂的「宜行而無留」說明了因無論是天道或是萬事萬物都一直處在「事功無已，終而復始」〔註85〕的生生不已的循環之中，所以春夏秋冬是平行而不止的，人也就要「宜行而無留」的不停止的前進。故「天之生有大經也，而所周行者，又有害功也，除而殺殛者，行急皆不待時也，天之志也，而聖人承之以治。」，天生長萬物是有其常道，且不停地周轉運行的，而這就是天之志的表現。

此外，雖陰陽二氣的出現、遠近的度數相同而意義卻不同，陽氣出現，

---

〔註82〕 以下兩段引文皆出於〈如天之為〉。見（漢）董仲舒：《春秋繁露・卷十七・如天之為》，頁94。此兩段引文殿本皆放於〈如天之為〉中，然據鍾肇鵬所云：「『天地之間─配天』一大段舊本原在〈如天之為篇〉末，惠、錢校並認為係本篇之文。凌本、蘇本據其說移正，今從之。」，故筆者以為此處兩段引文疑放於〈天地陰陽〉一篇中。見鍾肇鵬：《春秋繁露校釋》，頁 1089～1090。

〔註83〕 （漢）董仲舒：《春秋繁露・卷十一・天辨在人》，頁64。

〔註84〕 此段引文除「事功無已，終而復始」外，其餘皆出於〈如天之為〉。見（漢）董仲舒：《春秋繁露・卷十七・如天之為》，頁93。此處殿本作「滯鬱」，然下文「無所鬱滯」、「而無鬱滯一也」皆作「鬱滯」，故筆者以為此處疑作為「鬱滯」也。

〔註85〕 （漢）董仲舒：《春秋繁露・卷十一・王道通三》，頁62。

則「常縣於前而任事」〔註86〕；陰氣出現，則「常縣於後而守空處」，但天又是「天之好仁而近，惡戾之變而遠」〔註87〕，故由此可見「天之親陽而疏陰，任德而不任刑也」，天是親近陽氣而疏遠陰氣，任用德教而不任用刑罰，所以人間的聖人也應順天志重陽輕陰、重德輕刑而治，才是最好的。

## 2. 天是有性情、好惡、喜怒的

對董仲舒而言，人格天除了是有意志之外，也是有性情、好惡、喜怒的。而天的喜怒愛樂主要表現在四情上，關於天有四情的部分則與天人感應有很大關聯，董仲舒以爲「天乃有喜怒哀樂之行，人亦有春秋冬夏之氣者，合類之謂也。」〔註88〕，天的喜怒哀樂表現就是春夏秋冬，而在人的身上其春夏秋冬之氣就成爲人的喜怒哀樂，故天與人在這部分是相對應的。而天之所以會有感情變化，是因自身含有的陰陽二氣出入消長所造成的，陰陽之氣在人，人就有喜怒哀樂之情；陰陽之氣在天，一出一伏，上下交感，天便有喜怒哀樂、暖清寒暑之變化。〔註89〕

而四情又是如何與四時配當呢？在〈卷十一・陽尊陰卑〉中云：

> 春氣愛，秋氣嚴，夏氣樂，冬氣哀。愛氣以生物，嚴氣以成功，樂氣以養生，哀氣以喪終，天之志也。是故春氣暖者，天之所以愛而生之，秋氣清者，天之所以嚴以成之，夏氣溫者，天之所以樂而養之，冬氣寒者，天之所以哀而藏之……故四時之比，父子之道；天地之志，君臣之義也；陰陽理人之法也。〔註90〕

---

〔註86〕 此段除「天之好仁而近，惡戾之變而遠」外，其餘三段引文皆出於〈基義〉一篇。見（漢）董仲舒：《春秋繁露・卷十二・基義》，頁69。

〔註87〕 （漢）董仲舒：《春秋繁露・卷十一・王道通三》，頁63。此段在殿本中放於〈王道通三〉篇中，但據蘇本所云：「各本此下接上篇『土若地，義之至也』至『此皆天之近陽而遠陰』。張惠言云：『當接上篇『夫喜怒』至『而人資諸天』爲一篇。』今從凌本移正。」，故筆者以爲此段疑放於〈陽尊陰卑〉篇中。見（清）蘇輿：《春秋繁露義證》，頁330。

〔註88〕 （漢）董仲舒：《春秋繁露・卷十一・天辨在人》，頁64。

〔註89〕 詳見張立文：《中國哲學範疇精粹叢書——天》，頁112～113。

〔註90〕 （漢）董仲舒：《春秋繁露》，頁61～62。此段在殿本中放於〈陽尊陰卑〉篇中，但據蘇本〈王道通三〉中所云：「各此下接下篇『夫喜怒哀樂之發』至『而人資諸天』。張惠言云：『當接『土若地』至『此見天之近陽而遠陰』。』今從凌本移。」，故筆者將此段移至〈王道通三〉篇中。此外，蘇輿在「四時之比，父子之道；天地之志，君臣之義也；陰陽理人之法也」下也云：「各本『行』誤比，『道』下無『也』字，『理』上無『之』字，『人』上無『聖』字，誤不可讀，今從《御覽・十七》引補正。」，故筆者以爲此處疑作「四時

天有春夏秋冬四時，春夏秋冬之氣又分別表示了愛樂嚴哀四種不同之氣，而天志就是利用愛樂嚴哀這四氣來達到生養收藏這四種依四時而發的作用，既然「天亦有喜怒之氣、哀樂之心，與人相副」〔註91〕，故「以類合之，天人一也」這四種氣也就是天和人共同具有的。又可說春夏秋冬之氣的精神就好比是人的喜怒哀樂四種心情起伏不同的變化，在這四種變化之中，天意又決定了萬物有許多不盡相同之處，故「君子察物之異，以求天意」〔註92〕，並以四季的變化作爲父子之間的道理，順著天地的心志發展出君臣之間的義理，就陰陽的道理歸納出聖人的法則。

　　而天的喜怒哀樂又與人間君王施政作結合，認爲：

> 天有和有德，有平有威，有相受之意，有爲政之理，不可不審也。春者，天之和也；夏者，天之德也；秋者，天之平也；冬者，天之威也。天之序，必先和然後發德，必先平然後發威。此可以見不和不可以發慶賞之德，不平不可以發刑罰之威。又可見德生於和，威生於平也。不和無德，不平無威，天之道也，起者以此見之矣。〔註93〕

天有和、德、平、威，互相承受的意思，而君王施政不可不不明白此道理。春季是喜氣表現出天的調和，夏季是樂氣表現出天的恩德，秋季是怒氣表現出天的公平，冬季是哀氣表現出天的威嚴，而天的次序，就如同四時的循環變化一定先調和然後布施恩德，一定先公平然後發出威嚴。換言之，恩德是從調和產生出來，威嚴是從公平產生出來，不調和就沒有恩德，不公平就沒有威嚴。「天」既然是和、德、平、威的，又因陰陽是相生相成，是陽中有陰，陰中有陽的，故天是「非殺物之義待四時也」〔註94〕的，所以君王治國也就

---

之行，父子之道；天地之志，君臣之義也；陰陽之理，聖人之法也。」見（清）蘇輿：《春秋繁露義證》，頁325、331。

〔註91〕以下兩段引文皆出於〈陰陽義〉。見（漢）董仲舒：《春秋繁露‧卷十二‧陰陽義》，頁66。

〔註92〕（漢）董仲舒：《春秋繁露‧卷十六‧循天之道》，頁89。

〔註93〕（漢）董仲舒：《春秋繁露‧卷十七‧威德所生》，頁92。此處作「起者以此見之矣」，然蘇本據盧校所云：「達，舊本作起，誤。錢據大典改。」，改爲「達者以此見之矣」，故筆者以爲此處疑作「達者以此見之矣」。見（清）蘇輿：《春秋繁露義證》，頁462。

〔註94〕（漢）董仲舒：《春秋繁露‧卷十七‧如天之爲》，頁92。此段引文在殿本〈如天之爲〉中作「非殺物之任擬」，然據蘇輿所云：「天啓本作『非殺之任擬』，下接『神明亂世』云云。凌本作非殺物之任擬，下接『代四時也』云云。張惠言云：『此下當接上〈天地之行篇〉「代四時也」至末。』案盧本與張說合，

應該是「因天地之性情，孔竅之所利，以立尊卑之制，以等貴賤之差」〔註95〕、讓「當生者曰生，當死者曰死」〔註96〕的。

### 3. 天是有所為而為的

就董仲舒的「天」而言，雖然天是「高其位而下其施，藏其形而見其光」〔註97〕的，但天所作的一切都是以愛人為理由，而天最顯著的作為則表現於人的身上。「人之為人本於天，天亦人之曾祖父」〔註98〕人由天生，人身上的義與利、心性的善質也都由天而來，天也獨厚於人，故「天地之生萬物也以養人，故其可適者以養身體，其可威者以為容服，禮之所為興也」〔註99〕，天為了養活人而生長可以吃的，為了讓人有服飾能穿而生長有威嚴的作為。總言之，天的一切作為都是為了人而為，這也回應了天獨愛人的觀念。

此外，天也賦予人道德層面的存在，稱讚好事，厭惡壞事，喜好榮譽，憎惡恥辱，都不是人類自己生出來的，而是上天賦予人類的本性，為了加強此觀念，董仲舒在〈卷二·竹林〉一篇中利用《春秋》來加以說明：

> 正也者，正於天之為人性命也。天之為人性命，使行仁義而羞可恥，
> 非若鳥獸然，苟為生，苟為利而已。是故《春秋》推天施而順人理，
> 以至尊為不可以生於至辱大羞，故獲者絕之。〔註100〕

《春秋》推廣上天的施與，而順從做人的道理，認為地位崇高的人不可以受到極大的恥辱，如丑父的行為就是不忠，因上天賦予人的本性中是具有廉恥之心的，如果是有廉恥之心的人，就不會讓自己蒙受重大的恥辱。〔註101〕雖天志希望人順天而行的，但難免會有人不順於天的部份，故天就利用祥瑞、災異等自然現象來獎勵、提醒、責備人，以修正不合於天道的部份，故「切

今從之。」，故筆者以為此段引文應作「非殺物之義待四時也」。見（清）蘇輿：《春秋繁露義證》，頁464。

〔註95〕（漢）董仲舒：《春秋繁露·卷六·保位權》，頁34。
〔註96〕（漢）董仲舒：《春秋繁露·卷十七·如天之為》，頁93。
〔註97〕（漢）董仲舒：《春秋繁露·卷六·離合根》，頁32。
〔註98〕（漢）董仲舒：《春秋繁露·卷十一·為人者天》，頁59。
〔註99〕（漢）董仲舒：《春秋繁露·卷六·服制像》，頁30。
〔註100〕（漢）董仲舒：《春秋繁露》，頁13。
〔註101〕參見〈卷三·竹林〉中所云：「今善善惡惡，好榮憎辱，非人能自生，此天施之在人者也。君子以天施之在人者聽之，則丑父弗忠也。天施之在人者，使人有廉恥。有廉恥者，不生於大辱。」見同註100，頁14。

刺譏之所罰，考變異之所加，則天所欲為行矣」〔註102〕便成為天之十指中的一指。

所謂「祥瑞」之兆是產生在天欲給予人獎勵時，如〈卷四・王道〉云：

> 五帝三王之治天下，不敢有君臣之心，什一而稅，教以愛，使以忠……
> 故天為之下甘露，朱草生，醴泉出，風雨時，嘉禾興，鳳凰麒麟遊
> 於郊。〔註103〕

君王順天而治，天就使朱草、醴泉、鳳凰、麒麟等祥瑞之物出現，也會配合五行而產生不同祥瑞之兆，如：屬木性的春天，會出現朱草、魚大為、鱣鯨不見、羣龍下等祥兆；屬火性的夏天，會出現甘露降、黃鵠出見、鳳凰翔等祥兆；屬土性的季夏，會出現五穀成、嘉禾興、仙人降等祥兆；屬金性的秋天，會出現涼風至、麒麟至等祥兆；屬水性的冬天，會出現醴泉出、黿鼉大為、靈龜出等祥兆。〔註104〕

而所謂的「災異」乃指：

> 天地之物，有不常之變者，謂之異，小者謂之災。災常先至而異乃
> 隨之。災者，天之譴也；異者，天之威也。譴之而不知，乃畏之以
> 威。……凡災異之本，盡生於國家之失。國家之失乃始萌芽，而天
> 出災害以譴告之；譴告之而不知變，乃見怪異以驚駭之，驚駭之尚
> 不知畏恐，其殃咎乃至。以此見天意之仁而不欲陷人也。〔註105〕

災害是上天的譴責，怪異是上天的威力，天先以「災」提醒、譴告，後以「異」驚嚇、威脅來使國家施政不順天道之處有機會加以改進，如果沒有將出現錯誤的地方更正才會產生禍敗，而這也說明上天的本意是仁心的，是澤及萬民。並認為「五行變至，當救之以德，施之天下，則咎除。不救以德，不出三年，天當雨石」〔註106〕，故隨著五行的不同而會產生出不同的災異現象，如：屬木性的春天時，會出現茂木枯槁、毒水渰羣、漉陂如魚、魚不為、羣龍深藏、

---

〔註102〕（漢）董仲舒：《春秋繁露・卷五・十指》，頁28。

〔註103〕（漢）董仲舒：《春秋繁露》，頁20。

〔註104〕詳見（漢）董仲舒：《春秋繁露・卷十三・五行順逆》，頁74。

〔註105〕（漢）董仲舒：《春秋繁露・卷八・必仁且智》，頁49～50。此段引文殿本放於〈必仁且智〉一篇中，然據鍾肇鵬所云：「『如是者謂之智』以下舊本有『其大略之類─而況受天譴也』一大段，與仁、智無關，乃〈二端〉之文，錯簡於此。今移入〈二端〉篇末。」，故筆者以為此段疑放於〈二端〉一篇中。見鍾肇鵬：《春秋繁露校釋》，頁588。

〔註106〕（漢）董仲舒：《春秋繁露・卷十四・五行變救》，頁75。

鯨出現；屬火性的夏天時，會出現大旱、火災、飛鳥不爲、梟鴟羣鳴、鳳凰高祥；屬土的季夏時，會出現五穀不成、稞成不爲；屬金的秋天時，會出現鑄化凝滯、凍堅不成、白虎妄搏、麒麟遠去；屬水性的冬天時，會出現霧氣冥冥、有大水、龜深藏、黿鼉呴。〔註107〕雖五行所顯現的災異有所不同，但最終的目的都是希望國君能爲善。

在第四章「氣化宇宙論的架構」中，筆者曾提出災異譴告屬天道調整螺旋式前進中不順暢之處，而主要的對象雖未直接點明僅限於君王，但實際上卻以君王的行爲做爲影響天的作爲主要的原因，亦云：

> 然而《春秋》舉之以爲一端者，亦欲其省天譴而畏天威，内動於心
> 志，外見於事情，修身審己，明善心以反道者也，豈非貴微重始、
> 慎終推效者哉！〔註108〕

認爲國君應體察上天的譴責，敬畏上天的威嚴，在內在心志上應重視細微開始、謹慎終結，以推究徵驗天之志，在外在表現事情上，則修養自己的德行，審察自己的行爲，彰顯天的善心，而使天道回歸於正道之上，〔註109〕就如周宣王以爲是自己行爲上的缺失而使天降下旱災，而更以戒愼恐懼之心來侍奉天。〔註110〕

總括上述所言，筆者以爲既然「天之所起其氣積，天之所廢其氣隨」〔註111〕，故天是透過春夏秋冬也就是喜怒哀樂四種不同的表現來表達天

---

〔註107〕詳見（漢）董仲舒：《春秋繁露‧卷十三‧五行順逆》，頁74。

〔註108〕（漢）董仲舒：《春秋繁露‧卷六‧二端》，頁30。

〔註109〕在〈卷八‧必仁且智〉中也曾云：「謹案災異以見天意。天意有欲也，有不欲也。所欲所不欲者，人内以自省，宜有懲於心；外以觀其事，宜有驗於國。故見天意者之於災異也，畏之而不惡也，以爲天欲振吾過，救吾失，故以此救我也。」，認爲國君應時時反省自己、觀察萬物，將災異視爲天爲了補救自己的過失，挽救施政的誤失而產生的現象。見（漢）董仲舒：《春秋繁露》，頁50。此段引文殿本放於〈必仁且智〉一篇中，然據鍾肇鵬所云：「『如是者謂之智』以下舊本有『其大略之類—而況受天譴也』一大段，與仁、智無關，乃〈二端〉之文，錯簡於此。今移入〈二端〉篇末。」，故筆者以爲此段疑放於〈二端〉一篇中。而「宜有懲於心」據鍾肇鵬所云：「『微』謂證驗也。作『懲』，非。『微于心』與下句『驗于國』正相印。」。見鍾肇鵬：《春秋繁露校釋》，頁348、588。

〔註110〕詳見〈卷十五‧郊祀〉所云：「周宣王時，天下旱，歲惡甚，王憂之。其《詩》曰：『倬彼雲漢，昭回於天。……』宣王自以爲不能乎后稷，不中乎上帝，故有此災。有此災，愈恐懼而謹事天。」見（漢）董仲舒：《春秋繁露》，頁80。

〔註111〕（漢）董仲舒：《春秋繁露‧卷十二‧陰陽終始》，頁65。

道、萬物都是生生不息，終而復始的意志。並透過陰陽二氣的是有主從的差別以及天之內為愛利、天之外為養長的觀念來說明如何達到天的意志，其最終目的也就是希望人能為善〔註112〕。天有志、有性情，不僅在天通過四時來讓人獲得對天的體認，也會透過祥瑞、災異來讓人感受天的仁愛和威嚴，〔註113〕如人為善一切天道運行、自然現象都將是正常的，如人不為善就會有災異譴告得出現。換言之，天有春夏秋冬所表示的生長收成，人間就會有生有死，有高低起伏，而這一切天理循環都在天的意志之中，由此所架構出的人倫世界規範，也就全都是由天的意志來決定的，就如吳志鵬所言：

> 董仲舒沿襲著儒家的傳統，提出了「天」為宇宙最高的範疇。除了在宇宙論的思想外，天是其思想的來源、道德的基礎與說明世界的重要概念，並且影響當時與後世「天的哲學」之龐大思想體系。〔註114〕

### （二）人格神的釐清

歷來討論董仲舒的「天」，必定會牽涉到人格神的部份。然早在甲骨文中，就已出現具有自然義與人格神之天，而在人格神之天多稱為帝、上帝，至周初時則對殷商時期人格神觀念進行了改變，不僅是將原本無法預測性的天改變為人可以透過自己的行為加以瞭解、把握並作為最後保障的天，更將殷商重宗教而輕人事的狀況更改為重「敬德保民」、「唯德是輔」的人事，為後世非天、怨天、疑天思想作為鋪陳。〔註115〕到春秋戰國時期，天的理論開始出

---

〔註112〕 張立文也云：「天以陰陽寒暑來顯示其好仁遠戾、大德小刑之意。即使天出災異之象來譴告人君，也是出於其愛利仁德的本心，而不是故意害人。」詳見張立文：《中國哲學範疇精粹叢書——天》，頁114。

〔註113〕 參見余志平：：《唯天為大——建基於信念本體的董仲舒哲學研究》（北京：商務印書館，2003年12月北京第1刷），頁108～109。

〔註114〕 吳志鵬：〈兩漢的宇宙論思想〉，頁111。

〔註115〕 關於周初對殷商人格神之天的轉化，徐復觀則認為有：一、周初已將政權的根源及行為的最後依據，都訴諸於最高神的天命，並且「敬」的觀念投射給人格神的天命上，並以合理的活動範圍對人有所監察，而使人取得某種程度上的自主地位。二、透過文王對天命的把握，象徵宗教中的人文精神的覺醒。三、周初對祖宗之祭祀，已由宗教的意義轉化為道德的意義，為後來儒家以祭祀為道德實踐之重要方式之本。四、周初已認為上天不是為了侍奉自己而選擇政治的領導人，而是為了人民選擇可以為人民作主的人，故天命不是降於君王身上而是降於人民身上，人民成為天命的代言人。可說是把殷商至周初的便話做了詳細說明。詳見徐復觀：《中國人性論史——先秦篇》（臺北：臺灣商務印書館，1969年1月初版），頁24～30。

現，天不僅是人格神，更是自然的道理、規律和必然性的命運，如孔子一方面認爲天是客觀自然的，一方面卻也認爲天命是人所不能抗拒的；墨子則提出了「非命」的思想強調人爲，卻又主張「天志」以爲天是有意志的人格神；孟子把天道與人性相聯繫，而有「天人合一」的理論；荀子則不僅把人格神的天物化爲自然界，更認爲自然之天的功能與人的功能應各有其職，而有「天人之分」的概念。〔註116〕

在先秦中與董仲舒人格天相類似的就是墨子的「天志」，墨子的天可說是純粹的人格之神，是有意欲、有感覺、有情操、有行爲的，而天的性體則是：1. 是全知全能者；2. 是至聖至智至貴者；3. 是至高無上的；4. 是諸鬼的領袖；5. 是無所不在，無不可見者的。〔註117〕徐復觀認爲先秦時人格神的地位應有所消彌，但在墨子的思想人格神的天卻佔有很重要的位子是因墨子起於民間，其「天志」的觀念就是爲了適應當時平民的心理而提出的。〔註118〕故可知，雖在知識分子之間人格神的地位不如以往，但在一般平民百姓心中卻仍屬日常生活中重要的地位。至漢朝時董仲舒將天的人格性發展到最大，運用的層面也變爲更加廣泛了。

筆者以爲歸納《春秋繁露》一書中之引文，約略可把董仲舒的天分爲自然之天、道德之天、人格之天這三大類。〔註119〕自然之天是董仲舒利用陰陽五行四時的變化，來說明天道的運行，爲其氣化宇宙論的基本架構；道德之天爲董仲舒將儒家傳統道德觀融入陰陽五行之中的重要表現，雖在人倫關係上與孔孟之說有所不同，但其目的仍以仁義爲主；而就人格之天上，雖不能否認有人格神的意味存在，但這可說是董仲舒欲限制君權、將儒家精神套用於當時政治環境中的一種手段，故僅將董仲舒的天局限於人格神之中，是有所不妥的。

如僅就人格天的部份，筆者以爲藉由李增對人格天的說明可以對董仲舒

---

〔註116〕詳見張立文：《中國哲學範疇精粹叢書——天》，頁10～14。

〔註117〕詳見王孺松：《董仲舒天道觀》（臺北：教育文物出版社，1985年4月初版），頁35～40。

〔註118〕詳見徐復觀：《中國人性論史——先秦篇》，頁318。

〔註119〕對於董仲舒的天之分類各家分爲：韋政通將其分爲上述「天的分類」中的六種；金春峰分爲神靈之天、道德之天、自然之天三類；王永祥則將天分爲自然物質性、封建人倫性以及神聖性。詳見韋政通：《董仲舒》，頁65～71。金春峰：《漢代思想史》，頁122～130。王永祥：《董仲舒評傳》（南京：南京大學出版社，2002年4月2第2刷），頁98～132。

之人格天有不一樣的詮釋。李增認為董仲舒是採取「以人擬天」的方式來討論天之形、天之神的部份，以人的精神為核心，以人心為之主，進而以天心為體，天意為意圖，天志為行之外之意志，天命為授予之取予決擇意志行為，故云：

> 董仲舒的天之意義，是以「人副天數」、「以身察天」的擬人化地去建設其架構，也就是對於其「天」的鑄成即是從「反求諸己」，從人之切身之思，即「察身以知天」的方式，或者即是「人是萬物的衡量」的思考模式，以人「己身」之「小宇宙」去思考並且架構其天「大宇宙」的模式，因此可看出董氏的「天」是高度擬人化的概念。
> 〔註120〕

從「以人擬天」的觀念來說，表面上會認為「天」擁有最高的價值、最高的地位，但實際上是由人投射於天，再由天的控制回到人的身上，故最主要也是最重要的仍是「人」而非天，這也是董仲舒與墨子最大的不同點〔註121〕。至於所謂的「人格神」的部份，在先秦以來傳統天命觀念的沿襲下，天都是有目的、有意志的主宰一切的人格神，非董仲舒獨創，然而董仲舒的天確實擁有至高無上，能生長萬物，為萬物和人類之祖；天有喜怒哀樂之情，行陰陽四時之道；天能賞罰予奪，出災異以譴告人；天以愛利為意，以仁德為心等特色，故天才會被視為具有無上權威和無限仁德的最大的神。〔註122〕

如僅就「人格神」的部份而言，董仲舒以前的天，與人總會保持一個相當距離，人格神的天上是具有無比的崇高地位，但至董仲舒時不僅人在道德的根源上是由天而來，與天同質，在形體生理上，也把人說成與天是完全一致，於是因氣貫通於其中，故天人之間的距離被去除掉了。此外，董仲舒透過災異的部份顯示上天對人君不德的警告，看似天又回到了古代宗教的人格神上面去，但其天之實體為氣，因氣的不同表現而分化成陰陽、四時、五行，

---

〔註120〕李增：〈董仲舒天人思想之「天」概念分析〉，頁80～81。

〔註121〕對此金春峰也認為董仲舒的哲學體系是：「由神學的以吉凶禍福為內容的天人感應或刑名法治、清淨無為，轉變為以人為中心的道德目的論和人文主義的思想，大力彰顯與突顯人的尊嚴與地位。」，故可知「人」在董仲舒思想中佔有重要的地位。詳見金春峰：〈漢代儒家哲學的定性與定位〉，收入國立臺灣師範大學國文學系編：《第二屆儒道國際學術研討會——兩漢論文集》（臺北：國立臺灣師範大學，2005年），頁779。

〔註122〕詳見張立文：《中國哲學範疇精粹叢書——天》，頁114。

進而推演出天地萬物的存在，故將氣視爲人格神是有問題的。〔註123〕而早期的「人格神」因具有強烈的神性，所以人僅能爲自己的行爲負責，是不可能因人的行爲而去改變神的行爲或是喜怒哀樂，但董仲舒的天，是與人互相影響的，天人居於平等的地位，其天人感應就是由想像所建立起來的「平列的因果法則」〔註124〕。

就「人格天」而言，董仲舒的天是以「以人擬天」，設定了一個人所認爲如此的天，再用天來要求君王〔註125〕；就「人格神」而言，董仲舒的天不再只是高高在上的存在，而是能與人相感相應，更會因人的行爲而有所改變的，這樣一來董仲舒雖可說是人格天論者，但已非純粹迷信的人格神論者。像董仲舒這樣有意的利用天，則與荀子有相雷同之處，荀子的天雖爲自然天但也強調「參天」的概念，這與董仲舒的天雖有人格神的意味存在，但最終的目標也是希望人能「參天」而行有所類似，對兩者而言「天」不過僅是一個達到目的的手段而已。〔註126〕

在《春秋繁露》一書中，不同含意的天常混雜著使用，這是因爲董仲舒承繼了儒家的傳承又必須兼容各家說法，並且將所有的事物的最後根源都指向天，故天變成爲其思想匯雜之處。〔註127〕筆者以爲像這樣含括了各種含意的天，就是董仲舒欲從無限多的有限來構成那穿越時空的無限的元氣，故相對無限的元氣而言，天就可說是元氣的具體化表現，也使董仲舒開展出於人相關的「天人關係」。

---

〔註123〕參見徐復觀：《兩漢思想史》，頁396～397。

〔註124〕同註123，頁397。

〔註125〕徐復觀認爲董仲舒以氣爲基底的天的構造，與他建立天的哲學的宗教情緒，是含有很大的矛盾，所以如此乃在加強人的責任，尤其是要加強人君的責任。所言者雖是表現天心的災異，而實質所講的是人君行爲的過失，這樣才能將災異緊緊地扣住人君身上。詳見同註123，頁398。

〔註126〕劉又銘認爲董仲舒所謂的天，實質上是「積眾精」的元氣，所謂的天的「意」、「欲」基本上都是從氣的陰陽、五行的屬性、作用而來，也就是天的「意」、「欲」是不能超出元氣所本有、既定的價值體系，天也不能隨意任情，不能用神蹟的方式來解決問題並因而破壞一般常態的因果律。而董仲舒的「參天」、「繼天」、「合諸天」、「配天」都與荀子的「參天」一樣，人對天的「參」、「繼」、「合」、「配」的實際行動，都說明了天人之間「合中有分」的存在關係。詳見劉又銘：〈合中有分──荀子、董仲舒天人關係論新詮〉，《臺北大學中文學報》第2期（2007年3月），頁27～50。

〔註127〕參見吳志鵬：〈兩漢的宇宙論思想〉，頁111～112。

# 第二節　人以氣與天相貫通

由第一節「元之具體表現—天」中，可知無論董仲舒的「天」之含意為何，都對人有很大的影響，人世間的一切也都必須法天而為，故筆者將先討論人與天相應之處，進而說明天與人間之所以能感應的原因，以求對董仲舒「天人感應」有完整的瞭解。

## 一、人副天數

在《春秋繁露》一書中，「人副天數」是瞭解董仲舒天人感應的重要部份，就如〈卷七·官制象天〉所云：「天之數，人之形，官之制，相參相得也，人之與天多此類者，而皆微忽，不可不察也。」〔註128〕，無論是人的形體或是官的制度都是由天而來，所以觀察這些細微的部份就可以推測天。如僅就人的部份而言，因人是稟天地之精，受命於神而高於萬物，故只有人的形體或是性情上是與天相雷同的，其云：

> 人之形體，化天數而成；人之血氣，化天志而仁；人之德行，化天理而義。人之好惡，化天之暖清；人之喜怒，化天之寒暑；人之受命，化天之四時。人生有喜怒哀樂之答，春秋冬夏之類也。喜，春之答也，怒，秋之答也，樂，夏之答也，哀，冬之答也。天之副在乎人。人之情性有由天者矣。故曰受，由天之號也。〔註129〕

天的副本就是人，人是稟受天而來，所以人在形體、血氣、德行、好惡、喜怒、受命等都是與天相類，而人與天相類的狀況，又可將再分為數與類的不同，也就是可數與不可數兩類。

在形體上，董仲舒認為人的身體有四肢，每個肢體有三節，三乘四得十二，十二節相互扶著，就如同天有四季，每一季有三個月，三乘四得十二，十二個月互相承受，並且「四肢之答各有處，如四時；寒暑不可移，若肢體」〔註130〕，人的形體也與天的架構一樣是不能更動的，如更動就會出現異常現

---

〔註128〕（漢）董仲舒：《春秋繁露》，頁41。

〔註129〕（漢）董仲舒：《春秋繁露·卷十一·為人者天》，頁59。

〔註130〕（漢）董仲舒：《春秋繁露·卷十一·陽尊陰卑》，頁61。此段在殿本中放於〈陽尊陰卑〉篇中，但據蘇本所云：「各本此下接下篇『夫喜怒哀樂之發』至『而人資諸天』。張惠言云：『當接『土若地』至『此見天之近陽而遠陰』。』今從凌本移。」，故筆者將此段移至〈王道通三〉篇中。見（清）蘇輿：《春秋繁露義證》，頁325。

象，而這些能用感官察覺而可數的相似之處就是「數」的表現。在性情上，董仲舒認為人有喜怒哀樂就如天有春夏秋冬一樣，人有好惡就如同天有暖清，像這樣不是感官可以直接察覺並且是不可數的相似之處就是「類」的表現。為求詳細的類、數之分，筆者將人副天數的部份整理為下表：〔註131〕

| 天 | 人 | 類、數之分 |
| --- | --- | --- |
| 四時 | 四肢 | *數（可數）* |
| 每一時有三月 | 每肢有三節 | *數* |
| 十二月相受而歲數終 | 十二節相持而形體立 | *數* |
| 三百六十日 | 三百六十節 | *數* |
| 日、月 | 耳、目 | *數* |
| 五行 | 五臟 | *數* |
| 十端 | 人懷胎十月而生 | *數* |
| 地厚 | 人有形體骨肉 | 類（不可數） |
| 天圓 | 人頭圓 | 類 |
| 川谷之象 | 體有空竅理脈 | 類 |
| 神氣之類 | 心有喜怒哀樂 | 類 |
| 星辰 | 髮 | 類 |
| 風氣 | 鼻口呼吸 | 類 |
| 神明 | 胸中達知 | 類 |
| 百物 | 腹胞實虛 | 類 |
| 天地之象 | 以要為帶 | 類 |
| 明天類之狀 | 頸以上，精神尊嚴 | 類 |
| 土壤之比 | 頸以下，豐厚卑辱 | 類 |
| 晝夜 | 乍視乍暝 | 類 |
| 冬夏 | 乍剛乍柔 | 類 |
| 陰陽 | 乍哀乍樂 | 類 |
| 度數 | 心有計慮 | 類 |
| 天地 | 行有倫理 | 類 |
| 天志而仁 | 血氣 | 類 |

〔註131〕筆者整理〈官制象天〉、〈人副天數〉、〈為人者天〉等篇，並參考余志平：《唯天為大──建基於信念本體的董仲舒哲學研究》，頁239～240而成。

| 天理而義 | 德行 | 類 |
|---|---|---|
| 天之暖清 | 好惡 | 類 |
| 天之寒暑 | 受命 | 類 |
| 陽：天氣 | 禮帶以上 | 類 |
| 陰：地氣 | 禮帶以下 | 類 |
| 地形之象 | 足布而方 | 類 |
| 天容 | 人之身首妾而員 | 類 |

　　像這樣「天人相副」的觀念，在《淮南鴻烈》〔註132〕、《黃帝內經》〔註133〕等書中也有出現相似的概念，故可知此觀念在漢代已經相當流行，而董仲舒在其中居有不可抹滅的地位。他把「人副天數」納入了天人系統結構中並加以消化吸收，而使人與天相連之處具有宇宙本體和信念本體的雙重性質。〔註134〕

　　在上表中可看出董仲舒「天人相副」中，所謂的「副數」是指在數目上、形體上是可數的，就以數目、形體來與天相副，如人有三百六十節而天也有三百六十日、人有五臟而天有五行；所謂的「副類」則是指不可數的部份，就用類型來與天相副，如人之喜怒愛樂與天的神氣之類相副、人之眼睛開合與天之晝夜相副。〔註135〕在「副數」的架構下，董仲舒衍生出一套以「一」

〔註132〕如〈卷三·天文〉所云：「蚑行喙息，莫貴於人，孔竅肢體，皆通於天。天地九重，人亦有九竅。天有四時，以制十二月；人亦有四肢，以使十二節。天有十二月，以制三百六十日；人亦有十二肢，以使三百六十節。故舉事而不順天者，逆其生者也。」，就表現了天人相副的觀念。見（漢）劉安：《淮南子》（臺北：臺灣商務印書館《四部叢刊》影上海商務印書館縮印影鈔北宋本，1975年臺3版），頁24。

〔註133〕如〈卷三·五藏別論〉云：「夫胃、大腸、小腸，三焦膀胱，此五者天氣之所生也。其氣向天，故寫而不藏，此受五藏濁氣，名曰傳化之府，此不能久留輸寫者也。」見（唐）王冰注：《黃帝內經》（臺北：臺灣商務印書館《四部叢刊》影上海商務印書館縮印明翻北宋本，1975年臺3版），頁29。又如〈卷六·三部九候論〉云：「天地之至數，始於一終於九焉。一者天，二者地，三者人，因而三之三三者九，以應九野。故人有三部，部有三候，以決死生，以處百病，以調虛實而除邪疾。」見（唐）王冰注：《黃帝內經》，頁47。

〔註134〕參見余志平：《唯天爲大——建基於信念本體的董仲舒哲學研究》，頁240。

〔註135〕蘇輿認爲所謂的「副數」乃指小節、大節、五臟、四肢之屬；所謂的「副類」乃指視、瞑、剛、柔、哀、樂、計、慮之屬。見（清）蘇輿：《春秋繁露義證》，頁357。

為開始的數字系統〔註136〕，以網羅自然界與人類社會的種種現象，其中最為明顯的部份就在官制象天之上，故李增云：「『數』是一種神祕的實在物，而非抽象虛擬的空範疇，對董氏而言其數若同，則其範疇則類同，可以相比擬而類推並架設其天人合一的思想架構。」〔註137〕。然而「人副天數」雖可分為副類與副數兩種，但在實際上兩者的數量是不相等的，畢竟人能真正與天數目相同的部份太少了，故在〈卷十二‧陰陽義〉曾云：「以類合之，天人一也。」〔註138〕以運用「以類為相副」為主要原則，說明了天人同類是天人相應的基礎，也是「天人相副」最高的層次，而這也表示了「這已不是原始思維的相似性原則，似有抽象思維在起作用」〔註139〕。

　　雖說能夠「副數」的部份比「副類」的部份少，但就如劉又銘所云：

> 從第一層人對天的「副數」來證成第二層當中「人道」對「天道」
> 的「以類相應」，故包括形體、形制的「副數」以及非形體屬性的「副
> 類」才是董仲舒「天人相副」的完整內容。〔註140〕

無論是在「副數」或是在「副類」上，都應是「當同而副天，一也」〔註141〕，兩者都是在陰陽天地之整體氣化之中，其方式都是利用由人推向天再由天約束人。〔註142〕筆者以為也可從有限與無限的概念來加以解說，所謂「副數」乃人副具體有限之事物，而「副類」乃人副無形又無限之物，數、類相加

---

〔註136〕在張德文〈董仲舒的「天人關係」模式及其思維方式〉中，認為董仲舒的數字系統為：「一」乃指天地之氣，合而為一：「二」乃指天地之氣，分為陰陽：「三」乃指宇宙間可分為天、地、人三才：「四」乃指天判為四時，而人則有四肢：「五」乃指天列為五行，而人則有五臟：「十」乃指天有十端，而人則是懷胎十月而生：「十二」乃指天有十二個月，人則有十二節。詳見張德文：〈董仲舒的「天人關係」模式及其思維方式〉，《中國文化月刊》第239期（2000年2月），頁25。除了上述幾個數字外，觀察《春秋繁露》一書中數字的總和一定停留在三百六十，這是因為天有三百六十日，而人則有三百六十結的緣故，像這樣一套數字系統也影響了董仲舒對官制的安排，其官制的設置都是以這幾個數字為基礎來加以安排，詳細安排系統筆者將在官制象天一點中加以說明。

〔註137〕李增：〈董仲舒天人思想之「天」概念分析〉，頁72。

〔註138〕（漢）董仲舒：《春秋繁露》，頁66。

〔註139〕張德文：〈董仲舒的「天人關係」模式及其思維方式〉，頁23。

〔註140〕劉又銘：〈合中有分—荀子、董仲舒天人關係論新詮〉，頁43。

〔註141〕（漢）董仲舒：《春秋繁露‧卷十三‧人副天數》，頁71。

〔註142〕蘇輿曾云：「天之四時三月，亦由人定，疑聖人先因人之四肢三節，然後推之于天，考之以度，所謂人生於天而體天之節也。」詳見（清）蘇輿：《春秋繁露義證》，頁218。

也就代表了有限與無限相加，兩者相加就成為一完整的天。故兩者都是董仲舒架構天人之間不可缺少的部份，更是董仲舒「把人鑲在整個天的構造中，以確立人的不可動搖的地位，及不可逃避的責任」〔註143〕。

## 二、氣貫天人

在「人副天數」中，可知董仲舒利用副數與副類的方式將天人緊密的結合在一起，既然「為人者，天也」〔註144〕天和人屬同一類，那天人之間又是如何互相感應呢？其實「同類相動」的概念，早在戰國後期就頗為流行，如《荀子》云：「施薪若一，火就燥也；平地若一，水就溼也」〔註145〕、「君子絜其辯而同焉者合矣，善其言而類焉者應矣。故馬鳴而馬應之」〔註146〕，就是以「同類相應」的觀念來說明君子與君子之間應屬同類而能相應，此外在《呂氏春秋・卷十三・應同》云：

> 類固相召，氣同則會，聲比則應。鼓宮而宮動，鼓角而角動。平地注水，水流溼；均薪施火，火就燥……無不皆類其所生以示人。故以龍致雨，以形逐影。師之所處，必生棘楚。……其類同皆有合。〔註147〕

更將「同類相動」的概念擴及到天與人之間禍福與行為上的關係，而這樣的「同類相動」給予董仲舒很大的影響。為求明瞭董仲舒的「感應」之說，筆者將其內容分為以下幾點來加以說明。

### （一）貫通天人的「同類相動」

董仲舒的「同類相動」是順著其「人副天數」的部份發展下來，就是因為「天地之符，陰陽之副，常設於身。身猶天也，數與之相差，故命與之相連也。」〔註148〕人的身體就好比天地的符信，陰陽的副本，故人身體上的數目與天相合，而人就與天屬同類。董仲舒先以「百物去其所與異，而從其所與同」〔註149〕為出發點，說明氣相同就會合，聲音相同就會相應的道理，就

---

〔註143〕詳見徐復觀：《兩漢思想史》，頁396。
〔註144〕（漢）董仲舒：《春秋繁露・卷十一・為人者天》，頁59。
〔註145〕（清）王先謙：《荀子集解・卷一・勸學》（臺北：世界書局，2005年10月2版2刷），頁5。
〔註146〕（清）王先謙：《荀子集解・卷二・不苟》，頁38。
〔註147〕（戰國）呂不韋：《呂氏春秋》（臺北：臺灣商務印書館《四部叢刊》影上海商務印書館縮印明刊本，1975年臺3版），頁73～74。
〔註148〕（漢）董仲舒：《春秋繁露・卷十三・人副天數》，頁71。
〔註149〕此段引文皆出於〈同類相動〉。（漢）董仲舒：《春秋繁露・卷十三・同類相動》，就

如同「美事召美類，惡事召惡類，類之相應而起也」、「陽益陽，而陰益陰，陽陰之氣固可以類相益損也」一般，並以此為基礎向上發展出天與人之間的關係。更認為由於陰陽相生的緣故，萬物各順陰陽，就可以產生感應作用，就如同天與人皆有陰陽二氣的存在，當天的陰氣產生時人的陰氣也應有所相應，反之當人的陰氣產生時天的陰氣也就應有所相應，所以天人之間的一切互動都是「非獨陰陽之氣可以類進退也，雖不祥禍福所從生，亦由是也。無非己先起之，而物以類應之而動者也。」。

像這樣天的陰氣會引起人的陰氣，人的陰氣也會引起天的陰氣，就說明了天會感應人，人也是能夠感應天。董仲舒這樣以「以類相感」來說明天人相通的道理，則與王充天應人，但人不能改變天的觀念是有所差異。此外，在董仲舒「同類相動」的觀念中，值得一提的是董仲舒的「人」多指聖人、君王，是必須感天而行的，如〈卷六·立元神〉所云：

> 君人者，國之證也，不可先倡，感而後應，故居倡之位，而不行倡
> 之勢，不居和之職，而以和為德，常盡其下，故能為之上也。〔註150〕

君王必須有感發然後才能響應天而有所為，故僅居倡導的地位而不施行倡導的權利，故李增云：

> 在董仲舒「天人合一」的體系中，「人」並非指人類之「人」本身，
> 或是人類之通稱，而是指政治系統中的天子或君王。而能掌握天人
> 合一之主動性者為「唯天子一人」，天子為天人合一的主角，也是主
> 軸，與主動者。〔註151〕

董仲舒在人能感天的觀念之下，把聖人、君王的位子提到最高，可視為再次強調君權的崇高性。

## （二）天人的四時與四情

無論是在討論人格天上、人副天數上或是在宇宙架構上，天的四時、四情都一再被提出來說明，在人格天上四情是上天的表現，在宇宙架構中四時是連接陰陽與五行的媒介，而在天人感應中四時與四情則是天人之所以能相應的媒介，可見其重要性。

---

頁71。

〔註150〕（漢）董仲舒：《春秋繁露》，頁33。

〔註151〕李增：〈從董仲舒天人合一思想系統分析「天人」及「合一」之意義〉，《東海大學哲學研究集刊》第8集（2001年6月），頁164。

在〈卷十七・如天之爲〉中董仲舒藉由魚和水的關係來說明人和氣的關係，其云：

> 天地之間，有陰陽之氣，常漸人者，若水常漸魚也，所以異於水者，可見與不可見耳，其澹澹也，然則人之居天地之間，其猶魚之離水一也，其無間，若氣而淖於水，水之比於氣也，若泥之比於水也，是天地之間，若虛而實，人常漸是澹澹之中，而以治亂之氣與之流通相殽饌也，故人氣和調而天地之化美。〔註152〕

陰陽之氣流佈於天地之間，人生活在氣中就好比魚生活在水中一樣，故陰陽之氣雖看不見也摸不著，卻確實存在於天地之間，而人也就是藉由氣與天地相應。此外，天是元氣的具體展現，人又是從天而生，故陰陽二氣同時存在於天與人之中，既然氣是在天地人之間充斥流行著，而天地人又都是氣所生，基於「同類相動」的原則，天人能夠互相感應是沒有問題的。

如假設天人確實是能夠互相感應，那在實際上天人又是如何表現感應呢？在討論宇宙架構時「四時」是連接陰陽與五行兩大詮釋系統的媒介，在討論人副天數時「四情」爲人副天而有的，然而當「四時」、「四情」相連結時就成爲天人之所以能夠相應的關鍵點。天有暖清寒暑的氣溫變化，人有好惡喜怒的情緒反應，兩者本屬不同領域的現象，但董仲舒卻透過氣的詮釋將天的暖清寒暑與人的喜怒哀樂加以「合類」，故云：「天乃有喜怒哀樂之行，人亦有春秋冬夏之氣者，合類之謂也。」〔註153〕，也就是說天有春夏秋冬，而人也有春夏秋冬，是用天來類比人向天一樣含有陰陽四時之氣，亦云：「春夏之陽，秋冬之陰，不獨在天，亦在於人。」；而人有喜怒哀樂，天也有喜怒哀樂，則是以人來比類天也像人一樣有情緒的變化，故云：「天亦有喜怒之氣、哀樂之心，與人相副。」〔註154〕。換言之，人之所以會有喜怒哀樂的表現，是因爲人身上有春夏秋冬之氣，反觀天的春夏秋冬，就應該是天所表現

---

〔註152〕（漢）董仲舒：《春秋繁露》，頁93。此段引文殿本放於〈如天之爲〉中，然據鍾肇鵬所云：「『天地之間—配天』一大段舊本原在〈如天之爲篇〉末，惠、錢校並認爲係本篇之文。凌本、蘇本據其說移正，今從之。」，故筆者以爲此處疑放於〈天地陰陽〉一篇中。此外鍾氏亦云：「宋本、王本、殿本『殽』下有『饌』字，衍；盧本、凌本、蘇本刪『饌』字，是。」見鍾肇鵬：《春秋繁露校釋》，頁1089～1090。

〔註153〕以下兩處引文皆出於〈天辨在人〉。見（漢）董仲舒：《春秋繁露・卷十一・天辨在人》，頁64。

〔註154〕（漢）董仲舒：《春秋繁露・卷十二・陰陽義》，頁66。

出來的喜怒哀樂，故〈卷十一‧王道通三〉云：

> 天有寒有暑。夫喜怒哀樂之發，與清暖寒暑，其實一類也。喜氣為煖
> 而當春，怒氣為清而當秋，樂氣為太陽而當夏，哀氣為太陰而當冬。
> 四氣者，天與人所同有也，……人生於天，而取化於天。喜氣取諸春，
> 樂氣取諸夏，怒氣取諸秋，哀氣取諸冬，四氣之心也。〔註155〕

天的喜怒哀樂的表現，跟清暖寒暑是互相貫通的，而這四種氣，是天和人相
同具有的，既然人是從天而生，故喜氣從春天而來，樂氣從夏天而來，怒氣
從秋天而來，哀氣從冬天而來，這也就所謂的四氣之心。

　　總括上述所言，可知董仲舒在利用「四時」與「四情」來讓天人相結合
上，其特色有：1. 天的春夏秋冬與喜怒哀樂是和人相同的。在這點上值得注
意的是，從客觀而言，天是不會有喜怒哀樂的，而是人賦予天有情緒上的變
化，這也可說是人格天的表現。2. 天的喜怒哀樂影響人的喜怒哀樂。如從天
之氣下貫道人的身上而言，天因為有「四情」的變化而產生了「四時」的變
化，故就天而言「四情」比「四時」重要；下貫至人後，人的「四情」必須
順著天的「四時」而發，故天的「四時」比人的「四情」還來的重要，也就
是人的「四情」依照天的「四情」而產生。3. 天尊人卑，故人的一切都是由
天來的。4. 人的「四情」順天之「四時」而發，天就高興而出現祥瑞之兆；
如人的「四情」不順著天之「四時」而發，天就不高興而降下災異，故人應
順天之「四時」而發人之「四情」。而這一切都表示了「人超越萬物之上而達
到與天同等的地位，除了人以外的其他任何物都不具這種性質」〔註156〕，也
就是除了人能與天相感應外，天是無法與物相感應的。

---

〔註155〕（漢）董仲舒：《春秋繁露》，頁61。此段在殿本中放於〈王道通三〉篇中，
但據蘇本所云：「各本此下接上篇『土若地，義之至也』至『此皆天之近陽而
遠陰』。張惠言云：『當接上篇『夫喜怒』至『而人資諸天』為一篇。』今從
凌本移正。」，故筆者以為此段疑放於〈陽尊陰卑〉篇中。見（清）蘇輿：《春
秋繁露義證》，頁330。

〔註156〕梁榮茂認為「董仲舒提高了人超越萬物之上而達到與天同等的地位，除了人以
外的其他任何物都不具這種性質，故不能感天，亦即天與物不能互相感應。
植物的長養收藏存滅、花開花謝、芽發葉落，動物的冬眠等等變化，只是「物」
為了本身之存在而產生的一種自然調節現象，而不是對於天而起的感應。所
謂「感應」應是物本身具有意識或理性的回應活動，人類對於災變所做的種
種預防或措施，便是有意識、有理性、且具有目的的行為。」見梁榮茂：〈董
仲舒「天人感應」與司馬遷的「天道觀」之比較研究〉，收入國立政治大學中
文系所主編：《漢代文學與思想學術研討會論文集》（臺北：文史哲出版社，
1991年），頁199。

### （三）宇宙論下的感應

　　在討論董仲舒氣化宇宙論時，筆者曾將陰陽二氣的變化繪製成圓柱體的螺旋式循環，筆者以為也可用圓柱體的概念來解釋天、地、人之間的感應。〔註157〕如將天地人三才的觀念融入圓柱體中，則圓柱體的上層可視為天、中層為人、下層為地，而陰陽二氣流行於其中。如將「四時」、「四情」、「四功」分別融於其中，則為天的春夏秋冬在上，人的喜怒哀樂在中，地的生長收成在下，氣化流行於其中，天地人的架構是立體活動的，並且是以氣相通而彼此相應的架構，就如〈卷十三・人副天數〉所云：

> 天德施，地德化，人德義。天氣上，地氣下，人氣在其間。春生夏
> 長，秋殺冬收，百物以藏。故莫精於氣，莫富於地，莫神於天，天
> 地之精所以生物者，莫貴於人。〔註158〕

天的德性是施與，地的德性是化育，人的德行是道義。天的氣在上面，地的氣在下面，人的氣在天地之間，所以沒有比氣更精美的，沒有比地更富裕的，沒有比天更神妙的。

　　在上層的天和中層的人之間有許多的共通點，無論是「副數」或是「副類」上的天人相似之處都是董仲舒用來說明天與人的關係，其中又以天的春夏秋冬與人的喜怒哀樂的連結最為明顯。至於下層的地和中層的人之間的關係，雖非董仲舒著墨重點，但仍可從解釋五行觀念中去將地和人相連在一起，如地的木對官職的司農、火對司馬、土對司營、金對司徒、水對司寇等等。而將天地人三個層面相結合就構成一個氣化整體，然而在討論氣化整體前則必須先釐清董仲舒對「天」定義，筆者以為天地人三才中的「天」應屬構成宇宙構造中的一元素，也就是十端中的一端，而天地人所構成的整體也稱為天，也就是天有十端的「天」〔註159〕，換言之這整體的天就是元氣，就是董仲舒欲表現的氣化整體觀。在氣化整體的觀念下，天的春季與人的喜氣、地的作用生相連在一起，三者在圓柱體中屬同一方位，也就是說在圓柱體上每一個方位上就代表了天地人的三件事情，而圓柱體中的氣化螺旋式的前進是

〔註157〕參見第 141 頁圓柱圖。

〔註158〕（漢）董仲舒：《春秋繁露》，頁70。

〔註159〕在董仲舒的著作中「天」有兩種不同層次的指涉，一是指統括天、地、陰陽、五行的「天」，一是指與「地」相對的「天」，也就是十端中其中的「天」。雖分為兩種天，但與地相對的天是包含於總括之天中，兩者並非各自獨立，乃屬一體。詳見李增：〈董仲舒天人思想之「天」概念分析〉，頁68。

在一個行徑上可以通過不同的方位和次序，而不同的方位和次序都在前進的方向中展現出各種可能性，故天地人三個層面是無法獨立而行的，是牽一髮而動全身的，就如〈卷六‧立元神〉所云：

> 天地人，萬物之本也。天生之，地養之，人成之。天生之以孝悌，地養之以衣食，人成之以禮樂，三者相爲手足，合以成體，不可一無也。〔註160〕

天地人三者合爲一體，缺一不可，進而構成了萬物生化之根本，也就是天地人是一個相互聯繫的系統，是氣化整體的表現而非僅平面的循環已矣。

在這樣的氣化整體中，既然是

> 陰陽之氣，在上天亦在人，在人者爲好惡喜怒，在天者爲暖清寒暑，出入上下，左右前後，平行而不止，未嘗有所稽留滯鬱也，其在人者，亦宜行而無留，若四時之條條然也。〔註161〕

就可推斷天地人之間的運行圖除了有平面的循環外，還是上下運行的，又因在圓柱體中充斥著氣化的流行變動〔註162〕，天氣上，地氣下，地氣又是以土爲中的運行，故一氣所分化而成的春夏秋冬之氣能使天之氣與地氣相通，更能與生活在地上的人之氣相通，進而形成一個立體又實際的架構，這也是天人之所以能夠感通的最大原因。此外，如回到天地人單獨的三個層面而言，其實天地人三個層面本身也因陰陽相生的原故而自成一個小螺旋，也就是說天地人因陰陽相生而組成一個大螺旋，如天地人三層僅爲平面循環的話，是無法組成一個氣化大螺旋式的運行，故天地人這三個小螺旋因皆爲陰陽相生而成而有所相關，進而架構出氣化大螺旋式的運行。換言之，無論是天的春夏秋冬或是地的生長收成、人的喜怒哀樂都是一直在運行不已的，表面上看起來春對生、夏對長、秋對收、冬對成，實際上人也是依照著暖暑清寒在改變著，像這樣因螺旋式的運行，而使天地人三層不斷的變化而產生出各種不同的作用，就稱爲「神」，故螺旋性就是生生不測，即謂「神」。再者，當由天地人可自一個小螺

---

〔註160〕（漢）董仲舒：《春秋繁露》，頁33。

〔註161〕（漢）董仲舒：《春秋繁露‧卷十七‧如天之爲》，頁93。此處殿本作「滯鬱」，然下文「無所鬱滯」、「而無鬱滯一也」皆作「鬱滯」，故筆者以爲此處疑作爲「鬱滯」也。

〔註162〕周桂鈿也云：「董仲舒認爲空間充滿氣，天通過氣感應人，人的感情也是通過氣而傳達到天那裡。天和人感應的中介是氣，氣是看不見的，所以人們看不到天人感應，而實際上有這種感應。」周桂鈿：《中國傳統哲學》（北京：北京師範大學出版社，1990年7月第1刷），頁8。

旋進而組成一個大螺旋時，則表示會有快慢、幽明、出入的問題，就如同陰陽運行會有上下、出入、顯隱的問題一樣，所以人這層的螺旋旋轉速度必須透過與天相感相應而達到和天、地層的旋轉速度相同，假使當人的旋轉速度與天地有所不同時，天就產生災異來導正人層的螺旋式旋轉。

　　總括上述三點，說明了人和天地是一致的，只是一氣之辨，都是陰陽相生故人與天地是相類的，其分別只是有的成爲天氣，有的成爲地氣，有的成爲人氣而已。故天、人、物、自然之間是一種非對立的，彼此配合，共同輔成的互補關係，而不像古希臘式的人與自然的截然對立，此乃董仲舒的顯明特色。〔註163〕站在天地人爲同類的基礎上，董仲舒則利用了「四時」、「四情」、「四功」來說明天人之所以能相感的原因，而在「四」爲副數，「時」、「情」、「功」爲副類的情況下也符和了董仲舒自己提出的「人副天數」的標準。像董仲舒這樣將宇宙間都同爲一氣，而一氣又分爲陰陽五行，則一切事物都具有陰陽五行的觀念視爲基礎，才能夠推展出所謂的「天人感應」〔註164〕，而明瞭了陰陽五行運行的道理，就能對於人事的福禍從根本上解決，故天雖會有災異譴告，但人只要努力挖掘自己的潛力，變被動爲主動，〔註165〕就能促使事情的成功，而非僅是「天」的魁儡，人是能夠認識、把握、運用天地的規律養身修性。

## 第三節　天人感應的延伸

　　周桂鈿在《中國傳統哲學》中曾云：「『天人感應』的目的爲屈民而伸君，以維護大一統的政治；屈君而伸天，利用天的權威來約束皇帝。」〔註166〕，

---

〔註163〕除上述所言，余治平更認爲天的十端雖可以是一種獨立的存在，但他們絕沒有現實的意義，也還不是客觀性的存在，只有當他們相互發生作用進入現象世界後才能有作爲實在的物的產生。詳見余志平：《唯天爲大——建基於信念本體的董仲舒哲學研究》，頁89、90。

〔註164〕參見羅光：《中國哲學思想史・兩漢南北朝篇》，頁75。

〔註165〕林明昌也認爲人是能夠有所改變的，故云：「就『天有十端』而言，天地、陰陽、五行以及人，都是同本原於「元」，故陰陽、五行以及人的位序，都與天地平行，且超乎萬物之上。於是人可以下長萬物，上參天地；人的治亂之故，動靜順逆之氣，可以損益陰陽之化，而搖蕩四海之內。」。詳見林明昌：《〈春秋繁露〉的天道觀與治道思想》（臺北：私立淡江大學中國文學研究所碩士論文，1991年），頁31。

〔註166〕周桂鈿：《中國傳統哲學》，頁8。

董仲舒雖將君王的地位推至極高，但卻也一再強調君王應法天而爲，利用具有崇高地位的天來對君王有所箝制，以達到儒家的仁政德治。故筆者將先討論君王法天而治的部份，再說明天、聖人、人民之間的關係，以瞭解董仲舒天人感應的最終目的。

## 一、法天而治

在「法天而治」的部份，又可再分爲官制應天、改正朔與易服色、君王仁政這三個部份，其中官制應天、改正朔與易服色爲具體法天的部份，而君王仁政雖屬較抽象，卻是董仲舒提出這一套複雜的天人關係的最主要目的。

### （一）官制應天

在五行的配當中，董仲舒已將五行與官稱、職務相配在一起，就如木爲司農、火爲司馬、土爲私營、金爲司徒、水爲司寇。然而，董仲舒更利用了人是與天相應的部份推衍出一套完整的官制，其表現主要是在〈官制象天〉一文中。

董仲舒以爲天的常軌之數爲「三」、天的時節之數爲「四」、一年的度數之數爲「十二」、天的端緒之數爲「十」〔註167〕，所以人間的官制也應由這幾個數字爲基礎來加以設置，故可說在官制應天上爲天人副數的演變。爲了清楚瞭解天之數與官之數的關係，筆者將其整理爲下表：〔註168〕

| 天之數 | 官之數 | 說　明 |
|---|---|---|
| 三個月爲一時 | 三人爲一選 | 三公、九卿、二十七大夫、八十一元士 |
| 一時分爲孟、仲、季 | 一選分爲上、中、下〔註169〕 | |
| 四時爲一循環 | 四選爲一終了 | |

〔註167〕參見〈卷七・官制象天〉：「是故其以三爲選，取諸天之經；其以四爲制，取諸天之時；其以十二臣爲一條，取諸歲之度；其至十條而止，取之天端。」。見（漢）董仲舒：《春秋繁露》，頁40。

〔註168〕此表爲筆者整理〈官制象天〉、〈爵國〉兩篇而成。

〔註169〕在〈卷七・考功名〉中也認爲官制可分爲上、中、下三等，而每一等又可再分爲上、中、下三級，上上爲最高級，中中爲中級，下下爲最低級，其云：「考試之法，合其爵祿……其先比二三分，以爲上中下，以考進退，然後外集，通名曰進退，增減多少，有率爲第，九分三三列之，亦有上中下，以爲一最，五爲中，九爲殿。」則與此處一選分爲上、中、下相符也。見（漢）董仲舒：《春秋繁露》，頁36。

| 一年有十二個月 | 一條有十二臣 | |
|---|---|---|
| 天有十端〔註170〕 | 至十條而止 | |
| 十年有一百二十個月 | 公、卿、大夫、元士共一百二十人 | |
| 以三爲底數 | 以三臣子爲一愼 | |
| 法一歲之數，五時色之象 | 把左右群臣分爲五個等次，共三百六十三人 | 三公、九卿、二十七大夫、八十一元士、二百四十三下士 |
| 法天庭之象 | 稱爲通佐的上卿、下卿共二百二十人 | 爲諸侯之數的一倍 |
| 法四時、六甲之數 | 諸侯之外佐分爲四等共一百二十人 | |
| 法日辰之數 | 通佐有五個上士和五個下士，共六十人 | |
| 天地方位分爲東、南、西、北、中 | 諸侯的爵位也分爲五個等次 | |

董仲舒在將天之數與官之數相比後，更利用「愼」〔註171〕來印證數字間的相合，一愼爲三臣子，八十一元士爲二十七愼、二十七大夫爲九愼、九卿爲三愼、三公爲一愼，故天子之下共有四十愼。如從另一個方面來計算，因天一年有十二個月，所以十二臣爲一條，十年爲十二個月，十條爲一百二十位臣子，三臣爲一愼，也就是說會有四十愼，與上述所計算的愼數相合。除此之外，在〈卷八・爵國〉〔註172〕中董仲舒也再次將官制之數與天象、天數，認爲天子的部屬應效法天運行一年的數目而分爲左右五等，共三百六十三人；效法天庭星的形象而使通佐有七個上卿和下卿，共二百八十人；諸侯的

---

〔註170〕在〈卷十二・基義〉一篇中曾云：「天之大數，必有十旬，旬天地之數，十而畢舉，旬生長之功，十而畢成。」，故凡事皆停止於「十」。見（漢）董仲舒：《春秋繁露》，頁 69。據俞樾所云：「上『旬』字衍文。〈天地陰陽篇〉云：『天、地、陰、陽、木、火、土、金、水九與人而十者，天之數畢也。』是天之數非以旬計，安得言十旬乎。」，故筆者以爲此處「十旬」之「旬」疑刪也。見（清）俞樾：《諸子平議・卷二十六》（臺北：世界書局，1966 年 3 月再版），頁 308。

〔註171〕在賴炎元《春秋繁露今註今譯》中認爲「愼」爲董仲舒用作計算臣子數目的單位名稱，取謹愼處事的意思。見賴炎元：《春秋繁露今註今譯》（臺北：臺灣商務印書館，2003 年 6 月初版 5 刷），頁 197。筆者以爲，董仲舒將三臣子視爲一愼，而如將此認爲三個臣子爲一個團隊，以這樣的觀念去計算數字間的印證，較不易混淆。

〔註172〕見（漢）董仲舒：《春秋繁露》，頁 45。

外佐則效法四時六甲的數目分爲四等，共一百二十人；而通佐則效法日辰的數目分爲五個上士和下市，共六十人。

董仲舒雖將官制人數的設置標舉出來，但也僅交代是取法於天，而沒有說明確切的具體理由，後至《白虎通・卷四・封公侯》中才有進一步的交代，其云：

> 王者所以立三公、九卿，何？曰：天雖至神，必因日月之光。地雖至靈，必有山川之化。聖人雖有萬人之德，必須俊賢。三公、九卿、七十二大夫、八十一元士，以順天成道。……王者受命，爲天地人之職，故分職以置三公，各主其一，一效其功。〔註173〕

如舉三公九卿而言，設置三公九卿，就如天雖神妙卻仍需要透過日月之光來彰顯，所以君王雖才能出眾，卻也要靠三公九卿這樣的分職來讓賢者輔助自己，故「三公之位，聖人之選也，三卿之位，君子之選也，三大夫之位，善人之所選也，三士之位，正直之選也。」〔註174〕，三公是要選擇聖人來擔任，三卿是要選擇君子來擔任，三大夫是要選擇善人來擔任，三士是要選擇正直的人來擔任。

像董仲舒這樣由天下貫到官制的一系統的解釋，以現今眼光而言雖有所牽強，但筆者以爲先不論適用與否，這都一再表現了董仲舒爲了讓自己的思想系統能夠包羅天人之間的一切關聯而所作的努力。此外，其政治上的目的就如余治平所言，就是因爲董仲舒一連串的將天與官制作連結，使人能從心裡就相信官之職本應取法於天，進而成爲國家政制的一切存在形式有合理的根據，以達到政治機制協調運作，天下穩定的太平局面。〔註175〕

### （二）改正朔與易服色

在天人感應的前提下，董仲舒也爲漢朝得到政權的正統性作了一番解釋，並且認爲新王必須順著天意而對舊有的制度有所改變，以表明自己與前朝的不同。就如〈卷一・楚莊王〉中所云：

> 今所謂新王必改制者，非改其道，非變其理，受命於天，易姓更王，非繼前王而王也，若一因前制，修故業，而無有所改，是與繼前王

---

〔註173〕（清）陳立：《白虎通疏證》（北京：中華書局出版，1997 年 10 月北京第 2 刷），頁 129～130。

〔註174〕（漢）董仲舒：《春秋繁露・卷七・官制象天》，頁 41。

〔註175〕參見余志平：《唯天爲大──建基於信念本體的董仲舒哲學研究》，頁 424。

> 而王者無以別。受命之君，天之所大顯也：事父者承意，事君者儀
> 志，事天亦然：今天大顯已，物襲所代而率與同，則不顯不明，非
> 天志，故必徙居處，更稱號，改正朔，易服色者，無他焉，不敢不
> 順天志，而明自顯也。〔註176〕

對董仲舒而言，所謂的改制並非改變先王的施政原則、原理，而是改變國都、
國號、曆法、禮服的顏色，這一切改變都是爲了順從上天的意志，其改正朔、
易服色的標準則在「三統」中。

在〈三代改制質文〉中對於「三統」的更替有詳細的說明，董仲舒所指
的「三統」是以黑、白、赤三色爲一循環，其內容如下表所示〔註177〕：

| 三　　統 | 黑　　統 | 白　　統 | 赤　　統 |
|---|---|---|---|
| 正日月朔 | 營室 | 虛 | 牽牛 |
| 歲首 | 建寅 | 建丑 | 建子 |
| 月份 | 正月（十三月） | 十二月 | 十一月 |
| 氣之變化 | 天統氣始通化物 | 天統氣始蛻化物 | 天統氣始施化物 |
| 萬物的生長 | 物見萌達 | 物初芽 | 物始動 |
| 顏色 | 尚黑 | 尚白 | 尚赤 |
| 犧牲 | 角卵 | 角繭 | 角栗 |
| 行冠禮處 | 阼 | 堂 | 房 |
| 婚禮視迎處 | 庭 | 堂 | 戶 |
| 喪禮殯處 | 東阶 | 楹柱之間 | 西阶 |
| 祭牲 | 黑牡 | 白牡 | 騂牡 |
| 荐尚物 | 肝 | 肺 | 心 |
| 日分朝正 | 平明 | 鳴晨 | 夜半 |

此「三統法」表現了董仲舒改正朔、易服色的標準，認爲當朝代爲黑統
時，一切事物的顏色皆以黑色爲主，並將歲首訂於寅，並規定了各項儀式必
須在哪裡舉行，如舉辦婚禮時黑統是在庭；白統是在堂；赤統是在戶。然而
把「三統」的觀念，揉合以天地、陰陽及質、文之論中，則產生出「四法」
的轉移，所謂的「四法」則指「一商一夏，一質一文；商質者主天，夏文者

---

〔註176〕（漢）董仲舒：《春秋繁露》，頁6。
〔註177〕此表爲筆者整理〈卷七・三代改制質文〉篇。見同註176，頁37。以及參考
　　　　 王永祥《董仲舒傳》所製之表而成。王永祥：《董仲舒評傳》，頁330。

主地，《春秋》者主人。」〔註178〕，其內容如下：〔註179〕

| 主天 | 法商而王 | 其道佚陽 | 親親而多仁樸 | 虞‧舜 | 赤統 |
|------|---------|---------|-------------|-------|------|
| 主地 | 法夏而王 | 其道進陰 | 尊尊而多義節 | 夏‧禹 | 黑統 |
| 主天 | 法質而王 | 其道佚陽 | 親親而多質愛 | 商‧湯 | 白統 |
| 主地 | 法文而王 | 其道進陰 | 尊尊而多禮文 | 周‧文王 | 赤統 |
| 主人 | （法商而王） | （其道佚陽） | （親親而多仁樸） | 《春秋》 | 黑統 |

　　認為依據天之則，效法商道而稱王者，所施行的治道與陽氣比較接近，而王者也一定會親近於人而崇尚質樸，就如為黑統的舜一樣；如是依據地之則，效法夏道而稱王者，所施行的治道則與陰氣比較接近，而王者則會具有崇敬尊長的性質並多禮義節氣；依據天之則而取法於質樸而稱王者，所施行的治道應該是通合於陽氣，並親近於人而有摯愛之情；依據地之則取法文采而稱王者，所施行的治道則近於陰氣，並且尊敬長輩而有禮。在上表中較特殊的部份在是在《春秋》主人、黑統的部份，在原文中董仲舒僅言「春秋作新王之事，變周之制，當正黑統」〔註180〕、「春秋者主人」，然將《春秋》與三統四法結合則為上表所示，雖有些突兀，但如從董仲舒重《春秋》、將《春秋》視為新王的觀念來看，則可視為將《春秋》推向具有崇高地位的進程。

　　對董仲舒而言，「三統」都順應而發則為「三正統」，則「曰：正者，正也。統致其氣，萬物皆應而正」；「四法」則透顯出「四法修於所故，祖於先帝，故四法如四時然，終而複始，窮則反本」終始轉移的歷史概念。〔註181〕筆者以為就天人之間的關係而言，由人副天數中可知董仲舒認為「三」、「四」為天之大經，是天之時，一切的循環都是由「三」和「四」相組合而成的，故此處以「三統四法」來仿效天之數，為天人副數之屬也。

## 二、天、君、民的關係

　　在討論天人感應時，筆者曾多次強調與天感應者是以君王為主，而非一般的人民，但董仲舒也認為上天會以人民的感受為基準來評斷君王的得失，

〔註178〕（漢）董仲舒：《春秋繁露‧卷七‧三代改制質文》，頁38。
〔註179〕此表為筆者整理〈三代改制質文〉以及參考顧頡剛《古史辨》而成。顧頡剛：《古史辨》（臺北：明倫出版社，1970年3月臺初版），頁443。
〔註180〕以下四段引文皆出於〈官制象天〉。見（漢）董仲舒：《春秋繁露‧卷七‧官制象天》，頁38、39。
〔註181〕參見余志平：《唯天為大——建基於信念本體的董仲舒哲學研究》，頁377。

故人民是有一定的地位在，而三者之間的關係，筆者則分為天與君、君與民兩個部份來加以說明。

## （一）天與君

在上述「天人感應」中，以對天與人之間的關係有所解釋，其中四時與四情的方面、官制象天等都是以君王為與天相對應的對象，故在此不再論述君王與天相對應之處，而是強調王必須應天的特殊性。在董仲舒的心目中，「君權」是由天而來，故云：「唯天子受命於天，天下受命於天子。」〔註182〕、「受命之君，天意之所予也。」〔註183〕，所以稱君王為受命之君、為天子。既然君權是由天而來，那麼君王就必須順天而行，在《春秋繁露》一書中所規定君王應有的行為，可統括在下列三項中〔註184〕。

### 1. 仁愛天下

在《春秋繁露》一書中，多次強調「仁」的重要性，認為「天志仁，其道也義」〔註185〕、「人之血氣，化天志而仁」〔註186〕，既然君主法天而行，就必須將「仁」發展開來，更認為如果君王不仁愛天下百姓，就會招致禍害於身，就如〈卷六・俞序〉所言：

> 故曾子、子石盛美齊侯，安諸侯，尊天子，霸王之道，皆本於仁，仁，天心，故次之以天心。……怨人不可邇，敵國不可狎，攘竊之國不可使久親，皆防患、為民除患之意也。不愛民之漸，乃至於死亡，故言楚靈王、晉厲公生弒於位，不仁之所致也。〔註187〕

如楚靈王、晉厲公就是因為不仁而導致自己被臣子弒殺，而成為強調君王必須仁愛天下的反證。

〔註182〕（漢）董仲舒：《春秋繁露・卷十一・為人者天》，頁59。
〔註183〕（漢）董仲舒：《春秋繁露・卷十・深察名號》，頁54。
〔註184〕此三項分類，為筆者採《天人衡中——《春秋繁露》與中國文化》一書中的分類，而其內容則為筆者加以補充後而成。詳見曾振宇、范學輝：《天人衡中——春秋繁露與中國文化》（河南：河南大學出版社，1998年8月第1刷），頁181～185。
〔註185〕（漢）董仲舒：《春秋繁露・卷十七・如天之為》，頁94。此段引文殿本放於〈如天之為〉中，然據鍾肇鵬所云：「『天地之間—配天』一大段舊本原在〈如天之為篇〉末，惠、錢校並認為係本篇之文。凌本、蘇本據其說移正，今從之。」，故筆者以為此處疑放於〈天地陰陽〉一篇中。見鍾肇鵬：《春秋繁露校釋》，頁1089～1090。
〔註186〕同註182。
〔註187〕（漢）董仲舒：《春秋繁露》，頁31。

## 2. 為民而賢民

當君王具有仁心後，就必須要有能力去選擇對的人來為自己、為百姓服務，而選賢與能就成為首要的任務。就如〈卷十四‧五行五事〉所言：

> 五事：一曰貌，二曰言，三曰視，四曰聽，五曰思，何謂也?夫五事
> 者，人之所受命於天也，而王者所修而治民也。故王者為民，治則
> 不可以不明，準繩不可以不正。……視曰明，明者，知賢不肖者，
> 分明黑白也……明作哲，哲者，知也，王者明，則賢者進，不肖者
> 退，天下知善而勸之，知惡而恥之矣。〔註188〕

君王具有眼光能夠分辨善惡，那麼賢者就會被採用，不肖者就會被斥退，這樣一來才能使人互相勸勉做好事，並認為做壞事是可恥的。由此可知對董仲舒而言，君主不但要有高尚的品德，也必須具有賢明的才智，才能使一個國家得到上天的眷顧及人民的愛戴。

### 3. 喜怒哀樂必須因循天時

在上述四時與四情的關係裡，筆者已討論過君王的喜怒哀樂應該順著四時而發，在春天時為喜，夏天時為樂，秋天時為怒，冬天時為哀。在這點上董仲舒除了延續王法天的觀念外，更重要的是提出了「王」就是天與人相連結的關鍵點，在〈卷十一‧王道通三〉云：

> 古之造文者，三畫而連其中，謂之王；三畫者，天地與人也，而連
> 其中者，通其道也，取天地與人之中以為貫，而參通之，非王者孰
> 能當是。故王者唯天之施，施其時而成之，法其命而循之諸人，法
> 其數而以起事，治其道而以出法，治其志而歸之於仁。〔註189〕

「王」字中的三橫代表了天、地、人，而基於流行於其間的陰陽五行之氣是三者都有的緣故，故君王能夠將天地人三者實際連結起來。筆者以為也就是君王代表了「人」這個層面的小螺旋，人的螺旋速度、方向都是必須與天、地這兩個螺旋相合，故君王必須法天地，以求達到三個層面的螺旋速度、方向都能夠一致，進而構成一個完整的氣化螺旋式的流行。從另一方面來說，由於「君權」是由天而來，所以君王必須效法天的作為來對待人民，使人民

---

〔註188〕（漢）董仲舒：《春秋繁露》，頁 76。此處作「治則不可不明」，然據俞樾所云：「『治』為『法』字之誤。法則不可以不明，準以不可以不正，二語相對。《周官‧太宰》曰：『灋則以馭其官。』」，故筆者以為此處疑作「法則不可不明」也。見（清）俞樾：《諸子平議‧卷二十六》，頁 310。

〔註189〕（漢）董仲舒：《春秋繁露》，頁 62。

的生活能夠過得更好〔註190〕，如果君主不順從天道而行，則天將奪之。〔註191〕

　　像這樣將天的一切視爲「王」的根據地和出發點，透過天的絕對權威和無上尊嚴的確認，來架構出對君王的德性要求和行爲的標準，爲董仲舒提出「天」的最終目的，故云：

　　　　與天同者大治，與天異者大亂。故爲人主之道，莫明於在身之與天
　　　　同者而用之，使喜怒必當義乃出，如寒暑之必當其時乃發也。使德
　　　　之厚於刑也，如陽之多於陰也。〔註192〕

君王與天同的話則會得到安定，反之則會造成天下大亂，故君王應明白自身與天相應之處，並順其而發。然而，天也因「王」的存在與地、人產生連結，進而變成一種社會性的存在，並在這種社會性的存在狀態中獲得自身的價值與意義。〔註193〕

## （二）君與民

　　順著天與君的關係發展下來，會認爲在天、君、民三者的關係中「民」的地位應是最低的，是沒有權力或是能力去改變天和君。而董仲舒自己也在〈卷一·玉杯〉中清楚的點出天、君、人的關係，其言：

　　　　《春秋》之法，以人隨君，以君隨天。曰：緣民臣之心，不可一日
　　　　無君。一日不可無君，而猶三年稱子者，爲君心之未當立也。此非
　　　　以人隨君耶？孝子之心，三年不當。三年不當而踰年即位者，與天
　　　　數俱終始也。此非以君隨天邪？故屈民而伸君，屈君而伸天，《春秋》

---

〔註190〕如〈卷十·諸侯〉所云：「天雖不言，其欲贍足之意可見也。古之聖人見天
　　　　意之厚於人也，故南面而君天下，必以兼利之。」，上天是希望人民的生活能
　　　　夠富足，所以當君王治理天下時，一定會使天下人都能蒙受利益。見（漢）
　　　　董仲舒：《春秋繁露》，頁358。
〔註191〕在余治平《唯天爲大——建基於信念本體的董仲舒哲學研究》中認爲，董仲
　　　　舒雖提出王權是天所給予的也是天能夠收回的觀念來對君王的權利有所限
　　　　制，但如此一來卻被上位者曲解成，既然一切都是由天所決定，那爲政的得
　　　　失與王者自身因素就沒有太大的關聯，這樣一來不僅沒有達到牽制王權的目
　　　　的，更成爲王者逃脫罪責的藉口。詳見余志平：《唯天爲大——建基於信念本
　　　　體的董仲舒哲學研究》，頁403。
〔註192〕（漢）董仲舒：《春秋繁露·卷十二·陰陽義》，頁66。此外在〈卷十一·
　　　　爲人者天〉中也有相同的觀念，其云：「爲人主也，道莫明省身之天，如天
　　　　出之也。使其出也，答天之出四時而必忠其受也，則堯舜之治無以加。是可
　　　　生可殺而不可使爲亂。故曰：『非道不行，非法不言。』此之謂也。」見（漢）
　　　　董仲舒：《春秋繁露》，頁59。
〔註193〕詳見余志平：《唯天爲大——建基於信念本體的董仲舒哲學研究》，頁404。

之大義也。〔註194〕

董仲舒以《春秋》爲出發點，認爲抑制人民而伸張國君，抑制國君而伸張上天，是《春秋》的道理，故被歸爲重君而不重民的法家思想。但董仲舒眞的言盡於此嗎？其實在其他的篇章中，董仲舒也提出了不同於重君而不重民的看法，在〈卷十一・爲人者天〉中云：

> 唯天子受命於天，天下受命於天子，一國受命於君。君命順，則民有順命；君命逆，則民有逆命。……君者，民之心也，民者，君之體也；心之所好，體必安之；君之所好，民必從之。故君民者，貴孝弟而好禮儀，重仁廉而輕財利，躬親職此於上而萬民聽，生善於下矣。〔註195〕

此處一方面認爲君主的命令應順天命，那麼人民就順從他的命令；君主的命令違背天命，那麼人民就違背他的命令，而點出人民是有自己的選擇，如果國君不順應天而行，人民就會違背國君。另一方面則是將君與民的關係比喻爲心和體的關係，認爲君主就如心一般，而人民則如身體一樣，所以君主的喜好，人民一定就會如身體會順著心而行一樣的順從國君。

　　這兩種觀念看似矛盾，但實際上在這世間中沒有只有心而沒有體或是沒有心而只有體就能存活的生物，所以心與體是不能分割的，也就表示了君與民是不能分割的。既然君與民是不能分割的，那民就是具有一定的地位一定的影響力，而非僅任由國君主宰。除了由心與體的關係來加強人民的地位外，董仲舒也由天與民的關係來加以說明，雖然「爲人主者，居至德之位，操殺生之勢，以變化民，民之從主也」〔註196〕，但「天之生民，非爲王也，而天立王以爲民也」〔註197〕上天賦予王管理人民的權利並非爲了國君一人之私，而是爲了讓人民有更好的生活，故當君王的德行足以使得人民生活安樂時，上天就給予君王的位子，反之當其惡行足以傷害人民，上天將奪取其位，而災異譴告也就由此而生。換言之，如因君王的行爲出現問題，而使得「人」這個層面的氣化流行不順暢，進而無法與天、地的氣化流行呈現同速度、同方向的螺旋式前進時〔註198〕，天就會產生災異譴告以導正「人」層面的氣化

---

〔註194〕（漢）董仲舒：《春秋繁露》，頁 8。

〔註195〕同註 194，頁 59～60。

〔註196〕（漢）董仲舒：《春秋繁露・卷十七・威德所生》，頁 92。

〔註197〕（漢）董仲舒：《春秋繁露・卷七・堯舜不擅移、湯武不專殺》，頁 42。

〔註198〕在〈卷十七・如天之爲〉篇中曾云：「天者其道長萬物，而王者長人。人主

流不順暢之處，而評定君王的行為的表準則是民心。

　　總括天、君、民三者而言，表面上雖為天→君→民，但民心卻又是評斷君王是否順天而行的標準，大大提昇了人民的地位。雖然這種觀念在實際政治上並沒起太大的作用，但在漢朝大一統的政治體制之下能提出這樣的看法，其實已經是相當不容易的了。而這種表達模式也透露出董仲舒雖把「天」推向極高的地位，也利用各種層面去說明「天」的意志、喜好、表現，並認為萬事萬物都離不開「天」而人都是必須法天的〔註199〕，但無論是在「天人感應」的關係中，或是在政治理念的推論上，其最終關懷的對象還是在人而不在天，在民而不在君，與儒家的理念是相去不遠的。

---

之大，天地之參也；好惡之分，陰陽之理也；喜怒之發，寒暑之比也；官職之事，五行之義也。以此長天地之間，蕩四海之內，殽陰陽之氣，與天地相雜，是故人言既曰：王者參天地矣，苟參天地，則是化矣，豈獨天地之精哉！王者亦參而殽之，治則以正氣殽天地之化，亂則以邪氣殽天地之化，同者相益，異者相損之數也，無可疑者矣。」，不僅說明了人主必須法天外，也說明了天地與王之間是藉由氣來相錯雜，而使相同之物增溢，相異之物減損，以求天地人三者的平衡。見（漢）董仲舒：《春秋繁露》，頁94。此段引文殿本放於〈如天之為〉一篇中，然據蘇輿所云：「自『神明亂世之所起』至『天地之間蕩』，天啟本、盧本並在上〈如天之為篇〉天啟本『蕩』下有一闕字。盧云：『以下文脫，此段亦似〈天地陰陽篇〉中語。』。」，故筆者以為此段引文疑放於〈天地陰陽〉中。此外蘇輿又云：「『之』上疑有天字。」，故筆者以為此處疑作「異者相損天之數也。」。見（清）蘇輿：《春秋繁露義證》，頁468。

〔註199〕余治平曾云：「董仲舒所強調的是，天作為萬物之始祖，其作用和地位是任何別的東西所不能取代的，即使作為十端之一的陰或陽，也不可以離開天而單獨創生出宇宙世界，他們必須和天一道共同作用、相互推助來構造人間萬物。一方面天建構著我們的宇宙世界體系，成為我們生活在世的不可逃脫的存在基礎和前提；另一方面既然現成世界的一切東西都以天為本原、始祖，那麼生活在現成世界中的我們又有什麼理由不依照天的意志來思想、來行為呢？」就說明了其整體性以及天的作用。見余志平：《唯天為大——建基於信念本體的董仲舒哲學研究》，頁97～98。

# 第六章　氣論視野下的人性論

　　《詩經‧卷十八之三‧大雅‧烝民》云：「天生蒸民，有物有則。民之秉彝，好是懿德。」〔註1〕說明了人之由來爲天所生成外，也成爲後來儒家人性說的根據。而戰國時期的思想家們對於人性的討論更爲深入，如世朔、漆雕開、公孫尼子、告子、孟子、荀子等都是此時期的大家，其學說大致可分爲：一、人性有善有惡論，以世碩爲代表；二、人性無善無惡論，以告子爲代表；三、性善論，以孟子爲代表；四、性惡論，則以荀子爲代表。〔註2〕雖在戰國時期可將人性分爲四類，但至漢朝卻僅歸於性有善有惡論一派之中〔註3〕，而董仲舒也就在這樣背景中發展出其人性的觀念。

　　此外漢代盛行的陰陽五行學說也爲董仲舒的人性論帶來了很大的影響，筆者在第四、第五章中已對董仲舒氣化宇宙的架構以及天人以氣相感相通的部份加以說明，此處筆者欲強調的是在這樣龐大的體系中，背後的意義只是爲了突顯氣是形上也是形下的觀念，就是因爲氣是形上形下皆有，才會產生天有十端而人要與其相應、人可以影響天而天也可以回應人等觀念。而這種觀念放於人性論上時，則天的意義存在於人的身體中，人的身體中也有天的意義存在，天道的問題皆會在人的身上展現，就如天有陰陽二氣，人遂有仁

---

〔註1〕　（唐）孔穎達：《毛詩正義》（臺北：藝文印書館《十三經注疏》印嘉慶二十　　　　年江西南昌府學開雕本，1989年），頁674。

〔註2〕　參見周桂鈿：《董學探微》（北京：北京師範大學出版社出版，1989年1月初　　　　版），頁79。

〔註3〕　在《論衡‧卷三‧本性》中就明云：「論情性竟無定是，唯世碩儒、公孫尼　　　　子之徒頗得其正。」見（漢）王充：《論衡》（臺北：臺灣商務印書館《四部　　　　叢刊》影上海商務印書館縮印明通津草堂刊本，1975年臺3版），頁33。

貪二性一般。故無論是心還是性都是天道氣化的展現，人心是必須要符合於天心，天心是陰陽相生相剋，人心就會順著陰陽五行運行的規律而表現；天心是重仁輕貪的，人心也就是重仁義輕情慾的。〔註4〕像這樣的心性論，無論是在心的表現上或是在性的展現上，都無法不從其天道的特色來加以瞭解，而這也可說是董仲舒心性論與他人不同之處。

　　此外，身為當時儒學大家的董仲舒，在建立自己的人性論時，仍不能不從傳統儒家出發。中國人性論開始於孔子，但從《論語》來看，孔子僅言「性相近也，習相遠也」〔註5〕，認為人性會因為學習環境的不同而為善或為惡，但孔子並未直言人性是善或是惡。〔註6〕後至孟子和荀子時才直接將人性的本質是善或是惡的問題提出來討論，故以下筆者將先對董仲舒與孟荀之間的關係加以說明，進而討論董仲舒自身的心性觀念。

# 第一節　與孟、荀心性的關係

　　在思想架構裡董仲舒雖將儒家之說與其他家雜揉在一起，但各方面的發展上仍以儒家思想為主，無論是在對孔、孟、荀的繼承或是對《公羊傳》的詮釋上，都一再彰顯儒家重仁義道德的思想。而在人性論上也不例外，除了受孔子「唯上智與下愚不移」〔註7〕的影響而有性分三品外，就以對孟、荀心性論的繼承與發展最為重要。董仲舒為了能夠給予君王在教化人民上有重要

---

〔註4〕 羅光也曾提出類似的觀念，其云：「氣成萬物的形體，天地之心造成萬物之性，天地知心為生生之理，萬物之性相同，惟人心能體驗天地之心而為仁，能仁民而愛物。」。詳見羅光：《中國哲學的展望》（臺北：臺灣學生書局，1977年12月初版），頁123。

〔註5〕 見（宋）邢昺：《論語正義・卷十七・陽貨》（臺北：藝文印書館《十三經注疏》印嘉慶二十年江西南昌府學開雕本，1989年），頁154。其實孔子是很少談論到人性的問題，故在《論語・卷五・公治長》中子貢就曾云：「夫子之文章，可得而聞也；夫子之言性與天道，不可得而聞也。」（宋）邢昺：《論語正義》，頁43。

〔註6〕 嚴靈峰認為孔子人性之處甚少，而人性的直接說明只有『性相近也，習相遠也。』這一句話。對此歷來解釋甚多，但大致上人之性是與生俱來的，是先天的，至於人之為善或為惡，皆視為後天所接觸的環境與教育如何而生差別的。於是只知孔子以人性知相近與人可學而為善或為惡，但未言人性是善或惡。」見嚴靈峰：《無求備齋學術論文集》（臺北：臺灣中華書局，1969年6月初版），頁583～584。

〔註7〕 （宋）邢昺：《論語正義・卷十七・陽貨》，頁154。

的地位，而與荀子有相似之處，但並未完全認同荀子的性惡說；而孟子的性善說卻成爲董仲舒欲將教化人民的重責大任賦予在君王身上的最大壓力，遂針對孟子而提出了性非善的論證。〔註8〕由此一來，談論董仲舒的心性之學，必先瞭解與孟、荀之間的關係，才能夠更清楚明瞭董仲舒對心、性的定義，故此僅就董仲舒受孟、荀心性論影響的部份加以討論。

## 一、對孟子性善的辯駁

　　孟子，是戰國中期性善論的代表，認爲人性固有仁義禮智四端，只要加以擴充就能夠成爲善人，其云：「仁義禮智，非由外鑠我也，我固有之也，弗思耳矣。故曰，求則得之，舍則失之。」〔註9〕。此外，孟子也以人性本善爲出發點，發揚了孔子血氣的觀念〔註10〕，進而發展出浩然之氣一說。所謂的「浩然之氣」乃是養心的重要方法之一，其云：

> 夫志，氣之帥也。氣，體之充也。夫志至焉，氣次焉。故曰：持其
> 志，無暴其氣。……曰：志壹則動氣，氣壹則動志也。今夫蹶者趨
> 者，是氣也，而反動其心。〔註11〕

志是氣的主宰，氣受志的支配，但志也受到氣的影響，當氣專注於某一方面，志就會有所動蕩而造成內心善惡的變化。只有培養內在的「浩然之氣」，使其專注於擴充仁義禮智四端，才能使心不受到利慾所誘動，而保持「居仁由義」的恆心。〔註12〕而像這樣以氣養心的觀念，董仲舒在談論養心時也有相似的觀念。

---

〔註8〕　參見韋政通：《董仲舒》（臺北：東大圖書，1986 年 7 月初版），頁 101。

〔註9〕　（宋）孫奭：《孟子正義・卷十一上・告子上》（臺北：藝文印書館《十三經注疏》印嘉慶二十年江西南昌府學開雕本，1989 年），頁 195。蔡仁厚對於孟子性善說，則認爲孟子是透過人禽之辨、善性本具、人人可爲堯舜這三個部份來論證「性善」，透出內在的道德性。至於人之所以不善，是由於人之「弗思」，以及放失、梏亡、陷溺其心所使然，孟子也以此反證人性之善。詳見蔡仁厚：《中國哲學史大綱》（臺北：臺灣學生書局，1992 年 9 月初版 2 刷），頁 28。

〔註10〕　據張立文所云，《論語》一書中對於氣的解釋大致可分爲氣息、血氣、辭氣、風氣這四種，但此時並未將氣用於哲學範疇。後世卻將包含了氣與心性相互聯繫的思想，即所謂的血氣，發展成儒家心性學說的重要內容。參見張立文：《中國哲學範疇精粹叢書——氣》（臺北：漢興書局有限公司，1994 年 5 月初版），頁 28～29。

〔註11〕　（宋）孫奭：《孟子正義・卷三上・公孫醜上》，頁 54。

〔註12〕　參見張立文：《中國哲學範疇精粹叢書——心》（臺北：七略出版社，1996 年 11 月初版），頁 39～40。

　　然董仲舒論人性時，卻對孟子的心性是有所批駁的，而董仲舒對孟子的反駁也一直是討論董仲舒心性的著手處，故筆者今採周桂鈿《董學探微》〔註13〕所分的「正名」、「天道的權威」、「聖人之言」三部份來加以說明。

## （一）正名

　　董仲舒主張凡事都必須給他一個明確的定義，也就是所謂的「正名」。長期以來對於性的解說一直有所駁雜，乃因人們沒有對「性」這個名有所瞭解，故欲說「性」就必須先給「性」正名。其云：

> 今世闇於性，言之者不同，胡不試反性之名？性之名，非生與？如其生之自然之資，謂之性。性者，質也，詰性之質於善之名，能中之與？既不能中矣，而尚謂之質善，何哉？性之名不得離質，離質如毛，則非性已，不可不察也。〔註14〕

既然董仲舒認為性的解釋是由生來，那麼生又是什麼意思呢？依《說文解字》中對「生」的解釋「生，進也。象草木生出土上，凡生之屬皆從生。」〔註15〕，這表示所謂的「性」乃生而既有的本能，也就是「生之自然之資」〔註16〕，這與被孟子嚴厲批判的告子「生之謂性」〔註17〕的觀點是相似的。〔註18〕

　　董仲舒在對「心」的解釋上，也是由正名的方式來對論證人性不是如孟子所言的性善。在〈深察名號〉中云：「栣眾惡於內，弗使得發於外者，心也。」〔註19〕，認為心的作用是來把眾惡封閉禁止於內而不發於外的，即心具有認知和控攝自身行為的功能。既然心的作用是對眾惡有所限制，那由此可推知性中是有惡的存在，如果僅有善的存在那麼心又要限制什麼呢？故董

---

〔註13〕此處筆者採用周桂鈿分法並加以己見而成，而董仲舒詳細的心性定義，筆者則放於後加以論述之。參見周桂鈿：《董學探微》，頁81～87。

〔註14〕（漢）董仲舒：《春秋繁露・卷十・深察名號》（臺北：臺灣商務印書館《四部叢刊》影上海商務印書館縮印武英殿聚珍本，1975年臺3版），頁55。

〔註15〕（漢）許慎：《說文解字・卷六下・生》（臺北：臺灣商務印書館《四部叢刊》影上海商務印書館縮印日本岩崎氏藏宋刊本，1975年臺3版），頁53。

〔註16〕同註14。

〔註17〕（宋）孫奭：《孟子正義・卷十一上・告子上》，頁193。

〔註18〕徐復觀則更將此細分為兩個部份，如扣緊董仲舒以性自從生來作判斷，則以告子的性無善無不善一致。但實際上董仲舒在此處僅是對「性」作訓詁上的解釋，並以此否定性善之說，故與告子所認為的性無善無不善有所不同，而是認為性是有善有惡的。詳見徐復觀：《兩漢思想史》（臺北：臺灣學生書局，2000年9月初版6刷），頁400～401。

〔註19〕同註14。

仲舒又云：「吾以心之名得人之誠。人之誠有貪有仁，仁貪之氣兩在於身。」
〔註20〕，也就是以人性中有善質仁氣和惡質貪氣，心是限制貪氣外化的概念
來反駁孟子的性善。

除了心與性之外，董仲舒也對「民」有所解釋。董仲舒認為「民之號，
取之瞑也。」〔註21〕人民就像是在睡覺狀態的眼睛，並以這樣的情況來解釋
人性，其云：

> 性有似目，目臥幽而瞑，待覺而後見，當其未覺，可謂有見質，而
> 不可謂見。今萬民之性，有其質而未能覺，譬如瞑者待覺，教之然
> 後善。當其未覺，可謂有善質，而不可謂善，與目之瞑而覺，一概
> 之比也。〔註22〕

董仲舒認為人性就好比未張開的眼睛一樣，雖有看見的本質，但必須待覺後
才會看見事物，而人的本性也是具有善的本質，但必須受到王道教化的薰陶
後，才會表現出善，所以不能直接將善質就說為善。像這樣「性未善」的理
論，就與孟子的性善有所不同。

### （二）天道的權威

在董仲舒所認為的人性中之所以會有性情、仁貪兩方面因素，是因天是
有陰有陽、有常有變而來，並以陰陽比擬為性情「天兩有陰陽之施，身亦兩
有貪仁之性。天有陰陽禁，身有情欲栣，與天道一也。」〔註23〕，更將性比
為禾、善比為米，來說明天生民性有善質而未能善，需經由教化才能構成善，
故云：「人之繼天而成於外，非在天所為之內」〔註24〕，人性是必須依靠教
化才能達到「性善」。筆者以為其實孟子也重視後天的教化，如其「存養」、「擴
充」的部份，一再透顯出性善是人為善的根據，而人的後天之所以無法為善，
乃因受到氣質才性、命限的影響，其云：「富歲，子弟多賴，凶歲，子弟多
暴，非天之降才爾殊也，其所以陷溺其心者然也」〔註25〕、「放其良心，猶斧
斤之於木。……梏之反覆，則其夜氣不足以存。」〔註26〕、「仁，人之心。義，

---

〔註20〕（漢）董仲舒：《春秋繁露・卷十・深察名號》，頁56。
〔註21〕同註20。
〔註22〕同註20。
〔註23〕同註20。
〔註24〕同註20。
〔註25〕（宋）孫奭：《孟子正義・卷十一上・公孫醜上》，頁196。
〔註26〕（宋）孫奭：《孟子正義・卷十一下・告子下》，頁200。

人路也。舍其路而弗由，放其心而不知求。」〔註27〕，就是因為人心中原有的善性會被掩蓋遮蔽，故必須靠著後天的修養工夫來讓本心能夠透顯出原有的善。

像這樣重視後天教化的觀念上，孟子與董仲舒是相類似的，但兩者的出發點卻是有所不同的。就如上述所言，董仲舒認為人性會有善惡的不同乃因人性是從天而來，而孟子的人性卻是人所本有的，兩者的出發點就有所不同。換言之，董仲舒的「性」與孟子「性善說」有很大的差別，造成兩者不同的原因有很多，但其中之一的原因就是對「天」的體認不同所造成，像孟子「盡其心者，知其性也。知其性，則知天矣」〔註28〕中的天，是一心之德的擴充，沒有人格神的意味在其中，並且認為天早已在人的心中，人的表現只不過是把心中的天表現出來而已。至於董仲舒的天，為其思想的重心，具有各種特殊的意義，而人格神的意味也是其中一項，雖說「人由天生」但畢竟「天」還是屬於外在於人的一個「存在」。〔註29〕

另外，董仲舒將兩漢所盛行的陰陽五行觀念融於其天道之中，再由天道下貫於人的身上，而使人的性情與陰陽二氣相結合。這不僅是孟子所沒有的，更是董仲舒辯駁孟子的性善說的依據。

### （三）聖人之言

至於「聖人之言」的部份，董仲舒則利用孔子之言來反駁孟子，認為既然孔子以為：「善人，吾不得而見之矣，得見有恆者，斯可矣。」〔註30〕，可見善是不容易達到的，如果與禽獸相比就可說是善，那怎麼會見不著善呢？故董仲舒認為沒有受教化的人民都不能算是善，並以此來批評孟子的性善。

董仲舒認為孟子性善的說法是將人與禽獸相比的結果而認為人性為善，而自己卻是以聖人為其標準，就如〈卷十‧深察名號〉中就云：

> 性有善端，動之愛父母，善於禽獸，則謂之善，此孟子之善。……
> 萬民之性善於禽獸者許之，聖人之所謂善者弗許。吾質之命性者異
> 孟子。孟子下質於禽獸之所為，故曰性已善：吾上質於聖人之所善，

〔註27〕 （宋）孫奭：《孟子正義‧卷十一下‧告子下》，頁194。
〔註28〕 （宋）孫奭：《孟子正義‧卷十三上‧盡心上》，頁228。
〔註29〕 胡健財：〈孔孟「心性論」與董仲舒「天人感應」說之比較研究〉，《孔孟學報》第55期（1988年4月出版），頁132～133。
〔註30〕 （宋）邢昺：《論語正義‧卷七‧述而篇》，頁63。

故謂性未善。〔註31〕

故和聖人相比眾人之性是未善的，更何況孔子也認爲「善者弗許」，所以人是必須透過王道教化也就是受到聖人的教化後人性才可以稱爲善，這與孟子是有所不同的。

此外，董仲舒也利用聖人所認爲的善與孟子所認爲的善相比較，進而反駁孟子的性善。董仲舒認爲聖人所指的善，是「忠信而博愛，敦厚而好禮」〔註32〕的，所以聖人所提出的善的標準是很高很難達到的，這就與孟子將萬民之性與禽獸相比的善有很大的差別。董仲舒更云：「吾上質於聖人之所爲，故謂性未善」〔註33〕，認爲這是根據聖人的言論所作的判斷，因而是正確的；相反地，孟子的性善卻是「此世長者之所誤出也」〔註34〕。由此可知，董仲舒多次利用聖人的立場來証明孟子性善論是不符合於聖人的要求的，所以性善論是不成立的。

關於董仲舒對孟子的辯駁，雖可分爲上述的三部份，但就客觀而言，董仲舒所言的孟子與實際上孟子的性善論卻是有所出路的，就如外在教化而言，孟子也未全然否定人性有不善的部份，也是重視外在教化的，故云：「人之所以異於禽獸者幾希。」〔註35〕、「逸居而無教，則近於禽獸。」〔註36〕。所以應該說董仲舒與孟子都是重視後天的部份，都重視後天人爲修養的部份，並且認爲保住性的善質或是原本的善意必然在現實上成就道德的善、行爲的善。但值得注意的是孟子雖有外在教化的部份，但仍以內在的修養工夫爲重，因此其心與性是可以合一的〔註37〕；反觀董仲舒卻較重視外在王道的功能，而心與性之間的關係也未詳細說明，僅以性爲討論的重點。

---

〔註31〕　（漢）董仲舒：《春秋繁露》，頁 57。此處作「聖人之所善者勿許」，據王清福校應改爲「聖人之所謂善者勿許」而蘇輿《春秋繁露義證》更改爲「聖人之所謂善者弗許」。

〔註32〕　（漢）董仲舒：《春秋繁露・卷十・深察名號》，頁 57。

〔註33〕　同註 32。

〔註34〕　同註 32。

〔註35〕　（宋）孫奭：《孟子正義・卷八上・離婁》，頁 145。

〔註36〕　（宋）孫奭：《孟子正義・卷五下・滕文公下》，頁 98。

〔註37〕　韋政通：《董仲舒》，頁 102。此外，蒙培元也認爲孟子所提出的「四端」是人人具有的心理情感，也是人之所以區別於動物的根本標誌。而仁、義、禮、智之性就是從這種心理情感發展而來的，像這樣道德理性來源於心理情感也就把心與性結合在一起，心就是性，心外沒有另有所謂的性。詳見蒙培元：《中國心性論》（臺北：臺灣學生書局，1990 年 4 月初版），頁 30。

## 二、對荀子性惡的發展

董仲舒的人性論中，性有善質與孟子人有善端有關，而性有惡質、重外在教化則是與荀子性惡相關。雖說與孟、荀心性都有關聯，但相較於孟子，董仲舒與荀子的心性較接近。〔註38〕

### （一）性由天生

荀子認為人性是「凡性者，天之就也。」〔註39〕、「生之所以然者，謂之性。性之和所生，精合感應，不事而自然，謂之性。」〔註40〕，荀子所謂的「性」乃指生而完成的性質或行為，這與董仲舒所認為「人受命於天，有善善惡惡之性，可養而不可改，可豫而不可去。」〔註41〕、「性之名非生與？如其生之自然之資，謂之性。性者，質也。」〔註42〕有相同的觀念。然而兩者雖皆認為性是生而完成的性質，但兩者所指涉的天卻有所不同，荀子的天乃指自然之天，故天是無志的、無目的性的，其天志與天道也不過是自然運行的法則而已；反觀董仲舒的天除了具有各種指涉外，天更是具有意志、有目的性的，故與荀子自然之天有所不同，但兩者都認為人之性由天而來。

### （二）外在教化

其次，對於外在教化的部份，兩者也有相似之處。在《荀子‧性惡》中云：

> 凡性者，天之就也。不可學，不可事，禮義者，聖人之所生也。人之所學而能，所事而成者也。不可學不可事而在人者，謂之性。……

---

〔註38〕歷來對董仲舒人性論的偏向，在王永祥《董仲舒評傳》中歸納為：一、劉向認為董仲舒非孟而近荀，並批評他的情惡論之說；二、王充認為董仲舒覽孟荀之說而作情性之說，但批評他把善惡分於性情、陰陽的觀點；三、凌曙在《春秋繁露注》中所引張皋文之說，認為董仲舒與孟荀均無大的差異；四、蘇輿則認為董仲舒與孟子的性善論相近，而與荀子的性惡論不同；五、馮友蘭認為董仲舒的人性論乃是孔、孟、荀學說的融合；六、侯外盧則認為董仲舒的性三品與孔子頗有承借關系；七、張岱年則認為董仲舒以生說性與告子相近。筆者以為，董仲舒的心性對孔、孟、荀皆有所承，故說其為三者的融合並不為過，但在三者的比重中又以荀子佔大部分。詳見王永祥：《董仲舒評傳》（南京：南京大學出版社出版，2004年4月第2刷），頁243。

〔註39〕（清）王先謙：《荀子集解‧卷十七‧性惡篇》（臺北：世界書局，2000年12月2版1刷），頁400。

〔註40〕（清）王先謙：《荀子集解‧卷十六‧正名篇》，頁379。

〔註41〕（漢）董仲舒：《春秋繁露‧卷一‧玉杯》，頁8。

〔註42〕（漢）董仲舒：《春秋繁露‧卷十‧深察名號》，頁55。

故聖人化性而起偽，偽起而生禮義，禮義生而制法度。然則禮義法
度者，是聖人之所生也。故聖人之所以同於眾其不異於眾之性也。
〔註43〕

像荀子這樣著重實踐理論的敘述，認為從人的行為結果立論人性是惡的所以
才有改以矯偽、改造、修為的必要，而人必須透過強學才能認識並實踐禮義，
這可說是在孔孟以「仁」成德之外，以「智」成德的後天經驗之學。〔註44〕
而董仲舒也受其影響〔註45〕，其云：

天生民性有善質，而未能善，於是為之立王以善之，此天意也。民
受未能善之性於天，而退受成性之教於王。王承天意，以成民之性
為任者也。〔註46〕

萬民之性雖具有善質但卻不能就此稱善，而是必須經過王道教化後才能稱
善，這就與荀子認為經過聖人的禮儀法度教化，人性才能從惡變善有相同的
概念。

雖說董仲舒的心性大部分都從荀子而來，但兩者還是有所不同的，筆者
以為如兩者的心雖都是偏向認知心〔註47〕，但荀子是認知草木鳥獸之心，同
時也是禮儀規範之理〔註48〕，如其云：「君子之學也，入乎耳，著乎心，布
乎四體，形乎動靜；端而言，蝡而動，一可以為法則。」〔註49〕、「凡用血氣
志意知慮，由禮則治通，不由禮則勃亂提僈。」〔註50〕。而董仲舒的認知心
卻是用來認知氣化流行而來的善惡，是要對善惡有所判斷的。另外，董仲舒

---

〔註43〕　（清）王先謙：《荀子集解‧卷十七‧性惡篇》，頁400～403。

〔註44〕　詳見劉瀚平：《儒家心性與天道》（臺北：商鼎文化出版社，1996年12月第1
　　　　版第1刷），頁42～43。

〔註45〕　徐平章認為像董仲舒這樣認為人之性情非本善，善未必自內心出，須由人力，
　　　　乃自外作，此乃受荀子人為主義的影響。詳見徐平章：《荀子與兩漢儒學》（臺
　　　　北：文津出版社，1988年2月出版），頁137。

〔註46〕　（漢）董仲舒：《春秋繁露‧卷十‧深察名號》，頁56。

〔註47〕　關於董仲舒「心」的部份，筆者將在單論「心」時加以說明，而荀子的「心」
　　　　韋政通則認為荀子是由認知心把握性，而使心性分裂為二，而有主體客體的
　　　　差別。詳見韋政通：《董仲舒》，頁102。

〔註48〕　對於荀子的心，張立文認為其心是：一、心者形之君而神明之主，認為心是
　　　　身體最主要的器官，又是精神思想的主宰。二、心生有而有知，心作為思維
　　　　主體與主體思維的統一，而具有思維功能的心是能夠認知活動的。詳見張立
　　　　文：《中國哲學範疇精粹叢書──心》，頁42～45。

〔註49〕　（清）王先謙：《荀子集解‧卷一‧勸學篇》，頁10。

〔註50〕　（清）王先謙：《荀子集解‧卷一‧修身篇》，頁18～19。

也對荀子有所修正，尤其是在聖人「化性起偽」的部份，董仲舒認為如果人性中沒有善質，那麼透過王道教化也是不能使人變成善人，故強調了人性中一定有能與善相應的素質，而這就是善的內因，王道教化就是善的外因，內外相合才構成一個完整的善。〔註51〕

　　綜合孟、荀的心性論，是董仲舒心性論的重要之處。大體上而言，董仲舒的心性是偏向於荀子「性惡」一方〔註52〕，但也運用了孟子「善」的概念來強化外在教化的重要性。董仲舒將孟、荀的心性觀融合於自己的思想體系中，而使其心性論得與其天道論相結合，讓天之意和王道教化成為心性論的重心，這也是他對心性特殊的看法能夠影響後世的原因。〔註53〕

# 第二節　由氣化說心

　　羅光曾云：「儒家的哲學思想以人為中心，上溯人的來源乃講宇宙，旁究人的發展乃講人和萬物一體。在這種人文哲學的思想中，作為樞紐的中心點，則是人性和人心。」〔註54〕，而在董仲舒人性論中，則一直都把重心放於「性」的討論上，對於「心」的論述則僅有大略上的定義。但對董仲舒而言「心」卻又是身之本，是不能被忽略的一塊，故筆者將「心」的討論分為栣眾惡的心、必仁且智之心以及養氣以養心三部份來加以討論之。

## 一、栣眾惡的心

　　在董仲舒「天人感應」中認為無論是人的形體或是內在的心性都是由天而來〔註55〕，而徐復觀也曾云：「董氏重視心，這是先秦儒、道兩家自孟、

---

〔註51〕 參見周桂鈿：《董學探微》，頁88～89。
〔註52〕 在《董仲舒陰陽哲學研究》中將董仲舒與荀子相近之處，歸納為以下三點：
　　　　一、兩人都認為「性」是生而自有的。二、董仲舒認為「善」是屬於人事，荀子亦主張「善者，偽也。」。三、荀子強調「化性起偽」的實踐工夫，而董仲舒也更重視王道教化的重要性。由此可知，董仲舒雖與荀子有不同之處，但仍以荀子的心性為其基礎。詳見梁惠卿：《董仲舒陰陽哲學研究》（臺北：私立輔仁大學哲學研究所碩士論文，1993年），頁138～139。
〔註53〕 有關董仲舒與孟子、荀子心性更細微的部份，將在討論董仲舒心性論的部份再加以論述，此處則僅為大方向的說明之。
〔註54〕 羅光：《中國哲學的展望》，頁75。
〔註55〕 在〈卷十一・為人者天〉中清楚的說明了天與人之間的關係，其云：「人之形體，化天數而成；人之血氣，化天志而仁；人之德行，化天理而義。人之好惡，化天之暖清；人之喜怒，化天之寒暑；人之受命，化天之四時。人生

莊以後的通義。但對心的內容認定，則受其天的哲學影響。」〔註56〕，故欲瞭解董仲舒的「心」就必須與其天道相聯繫。

在《春秋繁露》一書中，雖對「心」的討論較少，但仍對「心」下了明確的定義，其云：

> 栟眾惡於內，弗使得發於外者，心也。故心之為名栟也。人之受氣苟無惡者，心何栟哉？吾以心之名，得人之誠。人之誠，有貪有仁。
> 仁貪之氣，兩在於身。〔註57〕

認為心的作用，是從內部把一切罪惡禁制，使它不能向外發展，故心之得名由「栟」而來。而在〈卷十二・陰陽義〉中云：「天亦有喜怒之氣，哀樂之心，與人相副，以類合一，天人一也。」〔註58〕，人之所以會有仁貪之氣，乃因人由天而來，天有陰陽二氣，人就會有仁貪二氣；天有春夏秋冬的變化，人就有喜惡怒哀的情緒變化。像這樣人與外物接觸產生的喜、怒、哀、樂等情感，董仲舒不以「情」稱之，而是以「心」來歸類，並將「貪」歸於「情」，這表示了董仲舒認為心是具有情緒反應的，且與情惡是有所分別的。〔註59〕

我們如從氣化流行的角度來討論「心」，則在氣化陰陽相生中有不合理的狀態就稱為氣化之變，當氣化之變在人身上就是惡，就是情欲不正當的表現，而心則具有可以禁止情欲不正當的表現〔註60〕，並不讓它發於外的能力。而惡從「心」表現於外的過程又是怎樣呢？〈卷八・必仁且智〉云：

> 仁者，憯怛愛人，謹翕不爭，好惡敦倫，無傷惡之心，無隱忌之志，無嫉妒之氣，無感愁之欲，無險詖之事，無辟違之行。故其心舒，其志平，其氣和，其欲節，其事易，其行道，故能平易和理而無爭也。〔註61〕

---

有喜怒哀樂之答，春秋冬夏之類也。喜，春之答也，怒，秋之答也，樂，夏之答也，哀，冬之答也。天之副在乎人。人之情性有由天者矣。故曰受，由天之號也。」見（漢）董仲舒：《春秋繁露》，頁59。

〔註56〕徐復觀：《兩漢思想史》，頁399。

〔註57〕（漢）董仲舒：《春秋繁露・卷十・深察名號》，頁55～56。

〔註58〕（漢）董仲舒：《春秋繁露》，頁66。

〔註59〕詳見張靜環：〈「隨名入理」說董仲舒的人性論〉，《嘉南學報》第28期（2002年11月），頁352。

〔註60〕在曾春海《兩漢魏晉哲學史》中也有提及類似的觀念，認為人之稟氣既有善質的仁氣與惡質的貪，而心則具有限制貪氣外化的作用。曾春海：《兩漢魏晉哲學史》（臺北：五南圖書，2004年1月2版1刷），頁53。

〔註61〕同註58，頁49。

董仲舒雖未明言惡的發展過程，但我們仍可從他對「仁」的定義來加以推敲。在上述引文中，心、志、氣、欲、事、行看起來是六件沒有關聯的事情，但這卻是一套由內而外的發展過程。董仲舒認為一切的行為都是由最根本的心開始，心的表現稱為志，而志則一定順著氣而行，而氣的表現就是情欲，慾望的表現就單一時空而言就是事，然而事的不斷表現就是行。也可說陰陽之氣貫穿於心、志、氣、欲、事、行，就變成人的行為，遂人中間的陰陽二氣就是從行、事、欲、氣、志、心之中來感受，而這也再次說明了天和人之間事藉著氣來聯繫。既然人的行為表現是透過這樣的過程而展現，那麼也就可以說惡的表現也是透過這樣的過程而表現出來。

透過心、志、氣、欲、事、行的分層發展，可知如將惡禁止於心，惡就不會通過志、氣、欲、事、行表現出來，這恰與其春秋學中所強調的「絕細惡」呼應，既然認為所有禍患都是由小惡而來，那麼為了斷絕惡的行為產生，就必須在行為的源頭，也就是「心」上做出正確的判斷。「心」既然是具有判斷能力的〔註62〕，那麼「心」的判斷標準又是什麼呢？當氣化流行存在於天道，而人又是從天道而來，那麼氣化流行也就存在於人，為了使天、地、人都能符合於氣化流行，而使氣化流行能夠依照著螺旋式前進的軌道運行，人也就必須讓自己的行為舉止皆符合於氣化常道，故「心」的判斷標準也就是天道的氣化流行，既然天道是相生不已的，那麼由天道而生的人心也就應該是有其必然性、規律性和價值意義的。〔註63〕

雖然徐復觀在《兩漢思想史》一書中，曾提及「董氏的心，沒有認知的方面顯出來，也沒有從道德方面顯出來，較之孟、荀都缺乏主宰的力量。」〔註64〕，但筆者以為董仲舒的「心」是有認知能力的，其「心」與荀子認知外在草木鳥獸經驗之理或是禮義之理的心是有所不同的，董仲舒的「心」是用來認知氣化的規律，瞭解氣化流行中善惡之理，更清楚明瞭氣化常道是揚善棄惡的，董仲舒的「心」是由氣化知覺的層面來討論一個上下皆有的認知

---

〔註62〕張立文也認為，董仲舒的心是具有思維的性能，當人透過「精心達思」後，便可知天人之道、陰陽之變、萬物之理，並且辨別仁貪、善惡、美醜、是非，達到思想和道德的自覺，而使人向仁、向善、向美。並且當人心能夠自覺的禁制貪欲的醜惡而發揚仁愛的善美時，便是知天人之道，得受命之理，以成「人心之正」。詳見張立文：《中國哲學範疇精粹叢書——心》，頁91～92。
〔註63〕此段為筆者參考王先生俊彥上課時所講述的未刊稿整理而成。
〔註64〕徐復觀：《兩漢思想史》，頁400。

心，故說其沒有認知的能力是有失偏頗的。而在「心」沒有主宰能量的部份，筆者以爲就如韋政通所言「仲舒言心雖未從道德與認知兩方面顯出主宰義，可是他在氣化宇宙觀影響下，他的心的主宰義，是由氣顯現出來的。」〔註65〕，董仲舒「心」的主宰義必須尤其氣化宇宙的觀念來加以探討，就如〈卷十三・人副天數〉云：「心有哀樂喜怒，神氣之類也。」〔註66〕人的哀樂喜怒是跟神妙的氣同類一樣的道理。氣化常道有常有變，故當人受氣時也接受了氣化所賦予的氣化之常的善與氣化之變的惡，然善的表現就是心，而惡也是依靠「心」在還沒有在行爲上展現出惡時就把將它禁止，而無論是表現善或是禁止惡都是行善的表現，就如氣化流行雖有氣化之常與氣化之變的不同，但氣化之變仍被包含於氣化流行之中一樣。

　　然而在現實上氣化流行會有常有變，人性就會有善有惡，既然是善惡都有的又怎麼回應天道是重仁輕貪的要求呢？筆者以爲當「心」能夠回應天道的要求時，就表示了其「心」是有一定的主宰力量，如果「心」是沒有主宰力量的，又如何將氣化之變的惡導正爲符合天道的善呢？所以「心」一方面是將氣化常道適時的表現出來，一方面又要隨時將溢出氣化常道的部份扭轉回來，這樣人心才能以「發展常道，抑制變道」來回應天。「心」的作用雖分爲兩方面，但實際上把惡引導回來的心和行善的心是同一回事，也就是說「心」的作用就只有一種，就是爲維持氣化常道的運行。

　　「心」除了消極的桎眾惡於內外，「心」也能在外部有積極的作爲，在〈卷五・盟會要〉中云：

> 天下者無患，然後性可善；性可善，然後清廉之化流；清廉之化流，
> 然後王道舉。禮樂興，其心在此矣。……善無小而不舉，惡無小而
> 不去，以純其美。〔註67〕

「心」的重要作用就是要無患，所以「心」除了要能夠禁止眾惡於內，還要能夠創造道德，故清廉、王道、禮樂皆由心而出。像這樣「心」用於內部是使我們內惡不外發，「心」用在生命外部則讓清廉、王道、禮樂都被創造規範出來，表示了董仲舒的「心」是貫通內外的，而這與天心在人身上就是人心的觀念相符。

---

〔註65〕韋政通：《董仲舒》，頁 103。
〔註66〕（漢）董仲舒：《春秋繁露》，頁 70。
〔註67〕同註 66，頁 27。

## 二、必仁且智之心

　　除了強調「心」是貫通內外之外，董仲舒也利用仁義禮智的觀念來加強人「心」的道德義，如〈卷八・必仁且智〉中就利用仁與智之間的關係來說明「心」應有的作用，其云：

> 莫近於仁，莫急於智。不仁而有勇力財能，則狂而操利兵也；不智而辯慧獧給，則迷而乘良馬也。故不仁不智而有材能，將以其材能，以輔其邪狂之心，而贊其僻違之行，適足以大其非，而甚其惡耳。……論之所謂不知人也者，恐不知別此等也。仁而不智，則愛而不別也；智而不仁，則知而不為也。故仁者所愛人類也，智者所以除其害也。〔註68〕

董仲舒認為仁與智是德行中非常迫切需要的部份，如果一個人空有才能卻沒有仁德和智慧也僅讓他邪僻不正的心更加擴大，將自己的一切行為合理化。然而只有仁德而沒有智慧的人，就會愛人而不會區別應不應該去愛；只有智慧卻沒有仁德的人，就會明知是對的卻不去做。這就說明了「心」必須是要有道德動能，也必須具有判斷是非的能力，也就是能夠判斷是否符合於氣化常道的能力。

　　既然董仲舒認為「仁」與「智」是德行中非常重要的部份，那麼對於「仁」與「智」的定義又為何呢？所謂的仁乃指「仁者，憯怛愛人，謹翕不爭，好惡敦倫，無傷惡之心，無隱忌之志，無嫉妒之氣，無感愁之欲，無險詖之事，無辟違之行。」〔註69〕，也就是當人能夠心裡舒暢、心志平和、意氣調適、慾望有所節度、處事平易、行為合乎道理、平易近人就可稱為「仁」；而智乃指「先言而後當」〔註70〕，也就是能夠對於事物有正確的判斷而後表現出來。孔子曾云：「仁者安仁，智者利仁。」〔註71〕，然而對董仲舒而言，仁是有無窮的動力去愛人〔註72〕，這無窮的動力就是來自於陰陽相生無限的力量，

---

〔註68〕　（漢）董仲舒：《春秋繁露》，頁49。
〔註69〕　（漢）董仲舒：《春秋繁露・卷八・必仁且智》，頁49。
〔註70〕　同註69。
〔註71〕　（宋）邢昺：《論語正義・卷四・里仁》，頁36。
〔註72〕　羅光也認為：仁表示生命，仁也表示愛護生命。萬物都有生存，萬物也都愛惜自己的生存。既然在生命上，人和物互相聯繫，人便因愛自己的生存，推而愛他人的生存，再推而愛萬物的生存。這就是《中庸》盡性則盡人性，盡人性則盡物性，盡物性則贊天地的化育，仁便成為『愛之理』。」詳見羅光：《中國哲學的展望》，頁71。

而陰陽相生必然的力量會去愛人，是因爲天是欲愛人而不欲害人的，天意是
重陽輕陰、重德輕刑的。故筆者總括董仲舒「仁」的特點，應爲（一）具有
有發展的動能、有道德的動能。（二）仁是和諧的。受氣化論的影響，人應與
萬物都是和諧的，人雖會順者氣化流行而有好惡，但只要順著心、志、氣、
欲、事、行由內而外的表現，就能把氣化之常由內而外，有次序有階段性的
表現出來，就能讓人我平易和理，人天也平易合理，也就能互相感應，故云：
「仁，天心也」〔註73〕。（三）具有化解衝突、矛盾的能力。如人我的表現是
不相合的，是矛盾的、相反的、挫折的，這時就必須依靠修養教化，讓仁來
化解彼此心、志、氣、欲、事、行的衝突與矛盾，而化解的動能與目的就是
平易合理而無爭。〔註74〕

　　而智就是選擇判斷氣化之常道表現出爲人行善的行爲，同時也要去判斷
選擇人相應於氣化之變所表現出不合常道的行爲，也就是將惡的表現鑒別出
來，故天道會有變態的產生，這些變態相應於人就是人也會有惡，所以如何
避免爲惡就是智的特色。而智的特點也就是（一）能判斷是非〔註75〕以及氣
化常道的常與變。如果無法對事物人我有所分別的話，就會使仁義不分，故
必須由心的作用來分割判斷，就如〈卷八‧仁義法〉中所云：「《春秋》爲仁
義法，仁之法在愛人，不在愛我。義之法在正我，不在正人。」〔註76〕。而
就氣化流行而言，氣化之常是相生不已，但氣化之變卻是有時而止的，如順
著時間的延續性發展，氣化之常會一直延續下去，可是氣化之變是單一的變
化，當變化完成後氣化之變就會回到氣化之長的洪流之中，故變是會有所節
制的。所以「智」除了判斷是非之外，更重要的是判斷常道是永恆的，變道
是短暫的，而要選常道非變道，這也再次表現了天是愛人，非害人的觀念。（二）
對事物會有所規劃，是必須先檢測、判斷再去執行的。〔註77〕（三）因氣化

---

〔註73〕（漢）董仲舒：《春秋繁露‧卷六‧俞序》，頁31。
〔註74〕此三點爲筆者參考王先生俊彥上課時所講述的未刊稿整理而成。
〔註75〕李宗桂也認爲董仲舒所講的智，既是一種分辨是非、進行道德判斷語道德選
　　　　擇的能力，又是一種具體的知識，更是一種必須在仁的指導下體驗實踐的道
　　　　德規範。詳見李宗桂：〈董仲舒的道德價值論〉，《孔孟月刊》第30卷第6期
　　　　（1992年2月），頁30～31。
〔註76〕（漢）董仲舒：《春秋繁露》，頁47。
〔註77〕關於此點，筆者以爲可利用荀子的「心」來加以解釋。《荀子‧卷十五‧解蔽》：
　　　　「心者，形之君也，而神明之主也，出令而無所受令：自禁也，自奪也，自
　　　　取也，自行也，自止也。」見（清）王先謙：《荀子集解》，頁367。對此祝
　　　　平次認爲荀子的心雖是意志之主，然而必須有判斷的資訊才能作出正確的判

流行大體上是依循環不已的螺旋式方向前進，故能夠在事情很小的時候就有所掌握，而對無限大的主體也就能掌握的非常好。〔註78〕

　　從另一個方面而言，董仲舒受到孔、孟、荀的影響，也認為人是能夠以仁義禮智來養心的〔註79〕，雖看似與孟子相同，但仍有董仲舒自身的特殊之處，就如羅光所云：

> 心為一身之主，位雖尊高，聚精會神，主宰善惡。為使心唯一身之主，則應使心習慣於仁義之道，故董仲舒主張以仁義養心。這與孟子有點雷同，但董仲舒主張以義養性，則是以義在心外，為倫理道德的模範，人要以這種倫理模範去範圍心的活動，使心習於義，則能使惡不發出來，而只使善發出來。所以心的作用，還是主宰的作用。養心的修養功夫，也是最要緊的功夫。〔註80〕

既然人可以依靠仁義禮智來養心，那麼這也表示了人心中是有仁義禮智的存在，故為「必仁且智」之心。像這樣必仁且智的心，不僅具有濃厚的儒家道德

---

斷。也就是說心並不只是被動的接受，如眼之受色、耳之聞聲，而是在接受色、聲之後，心能知物之理、衡量事物的利害，然後作出正確的判斷。對荀子而言心能作出正確的判斷，然後再經由心定出意志，再以人的整體去實踐，這就是「善」。詳見祝平次：〈從禮的觀點論先秦儒、道身體／主體觀念的差異〉（臺北：巨流圖書《中國古代思想中的氣論及身體觀》，1997年2月出版），頁313。此觀念對董仲舒而言，能幫助心有正確的判斷的作用就是「智」，透過「智」所表現出的行為才能稱為善行。

〔註78〕此三點為筆者參考王先生俊彥上課時所講述的未刊稿整理而成。

〔註79〕就如〈卷九·身之養重於義〉所云：「天之生人也，使人之生義與利。利以養其體，義以養其心。心不得義不能樂，體不得利不能安。義者心之養也，利者體之養也。體莫貴於心，故養莫重於義。」見（漢）董仲舒：《春秋繁露》，頁50。董仲舒雖以儒家為出發點，但又與孟子有所不同。孟子認為應從道德的立場來把握心，而義是由心出，為心之固有，即「良知良能」，並非後天外來的，故云：「養心莫善於寡欲，其為人也寡欲，雖有不存焉者寡欲。其為人也多欲，雖有存焉者寡欲矣。」。但就董仲舒而言，其「義」就內在而言，是以自我之精神能力來要求自我並節制情欲，是為了追求自我人格的完美境界；就外在而言，則是以禮為節度之要，以維持社會、政治、倫理秩序的和諧。詳見梁惠卿：《董仲舒陰陽哲學研究》，頁148～151。

〔註80〕詳見羅光：《中國哲學思想史·兩漢南北朝篇》，（臺北：臺灣學生書局，1978年11月初版），頁200～202。除此之外，在徐復觀《兩漢思想史》中也有提及相同的概念，其云：「董氏是從儒家的立場來談養心，但卻與孟有所不同，孟子是由道德的立場去把握心，而義由心出，為心所固有，但董仲舒卻說「義以養心」則表示了義與心為二，義非心所固有。」詳見徐復觀：《兩漢思想史》，頁399。

意涵，也與「天」的概念相結合。當人具有一個正常的道德判斷，當好則好，當惡則惡，就可各得其正也就是氣化之常的表現以及天人相應間的和諧。然而，像這樣充滿道德義的心卻是從天而來，容易讓人覺得董仲舒的道德義不夠強烈，關於這點筆者將在討論「性」時詳加討論，而此處也僅能說雖道德主體是在天中，但人也是有道德的，只是道德根源是來自於天而非人所本有。

## 三、養氣以養心

　　基於人是由天而來的天人感應下，董仲舒提出了「凡氣從心，心，氣之君也，何爲而氣不隨也，是以天下之道者，皆言內心其本也。」〔註81〕，董仲舒認爲心爲氣的主宰，氣又隨著心而改變，所以人都以內心爲氣之根本。〔註82〕既然心的主宰義是由氣顯現出來，那麼養心也就可從養氣著手。那又如何由養氣來養心呢？

　　就董仲舒的觀念而言，人的身心都是由天而來，也皆有陰陽五行之氣存於其中〔註83〕，但兩者相較之下，心得之於天命純粹清淨之精氣尤多，故雖

〔註81〕（漢）董仲舒：《春秋繁露・卷十六・循天之道》，頁 88。此段引文鍾肇鵬則云：「『是以天下之道者皆言內』下當接上文『是故先法之內矣，心其本也』。『是故先法之內矣』一句錯簡於彼，致上文隔闊不通，而此則文義偏足。」。見鍾肇鵬：《春秋繁露校釋》（河北：河北人民出版社，2005 年 5 月第 1 刷），頁 1040～1041。

〔註82〕對於「心」與「氣」的關係，董仲舒認爲天創生人物，是通過氣來實現的，而這氣不僅是構成人體的質料也是構成人心的物質基礎，故氣中的清濁之氣皆集於人心，而形成人的仁貪氣質，產生人的仁探知心。然而，氣是受到心的支配的，心可以抑制陰濁之氣，擴充清陽之氣，使羞惡得禁制而使美善得到發展，故心爲氣的主宰，氣隨心而改變。則與荀子認爲氣是構成天地人物的物質材料，是天地萬物以及人的形體精神的共同物質本原，那麼人心當然也產生於氣，如〈王制〉所云：「水火有氣而無生，草木有生而無知，禽獸有知而無義，人有氣有生有知亦且有義，故最爲天下貴也。」，故氣爲心的本原，決定心的屬性特徵。是不相同的。詳見張立文：《中國哲學範疇精粹叢書——心》，頁 47、93。

〔註83〕梁惠卿則認爲，董仲舒認爲人之身心同受命於天，故其存在形式皆如《玉杯》所云：「可養而不可改，可豫而不可去。」，身是天所賦予的外在存在形式，心則爲內在存在形式，兩者是相互依賴相互影響的，故〈天地之行〉云：「若形體之靜，而心得以安……若形體妄動，而心爲之喪。」，而「心不可以不堅，體不可以不順……心所以詮者，體之力也。」，筆者以爲就董仲舒的身與心都是由天而來，是可養不可改的的這一點來看，身與心確實是相似的，然實際上身又以心爲主，故心的地位是高於身的。詳見梁惠卿：《董仲舒陰陽哲學研究》，頁 149。

身心互相影響但心較身來的重要〔註84〕，就如〈卷七・通國身〉中所云：

> 氣之清者爲精，人之清者爲賢，治身者以積精爲寶，……身以心爲本，……精積於其本，則血氣相承受……血氣相承受，則形體無所苦……形體無所苦，然後身可得而安也……夫欲致精者，必虛靜其形……形靜志慮者，氣精之所趣也……故治身者，務執虛靜以致精。……致精則合明而壽……。〔註85〕

在氣的當中，最爲澄淨的就是精氣，而保養身體的人，必須以積蓄精氣作爲寶貴的信條。身體是以心爲根本，精氣積蓄在心中，那麼血液和氣息就能互相運轉，血液和氣息能互相運轉，形體就不會感到痛苦，形體不感到痛苦，身體就能夠平安。要想獲得精氣，一定要讓心中空虛，形體寧靜；形體寧靜，心中空虛的人，精氣就會歸附。所以保養身體的人，一定要把握虛靜的身心去獲得精氣，能夠獲得精氣，就能夠聚合精神而長壽。所以人的氣清，清氣積爲精，而在於人身，然人身最重要的爲心，故心之氣一定會是清氣。〔註86〕

除了心之氣必爲清氣外，心之氣也必須順著陰陽五行之氣來運作〔註87〕，就如〈卷十七・如天之爲〉所云：「陰陽之氣在上天亦在人，在人者爲好惡喜怒，在天者爲暖清寒暑；出入上下，左右前後，平行而不止，未嘗有所稽留滯鬱也；在人者，亦宜行而無留。」〔註88〕，然而陰陽五行的運行又首重「中和」的觀念，

---

〔註84〕 關於「心」與「身」之間的差別，就 Robert C. Neville 所言從事技藝與運動時，比較靠近心（heart）之層面，我們稱之爲心靈（mind）或感覺（feeling）；比較靠近外在事物的層面，我們則稱爲行爲。而身體既包含了心靈的身體，也涵括了軀體的身體。詳見 Robert C. Neville 著 楊如賓譯：〈中國哲學的身體思維〉（臺北：巨流圖書《中國古代思想中的氣論及身體觀》，1997 年 2 月出版），頁 207。

〔註85〕 （漢）董仲舒：《春秋繁露》，頁 36。

〔註86〕 梁惠卿也曾提及相同的觀念，認爲人應該養身與養心，但體莫貴於心，故養心重於養身。而欲養深知人，須以精氣積蓄於心中，然後形體之血液與氣息相互運轉而融合，才能得到平安。也就是說養身之人一定要把握虛靜的身與心才得以獲得精氣。梁惠卿：《董仲舒陰陽哲學研究》，頁 149～150。

〔註87〕 孫長祥曾云：「董子將『天道、氣』之止動、流行的方式與人內在的理智、志意、情感等活動方式加以類比；人『心』的止動尤其與『氣』的活動方式相同，基於『同類相動』原則，『氣』在天爲陰陽，在人則爲『心』。」這也就說明了心必須順著陰陽五行之氣的運行而運作。詳見孫長祥：〈董仲舒的氣化圖示論〉，《哲學與文化》第 33 卷第 8 期（2006 年 8 月），頁 42。

〔註88〕 （漢）董仲舒：《春秋繁露》，頁 93。此處殿本作「滯鬱」，然下文「無所鬱滯」、「而無鬱滯一也」皆作「鬱滯」，故筆者以爲此處疑作爲「鬱滯」也。

故養心之氣也以「中和」爲要。在這點上董仲舒則採公孫氏的說法，其云：

> 裏藏泰實則氣不通，泰虛則氣不足，熱勝則氣寒，泰勞則氣不入，
> 泰佚則氣宛至，怒則氣高，喜則氣散，憂則氣狂，懼則氣懾，凡此
> 十者，氣之害也，而皆生於不中和。故君子怒則反中，而自說以和；
> 喜則反中，而收之以正；憂則反中，而舒之以意；懼則反中，而實
> 之以精。〔註89〕

公孫氏利用身體狀態與情緒來說明凡事都是以「中」爲標準，任何過與不及
都是不好的，而董仲舒就利用此說法來加強「中和」之說，並云：「故仁人
之所以多壽者，外無貪而內清淨，心和平而不失中正，取天地之美，以養其
身，是其且多且治。」〔註90〕，仁人之所以能夠長壽的原因，是因不貪求外
物而內心清淨，心中和平而保持中正，選擇天地間美好的事物，用來修養自
己，所以壽命長而且健康。

像這樣養氣以養心的模式，乃是董仲舒就人之形質中與身體對偶之心來
加以詮釋，然而無論是在養心或是在養身上，「養氣」都是最大的修養功夫，
〔註91〕故云：

> 民皆知愛其衣食，而不愛其天氣；天氣之於人重於衣食，衣食盡尚
> 有間，氣而立終。故養生之大者乃在愛氣，氣從神而成，神從意而
> 出，心之所之謂意；意勞者神擾，神擾者氣少，氣少者難久矣。故
> 君子閑欲止惡以平意，平意以靜神，靜神以養氣；氣多而治，則養
> 身之大者德矣。〔註92〕

---

〔註89〕（漢）董仲舒：《春秋繁露・卷十六・循天之道》，頁88。此處據鍾肇鵬所云：
　　　　「此句盧本、譚本、蘇本作『熱勝則氣□，寒勝則氣□』。盧校云：『舊本作
　　　　「熱勝則氣寒」，下有校語云：「此下疑少五字」。今案「寒」當爲下句之首，
　　　　兩句正相對，而各少一字耳。』」見鍾肇鵬：《春秋繁露校釋》，頁1038。
〔註90〕（漢）董仲舒：《春秋繁露・卷十六・循天之道》，頁88。今據陶鴻慶所云：
　　　　「上且自當爲氣。下文云：『氣多而治』，則養身之大者德矣。」，故筆者以
　　　　爲此處疑作「是其氣多且治」。見陶鴻慶：《讀諸子札記・卷十一》（臺北：
　　　　世界書局，1962年10月初版），頁336。
〔註91〕羅光曾指出「元氣」在漢朝學者的思想裡，不僅指著未分陰陽之氣，也指著
　　　　天地根本之氣，漢朝道家和道教特別注意這種思想。人在出生時，稟有天地
　　　　的元氣，又稟有父母的精氣，精氣常消耗，元氣也漸損失。爲能常保生命，
　　　　須用方法以固存元氣。詳見羅光：《儒家形上學》（臺北：臺灣學生書局，1991
　　　　年9月初版），頁144。由此可知，養氣的觀念在漢朝是十分流行普遍的。
〔註92〕（漢）董仲舒：《春秋繁露・卷十六・循天之道》，頁89。

天氣對於人是比衣食還要重要的，所以保養生命，使心整全的最重要的方法就是養氣，因爲氣是從精神而形成的，而精神又是從心之趨向的意志而出的，故養氣就能使身體健康，當身體健康實則精神就會鎮靜，當精神鎮靜之後就能平息意志，當一個人能夠平息意志、防止邪惡、限制慾望，則其心就能夠正確的判斷出氣化之常之所在，也就能夠柾眾惡於內。

總括董仲舒的養心，則可分爲兩層意義：1.就心得諸天之神氣言，主張養氣，也就是「養氣以養心」，就如〈卷十六・循天之道〉所云：「凡氣從心，心氣之君，何爲而氣不隨。」〔註93〕，陰陽之氣是宇宙所以變動而化的基本因素，恆久流行於天人之間，然氣化常道是重陽輕陰的，故我們就要用重陽輕陰的規範來養我們的心志，並且形神精氣並重，要求靜形虛志乎意以積精，而追求內心之中合狀態。2.就心之作用的外顯而言，則認爲應以心節制情欲，以養心作爲道德修養之理，即「養莫重於義」之意。〔註94〕

# 第三節　由氣化說性 〔註95〕

「性」一直是董仲舒談論人性論的重點，在此章的第一節中筆者曾討論到董仲舒辯駁孟子性善的方式可分爲正名、天道權威、聖人之言這三個部份，而此處專就董仲舒「性」的討論，筆者則分爲性與善、性與情以及性分三品這三個部份，透過對這三部份的討論並補充各家說法，以求對董仲舒以陰陽之氣說人性的特殊觀點有所明瞭。

人性是善或是惡一直是討論著墨之處，而孟子的「人之性善也，猶水之

---

〔註93〕（漢）董仲舒：《春秋繁露》，頁88。
〔註94〕此兩點爲筆者參考梁惠卿：《董仲舒陰陽哲學研究》，頁 150〜151 並加上己見而成。
〔註95〕唐君毅曾云：「對於人性之善惡，以一陰陽之氣說之則有另一價值，即在此中之氣一名，乃初含動態義者。氣雖有陰陽之別，而陰陽恆可相繼而互轉。也就是由氣言性者，雖分氣爲陰陽，謂其一向善而其一向惡、乃恆重其可轉化之義。故董子言人性之有陰一面之不善，乃出自其由陽之所轉出處，看其所自來；亦自其可更有陽氣之生，而再轉化處，以看其所自往。本此氣之能轉化之義，以觀人性之此兩面，及此兩面之可相轉化，則善惡之性之概念之相對，固可相與而具泯於一「性之謂生之質之概念」中。」，筆者以爲唐君毅這種說法，就是由陰陽氣化來說人性，故討論董仲舒的「性」必須由氣化觀出發，這不僅將董仲舒的人性論與其氣化流行的天道結合在一起，也給予人性論不同的詮釋角度。見唐君毅：《中國哲學原論——原性篇》（臺北：臺灣學生書局，1991 年 6 月全集校訂版），頁 139〜140。

就下也。人無有不善，水無有不下。」〔註 96〕、荀子的「人之性惡，其善者偽也。」〔註 97〕對後世影響深遠，至漢朝的董仲舒也深受孟、荀的影響。此外，董仲舒受到當時陰陽五行觀念大盛的影響，而將陰陽之氣的觀念融於對人性的討論之中，這也是董仲舒與傳統儒家談論心性不同之處。然而董仲舒的性到底是善或是惡呢？筆者以爲在談論此問題前，必須先釐清董仲舒對「性」所下的定義。

董仲舒認爲人之所以會對「性」有各種解釋，是因對「性」沒有確切的瞭解所造成的，故對「性」下了一個極爲明確的定義，其云：「性之名非生與？如其生之自然之資謂之性。性者質也。」〔註 98〕，天生自然本有的條件就是性，是「無所待而起生，而所自有也。」〔註 99〕而所謂的條件對董仲舒而言就是元氣分化出來的二氣五行。當元氣化生萬物後，二氣五行就賦予在萬物之中，或是凝結在萬物之中，以做爲形成萬物的條件。換言之，元氣透過二氣五行化生自然的萬物來，而二氣五行就做爲凝結成形的條件，這就是「生之自然之資謂之性」。蘇輿曾就董仲舒「性者質也」一說而云：「言略離質則非性。董所謂性，專就氣質而言」〔註 100〕，因性是順著自然之質而來，故性一定是從才質義、氣質來說。〔註 101〕也就是說既然性是順著自然之生來的，自然之生生下來就是我們氣質的身體，氣質的本質就是性，所以一定要從氣質來說性。

## 一、性與善的關係

了解「性」是人生下來所本有後〔註 102〕，在董仲舒的觀念中「性」與「善」

---

〔註 96〕　（宋）孫奭：《孟子正義・卷十一上・告子上》，頁 192。

〔註 97〕　（清）王先謙：《荀子集解・卷十六・性惡篇》，頁 399。

〔註 98〕　（漢）董仲舒：《春秋繁露・卷十・深察名號》，頁 55。

〔註 99〕　（漢）董仲舒：《春秋繁露・卷十・實性》，頁 58。

〔註 100〕　（清）蘇輿：《春秋繁露義證》（北京：中華書局，2002 年 8 月北京第 3 刷），頁 292。

〔註 101〕　羅光也云：「董仲舒以質字解釋性，又解爲天生之質。性的意義和生字的意義相同，人生而有的資稱爲性，生而有的資稱爲質，所以說性者，質也。董仲舒是從孔孟論性的方面去看，性是人生來所有的才質，所謂的才質不是理論上的抽象才質，而是具體上的才質，是由氣而成的。」詳見羅光：《中國哲學思想史・兩漢南北朝篇》，頁 202～203。

〔註 102〕　像這樣性是人自生本有的，與《荀子・卷十六・性惡》：「性者，天之就也。」見（清）王先謙：《荀子集解》，頁 400。《荀子・卷十六・正名》：「不事而自然，謂之性。」見（清）王先謙：《荀子集解》，頁 379。的意義完全相同。

的關係又為何呢？這個部份一直是董仲舒討論人性的重點也是最為複雜之處。然筆者欲將董仲舒性與善的關係簡單化，故此處僅就單純性與善之間的關係加以討論，而教化的問題、情慾的問題等，筆者則將在性與情以及性三品之處加以討論，其論證可分為以下兩點。

## （一）天人同類

在討論「心」曾說明人心與天心是相關聯的，而在說明「性」時這種觀念也是董仲舒首先說明之處。在〈卷十‧深察名號〉一篇中就云：「身之名取諸天，天兩有陰陽之施，身亦兩有貪仁之性。」〔註103〕，天同時具有陰氣與陽氣，兩者是缺一不可的，故當天氣降於人身時，就使得人身上同時具有陽氣所表現的仁這個氣質與陰氣所表現的貪這個氣質。

由此立場而言「性有仁貪兩氣」則是指在人的性中有兩種可能，一種是氣化常道的善，一種則是氣化之變的惡，這兩種可能是同時存在的，這是因為天道中的二氣五行相生是有常有變的，故落實到人身上，人的性中就有善有惡。又因天道是形上形下合一的天，是經驗面和價值面合一的天，故落實到人性中，就是上下合一的善與上下合一的惡都是同時存在。像這樣利用陰陽兩氣是「獨陰不生，獨陽不生」〔註104〕的觀念來說明善惡是「人受命於天，有善善惡惡之性，可養而不可改，可豫而不可去」〔註105〕，不僅將董仲舒的天道觀與人性論相結合，也凸顯出惡質是人性中必然的肯定項目之一。其惡的必然存在性是來自於天是有陰有陽的，既然天是重陽輕陰的，人也就是重仁輕貪、重善輕惡的；而天為陰陽兩氣並存，故人也是善惡都有〔註106〕，是不可被改變的。

這也符合了陰陽為一氣的觀念，因為如果陰陽二氣是兩回事，就會有極陽或是極陰的存在，這樣的陰陽二氣下貫人性上就會成為只有善質或是只有惡質的存在；反之，陰陽二氣為一回事的話，那當偏陰的時候還是會有陽氣的存在，偏陽的時候還是會有陰氣的存在，像這樣的陰陽二氣下貫於人就會

---

〔註103〕（漢）董仲舒：《春秋繁露》，頁56。
〔註104〕（漢）董仲舒：《春秋繁露‧卷十五‧順命》，頁81。
〔註105〕（漢）董仲舒：《春秋繁露‧卷一‧玉杯》，頁8。
〔註106〕在〈深察名號〉云：「性有善端，心有善質。」，董仲舒以性為質，其質就是孟子所說的善端，而董仲舒又把質屬於心。與孟子不同之處，孟子以心只有善端，惡不屬於心，也就是不屬於性；董仲舒則以性有善質也有惡質，性便不完全是善的。羅光：《中國哲學思想史‧兩漢南北朝篇》，頁204。

使人性善質與惡質皆有。此外，既然人能夠讓善善惡惡之性表現出來但是不能改變它，可以去禁止它卻不能去掉它，這就強調了性是由天命而來，故天命就如《禮記・卷五十二・中庸》所云：「天命之謂性」〔註107〕一樣是不可被更改的。〔註108〕

## （二）性禾與善米

為了讓性與善的關係更加清楚，董仲舒利用了禾與米之間的關係來舉例說明之。在〈卷十・實性〉中云：

> 善如米，性如禾。禾雖出米，而禾未可謂米也。性雖出善，而性未可謂善也。米與善，人之繼天而成於外也，非在天所為之內也。天所為，有所至而止。止之內謂之天，止之外謂之王教。王教在性外，而性不得不遂。故曰：性有善質，而未能為善也。豈敢美辭，其實然也。天之所為，止於繭麻與禾，以麻為布，以繭為絲，以米為飯，以性為善，此皆聖人所繼天而進也，非情性質樸之能至也，故不可謂性。〔註109〕

董仲舒認為善就好比米與絲，人性就好比禾與繭，禾雖然能生產米出來，但不能就把禾稱之為米；繭能夠製造出絲來，但不能就把繭稱為絲。同樣的道理，人的原始資質中雖然可以培育出善的品德，但不能直接稱人性就是善。米、絲和善的特性是在它們天然本性的基礎上，經過人們外部的努力才造就的，也就是說善像米和絲一樣是經由後天而成的，故完成的才稱為善，不能

---

〔註107〕（唐）孔穎達：《禮記正義》（臺北：藝文印書館《十三經注疏》印嘉慶二十年江西南昌府學開雕本，1989年），頁879。

〔註108〕關於此點，唐君毅則認為「像這樣視人為天地之陰陽之氣之和所生，故人性亦有其陰陽之二面。天有陽以生，有陰以殺，而人性中亦有仁以為人性之陽，有貪有戾以為人性之陰。天以為本，而恆扶陽而抑陰；其扶陽者天之仁，其抑陰者天之義。則人亦當抑貪戾以成仁義，以德教興仁，以刑政成義；然後天人合德之義的觀念，與〈中庸〉同為一由天命而人性，而依人性言道言教之說。但〈中庸〉所云：『天命之謂性，率性之謂道。』亦未嘗界別天命、人性、政教為不同的三層級，而董仲舒卻言能立政施教之聖王異於萬民，又言天之高於君，則有層級上的不同。見唐君毅：《中國哲學原論——原性篇》，頁134～135。

〔註109〕（漢）董仲舒：《春秋繁露》，頁57。此處殿本作「故不可謂性」，然據陶鴻慶所云：「不可謂性下當有善字，文義方足。下文云：『善，教訓之所然也，非質樸之所能至也，故不謂性。』性下亦當有善字。」見陶鴻慶：《讀諸子札記・卷十一》，頁328。

把性之質就稱爲善，而善也可說是透過王道教化一種道德的成果。〔註110〕

　　如站在氣化流行的角度來看待禾與米，則禾是一個完整的事物，但透過一定的豐富修養和仁義禮智的薰陶可以變成另一個事物。像這樣類似由無到有的創新力量，是因爲禾與米的形態、時空座標雖有所不同，但禾與米的本質是相通的，禾是氣化流行所生的，米也是氣化流行所生的，所以米就是由禾的氣化流行中的某種特性轉變而來的，而這本質相通的地方就是氣化的普遍性。但禾與米的本質雖有相通知處，但兩者仍是不同的事物，故禾不可稱爲米，米也不可稱爲禾；同樣的性和善雖有相通之處，但仍屬不同時空座標的存在，故性不可稱爲善，善也不可成爲性。

　　透過禾與米的比較，可知性與善是有所不同的，那麼兩者最大的差別之處又是在哪呢？董仲舒在〈卷十・實性〉中又云：

> 性者，天質之樸也；善者，王教之化也。無其質，則王教不能化；無其王教，則質樸不能善。質而不以善性，其名不正，故不受也。
> 〔註111〕

所謂的人性，是指天然本質樸實的情況；所謂的善，是指王者教化的結果，這樣的觀念就與《禮記・卷五十二・中庸》：「率性之謂道，修道之謂教」〔註112〕、《荀子・卷十三・禮論》：「性者，本始材朴也」〔註113〕相似。此外這裡也與《荀子》所云：「無性則僞之無所加，無僞則性不能自美」〔註114〕

---

〔註110〕《中國古代哲學史》中也有提及相同的概念，其云：「善與米是先天稟賦和後天人爲共同作用的結果，而不是人生來就已經與俱的。先天稟賦涉及人身之內在，所以稱爲天或性。至於人身之外在，因爲多由後天因素所決定而謂之人事、王教。先天成分的作用，給出的僅僅事前提性的因素，大量的工作還得依靠後天的主觀努力。性雖然具有善的潛能，雖然也可以生出善來，但性自身未必就一定能夠實現善、成就善。」詳見復旦大學哲學系中國哲學教研室：《中國古代哲學史》（上海：上海古籍出版社，2006年7月第1刷），頁176。

〔註111〕（漢）董仲舒：《春秋繁露》，頁58。據鍾肇鵬所云：「舊本『無』下衍『其』字，惠校刪去『其』字，董箋本無『其』字。今案：『其』字涉上句『無其質』而衍。今據惠校刪。」、「『質而名以善性』，舊本『名』誤作『不』。盧校：『句疑有訛。』蘇注：『疑作「質不能而以善性」。』劉云：『今考「質而以善性」當作「質而名以善性」，與下「其名」相應。』。」見鍾肇鵬：《春秋繁露校釋》，頁689。

〔註112〕（唐）孔穎達：《禮記正義》，頁879。

〔註113〕（清）王先謙：《荀子集解》，頁338。

〔註114〕同註113。

有所相似，假使沒有質樸的性，後天的道德教化就會沒有用處，後天的道德
教化一定要用在性上面，但沒有後天教化，我們的性則無法表現是相同的。
董仲舒也認爲如果人沒有原始樸實的品質，那麼王者教育和訓導也不能轉化
他；如果沒有王者的教化，那麼質樸本性也不能成爲善。所以對人的原始品
質，就不能稱爲善良的品性，這也說明了董仲舒是認爲本性和後天教化是兩
者並重，並表現了其整體觀。

　　透過上述兩點的解釋，筆者以爲總括董仲舒性與善的特色，可分爲：1. 當
陰陽二氣下貫至人身時，就成爲人性中的善與惡，故云：「今善善惡惡，好
榮憎辱，非人能自生，此天施之在人者也。」〔註115〕，善惡的發端、善惡的
表現都是由天來決定，非人所能掌握的。這裡提高了天的位階，降低了人自
身的意義，是因爲天這個道德主體是來自於氣化生生不已之中，而這自然流
行之中包含了應然的價值和必然的規律。像這樣把天和人之間的距離拉開，
則是爲了顯現出人是因效法天是陰陽必存卻重陽輕陰，而人性就是善惡並存
卻重善輕惡的觀念。2. 性與善最大的不同，在於性爲人自然所本有的，而善
卻不是生而自有的，善只是一個氣化的常道。雖然善不是我們氣性生而自有
的，可是用善來導化我們的氣性時，氣性中間是有能和氣化常道之善相對應
的部份，因爲我們氣性中間是氣化常道被凝結、被有限化而成的。不能說善
是氣性所本有的，善不等於性，因爲我們的性不是善的全然表現，就如未被
琢磨的璞必須經過切磋琢磨後才會成爲美玉一般，故「玉出於璞，而璞不可
謂玉」〔註116〕，而人性就是待教而善的。3. 既然性中是善質與惡質並存，那
麼善質與惡質的關係又爲何呢？如從天道出發，天是重仁輕貪、重德輕刑的，
故人性雖是善質與惡質並存，但仍以善爲要，就如羅光所云：「由性爲天所
生去說，性應該是善的，就如《中庸》：『天命之謂性，率性之謂道。』天
命之性必定是善的。而董仲舒也認爲天給人性命，使行仁義，故性生來具有
向善的本能。」〔註117〕。

## 二、性與情的關係

　　在董仲舒以前的儒家，性內而情外，性向外發爲情，而性情雖有內外之
不同，但在性格上卻是相同的，故若認爲性是善的，則情就是善的；若認爲

---

〔註115〕（漢）董仲舒：《春秋繁露・卷一・竹林》，頁 8。
〔註116〕（漢）董仲舒：《春秋繁露・卷十・實性》，頁 58。
〔註117〕羅光：《中國哲學思想史・兩漢南北朝篇》，頁 203～204。

性是惡的，則情就是惡的。〔註118〕至董仲舒時，對於性情的關係則是利用名號來說性情，其云：

> 是正名號者於天地，天地之所生，謂之性情。性情相與爲一瞑。情亦性也。謂性已善，奈其情何？故聖人莫謂性善，累其名也。身之有性情也，若天之有陰陽也。言人之質而無其情，猶言天之陽而無其陰也。〔註119〕

天地所賦予人的，叫做性情，而性與情合起來就稱爲「瞑」。情也是性的一部分，如果人的性已經是善了，那麼情又應該怎麼解釋呢？一個人身上兼備著性和情，就好像天道兼備了陰和陽一樣，如果論人的本質而不把情慾包括在內，等於說天道只有陽而沒有陰。〔註120〕

像這樣以天道陰陽來說性情，董仲舒只是利用「比擬性質」的手法來說明性情的關係，而沒有說性由陽生，情由陰生。〔註121〕雖說如此，但在《論衡》中對董仲舒性情的解說卻云：

> 天之大經，一陰一陽。人之大經，一情一性。性生於陽，情生於陰。陰氣鄙，陽氣仁。曰性善者，是見其陽也。謂惡者，是見其陰者也。
>
> 〔註122〕

---

〔註118〕 參見徐復觀：《兩漢思想史》，頁401。像這樣因性善而情就善者，就如《孟子》所云：「乃若其情，則可以爲善矣，乃所謂善也。若夫爲不善，非才之罪也。惻隱之心，人皆有之；羞惡之心，人皆有之；恭敬之心，人皆有之；是非之心，人皆有之。」見（宋）孫奭：《孟子正義‧卷十一上‧告子上》，頁195。情是心的動向，心友善端，則情亦善。而認爲性惡情就爲惡者，就如《荀子》所云：「目好色；耳好聲；口好味；心好利；骨體膚理好愉佚，是皆生於人之情性者也，感而自然，不待事而後生之者也。」，性與情皆屬於惡也。（清）王先謙：《荀子集解‧卷十七‧性惡篇》，頁402。

〔註119〕 （漢）董仲舒：《春秋繁露‧卷十‧深察名號》，頁56。

〔註120〕 《中國古代哲學史》也云：「性與情都爲天地所生，是物之存在不可迴避的天氣之然。在本體論意義上，性與情甚至就沒有任何區別，「性情相與爲一瞑，情亦性也」性就是情，情就是性，性與情一同始起，一同周行，也一樣重要，一樣產生作用。人有性情就好比天有陰陽，僅僅強調人之性而忽略人之情，就等於只看到天的陽的一面而無視天的陰的一面。」詳見復旦大學哲學系中國哲學教研室：《中國古代哲學史》，頁176。而蔡仁厚也云：「性與情並非有兩層，是故仁貪、性情、陰陽、善惡之兩行，皆只是靜態地分解而說。若融於具體，則『性情相與爲一瞑，情亦性也』。情滲於性中，性不能獨立而絕異於情。」詳見蔡仁厚：《中國哲學史大綱》，頁93。

〔註121〕 見徐復觀：《兩漢思想史》，頁402。

〔註122〕 （漢）王充：《論衡‧卷三‧本性》，頁32。

筆者以爲這樣以陰陽比擬爲性情的部份是可以再加以討論之處，蘇輿曾云：
「此云性情一暝，是謂性與情皆中含善質，而情欲所發，不全於善，非有教
以繼之，則善不可葆。謂性已善，則情亦已善，必不然矣。」〔註123〕，既然
性就是情，情就是性，那麼性中有善質情中也就存有善質，兩者都必須透過
王道教化才能將善質轉變爲實質的善，但如情是性中有惡質而順著惡質發
展，那麼情也就不善了。換言之，情就是外在行爲的表現，當內在的善質表
現爲外在的善，也是性之動表現成外在的情，那麼性已善情當然也就是善的；
當性不能表現外在行爲的善時，情當然也就不善。〔註124〕

　　既然性情皆屬氣化的經驗層次，而性有善惡，情也就是有善惡的，只是
性情之善難顯，性情之惡易顯。而「性善情惡」又應如何解釋呢？在〈卷十
一‧王道通三〉：「惡之屬盡爲陰，善之屬盡爲陽」〔註125〕，是以陰陽分善
惡，以天禁陰與人栣情欲對舉，是以陰喻情，但董仲舒卻又云：「身亦兩有
仁貪之性」〔註126〕，可知性與情同出於質，但也因此被解釋爲情與貪慾，就
是性中有惡的證明。但筆者以爲，因爲人都是由氣變成質，再由質而來，故
性與情皆屬氣化的質。既然人是氣化來的，所以天有陰陽二氣施於人身上就
是陰陽二氣皆有，既然陰陽皆存於人身，性情也就皆存於人身；天道既然是
以陽氣爲主陰氣爲輔，那人身就是以性爲主以情爲輔，故性情本質之間並沒
有所謂「性善情惡」的存在。〔註127〕

---

〔註123〕（清）蘇輿：《春秋繁露義證》，頁298。

〔註124〕羅光也云：「貪爲欲，欲爲惡；仁爲德，德爲善，兩者皆屬於性。董仲舒以
　　　　人有陰陽之氣，便有情和性，情和性相合稱爲性，情有惡質，惡便屬於性。」。
　　　　詳見羅光：《中國哲學思想史‧兩漢南北朝篇》，頁206。

〔註125〕（漢）董仲舒：《春秋繁露》，頁63。此段在殿本中放於〈王道通三〉篇中，
　　　　但據蘇本所云：「各本此下接上篇『土若地，義之至也』至『此皆天之近陽而
　　　　遠陰』。張惠言云：『當接上篇『夫喜怒』至『而人資諸天』爲一篇。』今從
　　　　凌本移正。」，故筆者以爲此段疑放於〈陽尊陰卑〉篇中。見（清）蘇輿：《春
　　　　秋繁露義證》，頁330。

〔註126〕（漢）董仲舒：《春秋繁露‧卷十‧深察名號》，頁56。

〔註127〕馮友蘭則認爲董仲舒所謂性，有廣狹二義。就其廣義而言，「如其生之自然之
　　　　資謂之性；性者，質也。」故情亦係人之「生之自然之資」，亦在人之「質」
　　　　中，故曰：「天地之所生謂之性情，性情相與爲一暝，情亦性也。就其狹義
　　　　而言，則性與情對，爲人「質」中之陽；情與性對，爲人「質」中之陰。詳
　　　　見馮友蘭：《中國哲學史》（臺北：臺灣商務印書館，1993年4月增訂臺1
　　　　版1刷），頁515。這也就解釋了性與情可分爲兩個層面的關係。

　　而所謂的「情惡」應是指過度的情慾表現〔註128〕，人的情慾表現都是由天而來，其云：

> 夫喜怒哀樂之發，與清暖寒暑其實一類也，喜氣為煖而當春，怒氣為清而當秋，樂氣為太陽而當夏，哀氣為太陰而當冬，四氣者，天與人所同有也，非人所能畜也，故可節而不可止也，節之而順，止之而亂。〔註129〕

人的喜怒哀樂是由天的暖清寒暑而來，也就是《白虎通・卷八・情性》所云：「喜、怒、哀、樂、愛、惡」〔註130〕為六情，既然人的情感表現也是來自於天，人的本性也是來自於天，那麼就沒有所謂性善情惡的差別了。雖董仲舒並不主張寡欲或是禁情，但仍認為情為人之性，性不能寡或禁，只能給予限制，故「是知引其天性所好，而壓其情之所憎者也。」〔註131〕。而節制情欲在於心，故應以義養心，心養於義，習慣向善，知道義理，然後就可以衽眾惡於內，弗使得發於外。〔註132〕

　　由董仲舒所提出由天道陰陽來比擬為性情，對後世起了很大的影響，如《孝經鉤學訣》：「情生於陰，欲以時念也。性生於陽，以就理也。陽氣者仁，陰氣者貪，故情有利欲，性有仁也。」〔註133〕、《白虎通・卷八・性情》：「性者陽之施，情者陰之化也。」〔註134〕、《說文解字・卷十下・情》：「情，

〔註128〕郭梨華也云：「『情欲栓』基本上是一種對於情欲的弱化，這種弱化的要求即在於『度』的確立，也就是『義』之『正我』，以及『心之栓』的作用，就如〈度制〉所言：若去其度制，使人人從其欲，快其意，以逐無窮，是大亂人倫，而靡斯才用。因此，作為惡的較為直接之來源，應該是『欲』之無節度，或說『情欲』之無節度，而不在於『情欲』、『情』之體上。」詳見郭梨華：〈董仲舒論「天」與「情」〉，收入國立臺灣師範大學國文學系編：《第二屆儒道國際學術研討會——兩漢論文集》（臺北：國立臺灣師範大學，2005年8月初版），頁297。

〔註129〕（漢）董仲舒：《春秋繁露・卷十一・陽尊陰卑》，頁61。此段在殿本中放於〈陽尊陰卑〉篇中，但據蘇本〈王道通三〉中所云：「各本此下接下篇『夫喜怒哀樂之發』至『而人資諸天』。張惠言云：『當接『土若地』至『此見天之近陽而遠陰』。』今從凌本移。」，故筆者將此段移至〈王道通三〉篇中。見（清）蘇輿：《春秋繁露義證》，頁325。

〔註130〕（清）陳立：《白虎通疏證》（北京：中華書局出版，1997年10月北京第2刷），頁382。

〔註131〕（漢）董仲舒：《春秋繁露・卷五・正貫》，頁28。

〔註132〕參見羅光：《中國哲學思想史・兩漢南北朝篇》，頁206～207。

〔註133〕（清）黃奭：《黃氏逸書考・孝經鉤命決》（臺北：藝文印書館《叢書集成三編》，1972年），頁7。

〔註134〕同註130，頁381。

人之陰氣，有欲者。……性，人之陽氣，性善者也。」〔註135〕等等都是受到董仲舒影響的證明。而羅光更云：

> 董仲舒以人性有善質也有惡質。……。宋朝程顥以善惡皆來自性，董仲舒在漢朝時已有這種主張。但兩者的理由有所不同，程顥是以清濁之氣都屬於性，董仲舒則是以性情同是性。情若是性，情有惡，爲儒家一貫的主張，善惡就當然都出於性。後來宋朝的朱熹把性和情分開，性爲理，情爲氣，情之惡便不屬於性。情和性，乃是氣的陰陽，陽爲性，陰爲情，陰陽爲一氣之分兩，情和性也是一分之兩，「性情相與爲一」這說明了性由氣而成，性中有陰陽。在許慎《說文解字》中也云：「情，天之陰氣有欲者；性，人之陽氣性善者也。」可見此爲漢朝普遍觀念。〔註136〕

由此可知，其性情觀對於後世的深遠影響。此外如唐朝的李翱的「復性說」〔註137〕或是清初的「情善說」〔註138〕，認爲喜、怒、哀、樂皆爲善的表現，

---

〔註135〕（漢）許慎：《說文解字》，頁91。

〔註136〕參見羅光：《中國哲學思想史·兩漢南北朝篇》，頁204～205。

〔註137〕李翱的「復性說」乃指性與情兩者不可相離，而性是情的根本，情是性的表現，但性也是善的根源，情是惡的根源，故云：「人之所以爲聖人者，性也；人之所以惑其性者，情也。喜、怒、哀、懼、愛、惡、欲七者，皆情之所爲也。情既昏，性斯匿矣。」而爲了讓人性能夠恢復清明之性，故必須滅情以達到廣大清明之境。詳見復旦大學哲學系中國哲學教研室：《中國古代哲學史》，頁448～449。而李光泰更認爲「李翱肯定了人性之善，其內容爲『誠』，寂感一如、清明照耀、廣大周普，聖人只是充此性而已，且一般百性與聖人同具無易。此已將性的內外屬性說得明白，若此之性便可成就天人合一理想。詳見李光泰：《中國天人合一思想研究》（臺北：今古文化事業股份有限公司，2002年2月修訂版），頁153。

〔註138〕所謂的「情善說」乃指喜怒哀樂皆爲善，只有當情欲有過與不及時才稱爲惡，筆者以爲清初的戴震可說是最好的代表，在《孟子字義疏證·卷上·理》中就云：「問：『古仁之言天理，何謂也？』曰：『理也者，情之不爽失也。未有情不得而理得者也。……』……問：『以情絜情而無爽失，於行是誠得其理矣。情與理之名何以異？』曰：『在己與人，皆謂知情。無過情無不集情之謂理。』。」詳見（清）戴震：《孟子字義疏證》（上海：上海古籍出版社《續修四庫全書》據上海辭書出版社圖書館藏清乾隆孔氏刻微波榭叢書本影印，1995年），頁24。而劉又銘又曾云：「戴震認爲在人的欲與情之終究存在著『理』。這就易謂著在作爲『自然』的欲與情中一樣蘊含著內在的潛在的善。這點正是他『天地、人物、事爲，不聞無可言知禮者也』的觀點當中的一個重要的環節。戴震又說：『欲不流於私則仁，不溺而爲慝則義，情發而中節則和，如是之謂天理。』……可見在他

只有過與不及才是不好的，類似這樣個觀念也可說是與董仲舒利用天道的陰陽來比擬爲性與情有所相關。

## 三、性有三品

除了上述性與善的關係、性與情的關係，董仲舒在人性的討論上，更是把人性分爲聖人、中民、斗筲三等分，而三者則以中民之性爲主，無論是王道教化或是發展善的可能都是在中民身上。爲了凸顯中民的重要性，筆者以下將聖人與斗筲之性之人放在一起討論，而將中人之性單獨出來討論，最後則說明董仲舒「性有三品」對後世的影響。

對於董仲舒的「性有三品」之說，歷來學者提出了許多不同的意見或是看法〔註139〕，如：王永祥就認爲董仲舒的「性有三品」雖然同後來正式出現的「性三品」說略有差別，但確實是開了「性三品」說的先河，不失爲「性三品」說的開山之祖。〔註140〕而侯外廬則認爲董仲舒這種「性三品」說的荒謬之原因，就在於它是從抽象的人性上論證「王」的思想統治是天經地義的。〔註141〕筆者以爲既然在《春秋繁露》中明云：「名性不以上，不以下，以其中名之。」〔註142〕，而又爲了區分董仲舒的三品與後世正式提出的「性三品」有所不同，故稱其爲「性有三品」之說也。

---

的心目中，潛在地存在於欲中的理一樣是天命所賦予的天理，只不過這天理並非獨立實存著的實體，而只是一個潛存而內在著做爲『限制』的『節』罷了。」見劉又銘：《理在氣中—羅欽順、王廷相、顧炎武、戴震氣本論研究》（臺北：五南圖書出版有限公司，2000 年 11 月 2 版 1 刷），頁 150～151。

〔註139〕 在《董學探微》中，周桂鈿更指出大陸學者陳德安認爲董仲舒是把人性劃成四個等級，第一等爲過善的聖人之性，指的是帝王和宰相三公；第二等是美善的上品之性，指的是官僚貴族、地主、奴隸主、大商人等剝削階級；第三等是善和惡相混的中品之性，即萬民之性，包括自耕農、佃農在內的廣大農民群眾和城市手工業者；第四等則是醜惡的下品之性，也就是斗筲之性，指的是奴隸、雇傭勞動者和罪犯。而周桂鈿也對陳德安的說法加以論證後，則認爲說董仲舒爲「性四品說」是難以成立的。詳見周桂鈿：《董學探微》，頁 91～93。

〔註140〕 參見王永祥：《董仲舒評傳》，頁 253。

〔註141〕 侯外廬：《中國思想史綱》（臺北：五南圖書出版有限公司，1993 年 9 月初版 1 刷），頁 118。

〔註142〕 （漢）董仲舒：《春秋繁露・卷十・深察名號》，頁 56。

### （一）聖人之性與斗筲之性〔註143〕

在董仲舒的「性有三品」說中，將人性分爲聖人之性、中民之性以及斗筲之性，其中聖人之性與斗筲之性是不可改變的部份，這可說是董仲舒繼孔子「性相近也，習相遠也。」〔註144〕、「唯上智與下愚不移」〔註145〕、「生而知之者，上也；學而知之者，次也；困而學之，又其次也；困而不學，民斯爲下矣」〔註146〕、「中人以上，可以語上也；中人以下，不可語上也」〔註147〕而來，而與後世「性三品」說有所不同之處。

所謂聖人之性，乃指生來就善的聖人；所謂斗筲之性，董仲舒雖未明確指出是哪些人，但大概可說是泛指不可教化之惡人，而聖人與斗筲都是居於善惡兩個極端的人性，故不在其教化的對象之中。雖說聖人與斗筲之性都不屬於可教化的部份，但這樣將性分爲三等，可說是從氣化論的立場來討論人性。牟宗三認爲因氣的異質性、駁雜性，以及組和性或結聚性，而使材樸之性始有種種徵象。而結聚之性之所以會有種種的差別和等級，就是因爲氣的異質、駁雜、與組合中，人所稟得之多少、厚薄、或清濁而定，故人會有善惡、智愚、才不才，賢不肖之分。〔註148〕而這也是董仲舒「性有三品」的分等基礎，故討論「性有三品」必須站在氣化的角度而言，才能對此觀念有所瞭解，而非僅僅是爲統治階級所設。

站在氣化的角度討論聖人與斗筲，可知「斗筲之人」雖然爲善的機會很

---

〔註143〕 所謂的「斗筲之性」就是孔子所說的下愚，「聖人之性」就是上智。其《論語・卷十三・子路》曾云：「斗筲之上，何足算也？」。見（宋）邢昺：《論語正義》，頁 118。故可知以「聖人」與「斗筲」來形容人性的不同，非董仲舒獨創也。

〔註144〕 （宋）邢昺：《論語正義・卷十七・陽貨》，頁 154。

〔註145〕 同註 144。

〔註146〕 （宋）邢昺：《論語正義・卷十六・季氏》，頁 149。

〔註147〕 （宋）邢昺：《論語正義・卷六・雍也》，頁 54。

〔註148〕 牟宗三：《才性與玄理》（臺北：臺灣學生書局，1975 年 11 月 4 版），頁 3。筆者以爲也可從性的基本定義來解釋，董仲舒認爲「性是無所待而起」也就是是自然發生，是從氣化是有各種生化的可能而來的，這強調了氣化的生生無限性。而性又是「生而所自有」的，是指氣化流行的常道一具體凝結爲形氣、凝結爲實物之後，氣化常道在實物之中的狀態就稱爲性。而因氣化常道本身陰陽相生就會產生無限的可能性，故落實在人身上，每個人的多寡顯隱比例皆會有所不同，每個人生下來的本性也就會有貴賤、輕重、清濁、厚薄等不同，故人性才可分爲三種不同的等級。而其超越義則因氣化常道具有超越義才能無所不生，爲氣化論的特色，故超越義不是在形氣、事物之上。

小，但仍是由陰陽相生而來，故其善性是極少而非沒有；反之，聖人也是從陰陽相生而來，故其善性是極多而非全善，這是因為聖人還是會有氣化停頓而生命消亡的一天，所以只是極多、極順暢。換言之，陰陽五行的氣化流行，流行到一個人身上讓他的氣質才性的比例與天理流行完全一樣，也就是說就算氣化流行凝結成為氣質才性，其比例卻是太流暢了，而使這樣的聖人所言所行都是如禮合道的；反之氣化陰陽五行流行到一個人身上，而其氣質才性的比例非常不流暢，非常會減緩、凝結人的創造性，像這樣的斗筲之人可說是陰陽五行的生生義所蘊含的道德義、創生義都沒有了的人。像這兩種人都是存在於氣化流行之中的，但卻因兩者皆為極端，故非董仲舒討論的重點。

　　雖蔡仁厚認為董仲舒不以聖人之性為性，是為了加強教化，單以聖王負教化之責；不以斗筲之性名性，是泥於「上智與下愚不移」之言。〔註149〕但筆者以為換個角度想，這或許也就與董仲舒的天道是「獨陰不生，獨陽不生」有關〔註150〕，陰陽之道雖包含了極偏陰與極偏陽的狀態，但陰陽的流行首重「中和」之說，故當陰陽之氣下貫於人時，極偏善的聖人與極偏惡的斗筲就不是其首重之處，而是以中民之性為人之性。

## （二）待教而後善的中民之性

　　「中民之性」是董仲舒討論人性的主要對象，無論是性與善的關係或是性與情的關係，都是以「中民之性」為討論的對象。而中民之性又是指哪種人呢？在上一點中我們可知聖人之性就是指極善之人之性，斗筲為極惡之人之性，也就是孔子所說的上智與下愚。而中民之性就是指佔大多數的萬民之性，其特色就是「待教而後善」〔註151〕，而從學術意義而言，中人之性最重

〔註149〕參見蔡仁厚：《中國哲學史大綱》，頁93。

〔註150〕唐君毅也云：「緣陰陽之氣之有不同之組合，則人性原可有陰氣重，而更易為惡者，亦有陽氣重，而更易趨於善者。則人性宜有其品級之差別，非只言其有同類之性一語之所能盡。」詳見唐君毅：《中國哲學原論——原性篇》，頁140。

〔註151〕侯外廬云：「董仲舒把人性劃分為『聖人之性』、『中民之性』和『斗筲之性』三品，認為『名性不以上，不以下，以其中名之。』。『聖人』不同凡品，所以高過一般人的『性』；『斗筲』是指為不可教誨的『小人』，所以夠不上一般人的『性』。他設喻說：『性』與『善』的關係好比禾與米，但禾並不是米，必須經過加工才能成米；同樣的，民『性』臻於『善』也有待於『王』的教化。」詳見侯外廬：《中國思想史綱》，頁118。此外，羅光也云：「孔子曾說上智與下愚不移，而董仲舒認為中民也就是所謂的一般人之性，才能代表人性。這種人性有善惡之質，要待受了教育才能為善，因此中民所行之善不

要的原因，乃因其性是可上可下、可善可惡的。如〈卷十・實性〉中所言：

> 聖人之性不可以名性，斗筲之性又不可以名性，名性者，中民之性。
> 中民之性如繭如卵。卵待覆二十日而後能為雛，繭待繰以涫湯而後
> 能為絲，性待漸於教訓而後能為善。善，教訓之所然也，非質樸之
> 所至能也，故不謂性。性者宜知名矣，無所待而起生，而所自有也。
> 善所自有，則教訓已非性也。〔註152〕

中民之性就如同繭、卵一樣，必須透過外在的教化而使善質成為外顯的善，故教訓中民可上可下的氣性，就是要用「善」來教化，而善就是如同慢慢吸收的漸教。雖然如此，但這外在漸教卻是與內在本性是能夠相對應的，故人之所以能夠接受教訓原因為：1. 天道之常的表現就是教化，天道之常在人倫世界中、倫理學上的表現就稱為教訓，也就是說善就是天道之必定之常道，在具體化、倫理化、道德化之後就是所謂的仁義禮樂的常道；2. 人也是天道之常所生，人本身也有天道之常的性向在裡面，故以一個天道之常的教訓，用來與一個天道之常所生的人之本性來對應，兩者本質之間就是有對應的可能，所以教訓在人身上也會有實現的可能，就如繭和絲雖為不同的物質，但同為氣化所生，故繭能夠變成絲的關係一樣；仁義禮樂的常道是合於氣化之常的，故能與氣化常道所生的氣性相對應，所以教化、教訓就溝通了天和人。

在這樣的討論下，會讓人覺得董仲舒的心性是完全依靠外在的教化，是道德義非常薄弱的，筆者以為這也是討論董仲舒人性時不可不面對的問題。〔註153〕從氣化論的立場而言，氣化常道應該才是最本質的，這種最本質的

---

稱為性，性是天生的，善則待教而有的，這類似於荀子所說善為偽，是人所勉力而有的。」可知中民之性是必須透過王到教化而成善的。詳見羅光：《中國哲學思想史・兩漢南北朝篇》，頁207。

〔註152〕（漢）董仲舒：《春秋繁露》，頁58。此外，董仲舒的性和孔子的性很像，都認為人民是需要透過引導才能引其善行的，就如孔子云：「民可使由之，不可使知之。」見（宋）邢昺：《論語正義・卷八・泰伯》，頁71。董仲舒認為人民的善質是引導開發而出的，其性中的善並不會像孟子一樣是不斷的從內心的善質表現出來的。

〔註153〕馬育良對此也提出了相同的疑問，其云：「在董仲舒那裡，『人性中都含有善的可能與惡的可能』，這就為人性向善說提攻了成立的可能性。而此後的問題，便在於『如何引申此善的可能而使人為善』。在這方面，董仲舒未取『此善』乃『人心反躬自求即得』的進路，而勢將它歸於『外在的教化』。如此，董仲舒所說的性當然是指一『具體存在之性』。」詳見馬育良：〈董仲舒性情論思想研究〉，《孔孟學報》第84期（2006年9月），頁156。

天道具體化就變成古今的常道、王道教化、仁義禮樂，故自律就不在人心的
自動自覺自發上，自律的意義則在天道自然會產生自然常道上面，也就是在
氣化常道的生生流行不已上，故可說天道是自主、自動、生生不已的，是既
有超越義也有生生不已義、價值義的。然而這個自主生生不已的常道是我們
人的本質，故人的本質應該也是自主生生不已的，只是因為氣化常道在人身
上是被限於一個氣質的形軀之上，於是這個生化不已減慢的氣化形軀未必能
將氣化常道完全表現出來。既便氣質之性未必能將氣化常道完全表現出來，
但仍可說這個氣性的本質叫做氣化常道，氣化常道本身仍然是超越的、生生
不已的，所以人的本性之中，稟著氣化常道而來的本性中還是存有超越義、
生生義，只是受限於人的形氣之下而無法完全展現出來。〔註154〕

　　換言之，當董仲舒說性有三品時，其道德義並沒有減低，只是由內在轉
化為外在。也就是說假使有一個天道主體存在，這天道主體的道德層面，應
該是不會因為分為聖人、中民、斗筲而分為三段，也就是氣性中間的道德義
在聖人、中民、斗筲之人的身上是一致的，只是人能表現的道德多寡是有所
不同的〔註155〕。聖人大概是能把道德本體表現出來的，氣質是非常順暢的並
順於氣化常道的，故能把道德義完全表現出來；斗筲之人則是氣質非常凝結、
停頓，而讓道德義非常難表現出來；中人則是能改變的彈性非常大，可表現
的能力是非常強的，需要受外在仁義教化的引導，而使其氣性對道德義的表
現非常容易，如果沒有外在教化則很難表現道德義。而在氣化流行中我們的
本心都是氣化流行的，故中民之性如合於氣化常道的話就是善的展現，不合
於氣化常道則為不善的表現。

　　如上述所言，則可歸納為以下兩點：1. 生生的自主是由人的本性轉移到
道德教化，也就是氣化常道上；2. 氣化常道其實就是一個人的本性的基礎，

〔註154〕此處為筆者參考王先生俊彥上課所講述的未刊稿整理而成。
〔註155〕唐君毅也曾提出相類似的觀念，其云：「董子言性有聖人之性、中民之性、
　　　　斗筲之性，即已涵有性之三品九品之論，只是其言性以中民之性為準，故未
　　　　明立三品之說。此三品之說，可遙契於孟子時代的人，言人之性友善有不善
　　　　之說，亦與孔子之分中人、中人以上之上智、中人以下之下愚之言，若相類
　　　　似者。也可從人性之為陰陽二氣之組合，而所具之成份之不同，來加以討
　　　　論。……此三品九品之分，是以自身為一客觀表準來看他人之性而成，亦人
　　　　在為政施教而懸一標準，以望人趨赴之時為然。若人在道德生活中自觀其向
　　　　善之性，或足為善之阻礙之惡性而言，則僅可只有一品而無多品。」詳見唐
　　　　君毅：《中國哲學原論——原性篇》，頁141。

而這基礎使人的氣性有表現氣化常道的可能。這也是董仲舒說氣性能夠改變的原因，人的氣性雖無法完全展現氣化常道，但因以氣化常道爲本質，還是能與氣化常道相通，而道德教化就改正氣性無法完全展現氣化常道的地方，故王道教化雖有外在的因素存在，但仍屬人性由內在轉化爲外在的他律道德。

至於如何使中民之性能夠順著天道常道而表現出善呢？董仲舒認爲要透過外在教化而改變人之氣質，其云：

> 玉出於璞，而璞不可謂玉；善出於性，而性不可謂善。……性者，天質之樸也；善者，王教之化也。無其質，則王教不能化；無其王教，則質樸不能善。質而不以善性，其名不正，故不受也。〔註156〕

璞會變成玉代表了一個質樸的氣性可以透過後天的教化而成爲玉，這也表示董仲舒重視後天的修養工夫、重視後天的變化氣質，認爲必須透過後天的王道教化把氣質上的偏失、不順暢的地方，導化成流暢的才能稱爲善。以氣化論而言，從陰陽五行必然的運行中可以提煉出價值上的應然的價值感或是應然的道德感，但這是較弱義、較幽隱，而爲了補足其道德義，故重視後天的教化，也就是所謂的王教。雖說後天的王教爲他律道德，但這他律道德是由很多自律道德客觀化、普遍化、規範化後所成的道德教化，而這道德教化就具有客觀義、普遍義，是他律中有自律的存在，是有生生的作用在其中。故雖不能直接說是挺立出一個最高的道德主體來，但其道德義是非常強調的。換言之，性中是有氣化常道的，但各種才質的凝結、限制會使氣化常道不能完全展現，而董仲舒一直強調後天教化，是彰顯了人文努力最大的尊嚴，明明有很多限制，但仍然要把氣化常道表現出來，假使道德是經過一番粹鍊去除氣質的雜蕪和不順暢後才能把道德精神顯現出來，則是比較有人文尊嚴的。也就不能直指董仲舒的心性是沒有道德意涵、沒有人文意識的，而只是與其天相比，人的道德義、創生義較天來的薄弱而已。

換言之，人的道德義、創生義較薄弱的原因，是因爲一般人同時具有生生義不太強但仍有道德義的善質和生生義極低、道德義也極低的惡質，也就

---

〔註156〕（漢）董仲舒：《春秋繁露・卷十・實性》，頁 58。據鍾肇鵬所云：「舊本『無』下衍『其』字，惠校刪去『其』字，董箋本無『其』字。今案：『其』字涉上句『無其質』而衍。今據惠校刪。」、「『質而名以善性』，舊本『名』誤作『不』。盧校：『句疑有訛。』蘇注：『疑作「質不能而以善性」。』劉云：『今考「質而不以善性」當作「質而名以善性」，與下「其名」相應。』。」見鍾肇鵬：《春秋繁露校釋》，頁 689。

是說性中創生義稍強的就是善質，性中創生義極低的就是惡質，而跨越人性創生義不足者就是「王道教化」，並且董仲舒強調性是「待漸教而後成」的，故其人性較天之性來的薄弱。而所謂的「漸教」乃指慢慢的、有步驟程序的，既然是慢慢的表現，那麼修養的工夫、教化的薰陶也就都集中在「漸」上，而使不只是形式上的轉變，本質也有產生質變的可能，這與孟子的「頓」是不同的。此外造成人的創生義、道德義較薄弱的另一個原因，是因為天是一個陰陽五行生生的實體，所以發動義、生生義當然很強，但落實在人身上的時候就成為具體形氣的凝結，生生義就會減緩減慢，甚至斷裂，故人性的創造義較天來的弱，人的發動義也沒有像天一樣順暢。〔註157〕

此外，董仲舒也強調「欲節」的重要，在上述討論性與情的關係時，筆者曾提出性與情在本質上是沒有善惡之分的，而是只有當情欲過與不及時，才稱之為惡。董仲舒雖在〈卷一‧玉杯〉中云：「人受命於天，有善善惡惡之性，可養而不可改，可豫而不可去。」〔註158〕認為人的善善惡惡之性是不可更改，不可除去的，但卻又認為「天有陰陽禁，身有情欲栣，與天道一也。」〔註159〕天道之中的陰陽二氣有其必須遵守的規律，故人對於身上的情欲也必須有所限制才能符合於天，故「欲節」表示對好惡有一個恰當的判斷，對慾望也有一個正常的規範，這也表示人還是有一個道德的標準，而這道德標準是來自於氣化流行的常軌、常態、常道，只要人能「平易和理」完全順著氣化流行而行，從心、志、氣、欲、事、行這些階段順暢的表現出天道的運行〔註160〕，人就能

---

〔註157〕此觀念就如王俊彥所云：「因當心表現知行並舉時，即不斷將仁義本性表現出來，同時亦回應外感。當心應外感時，外感亦會影響形氣之性。形氣之性將其內涵表現出來，而心亦透過學習將外感皆引入其中，於是形氣之心亦不斷變化，所以其一方面輸出，一方面輸入。輸入的是他律之古今名教，輸出的是自律之氣化之常的人倫實踐之要求。故形氣之心表現形氣之性，同樣形氣之心吸收外界事理於形氣之性中，如此或以自律或以他律為主，或他律引發自律，或自律具體化為他律，或自律與他律竟是一，皆只是氣化之常之主動、被動之不同面向的呈現。」詳見王俊彥：《王廷相與明代氣學》（臺北：秀威資訊科技股份有限公司，2005 年 10 月 1 版），頁 123。

〔註158〕（漢）董仲舒：《春秋繁露》，頁 8。

〔註159〕（漢）董仲舒：《春秋繁露‧卷十‧深察名號》，頁 56。

〔註160〕在《春秋說題辭》云：「粟助陽扶性，粟之為言續也。粟五變一，變而以陽生為苗，二變而秀為禾，三變而粲然謂之粟，四變入臼米出甲，五變而蒸飯可食。」中曾利用苗→禾→粟→米→飯的變化來說明氣化宇宙的過程，這也凸顯出氣質在變化過程的每一個階段我們都應該重視，因為如果每一階段的變化都能控制掌握著的話，才能保證道德教化的必然性。假使變化

克服情欲而無所爭。如從仁與貪來加以討論，則因天道的陰陽是相互爲用才能創造出東西來，同樣的仁貪也是相互爲用的，然而

　　當我們有貪的時候就要去禁止，而在禁止貪時也就是行仁的表現了。也就是說一個人身上本來就該包含善和惡兩種氣質，仁是一個標竿，貪則是回歸於仁的作用，故貪和仁都是氣化流行的表現，都是人身上必然不可少的兩種。這與孟子純粹的性善論有很大的差別，孟子的善惡是完全不同的，而董仲舒的善惡雖然也是不同的，但禁惡的過程還是行善的表現。故「欲節」雖是不讓情欲過於不及，但仍是行善的表現，而才表示了其氣化生生不已的性。

　　這也再次藉由「變化氣質」的觀念來凸顯出人的主體意識，因爲變化氣質是只能改變氣質陰陽的多寡比例，而無法改變氣質本質的陰陽相生，這樣一來就並沒有改變氣質的本質，也是改變氣質之所以會成功的原因。換言之，如果人眞的能改變陰陽多寡的不同話，那麼應該是沒有違反天道陰陽相生而去掌握一些可能性，甚至去調整一些可能性，而這就是人文自主的表現，也就是人道，也就是說

　　人將改變陰陽比例，而使人的善性表現出來，這就是做了合乎自主性、道德義的事情，人道主體義也就被凸顯了出來。

### （三）對後世的影響

　　董仲舒雖未明言「性三品」，但已有「性三品」的雛型存在，可說是「性三品」的開山之祖。對於後世受影響者，筆者分爲揚雄、王充、荀悅、韓愈三者加以討論之，以突顯出董仲舒對後世的影響。

### 1. 揚雄

　　西漢末的學者揚雄，曾在《法言》中以禮義將人分爲聖人、賢人、眾人三等，其云：

> 烏獸觸其情者也。眾人則異乎！賢人則異眾人矣，聖人則異賢人矣。
> 禮義之作，有以矣夫。人而不學，雖無憂，如禽何？〔註161〕

---

過程都沒有辦法掌握住的話，那麼道德教化的必然性就會無法被保證，故氣化的整體觀、一體而化，必須用其整體觀來呈現超越義。見（清）黃奭：《黃氏逸書考·春秋說題辭》（臺北：藝文印書館《叢書集成三編》，1972年），頁21。

〔註161〕汪榮寶：《法言義疏·卷二·學行》（北京：中華書局出版，1996年9月北京第2次印刷），頁26。

認爲鳥獸僅有情欲，人則因有禮義的約束而與禽獸有所不同。至於聖人、賢人、眾人之間不僅在生活上表現的道德不同，就是言語、行爲等做人的諸多方面，乃至人格上也有所不同。〔註162〕

此外揚雄也以「三好」、「三檢」、「三門」來區分聖人、賢人、眾人的不同之處，其云：

> 天下有三好：眾人好己從，賢人好己正，聖人好己師。天下有三檢：
> 眾人用家檢，賢人用國檢，聖人用天下檢。天下有三門：由於情欲，
> 入自禽門；由於禮義，入自人門；由於獨智，入自聖門。〔註163〕

如聖人就是以己身之言行爲天下的準則，以天下爲師，並以獨智爲人。雖三者之間皆有所不同，但卻有不可分割的關係，「觀乎賢人，則見眾人；觀乎聖人，則見賢人；觀乎天地，則見聖人。」〔註164〕，揚雄認爲天地之間包含了聖人之道，聖人之道又包含了賢人之宣教，而賢人之教更包含了眾人之行，故聖人爲三品中最接近天道者。

揚雄還站在性善惡混的立場上，認爲「人之性也，善惡混。修其善則爲善人，修其惡則爲惡人。氣也者，所以適善惡之馬也與？」〔註165〕，而人選擇善惡則須由學由師，故云：「學者，所以修性也。視、聽、言、貌、思，性所有也。學則正，否則邪。」〔註166〕，這也就與董仲舒重視外在教化有相同的意義。既然「學」是非常重要的，那麼連在性之上品的聖人也必須透過不斷的學習，才能增其善性，而以聖人爲典範的賢人與眾人也就皆效法於此。然而這樣將學習的對象放於聖人的觀念，就與董仲舒以中民之性爲性的看法是有所不同的。〔註167〕

---

〔註162〕見鄭萬耕：《揚雄及其太玄》（臺北：藍燈文化事業股份有限公司，1992年9月出版），頁228。

〔註163〕汪榮寶：《法言義疏·卷五·修身》，頁104。郭君銘更認爲此段引文，乃揚雄表達人人都可以成聖的觀點，而且爲世人指出了成聖的途徑。其中聖人、賢人、眾仁之間的差異表現在追求不同道德境界的高下極對道德踐履的程度，而所謂的「獨智」、「神明、是指高度自覺的境界而言，並非普通人所不可企及的，必須透過人的主觀努力才有可能達到此境界。詳見郭君銘：《揚雄〈法言〉思想研究》（成都：四川出版集團巴蜀書社，2006年12月第1刷），頁67～68。

〔註164〕汪榮寶：《法言義疏·卷五·修身》，頁104。

〔註165〕汪榮寶：《法言義疏·卷五·修身》，頁85。

〔註166〕汪榮寶：《法言義疏·卷一·學行》，頁16。

〔註167〕羅光更明確的指出，揚雄在《法言》中將人分爲三品，跟漢朝儒者把人性分

## 2. 王充

明確提出「性三品」者，就是東漢時期的王充。王充在《論衡・本性篇》中就云：

> 人性有善有惡，猶人才有高有下也，高不可下，下不可高。謂性無善惡，是謂人才無高下也。……余固以孟軻言人性善者，中人以上者也；孫卿言人性惡者，中人以下者也；揚雄言人性善惡混者，中人也。〔註168〕

認爲孟子所說的性善乃指中人之上者；荀子所言的性惡者則爲中人之下者；而揚雄所說的性善惡混者則指中人，像這樣將人分爲善人、惡人、中人三等，深受董仲舒的影響。在董仲舒的觀念裡，聖人、斗筲之性是不可改、不用改的，只有中民之性才是王道教化必須著重之處。在這點上，王充也認爲「夫中人之性，在所習焉，習善而爲善，習惡而爲惡也。至於極善極惡，非復在習。」〔註169〕，中人之性

> 是不善不惡而可善可惡的，而極善極惡，非習所能致，非習所能成；然而不是非習所能改，不是非習所能化。〔註170〕

這也表示了中人之性是最容易被改造的，而作爲絕大多數的「中人」具有很強的可塑性，既可能向善的方面發展，也可能向惡的方向轉化，或爲善或爲惡，關鍵在於後天環境的習染與教化的改造，這也正是孔子「性相近也，習相遠也」的意涵所在。然而王充在論及習染與教化對人性的影響時，有時認爲這只適合於中人之性，極善與極惡之性不可改變，如〈卷一・命祿〉云：「人情有不教而自善者，有教而終不善者矣，天性猶命矣。」〔註171〕。但在更多的情況下，王充認爲習染與教化對人性的改造不僅適合於中人之性，即使是極善性或是極惡性之人，也可能在後天發生變化，就如〈卷二・率性〉

---

爲聖人、普通人、惡人，是有所不同的，像揚雄這種區分法，不僅在於三品人在生活上所表現出的道德不同，就是在人的基本上也有不同點。此外，揚雄雖將人分爲三品，但他並沒有把人性分爲三品，最多可以說他把聖人之性自成一品，其餘一切人的性都是一品。詳見羅光：《中國哲學思想史・兩漢南北朝篇》，頁241、245。

〔註168〕（漢）王充：《論衡・卷三・本性》，頁33。

〔註169〕同註168，頁32。

〔註170〕參見張岱年：《中國哲學大綱》（臺北：藍燈文化事業股份有限公司，1992年4月出版），頁263〜264。

〔註171〕（漢）王充：《論衡》，頁11。

所云：「蓬生麻間，不扶自直；白紗入緇，不練自黑。彼蓬之性不直，紗之質不黑；麻扶緇染，使之直黑。夫人之性，猶蓬紗也，在所漸染而善惡變矣。」〔註172〕。

像這種善惡相互轉化的關鍵在王充看來就在於教化，無論是對善性還是惡性，都需要教育、勸告、引導與勉勵，使善性不近於惡而保有其善，使惡性逐漸化惡為善，這也就突破了傳統「上智下愚不移」的理論侷限。〔註173〕而這也是在董仲舒觀念中所沒有的。

### 3. 荀悅

在王充之後提「性三品」者為後漢的荀悅。大體上荀悅也主張性有三品，上品為善，下品為惡，中品則由人為的修養而成善成惡。在《申鑒・卷五・雜言》中云：

> 或問天命人事？曰：有三品焉，上下不移，其中則人事存焉爾。……
>
> 或曰：善惡皆性也，則法教何施？曰：性雖善，待教而成；性雖惡，待法而消。唯上智下愚不移，其次善惡交爭，於是教扶其善，法抑其惡。得施之九品。〔註174〕

認為形神猶云身心，身心生來即有之趨向，故「或問性命，曰：生之謂性也，形神是也。」〔註175〕。而既然人性可分為三等，其中人固須教化，而上下二品，亦都須教，性善者實待教方完成，性惡者可由法而化善。〔註176〕這也為魏晉將人分為「九品」奠定基礎。

### 4. 韓愈

「性三品」至唐代的韓愈，可說是發展到最為清楚的階段〔註177〕，韓愈認為性是仁、義、理、智、信，情是喜、怒、哀、懼、愛、惡、欲。就如〈卷十一・原性篇〉所云：

> 性也者，與生俱生者也；情也者，接於物而生也。性之品有三，而

〔註172〕（漢）王充：《論衡》，頁 19。
〔註173〕復旦大學哲學系中國哲學教研室：《中國古代哲學史》，頁 215～216。
〔註174〕（漢）荀悅：《申鑒》（臺北商務印書館《四部叢刊》影印上海商務印書館縮印江南圖書館藏明文始堂本，1975 年臺 3 版），頁 32～33。
〔註175〕（漢）荀悅：《申鑒・卷五下・雜言下》，頁 32。
〔註176〕張岱年：《中國哲學大綱》，頁 264～265。
〔註177〕張岱年則認為韓愈所說條理頗齊整，內容則仍於不免有疏略含混之處。而性三品論，至韓愈而作一結束也。詳見同註176，頁 266。

其所以爲性者五；情之品有三，而其所以爲情者七。曰何也？曰：
性之品有上中下三：上焉者善焉而已矣；中焉者可導而上下也；下
焉者惡焉而已矣。其所以爲性者五：曰仁，曰禮，曰信，曰義，曰
智。上焉者之於五也，主於一而行於四。中焉者之於五也，一不少
有焉，則少反焉，其於四也混。下焉者之於五也，反於一而悖於四。
性之於情，視其品。情之品有上中下三，其所以爲情者七：曰喜，
曰怒，曰哀，曰懼，曰愛，曰惡，曰欲。上焉者之於七也，動而處
中。中焉者之於七也，有所甚，有所亡，然而求合其中者也。下焉
者之於七也，亡與甚，直情而行者也。情之於性，視其品。〔註178〕

其中「中焉者可導而上下」，正是說明了人需要教化。像韓愈這樣把人性劃
分爲先天的三個等級差別，認爲「性」與「情」各有三品：上品善，中品混，
下品惡，實質上是根據孟子的「仁義禮智根於心」的唯心主義倫理觀，更直
接抄襲了董仲舒的性三品說，企圖給封建制社會的等級制提供先天的證據。
〔註179〕

　　由上述的論述中，可以明瞭董仲舒性與善、性與情的關係，性有三品的
相關內容，但筆者以爲仍必須將性與善、性與情、性三品三部份加以連結與
融合才能求得董仲舒由氣化而來的性。

〔註178〕（唐）李漢編：《昌黎先生集》（臺北：臺灣中華書局《四部備要》據東雅堂
　　　　　本校刊，1965 年），卷 11，頁 6～7。
〔註179〕侯外廬：《中國思想史綱》，頁 221。

# 第七章　對後世的影響

　　由上述幾章的論述中，可推知董仲舒氣論的特色及其複雜性，這都是因為董仲舒思想是以儒家思想為基礎，吸收了黃老思想、法家思想、陰陽家思想等各家思想，是一個在更高的階段上融合各家思想的思想體系。〔註1〕而站在融合各家的立場上，身為漢代儒學大家的董仲舒，無論是在政治上或是學術上都對後世有著深遠的影響。

　　董仲舒在政治思想上雖吸收法家刑名思想，但仍以儒家仁義德治為主，故劉向讚其「董仲舒有王佐之材，雖伊呂亡以加，筦晏之屬，伯者之佐，殆不及也。」〔註2〕，董仲舒的政治思想也為漢朝的統治理論打下基礎〔註3〕，連東漢王充也云：「仲舒之言道德政治，可嘉美也。」〔註4〕，可見後人對於董仲舒政治思想上的推崇。而在學術上，董仲舒更具有不可動搖的地位，身為《公羊傳》大家的董仲舒，後世學生眾多，故無論是在對《春秋》提供不同的詮釋方法上，或是將災異融於經典中而無意間使讖緯之學大盛上，董仲

---

〔註1〕　參見金春峰：《兩漢思想史》（北京：中國社會科學出版社，2006年2月修訂第3版），頁177～178。

〔註2〕　（漢）班固：《漢書・卷五十六・董仲舒傳》（臺北：藝文印書館影印清乾隆武英殿刊本，1996年8月），頁1173。

〔註3〕　關於董仲舒政治方面對後世的影響，據賴慶鴻所歸納，共有以下幾點：一、興太學，立學校之官；二、罷鹽鐵專賣，禁官宦與民爭利；三、廢止仕子或以富訾為郎，責令舉賢；四、去奴婢，限民名田，薄賦；五、重視農事。由此可知董仲舒在政治上的影響深遠。詳見賴慶鴻：《董仲舒政治思想之研究》（臺北：文史哲出版社，1971年4月初版），頁263～270。

〔註4〕　（漢）王充：《論衡・卷二十九・案書》（臺北：臺灣商務印書館《四部叢刊》影上海商務印書館縮印明通津草堂刊本，1975年臺3版），頁274。

舒往往是不可不詳加說明的大家。然因董仲舒思想學說影響甚廣，故筆者僅舉以下幾家〔註5〕，來凸顯董仲舒對後世的影響。

## 第一節　揚雄

揚雄，字子雲，蜀郡（四川）成都人，生於漢宣帝甘露元年（B.C.53），卒於新莽天鳳五年（A.D.18），生年七十一。爲西漢末重要的文學家、哲學家、語言家及天文學者，其學問淵博，「不汲汲於富貴，不戚戚於貧賤」〔註6〕，孜孜不倦，矢志向學。〔註7〕而《漢書‧卷八十七下‧揚雄傳》中云：

> 時大司空王邑，納言嚴尤，聞雄死，謂桓譚曰：「子嘗稱揚雄書，豈能傳於後世乎？」譚曰：「必傳，顧君與譚不及見也。凡人賤近而貴遠，親見揚子雲祿位容貌不能動人，故輕其書。……今揚子之書文義至深，而論不詭於聖人，若使遭遇時君，更閱賢知，爲所稱善，則必度越諸子矣。〔註8〕

可知其深受桓譚的推崇，認爲其書文義深遠，非諸子所能及者。

揚雄以理性的態度來取代董仲舒中人格神的意味，並利用《易》的概念寫成表其氣論的《太玄》，爲五經重新詮釋而成《法言》，雖未能在西漢末期使理性思考成爲學術風氣的主流，但揚雄仍擔當了開闢新階段的重責大任。

---

〔註 5〕除下述所舉的數家外，賴慶鴻認爲劉向的天人感應也與董仲舒有關係，其云：「劉向爲漢宗室，善以陰陽休咎論政得失。元帝時爲中壘校尉，著有新序、說苑等有關政治之書籍。其受仲舒思想之影響者爲天人相應之論。《說苑‧辨物篇》：『易曰天垂象，見吉凶。聖人則之，昔者高宗成王感於雉雊暴風之變，修身自改，而享豐昌之福也。逮秦皇帝即位，彗星四見，蝗蟲蔽天，東雷夏凍，石隕東郡，大人出臨洮，妖孽並見……天變動於上，群臣昏於朝，百姓亂於下，遂不察，是以亡也。』並曰：『聖人非獨守道而已也，睹物記也，即得其應也。』劉向之天人相應說深受董仲舒思想之影響，蓋因其觀點常與仲舒相同，如《漢書‧五行志》中所載，劉向與仲舒對災異的解釋，所言便每多一致，或云：『董仲舒、劉向以爲』，或云：『劉向以爲，……仲舒說略同』可見仲舒與劉向之思想常相一致，均以陰陽災異，天人相應之說著於世，謂劉向之思想受仲舒思想之影響，當無多大疑問。」見賴慶鴻：《董仲舒政治思想之研究》，頁 260～261。

〔註 6〕（漢）班固：《漢書‧卷八十七上‧揚雄傳》，頁 1514。

〔註 7〕參見鄭萬耕：《揚雄及其太玄》（臺北：藍燈文化事業股份有限公司，1992年9月出版），頁 3、13。

〔註 8〕（漢）班固：《漢書‧卷八十七下‧揚雄傳》，頁 1542。

〔註 9〕雖揚雄以理性爲思路的概念與董仲舒不同，但仍受到董仲舒某種程度
上的影響，故筆者分爲以下幾點加以論述之。

## 一、貫通天人之說

揚雄雖以理性思維爲其系統，然在當時陰陽五行大盛、天人感應之說盛
行的風氣下，仍不免受到影響。在揚雄的著作中《太玄》爲仿效《周易》而
作，分爲陰「- -」、陽「——」、和「———」三爻，方、州、部、家四象，
八十一首，並透過這些概念架構起其思想內涵。

關於董仲舒與揚雄之間的關係，看似兩者沒有太大的關係，然就如徐復
觀在討論揚雄時所說：

> 董仲舒發展《呂氏春秋》十二紀首的思想，以陰陽在四時四方中的
> 運轉言天道，並將此天道貫通於人生政治社會全面活動中，以建立
> 天人貫通的龐大思想體系，並將《公羊春秋》加以特別解釋，組入
> 於此思想體系之中。……揚雄的《太玄》，有的地方有較卦氣說爲合
> 禮，有的地方是卦氣說的發展，有的地方則加上了自己的思想特色。
> 其中所謂有的地方是卦氣說的發展，乃指的是自劉安及其賓客與董
> 仲舒們起，西漢學術的趨向，都在努力組成貫通天人，包含萬類的
> 哲學系統。卦氣說乃在此一趨向下的產物之一。《太玄》雖爲卦氣說
> 而作，但較卦氣說所能包涵的更廣，例如將音律〈洪範〉等也包括
> 在裡面。〔註10〕

徐復觀認爲董仲舒對於漢代「卦氣說」有所影響，而揚雄《太玄》又是「卦
氣說」的表現，故董仲舒與揚雄之間是有所關聯的。〔註11〕筆者以爲，如又
細分爲陰陽五行、氣化整體觀、氣類相通三部份，更能凸顯出兩者的關係。

---

〔註 9〕 參見徐復觀所云：「由景末武初的董仲舒開其端，到武帝中期以後至宣元而
　　　　極盛的學術風氣主流是附會經義，以陰陽術數講天人性命的合一。這是揚雄
　　　　中年後草《太玄》的階段。……此在西漢末期，雖未能成爲學術風氣的主流，
　　　　但實開始了一個新的階段。揚雄末年的《法言》，擔當了開闢此新階段的責任。」
　　　　見徐復觀：《兩漢思想史》（臺北：臺灣學生書局，1976 年 6 月初版），頁 439。
〔註10〕 徐復觀：《兩漢思想史》，頁 479～480、487。
〔註11〕 朱伯崑也云：「西漢各哲學流派，幾乎都講陰陽五行學說。如董仲舒的哲學
　　　　就是儒家的天命論與陰陽五行說相結合得產物。《淮男子》則以陰陽二氣解釋
　　　　世界的物質構成。天文學和陰陽五行學說的發展，對孟、京學的卦氣說起
　　　　了深刻的影響。」見朱伯崑：《易學哲學史》（臺北：藍燈文化事業股份有限
　　　　公司，1991 年 9 月初版），頁 130。

### （一）陰陽五行〔註12〕

在陰陽循環的部份，董仲舒認爲陰陽之間是相生不已的，是會有多寡比例不同的變化，如在〈陰陽終始〉中云：

> 天之道，終而復始。故北方者，天之所終始也，陰陽之所合別也。
>
> 冬至之後，陰俛而西入，陽仰而東出，出入之處常相反也。〔註13〕

而在《太玄》中也有出現相似的觀念，其云：

> 是故一致九者，陰陽消息之計邪！反而陳之，子則陽生於十一月，
>
> 陰終十月可見也。午則陰生於五月，陽終於四月可見也。生陽莫如
>
> 子，生陰莫如午。西北則子美盡矣，東南則午美極矣。〔註14〕

陰陽二氣都依循固定的規律而運行著。此外，董仲舒也十分強調陰陽中和的觀念，認爲中是「天地之太極也，日月之所至而卻也」〔註15〕，說明了天地間的陰陽之氣是循環不已的運行著；而和是「天之正也，陰陽之平也，其氣最良，物之所生也。」，凸顯了陰陽二氣的調和。而在《太玄》中雖未明確的點出「中和」的觀念，然筆者以爲揚雄由《易》的陰、陽爻分爲陰、陽、中三爻，由三爻表現出各種變化，其「中和」觀念滲透於其中也。

至於五行方面，董仲舒將五行相生相勝與各各層面的事物相配當，而使五行成爲陰陽之外的另一個詮釋系統，並以人倫關係來強調「土」爲尊，其云：「忠臣之義，孝子之行，取之土。土者，五行最貴者也」〔註16〕。而在《太玄》中，揚雄是將五行與八十一首相配，以「土」爲主排列出「水→火→木→金→土→水→火→木→金」的循環，而成爲八十一首的循環規律。並將五行與數相配〔註17〕，使水爲一、六；火爲二、七；木爲三、八；金爲四、

---

〔註12〕 關於董仲舒陰陽與五行的觀念，筆者在第四章「氣化宇宙論的架構」中的第二節「陰陽與五行」已有詳細的說明，此處僅約略的說明之。

〔註13〕 （漢）董仲舒：《春秋繁露・卷十二・陰陽終始》（臺北：臺灣商務印書館《四部叢刊》影上海商務印書館縮印武英殿聚珍本，1975 年臺 3 版），頁 65。

〔註14〕 （宋）司馬光：《太玄集注・卷十・玄圖》（北京：中華書局出版，2005 年 3 月北京第 3 次印刷），頁 213。

〔註15〕 以下兩段引文皆出於〈循天之道〉。見（漢）董仲舒：《春秋繁露・卷十六・循天之道》，頁 88。

〔註16〕 （漢）董仲舒：《春秋繁露・卷十・五行對》，頁 59。

〔註17〕 關於數的部份，徐復觀則認爲董仲舒言天人之合一謂「於其可數也副數」，意思是說天以數而表現，如四時十二月三百六十六日；人也以數而表現，如四肢，大捷十二，小節三百六十六等。天與人，在數上的相合，即可證明天人是合一的。……而京房把由卦所表現的天道的數字，與由歷所表現的天道的

九；土爲五五，並以「五五爲土，爲中央。」〔註18〕，強調「土」的重要性。董仲舒雖未將五行與數相配，然兩者強調「土」爲要的觀念卻是相同的。

### （二）氣化整體觀

　　董仲舒透過四時而將陰陽與五行兩個詮釋系統相連在一起，由此構成其氣化整體觀〔註19〕，並認爲其整體觀是活動的、是循環不已，是貫通天人的，就如羅光云：「在漢朝學者的思想中，天地萬物互相通，所謂相通爲氣的相通。」〔註20〕。而揚雄則是透過「罔、直、蒙、酋、冥」的循環，來表達其整體、活動、循環、貫通天人的意義。〔註21〕

　　揚雄將「罔、直、蒙、酋、冥」與四時、四方相配，而在《太玄・卷九・玄文》云：

> 罔、直、蒙、酋、冥。罔，北方也，冬也，未有形也。直，東方也，春也，質而未有文也。蒙，南方也，夏也，物之修長也，皆可得而載也。酋，西方也，秋也，物皆成象而就也。有形則復於無形，故曰冥。故萬物罔乎北，直乎東，蒙乎南，酋乎西，冥乎北。〔註22〕

其中較特殊的是「冥」，揚雄認爲「冥」是有形轉爲無形的過程，筆者以爲這與董仲舒在討論陰陽時認爲「陽氣以正月始出於地，生育長養於上。　至其功必成也，而積十月。」〔註23〕有相類似之處，董仲舒以陽氣爲主，陰氣爲輔，任何實質的功效皆由陽氣而發，故當陽氣運行十個月後而退居後方，任何實質的功效也就停頓了，就如同「冥」一樣是由有形轉爲無形的一個過程。

---

数字，傅合起來，以成爲天道的統一系統，由此以加強《易》的說明名性，這比董氏所作的天與人在數上的傅合，更有說服力。詳見徐復觀：《兩漢思想史》，頁484～485。

〔註18〕　（宋）司馬光：《太玄集注・卷八・玄數》，頁199。

〔註19〕　詳見第四章「氣化宇宙論的架構」第二節「陰陽與五行」中的第三點「螺旋式前進的氣化觀」。

〔註20〕　詳見羅光：《中國哲學思想史・兩漢南北朝篇》（臺北：臺灣學生書局，1978年11月初版），頁182。

〔註21〕　關於揚雄氣論的循環、活動方向以及各層次的配對，皆與《易》有所關聯，如「罔、直、蒙酋、冥」又可與「元、亨、利、貞」相配，然此非筆者討論的重點，故此處不詳加討論。而關於此配當，可參見黃嘉琳：《揚雄〈太玄〉〈法言〉之氣論思想研究》（臺北：私立中國文化大學中文研究所碩士論文，2008年），頁96～100。

〔註22〕　（宋）司馬光：《太玄集注》，頁205。

〔註23〕　（漢）董仲舒：《春秋繁露・卷十一・陽尊陰卑》，頁61。

雖「冥」也就是陽氣退居於後時，沒有實直的功效，但卻仍是不可缺少的一環，因此時爲陰氣極盛而居虛功，而也符合了董仲舒「獨陰不生，獨陽不生」〔註24〕的概念也。

### （三）氣類相通

董仲舒在架構天人感應時，提出「氣類相通」的概念〔註25〕，認爲因「百物去其所與異，而從其所與同」而氣相同就會合，聲音相同就會相應的道理，就如同「陽益陽，而陰益陰，陰陽之氣因可以類相益損也」〔註26〕一般，也就是說萬物雖分殊，然萬物都是由二氣五行而生，故本質上都是相通的，並透過「氣」的貫通而互感互應。這在《太玄》中也有相似的概念，其云：

> 陽氣孚微，物各乖離，而觸其類。注云：「陽氣始化，其氣尚微，
> 萬物之形粗可分別，則各以類生而相乖離矣，戾之象也。」〔註27〕
> 次六，玄黃相迎，其意感。測曰：玄黃相迎，以類應也。〔註28〕

認爲陰陽二氣相互感應而生萬物，並使萬物都保留其各殊的特性，然萬物皆爲陰陽二氣所生，故能類應。像這樣強調萬物雖有不同，但本質上是相同的概念，可說是氣化整體觀的延續，也是漢儒之間的通說。〔註29〕

值得注意的是，董仲舒把陰陽二氣與感情、道德相配，而成爲體天的工

〔註24〕 （漢）董仲舒：《春秋繁露・卷十五・順命》，頁81。
〔註25〕 關於董仲舒「氣類相通」的部份，詳見本文的第五章「氣論視野下天人感應」第二節中的「天人以氣相通」。
〔註26〕 此兩段引文皆出於〈同類相動〉。見（漢）董仲舒：《春秋繁露・卷十三・同類相動》，頁71。此處作「陰陽之氣因可以類相益損也」，然據蘇輿所云：「因，當是固」，故筆者以爲此處疑作「陰陽之氣固可以類相益損也」。見（清）蘇輿：《春秋繁露義證》（北京：中華書局，2002年8月北京第3刷），頁360。
〔註27〕 （宋）司馬光：《太玄集注・卷一・戾・玄首文》，頁15。
〔註28〕 （宋）司馬光：《太玄集注・卷四・迎・次六》，頁88。
〔註29〕 徐復觀也曾云：「到了董仲舒以下逮揚雄們，只進一步認爲天地即萬物會表現而爲數，故通過數可以把握天道及萬物的活動。但天地萬物的本質，在他們看來是陰陽五行之氣，是由氣所形成的。因此數只是外部的呈現，是氣運行秩序，並不是內存的。」徐復觀：《兩漢思想史》，頁499。鄭萬耕也云：「《太玄》圖示又表示陰陽二氣分合、天日迴行、晝夜交替、四時往復、萬物盛衰的無窮過程。就宇宙形成論的意義來講，他說明，『玄』本身不見其形，似乎是『虛無』，但其中卻含有陰陽二氣……『玄』憑藉著虛空陶養出天體及其運行的軌道；措張開陰陽，把氣發布開來；由于陰陽一分一合的作用，而分化出天地萬物。萬物雖然千差萬別，各不相同，卻又被『氣』貫通起來，這就是『通同古今以開類』。」見鄭萬耕：《揚雄及其太玄》，頁125。

具。但揚雄雖也講「合同天人之際」，以為天有陰陽，人有晦明，而並沒有擺脫「天人之際」的觀念，但他並不把人道強加於天道，陰陽二氣並不體現人的道德性質，也沒有意治、感情、慾望，故揚雄的「氣類相通」在某種程度上是與董仲舒相對立的。〔註30〕

## 二、人性論

在討論董仲舒「性三品」對後世的影響時，筆者曾提及揚雄也將人分為聖人、賢人、眾人三類，〔註31〕而此處筆者則將兩者的比較點放於「人性」上。對董仲舒而言人性是「性之名非生與？如其生之自然之資謂之性。性者質也。」〔註32〕，天生自然本有的條件就是性，是「無所待而起生，而所自有也。」〔註33〕的，然因天有陰陽二氣而使人有仁貪二性。在這點上揚雄直承董仲舒的說法，提出了人性「善惡混」的觀點，其云：「人之性也，善惡混。修其善則為善人，修其惡則為惡人。氣也者，所以適善惡之馬也與？」〔註34〕，認為人性中是善惡同時存在的〔註35〕，如人順著善氣而行就會成為善人，如人順著惡氣而行就會成為惡人。然而揚雄有見於孔子並未言及陰陽，故在討論人性時不採董仲舒利用重陽輕陰的觀念來詮釋人性〔註36〕，而是直接利用「氣」來加以說明之。

像這樣揚雄認為性中的善與惡，都是潛存狀態，是由潛存狀態轉而為一念的動機，再將一念的動機加以實現，故須靠人由生命所發出的力量—「氣」。

---

〔註30〕詳見鄭萬耕：《揚雄及其太玄》，頁111～112。

〔註31〕參見本文第六章「氣論下的人性論」第三節中「性有三品對後世影響」。

〔註32〕（漢）董仲舒：《春秋繁露・卷十・深察名號》，頁55。

〔註33〕（漢）董仲舒：《春秋繁露・卷十・實性》，頁58。

〔註34〕汪榮寶：《法言義疏・卷五・修身》（北京：中華書局出版，1996年9月北京第2次印刷），頁85。

〔註35〕對於揚雄「善惡混」的解釋，其「混」非表示善惡不分之義，而是相雜也，故筆者認為其善惡是同時存在的。如李軌注云：「混，雜也。荀子以為人性惡，孟子以為人性善，而揚子以為仁性雜。三子取譬雖異，然大同。」、任繼愈也云：「善惡混的含義不是善惡不分，而是善惡相染。混與涽相通。詳見汪榮寶：《法言義疏》，頁85。任繼愈：《中國哲學發展史（秦漢）》（北京：人民出版社出版，1998年5月，北京第2刷），頁379。

〔註36〕徐復觀云：「董仲舒認為天道是任陽而抑陰，陰的作用，遠不如陽的作用大，所以究其極，董氏實際還是主張性善的。揚雄則知孔子未嘗言陰陽，故在言性上斥陰陽觀念而不用，亦不受董氏任陽而抑陰的影響，故斷言之曰『善惡混』。」見徐復觀：《兩漢思想史》，頁513。

其氣的本身是無所謂善惡的，而選作善或作惡，在董仲舒是要靠政治上的教化，而揚雄則是要由學由師來完成。〔註37〕認爲善與惡在人性之初都只是一種因素，人還不具有完全的成熟的本性，只有倚靠不斷的學習和修養，去爲善去惡，才能有成善人的可能，故云：「學者，所以修性也。視、聽、言、貌、思，性所有也。學則正，否則邪。」〔註38〕。在此值得注意的是，揚雄所言「視、聽、言、貌、思」雖是用於人的修養上，然「視、聽、言、貌、思」也在董仲舒的五行配當中出現過，將視配火、聽配水、言配金、貌配木、思配土而稱之爲「五事」〔註39〕。董仲舒是利用了「敬用五事」的原理來彰顯君王必須藉此五事來實踐王道，雖與揚雄的對象有所不同，但仍是值得注意的一點。

除了上述「善惡混」、「由學由師」外，揚雄對於董仲舒聖人、斗筲之性不可改變的性有三品，提出了更新的想法。揚雄認爲人人皆有善有惡，可善可惡，而否定了有純善或是純惡的人存在，更認爲只要透過不斷的學習，人人都有成聖的可能，其云：

> 學者，所以求爲君子也。求而不得者有矣，夫未有不求而得之者也。
> 睎驥之馬，亦驥之乘也。睎顏之人，亦顏之徒也。或曰：「顏徒易
> 乎？」曰：「睎之則是。」曰：「昔顏嘗睎夫子矣，……不欲睎則
> 已矣，如欲睎，孰禦焉？」〔註40〕

這不僅是對「上智下愚不移」有所突破，也使得董仲舒的性有三品能夠含括的範圍更廣，更爲後人所接受。像這樣處處都能在揚雄人性論中看到董仲舒的影子，故賴慶鴻云：

> 揚雄曰：「人之性也，善惡混：修齊善則爲善人，修其惡則爲惡人。」
> 仲舒之人性論係折衷孟荀之說，而揚雄之言，亦與仲舒相同，均係
> 折衷孟荀之言而來，並均謂人性之向善，有待於教化，揚雄時處西
> 漢之末，對武帝時獨尊儒術之大儒董仲舒之思想，當或多或少受其
> 感染，尤其前述之人性論，不能說全不受仲舒之影響。〔註41〕

---

〔註37〕參見徐復觀：《兩漢思想史》，頁 514。
〔註38〕汪榮寶：《法言義疏・卷一・學行》，頁 16。
〔註39〕詳見本文第四章「氣化宇宙論的架構」第二節「陰陽與五行」中第二小點的「五行」
〔註40〕汪榮寶：《法言義疏・卷二・學行》，頁 27～28。
〔註41〕賴慶鴻：《董仲舒政治思想之研究》，頁 261。

## 三、經學的革新

　　從董仲舒開始利用陰陽五行之說來詮釋《春秋》，就為往後漢代利用陰陽五行、災異讖緯解經，開啓了先端而使讖緯大盛，此雖非董仲舒本意但卻也是不可否認的事實。在這樣的前提下，揚雄則對五經重新提出了不同的解經意義，就如任繼愈所云：「揚雄是儒家的革新派，他一生的主要活動，不是從是政治上的改革，而是致力於改良統治思想。」〔註42〕，而其經學概念皆可從《法言》一書中得知。

　　揚雄自幼受儒家文化的薰陶，尤對孔子十分推崇，而認為孔子之聖道受到種種干擾而衰微，並對漢代因重視師學家派而使經學煩瑣、荒誕感到強烈的不滿，其云：「今之學也，非獨為之華藻也，又從而繡其鞶帨，惡在《老》不《老》也。」〔註43〕，此外揚雄雖然沒有明確否定災異之說，但把守德為本看得比災異重要，其云：「或問：『星有甘、石，何如？』曰：『在德不在星。德隆則晷星，星隆則晷德也。』」〔註44〕，其人的行為是對於事業的成功具有決定的作用。那麼揚雄又是如何評價重視災異的董仲舒？在《法言·卷十七·淵騫》云：

> 守儒，轅固、申公。菑異：董相、夏侯勝、京房。……或問：「公孫弘、董仲舒孰邇？」曰：「仲書欲爲而不可得者也，弘容而已矣。」
>
> 〔註45〕

揚雄雖不直接對董仲舒有所批評，然將董仲舒歸於災異類，就表示認為董仲舒非正統儒學也。〔註46〕

　　如從《法言》全書來看，揚雄所謂正統儒學乃是以孔子《五經》為中心所樹立的作人與立言的標準。而認為：（一）仁義是倫理的核心；（二）禮義是行為的準則；（三）孝道是禮教的根本；（四）為政之本在修身、惠民，為政之先在教化；（五）欲為君子，必須學習。〔註47〕像這樣的想法，可說是順

---

〔註42〕任繼愈：《中國哲學發展史（秦漢）》，頁369。

〔註43〕汪榮寶：《法言義疏·卷十·寡見》，頁222。

〔註44〕汪榮寶：《法言義疏·卷十一·五百》，頁265。

〔註45〕見汪榮寶：《法言義疏》，頁450、471。對此在《法言義疏》中更云：「董仲舒、夏侯勝、京房皆善推陰陽，知菑異。」、「言仲舒有社稷臣之才與志，而無其遇。」更可瞭解揚雄對董仲舒的評價。見汪榮寶：《法言義疏》，頁450、475。

〔註46〕此段筆者參考同註42，頁370～373而成。

〔註47〕詳見同註42，頁374～375。

著董仲舒推明孔氏，罷黜百家，立五經博士的大方向而來的。故徐復觀認為其貢獻是把「當時附會到孔子及《五經》上面的許多駁雜的東西，都澄汰乾淨了。要在混亂的時代中，建中立極。」〔註48〕也。

由上述可知，揚雄雖以不同的理路來擺脫當時學術風潮，然在思想體系中還是可以找到董仲舒陰陽五行、氣類相通以及人性有善有惡的影響，可知董仲舒對後世的影響是非常深層的。

# 第二節　《白虎通》

經過長時間的發展，漢代經學已有明顯的進步，但在這之中今、古文經學的紛爭與師法傳統，仍困擾著經學的發展，故在東漢章帝（A.D79）時所舉行的白虎觀會議就是以「兼容并包，各取所需」的手段來調和今、古文經學的紛爭以及「網羅遺逸，博存眾家」來吸收及應用各家師法為其首要，而也就成就了《白虎通》一書的形成。〔註49〕就因《白虎通》所含括的範圍甚大，故筆者以下僅採與董仲舒氣論相關之處，並再分為以下幾點加以討論。

## 一、氣化宇宙觀

大量以「氣」來詮釋宇宙為漢代的通說，就如羅光所云：「在漢朝學者的思想中，天地萬物互相通，所謂相通為氣的相通。」〔註50〕，雖說各家皆以「氣」來詮釋、來貫穿其思想，但在大概念下各家卻也有著些許的不同。如：

〔註48〕徐復觀：《兩漢思想史》，頁504。

〔註49〕參見向晉衛：《〈白虎通義〉思想的歷史研究》（北京：人民出版社出版，2007年2月第1刷），頁24～26。而在《後漢書‧卷三‧章帝紀》云：「蓋三代導人，教學為本。漢承暴秦，褒顯儒術，建立五經，為置博士。其後學者精進，雖曰承師，亦別名家。孝宣皇帝以為去聖久遠，學不厭博，故遂立大、小夏侯《尚書》，後又立京氏《易》。至建武中，復置顏氏、嚴氏《春秋》，大、小戴《禮》博士。此皆所以扶進微學，尊廣道藝也。……於是下太常，將、大夫、博士、議郎，郎官及諸生、諸儒會白虎觀，講義五經同異，使五官中郎將魏應承制問，侍中淳于恭奏，帝親稱制臨決，如孝宣甘露石渠故事，作《白虎議奏》。」。見（南朝宋）范曄：《後漢書》（臺北：藝文印書館影印清乾隆武英殿刊本，1996年8月），頁78。此外在《後漢書‧卷四十下‧班固傳》中也云：「天子會諸儒講論五經，作《白虎通德論》，令固撰集其事。」。見（南朝宋）范曄：《後漢書》，頁492。

〔註50〕詳見羅光：《中國哲學思想史‧兩漢南北朝篇》，頁182。

董仲舒雖有「元氣」的概念，卻未直指「元」就是「元氣」〔註51〕；而在《白虎通》中就直接說明天地爲「元氣」所生，其云：「地者，元氣之所生，萬物之祖也。」〔註52〕，既然天地是由「元氣」所生的，其演化形成的過程則爲：

> 始起先有太初，然後有太始，形兆既成，名曰太素。混沌相連，視之不見，聽之不聞，然後判清濁，既分，精曜出布，庶物施生。精者爲三光，號者爲五行。五行生情性，情性生汁中，汁中生神明，神明生道德，道德生文章。〔註53〕

像這樣詳細說明氣開始於無形無象，視之不見，聽之不聞。經過太初、太始、太素三個階段，才剖判爲天和地。天由清氣構成，地由濁氣構成。天地施氣，產生萬物。清氣又稱精氣，構成天上的三光。濁氣構成地下的五行。五行產生情，汁中、神明、道德、文章。〔註54〕雖可說是從董仲舒「天地之氣，合而爲一，分爲陰陽，判爲四時，列爲五行。」〔註55〕而來，但這樣詳細的解說卻是董仲舒在架構其宇宙論時所缺少的。

《白虎通》除了在「元氣」的概念上對董仲舒的宇宙論有所發展外，在陰陽與五行上也有與董仲舒不同之處。在陰陽的觀念中，董仲舒利用了陰陽二氣的消長、主輔的作用來強化陽尊陰卑的觀念，在這點上《白虎通》繼承了董仲舒的看法，而云：

> 天道所以左旋，地道右周何？以爲天地動而不別，行而不離，所以左旋。右周者，猶君臣陰陽，相對之義。〔註56〕
>
> 天左旋，日月五星右行何？日月五星，比天爲陰，故右行。右行者，猶臣對君也。……日之爲言實也，常滿有節。月之爲言闕也，有滿有闕也。所以有闕何？歸功于日也。〔註57〕

認爲天地運行的規律，無論是左旋右周或是常滿圓闕，都是因爲背後有一種尊卑等級的倫理秩序存在，故《白虎通》的陰陽觀可說是董仲舒「陽尊陰卑」

---

〔註51〕關於董仲舒「氣化宇宙論」的部分，爲本篇論文的討論重點，其內容甚多，故其詳細內容請見本文第四章「氣化宇宙論的架構」。

〔註52〕（清）陳立：《白虎通疏證‧卷九‧天地》（北京：中華書局出版，1997年10月北京第2刷），頁420。

〔註53〕同註52，頁421。

〔註54〕見金春峰：《兩漢思想史》，頁421。

〔註55〕（漢）董仲舒：《春秋繁露‧卷十三‧五行相生》，頁73。

〔註56〕同註52，頁422。

〔註57〕（清）陳立：《白虎通疏證‧卷九‧日月》，頁423～424。

的再強化，也為陰陽與人倫關係上做了更堅固的基礎。〔註58〕

而在五行觀上，《白虎通》卻開展出比董仲舒五行觀更加細膩的說法，在董仲舒陰陽與五行的關係裡，木為少陽、火為太陽、金為少陰、水為太陰，而土無法於直接與陰陽相配，這是其配當中有問題之處。然而在《白虎通》中先強調了土的尊貴性，其云：

> 五行之性，或上或下何？火者，陽也。尊，故上。水者，陰也。卑，
> 故下。木者少陽，金者少陰。……土者最大，苞含物將生者出，將
> 歸者入，不嫌清濁為萬物。〔註59〕

在董仲舒的配當中無法相合的「土」，《白虎通》則認為「五行所以二陽三陰何？尊者配天，金木水火，陰陽自偶。」〔註60〕，故將陰陽與五行配當下來，則木為少陽、火為太陽、土為二陽三陰、金為少陰、水為太陰，像這樣配當讓五行皆本於「陰陽」，而使陰陽與五行非董仲舒的兩種詮釋方法，則是一切皆由「陰陽」而來。〔註61〕

雖說《白虎通》除了受到董仲舒氣化宇宙論的影響，也承繼了當時讖緯之說的看法，但在對於宇宙論的架構或是陰陽五行的聯繫上以及落實至人身上時，都可找出董仲舒氣論的影子。

## 二、官制象天

在董仲舒的觀念中，君王是由天而來，故君王必須效法天。而這種觀念至《白虎通》時也認為天與人是相互感通的，天子就是天人之間的橋樑，是

---

〔註58〕張永儁也認為像《白虎通》這種結構的陳述，可以類比的成為君臣、父子、夫婦間的倫理關係，猶如宋儒章橫渠《西銘》中的乾父坤母、民胞物與。一切宇宙人生的種種事象，皆可化為倫理關係的事象，應然的價值現象與必然的自然現象，二者渾然不可分別；倫理的法則與自然的法則可以相互引證，彼此詮明。於是人類社會的「應天」、「法天」、「順天」，則屬當然而必然之事了。詳見張永儁：〈《白虎通德論》之思想體系及其倫理價值觀〉，收入國立政治大學中文系所編：《漢代文學與思想學術研討會論文集》（臺北：文史哲出版社，1991年10月初版），頁77。

〔註59〕（清）陳立：《白虎通疏證·卷四·五行》，頁169～170。

〔註60〕同註59，頁170。

〔註61〕詳見李增：〈董仲舒天人合一思想之「天」概念分析〉（臺北：國立政治大學中國文學系編：《第三屆漢代文學與思想學術研討論文》，2000年12月初版），頁78～79。筆者以為此處值得注意的是，李增是由此概念來解釋董仲舒的五行觀念，然在《春秋繁露》一書中並未提及「二陽三陰」的概念，故此處解釋五行的觀念應用於解釋《白虎通》較為妥當。

把二者神秘聯繫在一起的中心人物，故國家制度也必須效法於天，如用董仲舒的話語來解釋，這就是所謂的「官制象天」。

董仲舒的「官制象天」〔註 62〕是認爲上天雖然神妙卻也必須透過日月之光來透顯自己，故人間的君王也就必須仰賴三公九卿來完成自己的政策，故云：「故三公之位，聖人之選也，三卿之位，君子之選也，三大夫之位，善人之所選也，三士之位，正直之選也。」〔註 63〕，此觀念至《白虎通》時更加的詳細說明其間的關係，在《白虎通・卷一・爵》中云：

> 爵有五等，以法五行也。或三等者，法三光也。或法三光，或法
> 五行何？質家者據天，故法三光。文家者據地，故法五行。〔註 64〕

認爲君王封爵有五等，乃是效法天有金、木、水、火、土五行，而內爵也分爲三等，乃是效法天有日、月、星三光，這不僅將封爵的由來加以說明，也爲董仲舒天與君之間作了更緊密的結合。此外《白虎通》也對董仲舒將天之數與官之數相應之處，做了更合理的解釋，其云：

> 王者所以立三公九卿何？曰：天雖至神，必因日月之光。地雖至靈，
> 必有山川之化。……三公、九卿、二十七大夫、八十一元士，以順
> 天成其道。司馬主兵，司徒主人，司空主地。王者受命爲天地人之
> 職，故分職以置三公，各主其一，以效其功。……天道莫不成於三：
> 天有三光，日、月、星；地有三形，高、下、平；人有三等，君、
> 父、師。故一公三卿佐之，一卿三大夫佐之，一大夫三元士佐之。
> 天有三光，然後能遍照，各自有三法，物成於三，有始，有中，有
> 終。明天道而終之也。〔註 65〕

像這樣利用了天、地、人三才間的關係，來爲官制的分等佐證，可說是天人感應的具體表現，而這也說明了《白虎通》雖承董仲舒而來，卻仍有與董仲舒不同之處或是爲其加強的理論架構。

而任繼愈更云：「《白虎通》繼承了董仲舒的手法，幾乎沒有通過什麼思辨的中介，直接就從當時封建國家的現實秩序中引出來一套天國秩序。」〔註 66〕，

---

〔註 62〕關於董仲舒「官制象天」的部份，因筆者在第五章「氣論視野下的天人感應」
中的第三節中已有列表說明，故此處不再詳加說明。
〔註 63〕（漢）董仲舒：《春秋繁露・卷七・官制象天》，頁 41。
〔註 64〕（清）陳立：《白虎通疏證》，頁 6。
〔註 65〕（清）陳立：《白虎通疏證・卷四・封公侯》，頁 129～131。
〔註 66〕任繼愈：《中國哲學發展史（秦漢）》，頁 500。

認為人間的一切次序制度，都是以上天為依據所建構出來的，也為維持統治者提供了強而有力的思想基礎。

## 三、三綱六紀

在特殊的陽尊陰卑觀念下，董仲舒在人倫關係上發展出「三綱」的概念〔註67〕，認為「君臣、父子、夫婦之義，皆取諸陰陽之道。」〔註68〕，其天道則又是重陽輕陰的，故君、父、夫為陽，臣、子、婦為陰，而陰不居功一切都以陽為主。在這樣的觀念下，《白虎通》的內容雖涉及了有關社會、禮儀、風習、國家制度和倫理道德等各方面，但其在禮制上的重點內容和主要原則是十分清楚的，即「尊尊」、「親親」、「賢賢」。〔註69〕

《白虎通》所指的「三綱」乃指君臣、父子、夫婦，在這點上與董仲舒並無差異，然而所謂的「六紀」乃指諸父、兄弟、族人、諸舅、師長、朋友，這就是董仲舒所沒有的，在《白虎通・卷八・三綱六紀》中云：

> 三綱法天地人，六紀法六合。君臣法天，取象日月屈信，歸功天也。
> 父子法地，取象五行轉相生也。夫婦法人，取象人合陰陽，有施化
> 端也。六紀者，為三綱之紀者也。師長，君臣之紀也，以其皆成己
> 也。諸父、兄弟，父子之紀也，以其有親恩連也。諸舅、朋友，夫
> 婦之紀也，以其皆有同志為己助也。〔註70〕

這不僅將三綱的範圍再次擴大，也使《白虎通》成為在確立「三綱五常」道德規範的過程中不可缺少的一環。〔註71〕

雖然在董仲舒重陽輕陰的觀念下，推衍出人倫上不同於孔孟的絕對性倫理觀，但《白虎通》卻是造成後世尊卑觀念的重要推手，如在君臣關係上，《白虎通》宣揚君與臣的服從與統治關係是普遍的，因取於陰陽和天道，故為絕對的；在父子關係上，因與宗法血緣有直接的關係，故也是無法更改的；在

---

〔註67〕關於董仲舒人倫關係的部份，因筆者在第四章「氣化宇宙論的架構」中的第一節中「貴陽賤陰的人倫關係」中已有說明，故此處不再詳加說明。

〔註68〕（漢）董仲舒：《春秋繁露・卷十二・基義》，頁68。

〔註69〕向晉衛：《〈白虎通義〉思想的歷史研究》，頁155。

〔註70〕（清）陳立：《白虎通疏證》，頁375。

〔註71〕向晉衛則認為《白虎通》只是在強調其「張理上下，整齊人道」作用的同時，從理論根據上作了更加充分和全面的論證，使得名教秩序的根據看上去更加堅實和合理，也更加制度化而已。見向晉衛：《〈白虎通義〉思想的歷史研究》，頁229～230。

夫婦關係上，卻是對夫權做了更絕對的規定，如：「夫者，扶也，以道扶接也。婦者，服也，以禮屈服。」〔註72〕、「夫有惡行，妻不得去者，地無去天之義也。」〔註73〕。雖說這些觀點前人就有〔註74〕，但不同的是《白虎通》是由皇帝親自肯定、宣佈，而具有「法典」的意義，故此後三綱之間的尊卑關係更加不可動搖。〔註75〕

　　除了上述氣化宇宙論、官制象天、三綱六紀外，董仲舒對於《白虎通》的影響還有兩漢今文經學的義理發展、「三教說」的歷史哲學論證、以性絜情，以理制欲等方面。〔註76〕可見其與董仲舒之間有密不可分的關係，而這也是值得後世學者研究的部份。

# 第三節　王充

　　王充是東漢時期特出的哲學家，但對於他的生平卻仍有許多不明確的地方，而在《後漢書・卷四十九・王充傳》中也僅以兩百二十九個字來介紹王充的生平，其云：

> 王充字仲任，會稽上虞人也。其先自魏郡元城徙焉。充少孤，鄉里稱孝。……家貧無書，常游洛陽市肆，閱所讀書，一見輒能誦憶，遂博通眾流百家之言。……充好論說，始若詭異，終有理實。以爲俗儒守文，多失其眞，乃閉門潛思，……著《論衡》八十五篇，二十餘萬言，釋物類同異，正時俗嫌疑。〔註77〕

王充一生接未進入過仕生階級，只靠著自已的特殊想法而著《論衡》，其中多處皆與當時學術風尚，逆勢而行，故在《論衡》中批判性格十分強烈。在王充

---

〔註72〕（清）陳立：《白虎通疏證・卷八・三綱六紀》，頁376。

〔註73〕（清）陳立：《白虎通疏證・卷十・嫁娶》，頁467。

〔註74〕陽向奎曾云：「董仲舒的《春秋繁露》，曾以君臣、父子、夫婦爲『王道之三綱』；《漢書・賈誼傳》中也有『六紀』的提法。這些提法由今文經師繼承下來，披上神秘的外衣，而由讖緯書加以發揮，到東漢《白虎通義》，遂以總結的方式固定下來。這是教義，是天地間的綱紀，在長期的封建社會內它始終發揮著束縛人民的作用。」詳見陽向奎：〈《白虎通義》的思想體系〉（臺北：文史哲出版社《中國經學史論文選集》，1992年10月初版），頁310。

〔註75〕參見金春峰：《漢代思想史》，頁418～419。

〔註76〕此爲筆者整理張永儁對《白虎通》所作的思想體系而成。詳見張永儁：〈《白虎通德論》之思想體系及其倫理價值觀〉，頁75～82。

〔註77〕（南朝宋）范曄：《後漢書》，頁585。

的批判對象中，又以反董仲舒思想爲多，如在〈物勢篇〉中就認爲「天地故生人」是錯誤的概念，其云：「此言妄也。夫天地合氣，人偶自生也。猶夫婦合氣，子則自生也。」〔註78〕；在〈奇怪篇〉中則批判了天與人以氣相通的概念，其云：「物生自類本種……牝牡之會，皆見同類之物，精感欲動，乃能授施。……今龍與人異類，何能感於人而施氣？」〔註79〕。像這樣例子甚多，而筆者就其中較重要的觀點分爲以下數類，並加以說明與董仲舒之間的關係。

## 一、元氣論

在討論董仲舒「元氣」的概念時，筆者曾對董仲舒「元氣」多做討論，並認爲各家學者之所以會對董仲舒「元氣」有不同的詮釋，乃因董仲舒自身雖有「元氣」的概念存在，卻未清清楚楚的說明「元氣」爲何？〔註80〕而至王充時則直接認爲「元氣」是世界的基元，世間上的萬物也皆由元氣所生，其云：「凡天地之間，陰陽所生，蛟蟯之類，蜫蠕之屬，含氣而生。」〔註81〕、「萬物之生，皆稟元氣。」〔註82〕，這就與董仲舒所云「故元者爲萬物之本。」〔註83〕有相似之處。

兩者雖皆以「元氣」爲主，但在發展的過程中卻不同之處。在董仲舒「元氣」的發展中，以「天」來具體說明「元」的概念，但同時卻也賦予「天」人格的特質，認爲天是「有和有德，有平有威，有相受之意，有爲政之理，不可不審也。」〔註84〕，故人必須體天而行，進而發展出「天人感應」之說。然王充卻認爲任何被認爲產生或可能產生的現象，都是自然的，也就是說任何事物、現象、過程，它的產生發展及其終結都是自然而然的，不需要任何原因與條件，也是沒有原因和條件的〔註85〕，故云：「天端爲故，自然爲生？無爲何居。……夫天無爲，故不言災變，時至，氣自爲之。」〔註86〕，認爲

〔註78〕（漢）王充：《論衡・卷三・物勢篇》，頁33。

〔註79〕（漢）王充：《論衡・卷三・奇怪篇》，頁36。

〔註80〕詳見本文第四章「氣化宇宙論的架構」第一節「元氣」中的討論。

〔註81〕（漢）王充：《論衡・卷十六・商蟲》，頁161。

〔註82〕（漢）王充：《論衡・卷二十三・言毒》，頁220。

〔註83〕（漢）董仲舒：《春秋繁露・卷五・重政》，頁29。此段殿本放於〈重政〉，但今據蘇輿所云：「第一、二節似與篇名不相應。義見〈玉英篇〉。」故筆者將此段放於〈玉英〉中。（清）蘇輿：《春秋繁露義證》，頁147。

〔註84〕（漢）董仲舒：《春秋繁露・卷十七・威德所生》，頁92。

〔註85〕參見金春峰：《漢代思想史》，頁437。

〔註86〕（漢）王充：《論衡・卷十八・自然》，頁176～179。

天是無爲的，所以天也不會產生災異來譴告人，天也不會如人一般有好惡喜怒，一切的事物都是由客觀機率來決定的，這也使得陰陽與五行的意義，在王充的詮釋中得到不同於董仲舒的意義。

## 二、陰陽與五行

漢代的學者無人不受到陰陽五行的影響，連批判性格很強的王充也不例外，但王充對陰陽五行的詮釋卻與當時所盛行的觀念相差很大，徐復觀就曾云：

> 漢人言氣，逐漸將陰陽五行組成一個系統，以陰陽五行爲氣。並且多以陽爲善，以陰爲惡。但王充間或繼承了陰陽的觀念；但他對陽的看法並不太友好，他以爲妖，毒物的「毒」，小人之口，都由受太陽之氣而來，所以他實際想用「元氣」代替陰陽之氣；並且在天地生物的歷程中，排除五行的觀念。〔註87〕

在董仲舒的觀念裡，陽氣永遠都是好的，都是尊貴的，就如〈王道通三〉中所云：「陽天之德，陰天之刑也。陽氣暖而陰氣寒，陽氣予而陰氣奪，陽氣仁而陰氣戾，陽氣寬而陰氣急，陽氣愛而陰氣惡，陽氣生而陰氣殺。」〔註88〕。反觀王充雖以爲

> 夫人之所以生者，陰陽氣也。陰氣主爲骨肉，陽氣主爲精神。人之生也，陰陽氣具，故骨肉堅，精氣盛。精氣爲知，骨肉爲強，故精神言談，形體固守。〔註89〕

陰氣爲形體之主，陽氣爲精神之主，但卻也認爲陽氣是構成毒物、妖怪、鬼巫、小人的主要因素，如：「夫毒，陽氣也，故其中人，若火灼人。」〔註90〕、「天下萬物含太陽氣而生者皆有毒螫。……其在人也爲小人。故小人之口爲禍天下。小人皆含毒氣，陽地小人，毒尤酷烈」、「天地之氣，爲妖

---

〔註87〕徐復觀：《兩漢思想史》，頁610。

〔註88〕（漢）董仲舒：《春秋繁露・卷十一・王道通三》，頁63。此段在殿本中放於〈王道通三〉篇中，但據蘇本〈陽尊陰卑〉所云：「各本此下接上篇『土若地，義之至也』至『此皆天之近陽而遠陰』。張惠言云：『當接上篇『夫喜怒』至『而人資諸天』爲一篇。』今從凌本移正，然此間疑尚有脫文。」，故筆者將此段疑至〈陽尊陰卑〉篇中。見（清）蘇輿：《春秋繁露義證》，頁330。

〔註89〕（漢）王充：《論衡・卷二十二・訂鬼》，頁219。

〔註90〕以下兩段引文皆出於〈言毒〉。見（漢）王充：《論衡・卷二十三・言毒》，頁220。

者，太陽之氣也」〔註91〕，這就與「陽尊陰卑」的董仲舒有著很大的不同了。〔註92〕

至於在五行方面，對董仲舒而言，五行是與陰陽並存的另一個詮釋系統，而五行的相生相勝作用更是宇宙架構中不可缺少的一塊。但在王充的思想體系中，卻對五行相生相勝的存在有所質疑，認為「天自當以一行之氣生萬物，令人相親愛，不當令五行之氣，反使相賊害也。」〔註93〕而提出了一連串的舉證，1. 如果天為了使萬物相互為用，所以不得不讓萬物互相賊害，則人的五臟中所含的五行之氣，是為了互相殘害嗎？此外依五行之說，仁屬木，義屬金，那麼仁義也互相賊害嗎？2. 王充對於十二地支與五行、十二獸的相生相勝，逐一考察後發現「以四獸驗之，以十二辰之禽效之，五行之蟲以氣性相刻，則尤不相應。」3. 王充以為物之相勝，其實決定於筋力、氣勢或巧便，故云：「凡萬物相刻賊，含血之蟲相服，至於相啖食者，自以齒牙頓利、筋力優劣，動作巧便，氣勢勇桀。」4. 世俗所謂的五行相勝之說，其實是在某一特定的條件下才能成立的，例如：水固勝火，但一杯之水是不能澆熄泰山之火；土雖剋水，但一培之土是無法抵擋千里河決。由此四點，王充認為五行相勝之說的可信度是值得懷疑的。〔註94〕

像王充這樣以理性的角度重新詮釋陰陽與五行，這不僅是董仲舒所沒有的，更是為漢代思想提供另一個思考的角度。

## 三、天人感應

除了陰陽五行為漢代的普遍思想外，天人感應也是影響深遠的部份。董仲舒除了利用「人副天數」來搭起天人之間的關係外，天人以氣相感通更是其討論的重點；然王充對於「同類相動」的概念雖沒有完全反對，也認為「凡物能相割截者，必異性者也；能相奉成者，必同氣也。」〔註95〕、「象出而物

---

〔註91〕（漢）王充：《論衡・卷二十二・訂鬼》，頁218。

〔註92〕徐復觀也曾云：「建構出『含太陽氣而生者皆為毒螫』、『陽地小人，毒尤酷烈』的一套理論。在這套理論中，否定了陽善陰惡的漢儒通說，同時也充滿了許多社會迷信。」詳見徐復觀：《兩漢思想史》，頁579。

〔註93〕以下三段引文皆出於〈物勢〉。見（漢）王充：《論衡・卷三・物勢》，頁34～35。

〔註94〕見林麗雪：《王充》（臺北：東大圖書股份有限公司，1991年9月出版），頁236。

〔註95〕（漢）王充：《論衡・卷十四・譴告》，頁144。

見，氣至而類動，天地之性也。」〔註96〕，但王充卻認爲這種以氣相通是有極限的。〔註97〕

　　王充以此爲出發點，而對董仲舒天也會因人而感通的部份有所批評，其認爲：

> 今人之形不過七尺，以七尺形中精神，欲有所爲，雖積銳意，猶筋
> 撞鐘、箠擊鼓也，安能動天？精非不誠，所用動者小也。〔註98〕

認爲人欲感動天是不可能的事，因爲人是如此的渺小，又怎麼與浩瀚無邊的天有所感通呢？也對於被視爲天告人的祥瑞與災異譴告有所討論，王充認爲聖人與祥瑞相逢遇，並不能代表天是因人而生祥瑞，兩者同時出現只是巧合罷了。但王充還是相信祥瑞之兆的存在，其云：

> 儒者論太平瑞應，皆言氣物卓異……夫儒者之言，有溢美過實。瑞
> 應之物，或有或無。夫言鳳皇、騏驎之屬，大瑞較然，不得增飾，
> 其小瑞徵應，恐多非是。〔註99〕

認爲大瑞如鳳凰、麒麟之屬是可信的，只有小瑞才是有可能非眞也。

　　至於災異譴告，王充則認爲這些現象都僅是自然現象而已，其云：

> 如謂政治所致，堯、湯惡君也；如非政治，是運氣也。運氣有時，
> 安可請求？……天之運氣，非政所致。夫天之運氣，時當自然，雖
> 雩祭請求，終無補益。〔註100〕

王充利用了賢君與水旱災來加以討論，認爲如果是因爲人的表現才會有災異的話，那麼堯、湯就應屬惡君；如果這些災異與人的行爲無關，那麼就僅是自然現象的產生而已。就因王充是如此理性的看待災異，故徐復觀稱「王充只有知識的要求，沒有人倫道德的要求，便不僅把漢儒控制皇帝已發生相當

〔註96〕（漢）王充：《論衡・卷十六・遭虎》，頁159。
〔註97〕對此徐復觀則認爲「推人道以論天道，這是類推法的具體應用；也是漢人
　　　　所普遍使用的方法。但一般由人道以論天道，多由兩點立論：一、人之性
　　　　乃由天所命，故人之性與天爲同類，因而由性德以推天道。二、天與人同
　　　　爲陰陽五行之氣，故人之氣與天爲同類，因而可由人之氣的活動以推論同
　　　　爲一氣的關連感應。但王充的性格總是要把叫爲抽象的東西，換爲更具體
　　　　的東西；於是由人道以推論天道，乃是從人的形體以推論天道；僅就人的
　　　　形體說，何以能看出是與天同類呢？」詳見徐復觀：《兩漢思想史》，頁
　　　　601。
〔註98〕（漢）王充：《論衡・卷五・感虛》，頁51。
〔註99〕（漢）王充：《論衡・卷十七・是應》，頁170。
〔註100〕（漢）王充：《論衡・卷十五・明雩》，頁151。

效果的感應說推翻，連由行爲善惡所招致的吉凶禍福的因果關係亦加以推翻了。」〔註101〕。

在《論衡》一書中，處處都可看到王充反對董仲舒的論點，然筆者以爲王充雖是反對董仲舒，但實際上就是因爲對董仲舒的學說有一定的瞭解，才能夠依自己的理路來加以批評，更進一步的說，王充多處談論到董仲舒，這不僅爲董仲舒的思想體系有所補充，也再次證明了董仲舒的影響，故論王充之前不可不對董仲舒有所瞭解。

上述三者都是漢代時期中受董仲舒影響較爲深刻者，而至魏晉南北朝，雖玄學、佛學崛起，但董仲舒對此時期仍有潛在的影響，如在北周時草擬《六條詔書》的蘇綽所提出的六條施政綱領，條條都與董仲舒思想相應。〔註102〕至北宋時，司馬光也曾利用董仲舒的觀念來反對王安石的變法，並作詩云：「吾愛董仲舒，窮經守幽獨。所居雖有園，三年不游目。邪說遠去耳，聖言飽充腹。發策登漢庭，百家始消伏。」〔註103〕。此外當時的二程也都推崇董仲舒，故可說從北宋各派言論來看，董仲舒的思想對那時思想界有很深刻的影響。

至南宋時，陳亮、朱熹等人也受其影響。在陳亮的部份，受董仲舒天人感應的影響甚大，其云：「臣竊惟中國，天地之正氣也，天命之所鍾也，人心之所會也，衣冠禮樂之所萃也。百代帝王之所相承也，豈天地之外夷狄邪

---

〔註101〕 徐復觀：《兩漢思想史》，頁584。
〔註102〕 蘇綽所提出的六條綱領爲：一、先治心，次治身；凡志民之體，先當志心；凡人君之身者，乃百姓之表。這與董仲舒將人民比爲心，認爲人君必須以百姓爲優先是同樣的道理。二、「天地之性，唯人爲貴」，並重視敦教化，這與董仲舒強調王道教化的重要性相同。三、「民者冥也，智不自周，必待勤教，然後盡其力」，董仲舒也云：「民者瞑也」、」「萬民之性待外教然後能善」，兩者在民教的部份想法也相同。四、擢賢良。蘇綽認爲「求賢之路，自非一途」，賢人也要在任職的實際中加以考察，而董仲舒在《春秋繁露·考功名》中就特討論考察官吏一事。五、恤獄訟。蘇綽認爲「人受陰陽之氣以生，有情有性。性則爲善，情則爲惡」、「以善惡爲賞罰，賞罰不中，則民無所措手足」，這些觀點似乎是直接來源於董仲舒。六、均賦役。董仲舒曾提出「限民名田」，認爲不應與民爭利，進而達到均利的情況，而蘇綽也認爲應該抑制富豪，保護貧民，以達均利。參見（唐）令狐德棻：《周書·卷二十三·蘇綽傳》（臺北：藝文印書館影印清乾隆武英殿刊本，1996年8月），頁162～164。周桂鈿：《董學探微》（北京：北京師範大學出版社出版，1989年1月初版），頁386～388。
〔註103〕 （宋）司馬光：《司馬溫公集·卷十二·讀書堂》（臺北：臺灣中華書局《四部備要》據陳刻本校刊，1965年），頁4。

氣之所可奸哉！」〔註104〕，就認爲王是由天命而來的，非夷狄所能取代的。
而朱熹則受到董仲舒「正其誼不謀其利，明其道不計其功」〔註105〕的影響，
將此觀念作爲天下萬事的根本原則，其云：「嘗聞之天下之事不可勝窮，其
理則一而已矣。君子之學，所以窮是理而守之也。……極其言，則正其誼不
謀其利，明其道不計其功，是亦拙而已矣。」〔註106〕，連明代的王廷相也深
受影響〔註107〕。從上述所言，可由金春峰所云：「董仲舒的基本思想路線和
精神，爲宋明理學家們所繼承。……而理學的天理是董仲舒目的論思想的變
相，……氣論也打上董仲舒氣有道德屬性的烙印。」〔註108〕作爲總結，而宋
明學者雖未明言自己與董仲舒的關係，但在字裡行間都可發現有董仲舒思想
的影子存在，可想而知董仲舒影響是多麼的深遠。〔註109〕

　　至清朝時，因公羊學復興，故董仲舒的學說也再次受到重視。清代研究

---

〔註104〕（宋）陳亮：《龍川文集・卷一・少孝宗皇帝第一書》（臺北：中華書局《四
　　　　部備要》據永康胡氏退補齋刻本校刊，1965 年），頁 1。

〔註105〕（漢）班固：《漢書・卷五十六・董仲舒傳》，頁 19。

〔註106〕（宋）朱熹：《晦菴先生朱文公集・卷七十八・拙齋記》（臺北：臺灣商務印
　　　　書館《四部叢刊》影上海商務印書館縮印明刊本，1975 年臺 3 版），頁 1433。

〔註107〕關於董仲舒與王廷相的關係上，王俊彥則認爲王廷相認同董仲舒「獨陰不生，
　　　　獨陽不生」的觀念，並認爲陰陽只一氣之二種性直，非對立之二者。自無分
　　　　爲二者之可能，亦即一氣中或陰多陽少，或陽多陰少，但絕無單陰孤陽之可
　　　　能。至於四時與五行，王廷相則認爲因「氣無絕滅之理」，故無論陰陽、五行
　　　　皆涵融於一氣流行中，故陰陽、五行只有偏勝而無分立的可能，對董仲舒五
　　　　行、四時可分立相配之說，不以爲然。此外，在心性論上，董仲舒認爲心專
　　　　門表現性中善質，並抑智性中俄質，並以王教爲主體，而王廷相則認爲性中
　　　　善惡皆有，但欲將性中可爲善，與長治久安而有益於治道之成份，萃取成爲
　　　　道德教化的內容，雖在形式上與董仲舒相似，但在本質與內容上有所不同。
　　　　詳見王俊彥：《王廷相與明代氣學》（臺北：秀威資訊科技股份有限公司，2005
　　　　年 10 月 1 版），頁 16～20。

〔註108〕金春峰：《漢代思想史》，頁 178～179。

〔註109〕關於董仲舒與宋明學者之間的關係，除金春峰有加以討論外，如鄧紅就分爲
　　　　「天道與天理」、「天道天理與陰陽五行」、「天人合一」三部分加以討論之，
　　　　並認爲宋學的起點，不像道統論者所說，是從孔孟原始儒家那裡直揭發端的，
　　　　其中是既有道加傳統，又有佛教影響，而儒家本家內部的繼承，不能忽視董
　　　　仲舒這一道關口。詳見鄧紅：《董仲舒思想研究》（臺北：文津出版社有限公
　　　　司，2008 年 6 月 1 刷），頁 214～227。而近人的學術論文中也有討論董仲舒
　　　　與後世學者之間關係，如段宜廷：《荀子、董仲舒、戴震氣論研究》（臺北：
　　　　國立政治大學中國文學研究所碩士論文，2006 年）、廖隆盛：《北宋天人感
　　　　應思想之研究》（臺北：國立師範大學歷史學系研究所碩士論文，2007 年），
　　　　都以董仲舒思想爲關鍵，進而推展出後世學者的獨特想法。

公羊學的著名學者甚多，其中如凌曙就爲《春秋繁露》作注、康有爲著《春秋董氏學》、蘇輿著《春秋繁露義證》等等，都再次說明了董仲舒的重要性。

# 第八章 結 論

## 第一節 評價

　　早在《史記‧卷一百二十一‧儒林傳》就曾云：「漢興至於五世之間，
唯董仲舒名爲明於《春秋》。」〔註1〕，而《漢書‧卷二十七上‧五行志》中
也稱：「董仲舒治《公羊春秋》，始推陰陽，爲儒者宗。」〔註2〕，故可知像
董仲舒這樣一代大儒，在各方面都有其一定的影響，而後人必對其有所評論。
上述曾提及劉向、王充就對董仲舒在政治上的影響有所肯定外，如三國何晏
也云：「儒雅博通，莫賢乎董仲舒。」〔註3〕，唐代的柳宗元就對於董仲舒三
代受命之符的說法有所批評，其云：

> 臣所貶州流人民吳武陵爲臣言：「董仲舒對三代受命之符，誠然非
> 邪？」臣曰：「非也，何獨仲舒爾，自司馬相如、劉向、揚雄、班
> 彪、班固，皆沿襲嗞嗞，推古瑞物以配天命，其言類淫巫瞽史，誑
> 亂後代，不足以知聖人立極之本，顯至德，揚大功，甚失厥趣。」

〔註4〕

---

〔註1〕（漢）司馬遷：《史記》（臺北：藝文印書館影印清乾隆武英殿刊本，2005年
　　　2月初版4刷），頁1273。

〔註2〕（漢）班固：《漢書》（臺北：藝文印書館影印清乾隆武英殿刊本，1996年8
　　　月），頁600。

〔註3〕（宋）李昉：《太平御覽‧卷四百四十七‧品藻下》（臺北：大化書局，1977
　　　年5月初版），頁2057。

〔註4〕（唐）柳宗元：《柳河東集‧卷一‧貞符》（臺北：中華書局《四部備要》據
　　　三徑藏書本校刊，1965年），頁16～17。

認爲除了董仲舒以外，司馬相如、劉向、揚雄、班彪、班固都是推古以配天命，對後世造成錯誤的影響。

北宋的歐陽修則對董仲舒有褒有貶，其云：

> 董生儒者，其論深極《春秋》之旨，然惑於改正朔，而云王者大一元者，牽於其師之說，不能高其論以明聖人之道。惜哉！惜哉！〔註5〕

歐陽修雖稱讚董仲舒治《公羊傳》之功，卻反對其天人感應符命之說。對此南宋的黃震卻不贊同歐陽修的評論，其云：

> 漢世之儒，惟仲舒仁義〈三策〉炳炳萬世，曾謂仲舒之《繁露》而有是乎？歐陽公讀《繁露》不言其非眞，而譏其不能高其論以明聖人之道，且有惜哉惜哉之嘆。夫仲舒純儒，歐公文人，此又學者所宜審也。〔註6〕

黃震認爲歐陽修只是文人，並不理解董仲舒思想的長處，故站在純儒家的立場，給予董仲舒高度的評價，就如程明道所言：「漢儒如毛萇、董仲舒，最得聖賢之意，然見道不甚分明。下此，即至揚雄，規模窄狹。道即性也。言性已錯，更何所得？」〔註7〕，然黃震也對《春秋繁露》中的讖緯思想有所貶低。此外，南宋的趙彥衛在《雲麓漫抄》中也曾云：

> 董仲舒，劉向於五行災異，凡一蟲一木之異，皆推其事以著驗。二子漢之大儒，惓惓愛君之心，以爲人主無所畏，惟畏天畏祖宗，故委曲推類而言之，庶有警悟。學者未可遽少之。〔註8〕

認爲董仲舒、劉向雖以五行災異來談論政治，實際上是希望能對國君有所牽制，故不應輕易的就對其否定。由上述學者的說法中，可知當時的學者雖對董仲舒有所推崇，卻對其災異讖緯的部份有所批評。

至清代盧文弨除了對《春秋繁露》作注解外，更認爲董仲舒用陰陽五行等神學以論證其儒家仁義道德、綱常名教，應譽爲正統儒家，連清代經學家

〔註5〕　（宋）歐陽脩：《歐陽文忠公文集・卷七十三・書春秋繁露後》（臺北：臺灣商務書《四部叢刊》縮印元刊本，1975年），頁545。

〔註6〕　（宋）黃震：《黃氏日鈔》（北京：北京圖書館《讀書記四種》，1998年9月北京1刷），卷56，頁757。

〔註7〕　（宋）程頤、程顥：《二程全集・卷一・端伯傳師說》（臺北：中華書局《四部備要》據江寧刻本校刊，1965年），頁6。

〔註8〕　（宋）趙彥衛：《雲麓漫抄・卷十四・讀諸子二》（臺北：臺灣商務印書館《景印文淵閣四庫全書》據國立故宮博物院藏本影印，1983年），第864冊，頁399。

皮錫瑞也云：「孟子之後，董子學最醇」〔註9〕也。而民初的康有為則認為：
「孔子之文傳於仲舒，故所發言軼荀超孟，實為儒學群書之所。若微董生安
從復窺孔子之大道哉」〔註10〕，梁啓超則是從著述的部份來讚揚董仲舒，其
云：

> 江都《繁露》，雖以說經為主，然其究天人相與之故，衍微言大義之
> 傳，實可為西漢學統之代表。……若是乎兩漢之以著述鳴者，惟江
> 都、龍門二子，獨有心得，為學界放一線光明而已。〔註11〕

認為董仲舒《春秋繁露》為西漢學統的代表，也是兩漢間著述最為特殊的，
故可知其對董仲舒在著述部份的推崇。

　　近代學者如徐復觀就認為董仲舒「他成為第一個受了專制政治的大欺
騙，而自身在客觀上也成了助成專制政治的歷史中的罪人；實則他的動機、
目的，乃至他的品格，決不是如此。所以這是思想史上很難處理的一位大思
想家。」〔註12〕，筆者也以為董仲舒雖造成後世一些不好的影響，然其本意
非為如此，故討論董仲舒時並不能僅討論缺失的部份，更重要的是其背後真
正用意，才是解釋董仲舒思想最好的方法。而張立文也站在氣論的立場對董
仲舒有所評價，其云：

> 他提出「元氣」的範疇，認為陰陽之氣、天地之氣、四時之氣都是
> 自然之氣，是構成天地人物的本始本質，具有合理的因素。只是在
> 天人感應觀念的束縛下，氣被異化為天施行賞罰、體現意志的手段，
> 這是他的局限性。如果說《淮南子》是以道加為宗，通過雜採百家
> 來建構他的哲學體系的。那麼，董仲舒則是以儒家為宗而綜合百家
> 來構築他的哲學體系的。董仲舒哲學氣論服從於他整個哲學思想的
> 宗旨，具有他自身的時代意義，對中國哲學範疇的發展也產生了一
> 定的影響。〔註13〕

〔註 9〕　（清）皮錫瑞：《經學通論‧春秋》（臺北：河洛圖書出版社，1974 年 12 月
　　　　　臺影印初版），頁 4。
〔註10〕　康有為：《春秋董氏學‧自序》（臺北：臺灣商務印書館，1969 年 1 月初版），
　　　　　頁 2。
〔註11〕　梁啓超：《中國學術思想變遷之大勢》（臺北：臺灣中華書局，1971 年 10 月
　　　　　臺 5 版），頁 52～53。
〔註12〕　徐復觀：《兩漢思想史》（臺北：臺灣學生書局，1976 年 6 月初版），頁 298。
〔註13〕　張立文：《中國哲學範疇精粹叢書──氣》（臺北：漢興書局有限公司，1994
　　　　　年 5 月），頁 69。

筆者以為，張立文的說法十分中肯。董仲舒的思想理論確有矛盾之處，也有過於牽強之處，但仍深具當時氣論的時代特色，也為後世氣論展開更寬敞的道路。

## 第二節　價值

　　董仲舒雖為漢代大儒，但在《史記》與《漢書》中的記載並不詳細，而使其生平有很大的爭議。此外，《春秋繁露》一書因版本流傳的關係，而是否為董仲舒所作也受到很大的質疑。然董仲舒受到當時大環境的影響，以儒家為出發點，融合了黃老道家、墨家、法家、陰陽家的思想，而為漢代儒學開出一條不同以往的學術發展。而《春秋繁露》中的陰陽五行的觀念、天人感應之說、對人性的討論，或是《春秋》之學都對後世有很深遠的影響，實為研究漢代氣化論不可或缺的一環。

　　在董仲舒的思想體系下，除了《春秋》之學外，氣論也是值得關照的一點。董仲舒雖未明言「元氣論」，但在《春秋繁露》一書中已有出現元氣的概念，認為「元者萬物之本。人之元在焉。安在乎？乃在乎天地之前。」〔註14〕，元氣是萬物之本，是生於天地之前的，而此元氣又可「分為陰陽，判為四時，列為五行。」〔註15〕，故董仲舒就以陰陽、五行為兩大詮釋系統，並透過四時轉變而將陰陽與五行兩系統相結合，架構出一套以氣為主軸的宇宙論。而這氣化宇宙論不僅表現出氣化的整體觀，也表現出其中的氣化流行是動態的、是循環不已的，筆者以為更是以螺旋式不斷前進的，這也就是董仲舒氣論的特色。雖在漢代氣化論中，各家氣論皆有所不同，但都是以表現那無限的氣化整體觀為主，故利用各個層面的具體事物來與氣化流行作連結，欲透過無限多的具體事物來對無形的氣化有所掌握，而董仲舒的氣論也不例外。

　　在元氣的觀念下，董仲舒提出了含括多重意義的「天」，並因受到當時大一統的政治局面影響，將人與天做了緊密的結合，其中又以君王與天的關係最為密切。董仲舒先利用「人副天數」的觀念，透過人的身體、感官、情緒

---

〔註14〕（漢）董仲舒：《春秋繁露・卷五・重政》（臺北：臺灣商務印書館《四部叢刊》影上海商務印書館縮印武英殿聚珍本，1975 年臺 3 版），頁 29。此段殿本放於〈重政〉，但今據蘇輿所云：「第一、二節似與篇名不相應。義見〈玉英篇〉。」，故筆者將此段放於〈玉英〉中。（清）蘇輿：《春秋繁露義證》（北京：中華書局，2002 年 8 月北京第 3 刷），頁 147。

〔註15〕（漢）董仲舒：《春秋繁露・卷十三・五行相生》，頁 73。

都與天相同，再延伸到「官制象天」的部份，認爲君王設立官制也應該效法天之數，如天有日、月、星三光，國君就應該有三公來輔佐朝政。並認爲天人之間是以氣相感相通，認爲「天地之符，陰陽之副，常設於身，身猶天也，數與之相參，故命與之相連也。」〔註16〕，既然天人是相連結的，那也就會「美事召美類，惡事召惡類，類之相應而起也。」〔註17〕，故上天會因未君王的行爲好壞而有所表現，如果君王順天而行就會有祥瑞之兆的出現，反之則有災意之象以示譴告。而董仲舒在這樣以君爲主的前提下，提出了「屈民而伸君，屈君而伸天」〔註18〕的說法，爲君王樹立了極爲崇高的地位。董仲舒雖在君王之上設立了「天」，欲以「天」來對君王有所牽制，但成效不彰而造成君王以此爲由來欺壓百姓，這也是董仲舒所始料未及的，非董仲舒的原意。

此外，董仲舒也在「天人同類」的概念下，並融合孟、荀人性論而發展出特殊的人性論。董仲舒認爲人性也是由天而來，是自然而生的，故天有陰陽二氣，人也就會有仁貪二性，而人必須藉由心來認之氣化流行的規律，以氣化之常來導正氣化之變。就因人是具有仁、貪二性，也就具有善質與惡質，所以不能因人具有善質而稱人性爲善，而是必須透過王道教化才能夠成善。董仲舒也站在孔子「上智下於不移」的觀念下，將人分爲聖人、中民及斗筲之性，其中聖人與斗筲之性都是不可移的，故以中民之性爲討論的重點，並強化君王與教化的重要性。這樣以陰陽之氣來說人性論，不僅對後世人性論的發展上有顯著的影響，也是前人在詮釋人性中所少有的。

近年來愈來愈多學者透過氣論來重新詮釋早已熟知的古代聖賢，而董仲舒的氣論也多受學者關注，如陳福濱、孫長祥、張立文、周桂鈿等人皆對董仲舒氣論有所研究。而筆者則以前人的研究成果爲基石，透過氣論的特殊性來對董仲舒的「宇宙論」、「天人感應」、「人性論」重新加以梳理，以凸顯出董仲舒氣論欲表達出形上、形下是一的氣化整體觀，以及董仲舒在漢代氣論「貫通天人，包羅萬有」的精神下，具有承先起後的重要地位。

---

〔註16〕 （漢）董仲舒：《春秋繁露・卷十三・人副天數》，頁71。
〔註17〕 （漢）董仲舒：《春秋繁露・卷十三・同類相動》，頁71。
〔註18〕 （漢）董仲舒：《春秋繁露・卷一・玉杯》，頁8。

# 引用文獻

一、古籍文獻（依習慣次序排序）

（一）經　部

1. 《周易正義》，（魏）王弼撰，（晉）韓康伯注，（唐）孔穎達疏，臺北：藝文印書館，《十三經注疏》，印嘉慶二十年江西南昌府學開雕本，1989年。

2. 《尚書正義》，（漢）孔安國傳，（唐）孔穎達疏，臺北：藝文印書館有限公司，《十三經注疏》，印嘉慶二十年江西南昌府學開雕本，1989年。

3. 《毛詩正義》，（漢）毛亨傳，（漢）鄭玄箋，（唐）孔穎達疏，臺北：藝文印書館，《十三經注疏》，印嘉慶二十年江西南昌府學開雕本，1989年。

4. 《春秋左傳正義》，（春秋）左丘明傳，（晉）杜預注，（唐）孔穎達疏，臺北：藝印書館有限公司，《十三經注疏》，印嘉慶二十年江西南昌府學開雕本，1989年。

5. 《周禮注疏》，（漢）鄭玄注，（唐）賈公彥疏，臺北：藝文印書館，《十三經注疏》，印嘉慶二十年江西南昌府學開雕宋本周禮注疏，1989年。

6. 《禮記正義》，（漢）鄭玄注，（唐）孔穎達疏，臺北：藝文印書館，《十三經注疏》，印嘉慶二十年江西南昌府學開雕本，1989年。

7. 《春秋公羊傳注疏》，（漢）公羊壽傳，（漢）何休解詁，（唐）徐彥疏，臺北：藝文印書館有限公司，《十三經注疏》，印嘉慶二十年江西南昌府學開雕本，1989年。

8. 《論語正義》，（魏）何晏注，（宋）邢昺疏，臺北：藝文印書館，《十三經注疏》，印嘉慶二十年江西南昌府學開雕本，1989年。

9. 《孟子正義》，（漢）趙岐注，（宋）孫奭疏，臺北：藝文印書館，《十三經注疏》，印嘉慶二十年江西南昌府學開雕本，1989年。

10. 《春秋繁露》，（漢）董仲舒撰，臺北：臺灣商務印書館，《四部叢刊》，影

上海商務印書館縮印武英殿聚珍本，1975 年臺 3 版。

11. 《說文解字》，（漢）許慎撰，臺北：臺灣商務印書館，《四部叢刊》，影上海商務印書館縮印日本岩崎氏藏宋刊本，1975 年臺 3 版。

12. 《五經異義疏證》，（漢）許慎撰，（漢）鄭玄駁，（清）陳壽祺疏證，上海：上海古籍出版社，《續修四庫全書》，影印清嘉慶十八年刻本，1995 年。

13. 《釋名》，（漢）劉熙撰，臺北：藝文印書館影印上海商務印館縮印江南圖書館藏明嘉靖翻宋刻本，1996 年 8 月。

14. 《孟子字義疏證》，（清）戴震撰，上海：上海古籍出版社，《續修四庫全書》，據上海辭書出版社圖書館藏清乾隆孔氏刻微波榭叢書本影印，1995 年。

15. 《春秋繁露義證》，（清）蘇輿撰，北京：中華書局，2002 年 8 月，北京第 3 刷。

16. 《經學通論》，（清）皮錫瑞撰，臺北：河洛圖書出版社，1974 年 12 月臺影印初版。

17. 《經學歷史》，（清）皮錫瑞撰，臺北：漢京文化事業有限公司，2004 年 3 月初版。

## （二）史　部

1. 《國語》，（三國）韋昭注，臺北：臺灣商務印書館，《四部叢刊》，影上海商務印書館縮印杭州葉氏藏明金李校刊本，1975 年臺 3 版。

2. 《史記》，（漢）司馬遷撰，（宋）裴駰集解，臺北：藝文印書館影印清乾隆武英殿刊本，2005 年 2 月初版 4 刷。

3. 《漢書》，（漢）班固撰，（唐）顏師古注，（清）王先謙補注，臺北：藝文印書館影印清乾隆武英殿刊本，1996 年 8 月。

4. 《後漢書》，（南朝宋）范曄撰，（唐）李賢注，（清）王先謙集解，臺北：藝文印書館影印清乾隆武英殿刊本，1996 年 8 月。

5. 《周書》，（唐）令狐德棻撰，臺北：藝文印書館影印清乾隆武英殿刊本，1996 年 8 月。

6. 《隋書》，（唐）魏徵撰，臺北：藝文印書館影印清乾隆武英殿刊本，1996 年 8 月。

7. 《崇文總目》，（宋）王堯臣撰，臺北：臺灣商務印書館，1968 年 3 月臺 1 版。

8. 《漢書疏證》，（清）沈欽韓撰，上海：上海古籍出版社，《續修四庫全書》影印清光緒 26 年浙江官書局刻本，1997 年。

9. 《四庫全書總目提要》，（清）永瑢撰，臺北：臺灣商務印書館，1968 年 3 月臺一版。

## （三）子　部

1. 《管子》，（春秋）管仲撰，（唐）司空房注，臺北：臺灣商務印書館，《四部叢刊》，影上海商務印書館縮印常熟瞿氏藏宋本，1975 年臺 3 版。

2. 《鶡冠子》，（春秋）鶡冠子撰，（宋）陸佃注，臺北：臺灣商務印書館，《四部叢刊》，影上海商務印書館縮印江陰繆氏藝風堂藏明覆宋刻本，1975 年臺 3 版。

3. 《荀子集解》，（戰國）荀子撰，（唐）楊倞注，（清）王先謙集解，臺北：世界書局，2005 年 10 月 2 版 2 刷。

4. 《韓非子》，（戰國）韓非撰，臺北：臺灣商務印書館，《四部叢刊》，影上海商務印書館縮印黃蕘圃校宋鈔本，1975 年臺 3 版。

5. 《呂氏春秋》，（戰國）呂不韋編，（漢）高誘注，臺北：臺灣商務印書館，《四部叢刊》，影上海商務印書館縮印明刊本，1975 年臺 3 版。

6. 《淮南子》，（漢）劉安撰，臺北：臺灣商務印書館，《四部叢刊》，影上海商務印書館縮印影鈔北宋本，1975 年臺 3 版。

7. 《太玄集注》，（漢）揚雄撰，（宋）司馬光集注，劉韶軍點校，北京：中華書局出版，2005 年 3 月北京第 3 次印刷。

8. 《西京雜記》，（漢）劉歆撰，臺北：臺灣商務印書館，《四部叢刊》，影印明嘉靖孔天胤刊本，1967 年。

9. 《論衡》，（漢）王充撰，臺北：臺灣商務印書館，《四部叢刊》，影上海商務印書館縮印明通津草堂刊本，1975 年臺 3 版。

10. 《申鑒》，（漢）荀悅撰，臺北商務印書館，《四部叢刊》，影印上海商務印書館縮印江南圖書館藏明文始堂本，1975 年臺 3 版。

11. 《老子道德經》，河上公章句，臺北：臺灣商務印書館，《四部叢刊》，影上海商務印書館縮印常熟瞿氏藏宋本，1975 年臺 3 版。

12. 《黃帝內經》，（唐）王冰注，（宋）高保衡、孫奇、林億校正，（宋）孫兆重改誤，臺北：臺灣商務印書館，《四部叢刊》，影上海商務印書館縮印明翻北宋本，1975 年臺 3 版。

13. 《太平御覽》，（宋）李昉撰，臺北：大化書局，1977 年 5 月初版。

14. 《雲麓漫抄》，（宋）趙彥衛撰，臺北：臺灣商務印書館，《景印文淵閣四庫全書》，據國立故宮博物院藏本影印，1983 年。

15. 《容齋續筆》，（宋）洪邁撰，臺北：新文豐出版社出版，《叢書集成》，1996 年。

16. 《黃氏日鈔》，（宋）黃震撰，北京：北京圖書館，《讀書記四種》，1998 年 9 月北京 1 刷。

17. 《少室山房筆叢》，（明）胡應麟撰，臺北：新文豐出版公司，《叢書集成

續編》，影印光緒二十二年春二月廣雅書局校刊本，1989 年 7 月臺一版。

18. 《讀書雜志》，（清）王念孫撰，臺北：世界書局，《讀書箚記叢刊》，印同治庚午十一月金陵書局重栞本，1963 年 4 月初版。

19. 《白虎通疏證》，（清）陳立撰，吳則虞點校，北京：中華書局出版，1997 年 10 月北京第 2 刷。

20. 《黃氏逸書考・春秋說題辭》，（清）黃奭輯，臺北：藝文印書館，《叢書集成三編》，1972 年。

21. 《黃氏逸書考・孝經鈎命決》，（清）黃奭撰，臺北：藝文印書館，《叢書集成三編》，1972 年。

22. 《諸子平議》，（清）俞樾撰，臺北：世界書局，1966 年 3 月再版。

23. 《莊子集釋》，（清）郭慶藩撰，北京：中華書局出版，2006 年 1 月北京第 10 刷。

24. 《定本墨子閒詁》，（清）孫詒讓撰，臺北：世界書局，1958 年。

## （四）集 部

1. 《昭明文選》，（梁）蕭統編，（唐）李善注，臺北：藝文印書館股份有限公司，2003 年 3 月初版 14 刷。

2. 《昌黎先生集》，（唐）韓愈撰，（唐）李漢編，臺北：臺灣中華書局，《四部備要》，據東雅堂本校刊，1965 年。

3. 《柳河東集》，（唐）柳宗元撰，（唐）劉禹錫纂，（明）蔣之翹輯注，臺北：中華書局，《四部備要》，據三徑藏書本校刊，1965 年。

4. 《古文苑》，（宋）章樵注，臺北：鼎文書局出版，1973 年 1 月初版。

5. 《歐陽文忠公文集》，（宋）歐陽脩撰，臺北：臺灣商務印書館，《四部叢刊》，縮印元刊本，1975 年。

6. 《司馬溫公集》，（宋）司馬光撰，臺北：臺灣中華書局，《四部備要》，據陳刻本校刊，1965 年。

7. 《二程全集》，（宋）程頤、程顥撰，（宋）朱熹總輯，臺北：中華書局，《四部備要》，據江寧刻本校刊，1965 年。

8. 《龍川文集》，（宋）陳亮撰，臺北：中華書局，《四部備要》，據永康胡氏退補齋刻本校刊，1965 年。

## 二、今籍文獻（依編者姓名筆劃排序）

## （一）專 書

1. 于大成，《中國歷代思想家・劉安》，臺北：臺灣商務印書館，1983 年 5 月版。

2. 于大成，《淮南鴻烈論文集》，臺北：里仁書局，2005 年 12 月初版。

3. 小野澤精一編,《氣的思想》,上海:上海人民出版社,2007 年 3 月第 1 刷。

4. 方東美,《原始儒家道家哲學》,臺北:黎明文化事業有限公司,1987 年 11 月第 3 版。

5. 王邦雄,《老子的哲學》,臺北:東大圖書股份有限公司,1993 年 10 月 8 版。

6. 王更生編,《中國歷代思想家》,臺北:臺灣商務印書館股份有限公司出版,1999 年 2 月更新版。

7. 王永祥,《董仲舒評傳》,南京:南京大學出版社出版,2004 年 4 月第 2 刷。

8. 王俊彥,《王廷相與明代氣學》,臺北:秀威資訊科技股份有限公司,2005 年 10 月 1 版。

9. 王雲五編,《續修四庫全書提要》,臺北:台灣商務印書館有限股份公司,1972 年 3 月初版。

10. 王雲度,《劉安評傳》,南京:南京大學出版社,2006 年 4 月第 2 刷。

11. 王葆玹,《西漢經學源流》,臺北:東大圖書股份有限公司,1994 年 6 月初版。

12. 王葆玹,《古今兼綜——兩漢經學》,臺北:萬卷樓圖書有限公司,2001 年 7 月初版。

13. 王孺松,《董仲舒天道觀》,臺北:教育文物出版社,1985 年 4 月初版。

14. 王讚源,《墨子》,臺北:東大圖書股份有限公司,1996 年 9 月。

15. 田鳳台,《呂氏春秋探微》,臺北:臺灣學生書局,1986 年 3 月初版。

16. 牟宗三,《才性與玄理》,臺北:臺灣學生書局,1975 年 11 月 4 版。

17. 朱永嘉、王知常注譯,《新譯春秋繁露》,臺北:三民書局,2007 年 2 月初版 1 刷。

18. 朱伯崑,《易學哲學史》,臺北:藍燈文化事業股份有限公司,1991 年 9 月初版。

19. 任繼愈,《中國哲學發展史（秦漢）》,北京:人民出版社出版,1998 年 5 月北京第 2 刷。

20. 向晉衛,《〈白虎通義〉思想的歷史研究》,北京:人民出版社出版,2007 年 2 月第 1 刷。

21. 李存山,《中國氣論探源與發微》,中國社會科學出版社,1990 年 12 月第 1 刷。

22. 李光泰編,《中國天人合一思想研究》,臺北:今古文化事業股份有限公司,2002 年 2 月修訂版。

23. 李漢三，《先秦兩漢之陰陽五行學說》，臺北：維新書局，1968 年 1 月初版。

24. 李新霖，《春秋公羊傳要義》，臺北：文津出版社出版，1989 年 5 月。

25. 李澤厚，《中國古代思想史論》，臺北：三民書局，1996 年 9 月初版。

26. 汪榮寶撰，陳仲夫點校，《法言義疏》，北京：中華書局出版，1996 年 9 月北京第 2 次印刷。

27. 余治平，《唯天為大——建基於信念本體的董仲舒哲學研究》，北京：商務印書館出版，2003 年 12 月北京第 1 刷。

28. 吳雁南，《中國經學史》，臺北：五南圖書出版股份有限公司，2005 年 8 月初版 1 刷。

29. 林聰舜，《西漢前期思想與法家的關係》，臺北：大安出版社，1991 年 4 月初版。

30. 林麗雪，《中國歷代思想家・董仲舒》，臺北：臺灣商務印書館，1983 年 5 月 3 版。

31. 林麗雪，《王充》，臺北：東大圖書股份有限公司，1991 年 9 月出版。

32. 周桂鈿，《董學探微》，北京：北京師範大學出版社出版，1989 年 1 月初版。

33. 周桂鈿，《中國傳統哲學》，北京：北京師範大學出版社，1990 年 7 月第 1 刷。

34. 周桂鈿，《中國歷代思想史（二）秦漢卷》，臺北：文津出版社，1993 年 12 月初版。

35. 金春峰，《漢代思想史》，北京：中國社會科學出版社，2006 年 2 月第 3 刷。

36. 姜亮夫，《歷代人物年里碑傳綜表》，臺北：華世出版社出版，1976 年 12 月臺 1 版。

37. 韋政通，《董仲舒》，臺北：東大圖書股份有限公司，1986 年 7 月初版。

38. 侯外廬，《中國思想史綱》，臺北：五南圖書出版有限公司，1993 年 9 月初版 1 刷。

39. 洪家義，《呂不韋評傳》，南京：南京大學出版社，1995 年 9 月第 1 刷。

40. 徐平章，《荀子與兩漢儒學》，臺北：文津出版社，1988 年 2 月出版。

41. 徐復觀，《中國人性論史・先秦篇》，臺北：臺灣商務印書館股份有限公司 1969 年 1 月初版。

42. 徐復觀，《陰陽五行觀念之演變及若干有關文獻的成立時代與解釋的問題》，臺北：民主評論社，1961 年 11 月。

43. 徐復觀，《兩漢思想史》，臺北：臺灣學生書局，1976 年 6 月初版。

44. 徐復觀，《中國經學史的基礎》，臺北：臺灣學生書局，1996 年 4 月 3 刷。

45. 唐君毅，《中國哲學原論——原性篇》，臺北：臺灣學生書局，1991 年 6 月全集校訂版。

46. 唐君毅，《中國哲學原論‧原道卷一》，臺北：臺灣學生書局有限公司，2004 年 10 月全集校訂版 3 刷。

47. 孫以楷編，《道家與中國哲學（漢代卷）》，臺北：人民出版社，2005 年 5 月北京第 2 刷。

48. 孫廣德，《先秦兩漢陰陽五行說的政治思想》，臺北：臺灣商務印書館股份有限公司，1994 年 1 月初版 2 刷。

49. 梁啟超，《子墨子學說》，臺北：中華書局股份有限公司，1956 年 11 月臺 1 版。

50. 梁啟超，《墨子學案》，臺北：中華書局股份有限公司，1957 年 10 月臺 1 版。

51. 梁啟超，《中國學術思想變遷之大勢》，臺北：臺灣中華書局，1971 年 10 月臺 5 版。

52. 康有為，《春秋董氏學》，臺北：臺灣商務印書館，1969 年 1 月初版。

53. 陶建國，《兩漢魏晉之道家思想》，臺北：文津出版社，1986 年 8 月出版。

54. 陶鴻慶，《讀諸子札記》，臺北：世界書局，1962 年 10 月初版。

55. 張心澂，《偽書通考》，臺北：宏業書局出版，1970 年 6 月 1 日出版。

56. 張立文，《中國哲學範疇精粹叢書——氣》，臺北：漢興書局有限公司，1994 年 5 月。

57. 張立文，《中國哲學範疇精粹叢書——道》，臺北：漢興書局有限公司，1994 年 5 月。

58. 張立文，《中國哲學範疇發展史（天道篇）》，臺北：五南圖書出版有限公司，1996 年 7 月初版。

59. 張立文，《中國哲學範疇精粹叢書——天》，臺北：七略出版社，1996 年 11 月初版。

60. 張立文，《中國哲學範疇精粹叢書——心》，臺北：七略出版社，1996 年 11 月初版。

61. 張岱年，《中國哲學大綱》，臺北：藍燈文化事業股份有限公司，1992 年 4 月出版。

62. 陳奇猷校釋，《呂氏春秋新校釋》，上海：上海古籍出版社，2006 年 4 月第 2 刷。

63. 陳德和，《淮南子的哲學》，臺北：南華管理學院，1999 年 2 月。

64. 陳錫勇，《老子校正》，臺北：里仁書局，2003 年 9 月第 2 次增訂版。

65. 陳遵嬀，《中國天文學史──第五冊》，臺北：明文書局，1988 年 11 月 30 日初版。

66. 陳麗桂，《秦漢時期的黃老思想》，臺北：文津出版社，1997 年 2 月 1 刷。

67. 郭君銘，《揚雄〈法言〉思想研究》，成都：四川出版集團巴蜀書社，2006 年 12 月第 1 刷。

68. 郭沫若，《中國古代社會研究》，上海：上海書店影印群益出版社 1947 年版，1989 年 10 月。

69. 章權才，《兩漢經學史》，臺北：萬卷樓圖書有限公司出版，1995 年 5 月初版。

70. 勞思光，《新編中國哲學史》，臺北：三民書局，1990 年 9 月出版。

71. 馮友蘭，《中國哲學史》，臺北：臺灣商務印書館，1993 年 4 月增訂臺 1 版 1 刷。

72. 馮成榮，《墨子思想體系研究》，臺北：馮同亮書坊，1997 年 9 月 23 日。

73. 傅武光，《呂氏春秋與諸子之關係》，臺北：私立東吳大學中國學術著作獎助委員會，1993 年 2 月初版。

74. 曾春海，《兩漢魏晉哲學史》，臺北：五南圖書出版股份有限公司，2004 年 1 月 2 版 1 刷。

75. 曾振宇、范學輝撰，《天人衡中──春秋繁露與中國文化》，河南：河南大學出版社，1998 年 8 月第 1 刷。

76. 復旦大學哲學系中國哲學教研室編，《中國古代哲學史》，上海：上海古籍出版社，2006 年 7 月第 1 刷。

77. 楊樹達，《漢書窺管》，臺北：世界書局，1974 年 10 月 3 版。

78. 葛榮晉，《中國哲學範疇導論》，臺北：萬卷樓圖書有限公司，1993 年 4 月初版。

79. 趙吉士，《盧抱經先生手教本拾遺》，臺北：中華叢書委員會，1958 年 5 月。

80. 蒙培元，《中國心性論》，臺北：臺灣學生書局，1990 年 4 月初版。

81. 蔡仁厚，《中國哲學史大綱》，臺北：臺灣學生書局，1992 年 9 月初版 2 刷。

82. 蔡廷吉，《春秋繁露研究》，臺北：文史哲出版社出版，1991 年 4 月初版。

83. 劉又銘，《理在氣中──羅欽順、王廷相、顧炎武、戴震氣本論研究》，臺北：五南圖書出版有限公司，2000 年 11 月 2 版 1 刷。

84. 劉瀚平，《儒家心性與天道》，臺北：商鼎文化出版社，1996 年 12 月第 1 版第 1 刷。

85. 鄭萬耕，《揚雄及其太玄》，臺北：藍燈文化事業股份有限公司，1992 年

9 月出版。

86. 錢穆，《秦漢史》，臺北：東大圖書股份有限公司，1985 年 1 月 4 版。

87. 賴炎元，《春秋繁露今註今譯》，臺北：臺灣商務印書館，2003 年 6 月初版 5 刷。

88. 賴慶鴻，《董仲舒政治思想之研究》，臺北：文史哲出版社，1971 年 4 月初版。

89. 鄧紅，《董仲舒思想研究》，臺北：文津出版設有限公司，2008 年 6 月 1 刷。

90. 謝松齡，《天人象──陰陽五行學說導論》，山東：山東文藝出版社出版，1997 年 4 月第 3 刷。

91. 鄺芷人，《陰陽五行及其體系》，臺北：文津出版社，2003 年 7 月增訂 2 版 2 刷。

92. 鍾肇鵬，《春秋繁露校釋》，河北：河北人民出版社，2005 年 5 月第 1 刷。

93. 羅光，《中國哲學思想史》，臺北：先知出版社，1975 年 8 月出版。

94. 羅光，《中國哲學的展望》，臺北：臺灣學生書局，1977 年 12 月初版。

95. 羅光，《中國哲學思想史·兩漢南北朝篇》，臺北：臺灣學生書局，1978 年 11 月初版。

96. 羅光，《儒家形上學》，臺北：臺灣學生書局，1991 年 9 月初版。

97. 嚴靈峯，《無求備齋學術論文集》，臺北：臺灣中華書局，1969 年 6 月初版。

98. 嚴靈峯，《周秦漢魏諸子知見書目》，臺北：正中書局出版，1978 年 7 月臺初版。

99. 顧頡剛，《古史辨》，臺北：明倫出版社，1970 年 3 月臺初版。

100. 顧頡剛，《秦漢的方士與儒生》，上海：上海古籍出版社，2005 年 4 月初版。

## （二）單篇論文

1. 王初慶，〈淺論漢初公羊學災異說〉，臺北：華嚴出版社，《兩漢文學學術研討會論文集》，1995 年。

2. 李宗桂，〈董仲舒的道德價值論〉，《孔孟月刊》第 30 卷第 6 期，1992 年 2 月。

3. 李增，〈董仲舒天人合一思想之「天」概念分析〉，臺北：國立政治大學中國文學系編：《第三屆漢代文學與思想學術研討論文》，2000 年 12 月初版。

4. 李增，〈從董仲舒天人合一思想系統分析「天人」及「合一」之意義〉，《東海大學哲學研究集刊》第 8 集，2001 年 6 月。

5. 杜保瑞，〈董仲舒政治學與宇宙論進路的儒學建構〉，《哲學與文化》第 30 卷第 9 期，2003 年 9 月。

6. 吳志鴻，〈兩漢的宇宙論思想：宇宙發生論與結構論之探究〉，《哲學與文化》第 30 卷第 9 期，2003 年 9 月。

7. 周雅清，〈董仲舒對陰陽概念的運用〉，《孔孟學報》第 80 期，2002 年 9 月。

8. 金春峰，〈漢代儒家哲學的定性與定位〉，臺北：國立臺灣師範大學國文學系編，《第二屆儒道國際學術研討會——兩漢論文集》，2005 年 8 月初版。

9. 林素英，〈董仲舒「三綱說」思想評述〉，臺北：國立臺灣師範大學國文學系編《第二屆儒道國際學術研討會——兩漢論文集》，2005 年 8 月初版。

10. 施之勉，〈董子年表訂誤〉，《東方雜誌》第 24 期第 41 卷，1945 年 12 月。

11. 胡健財，〈孔孟「心性論」與董仲舒「天人感應」說之比較研究〉，《孔孟學報》第 55 期，1988 年 4 月。

12. 徐哲萍，〈氣〉，臺北：中華學術院編《中華學術與現待文化叢書——哲學論集》，1976 年。

13. 祝平次，〈從禮的觀點論先秦儒、道身體／主體觀念的差異〉，臺北：巨流圖書《中國古代思想中的氣論及身體觀》，1997 年 2 月出版。

14. 孫長祥，〈董仲舒哲學與公羊春秋〉，《哲學與文化》第 30 卷第 9 期，2003 年 9 月出版。

15. 孫長祥，〈董仲舒的氣化圖式論〉，《哲學與文化》第 33 卷第 8 期，2006 年 8 月。

16. 馬育良，〈董仲舒性情論思想研究〉，《孔孟學報》第 84 期，2006 年 9 月。

17. 梁啟超，〈陰陽五行說之來歷〉，《東方雜誌》第 20 卷第 10 號，1923 年 5 月。

18. 梁榮茂，〈董仲舒「天人感應」與司馬遷的「天道觀」之比較研究〉，臺北：國立政治大學中文系所主編《漢代文學與思想學術研討會論文集》，1991 年。

19. 陳福濱，〈論董仲舒的天道思想與天人關係〉，《哲學與文化》第 34 卷第 10 期，2007 年 10 月。

20. 陳夢家，〈五行之起源〉，《燕京學報》第 24 期，1972 年影印本。

21. 陳麗桂，〈漢代的氣化宇宙論及其影響〉，《道家文化研究》第 8 輯，2000 年 8 月校訂 1 版。

22. 陳麗桂，〈漢代道家思想的演變與轉化〉，臺北：國立臺灣師範大學國文學系編《第二屆儒道國際學術研討會——兩漢論文集》，2005 年 8 月初版。

23. 張永儁,〈《白虎通德論》之思想體系及其倫理價值觀〉,臺北:國立政治大學中文系所編《漢代文學與思想學術研討會論文集》,1991 年 10 月初版。

24. 張國華,〈《淮南鴻烈》與《春秋繁露》〉,《道家文化研究》第 6 輯,1995 年 6 月。

25. 張德文,〈董仲舒的「天人關係」模式及其思維方式〉,《中國文化月刊》第 239 期,2000 年 2 月。

26. 張靜環,〈「隨名入理」說董仲舒的人性論〉,《嘉南學報》第 28 期,2002 年 11 月。

27. 郭梨華,〈董仲舒論「天」與「情」〉,臺北:國立臺灣師範大學國文學系編《第二屆儒道國際學術研討會——兩漢論文集》,2005 年 8 月初版。

28. 賀凌虛,〈董仲舒論政〉,《政治學報》第 2 期,1973 年 9 月。

29. 陽向奎,〈《白虎通義》的思想體系〉,臺北:文史哲出版社《中國經學史論文選集》,1992 年 10 月初版。

30. 曾春海,〈董仲舒對陰陽五行說之繼承與發展〉,臺北:國立臺灣師範大學國文學系編《第二屆儒道國際學術研討會——兩漢論文集》,2005 年 8 月初版。

31. 鄔昆如,〈漢代宇宙論之興起與發展及其在哲學上的意義〉,臺北:文史哲出版社《漢代文學與思想學術研討會論文集》,1991 年 10 月初版。

32. 雷健坤,〈《淮南子》與《春秋繁露》的思想比較〉,《普陽學刊》第 6 期,2002 年。

33. 楊儒賓,〈導論〉,臺北:國立臺灣大學出版中心《儒學的氣論與工夫論》2005 年 9 月初版。

34. 賴炎元,〈董仲舒學術思想淵源〉,《南洋大學學報》第 2 期,1968 年。

35. 賴炎元,〈董仲舒生平考略〉,《南洋大學學報》第八、第九期,1974／1975 年。

36. 劉又銘,〈合中有分——荀子、董仲舒天人關係論新詮〉,《臺北大學中文學報》第 2 期,2007 年 3 月。

37. 戴君仁,〈漢武帝抑黜百家非發自董仲舒考〉,《孔孟學報》第 16 期,1968 年 9 月。

38. 蕭義玲,〈「獨尊儒術,罷黜百家」與漢武帝之文化政策（下）〉,《孔孟月刊》第 3 期,1998 年 11 月。

39. Robert C. Neville 撰,楊儒賓譯,〈中國哲學的身體思維〉,臺北:巨流圖書《中國古代思想中的氣論及身體觀》,1997 年 2 月出版。

（三）學位論文

1. 李妍承，《董仲舒春秋學之研究》，臺北：國立臺灣大學哲學研究所博士論文，1999 年。

2. 李健良，《董仲舒天人哲學之研究》，嘉義：南華大學哲學研究所碩士論文，2002 年。

3. 吳振鵬，《陰陽五行之研究》，香港：龍仁學院哲學研究所碩士論文，1993 年。

4. 林明昌，《〈春秋繁露〉的天道觀與治道思想》，臺北：私立淡江大學中國文學研究所碩士論文，1997 年。

5. 孫長祥，《董仲舒思想評述》，臺北：中國文化大學哲學研究所博士論文，1985 年。

6. 梁惠卿，《董仲舒陰陽哲學研究》，臺北：私立輔仁大學哲學研究所碩士論文，1993 年。

7. 陳德興，《兩漢氣化宇宙論之研究》，臺北：天主教輔仁大學哲學系博士論文，2005 年。

8. 黃啓書，《董仲舒春秋學中的災異理論》，臺北：國立臺灣大學中國文學研究所碩士論文，1995 年。

9. 楊欽棟，《〈春秋繁露〉之君臣觀》，臺北：輔仁大學中國文學研究所碩士論文 2007 年。

10. 簡松興，《西漢天人思想研究——以〈淮南子〉、〈春秋繁露〉、〈史記〉為中心》，臺北：輔仁大學中國文學系博士論文，1998 年。

# 參考文獻

## 一、古籍部份（依習慣次序排序）

### （一）子部

1. 《墨子》，（戰國）墨翟撰，臺北：台灣商務印書館，《四部叢刊》，影上海商務印書館所印明嘉靖唐堯臣本，1975 年臺 3 版。

2. 《白虎通德論》，（漢）班固撰，臺北：臺灣商務印書館，《四部叢刊》，影上海商務印書館縮印江安傅氏雙鑑樓藏元刊本，1975 年臺 3 版。

3. 《南華眞經》，（唐）陸德明音義，臺北：臺灣商務印書館，《四部叢刊》，影上海商務印書館縮印明刊本，1975 年臺 3 版。

4. 《韓非子集解》，（清）王先愼撰，北京：中華書局出版，2006 年 7 月北京第 3 刷。

### （二）叢書類

1. 《漢魏叢書》，（明）程榮輯，京都：中文出版社影明萬曆壬辰年（1592）刻本，1978 年 8 月 3 版。

## 二、今籍部份（依編者姓名筆劃排序）

### （一）專書

1. 王冬珍、王讚源校注，《新編墨子》，臺北：國立編譯館，2001 年 4 月初版。

2. 甘鵬雲，《經學源流考》，臺北：廣文書局有限公司，1977 年 1 月初版。

3. 牟鍾鑒，《呂氏春秋與淮南子思想研究》，山東：齊魯書社出版，1987 年 9 月。

4. 李申，《上帝——儒教的至上神》，臺北：東大圖書股份有限公司，2004 年 4 月初版。

5. 李開，《戴震評撰》，南京：南京大學出版社，1992 年 8 月第 1 刷。

6. 李漁叔註譯，《墨子今註今釋》，臺北：臺灣商務印書館，1976 年 7 月 2 版。

7. 沈默士，《陰陽學衡》，香港：東南研究所，1970 年 12 月修訂版。

8. 周桂鈿，《王充評傳》，南京：南京大學出版社，1997 年 3 月第 2 次印刷。

9. 周桂鈿，《中國儒學講稿》，北京：中華書局，2008 年 1 月北京第 1 刷。

10. 胡適，《戴東原的哲學》，臺北：臺灣商務印書館股份有限公司，1996 年 2 月臺 1 版第 6 刷。

11. 柏楊，《中國歷史年表》，臺北：星光出版社，2001 年 5 月新版 1 刷。

12. 徐復觀，《周秦漢政治社會結構之研究》，香港：新亞研究所，1972 年 3 月初版。

13. 馬勇，《曠世大儒——董仲舒》，河北：河北人民出版社，2000 年 7 月第 1 刷。

14. 黃公偉，《道家哲學系統探微》，臺北：新文豐出版公司，1981 年 8 月出版。

15. 黃暉，《論衡校釋》，北京：中華書局出版，2006 年 12 月北京第 4 刷。

16. 陳榮捷編，《中國哲學文獻選編》，臺北：巨流圖書，1993 年 6 月 1 版 1 刷。

17. 陳麗桂，《中國歷待思想家（五）王充》，臺北：臺灣商務印書館，1999 年 2 月更新版第 1 次印刷。

18. 張立文，《戴震》，臺北：東大圖書股份有限公司，1991 年 4 月。

19. 張立文，《中國哲學範疇精粹叢書——理》，臺北：漢興書局有限公司，1994 年 5 月初版。

20. 張立文，《中國哲學範疇發展史（人道篇）》，臺北：五南圖書出版有限公司，1997 年 1 月初版 1 刷。

21. 張起鈞、吳怡，《中國哲學史話》，臺北：新天地書局，1973 年 9 月 5 版。

22. 張家豪，《中國哲學史史料學》，臺北：崧高書社股份有限公司，1985 年 6 月出版。

23. 張端穗，《西漢公羊學研究》，臺北：文津出版社有限公司，2005 年 3 月 1 刷。

24. 張實龍，《董仲舒學說內在理路探析》，浙江：浙江大學出版社，2007 年 12 月第 1 刷。

25. 曾昭旭，《道德與道德實踐》，臺北：漢光文化事業股份有限公司，1983 年 4 月初版。

26. 葛兆光，《中國思想史‧第一卷》，上海：復旦大學出版社，2001 年 10

月 3 刷。

27. 蔣慶，《公羊學引論——儒家的政治哲學與歷史信仰》，遼寧：遼寧教育出版社，1995 年 6 月第 1 刷。

28. 鄭天杰，《曆法叢談》，臺北：中國文化大學出版部，1985 年 7 月增訂版。

29. 鄭開，《道家形而上學研究》，北京：宗教文化出版社，2003 年 10 月第 1 刷。

30. 黎翔鳳，《管子校注》，北京：中華書局出版，2006 年 4 月北京第 2 刷。

31. 劉君燦，《中國天文學史新探》，臺北：明文書局，1988 年 7 月初版。

32. 劉厚琴，《儒學與漢代社會》，濟南：齊魯書社，2002 年 1 月第 1 刷。

33. 劉家和，《經學與思想》，臺北：唐山出版社，2006 年 2 月。

34. 劉國民，《董仲舒的經學詮釋及天的哲學》，北京：中國社會科學出版社，2007 年 8 月第 1 版。

35. 盧瑞容，《中國古代「相對關係」思維探討——「勢」「和」「權」「屈曲」概念溯源分析》，臺北：商鼎文化出版社，2004 年 6 月初版。

36. 龔鵬程，《漢代思潮》，北京：商務印書館，2005 年 2 月北京第 1 刷。

37. 新城新藏著，沈璿譯，《中國天文學史研究》，臺北：翔大圖書有限公司，1993 年 11 月初版。

## （二）單篇論文

1. 王曉波，〈氣與古代自然哲學〉，臺北：國立臺灣大學哲學系編，《國立臺灣大學創校四十周年國際中國哲學研討會論文集》，1985 年 11 月。

2. 朱榮智，〈孟子論養氣〉，《孔孟月刊》第 40 卷第 5 期，2002 年 1 月。

3. 呂紹綱，〈董仲舒與春秋公羊學〉，臺北：文史哲出版社，《中國經學史論文選集》，1992 年 10 月初版。

4. 余明光，〈董仲舒與黃老之學——《黃帝四經》對董仲舒的影響〉，《道家文化研究》第 3 輯，2000 年 8 月校訂 1 版。

5. 李則芬，〈從叔孫通、公孫弘、董仲舒三人看儒家的齊化〉，《東方雜誌》復刊第 14 卷第 3 期，1980 年 9 月。

6. 李美燕，〈漢代樂律與天人思想同構之宇宙圖示及方法意義〉，臺北：國立政治大學中國文學系編，《第三屆漢代文學與思想學術研討會論文集》，2000 年 12 月初版 1 刷。

7. 李威熊，〈董仲舒獨尊儒術與儒學更化〉，臺北：國立政治大學中國文學系所編，《第四屆漢代文學與思想學術研討會論文集》，2002 年 5 月。

8. 李增，〈論董仲舒春秋倫理道德價值判斷〉，臺北：國立臺灣師範大學國文學系編，《第二屆儒道國際學術研討會——兩漢論文集》，2005 年 8 月初版。

9. 杜本禮，〈五行與「四元素」形式比較的質疑〉，《哲學與文化》第 29 卷第 4 期，2002 年 4 月。

10. 沈子杰，〈《春秋繁露》限制君權構想失敗原因〉，《鵝湖月刊》第 32 卷第 8 期，2007 年 2 月。

11. 林韻梅，〈說孟子之不動心與養氣〉，《孔孟月刊》第 21 卷第 2 期，1982 年 10 月。

12. 柳熙星，〈董仲舒與孔孟荀人性論的演變〉，《鵝湖月刊》第 29 卷第 4 期，2003 年 10 月。

13. 唐經欽，〈儒家思想之歧出與創新──試論董仲舒之天論思想〉，《鵝湖月刊》第 32 卷第 6 期，2006 年 12 月出版。

14. 章權才，〈論兩漢經學的流變〉，臺北：文史哲出版社，《中國經學史論文選集》，1992 年 10 月初版。

15. 陳鼓應，〈從《呂氏春秋》到《淮南子》論道家在秦漢哲學史上的地位〉，臺北：《國立臺灣大學文史哲學報》第 52 期，2000 年 6 月。

16. 黃金榔，〈漢儒董仲舒的人性論試探〉，《嘉南學報》第 30 期，2004 年。

17. 黃信二，〈在儒學與宗教之間：論「以人象天」之哲學意涵〉，《哲學與文化》第 35 卷第 5 期，2008 年 5 月。

18. 黃偉倫，〈論孟子「養氣」與「存心」的工夫觀〉，《孔孟月刊》第 36 卷第 11 期，1998 年 7 月。

19. 黃清順，〈試論「父子之道」在董仲舒天人哲學中的建構意義與價值所在〉，《中國學術年刊》第 28 期，2006 年 3 月。

20. 張國華，〈《淮南鴻烈》與《春秋繁露》〉，《道家文化研究》第 6 輯，1995 年 6 月。

21. 張端穗，〈董仲舒思想中三統說的內涵、緣起及意義〉，《東海中文學抱》，2004 年 7 月。

22. 賀凌虛，〈董仲舒的治道和政策〉，《思與言》第 10 卷第 4 期，1972 年 11 月。

23. 曾春海，〈董仲舒的正義觀及其思想梗概〉，臺北：國立政治大學中文系所編《漢代文學與思想學術研討會論文集》，1991 年 10 月初版。

24. 項退結，〈從董仲舒、淮南子至王充的「天」與「命」〉，臺北：國立政治大學中文系所編，《漢代文學與思想學術研討會論文集》，1991 年 10 月初版。

25. 裘錫圭，〈稷下道家精氣說的研究〉，《道家文化研究》第 2 輯，2000 年 8 月校訂 1 版。

26. 楊濟襄，〈董仲舒春秋學中的詮釋方法與思維方式〉，臺北：國立臺灣師範大學國文學系編《第二屆儒道國際學術研討會──兩漢論文集》，2005

年 8 月初版。

27. 劉怡君,〈論董仲舒經律思想的淵源、內涵與實踐〉,《東方人文學誌》第 3 卷第 3 期,2004 年 9 月。

28. 劉振維,〈董仲舒「性待教而爲善」的人性論〉,《朝陽人文社會學刊》第 4 卷第 1 期,2006 年 6 月。

29. 鄭志明,〈徐復觀《中國人性論史》中的宗教觀〉,《成大宗教與文化學報》第 3 期,2004 年 6 月。

30. 鄭萬耕,〈試論《太玄》對《易傳》辯證思維的發展〉,《哲學與文化》第 31 卷第 10 期,2004 年 10 月。

31. 賴貴三,〈兩漢易學「氣化宇宙論」思想探析〉,臺北:國立臺灣師範大學國文學系編,《第二屆儒道國際學術研討會——兩漢論文集》,2005 年 8 月。

32. 鍾宗憲,〈神與聖——論儒家學術興起與漢代讖緯的神話思維〉,臺北:國立臺灣師範大學國文學系編,《第二屆儒道國際學術研討會——兩漢論文集》,2005 年 8 月。

33. 譚宗權,〈從「春秋繁露」這本書看中國思想的延續性〉,《東方雜誌》復刊第 9 卷第 4 期,1975 年 10 月。

34. 薩拉·奎因,〈董仲舒和黃老思想〉,《道家文化研究》第 3 輯,2000 年 8 月校訂 1 版。

## (三) 學位論文

1. 任金子,《董仲舒的陰陽思想研究》,臺北:私立輔仁大學哲學研究所碩士論文,1982 年。

2. 林明正,《《說文》陰陽五行觀探析及對後世字書之影響》,臺北:中國文化大學中國文學研究所碩士論文,2000 年 12 月。

3. 林嘉怡,《明代中期「以氣論性」說的崛起——羅欽順與王廷相人性論之研究》,臺北:國立政治大學中國文學系碩士論文,1998 年。

4. 段宜廷,《荀子、董仲舒、戴震氣論研究》,臺北:國立政治大學中國文學研究所碩士論文 2006 年。

5. 梁達良,《董仲舒「天人感應」說的特點及其歷史作用》,香港:能仁書院中國文史研究所碩士論文,1996 年 7 月。

6. 唐永霖,《先秦陰陽思想之形成初探》,臺北:淡江大學中國文學系研究所碩士論文,2005 年。

7. 陳禮彰,《董仲舒天人思想研究》,臺北:國立師範大學國文研究所碩士,1992 年。

8. 曹錦華,《呂氏春秋十二紀紀首、淮南子時則訓及禮記月令之比較研究》,

臺北：國立政治大學中國文學研究所碩士論文，1988 年。

9. 莊肇基，《董仲舒「人副天數」思想之研究》，臺北：私立玄奘人文社會學院宗教研究所碩士論文，2004 年。

10. 許錦雯，《羅欽順、王廷相、吳廷翰自然氣本論研究》，臺北：國立政治大學中國文學系碩士論文，2005 年。

11. 黃國禎，《論董仲舒〈春秋繁露〉與緯書〈春秋緯〉之關係》，臺中：私立東海大學中文研究所碩士論文，2000 年。

12. 黃嘉琳，《揚雄〈太玄〉〈法言〉之氣論思想研究》，臺北：中國文化大學中國文學研究所碩士論文，2008 年。

13. 廖培璋，《董仲舒春秋學研究》，臺北：中國文化大學中國文學研究所碩士論文，2001 年。

14. 廖隆盛，《北宋天人感應思想之研究》，臺北：國立師範大學歷史學系研究所碩士論文，2007 年。

15. 劉心凱，《〈春秋繁露〉之政治倫理觀，臺北：國立政治大學政治研究所碩士論文，2005 年。